Kristian Buchna
Nationale Sammlung an Rhein und Ruhr

Schriftenreihe der Vierteljahrshefte für Zeitgeschichte
Band 101

Im Auftrag des
Instituts für Zeitgeschichte München – Berlin
herausgegeben von
Helmut Altrichter   Horst Möller
Hans-Peter Schwarz   Andreas Wirsching

Redaktion:
Johannes Hürter und Jürgen Zarusky

Nationale Sammlung an Rhein und Ruhr

Friedrich Middelhauve und die nordrhein-westfälische FDP
1945–1953

Von

Kristian Buchna

R. Oldenbourg Verlag München 2010

Bibliografische Information der Deutschen Nationalbibliothek

Die Deutsche Nationalbibliothek verzeichnet diese Publikation in der Deutschen Nationalbibliografie; detaillierte bibliografische Daten sind im Internet über <http://dnb.d-nb.de> abrufbar.

© 2010 Oldenbourg Wissenschaftsverlag GmbH, München
Rosenheimer Straße 145, D-81671 München
Internet: oldenbourg.de

Das Werk einschließlich aller Abbildungen ist urheberrechtlich geschützt. Jede Verwertung außerhalb der Grenzen des Urheberrechtsgesetzes ist ohne Zustimmung des Verlages unzulässig und strafbar. Dies gilt insbesondere für Vervielfältigungen, Übersetzungen, Mikroverfilmungen und die Einspeicherung und Bearbeitung in elektronischen Systemen.

Umschlagentwurf: Thomas Rein, München und Daniel Johnson, Hamburg
Umschlagabbildung: von li. nach re.: Landesarchiv NRW Abteilung Westfalen (LAV NRW W), A 26, 189 (Landtagswahl 1950); Friedrich-Naumann-Stiftung für die Freiheit, Archiv des Liberalismus (ADL), P3-115 (Bundestagswahl 1953); Landesarchiv NRW Abteilung Westfalen (LAV NRW W), A 26, 117 (Kommunalwahl 1952).

Gedruckt auf säurefreiem, alterungsbeständigem Papier (chlorfrei gebleicht).

Satz: Typodata GmbH, München
Druck und Bindung: Grafik+Druck GmbH, München

ISBN 978-3-486-59802-5
ISSN 0506-9408
eISBN 978-3-486-70399-3

Inhalt

Vorwort 7

Einleitung 9

I. Prägungen: Die Weimarer Republik 19
  1. Das Scheitern liberaler Sammlungsversuche und der Niedergang des Liberalismus 19
    Der Jungdeutsche Orden 23
    Das Experiment der Deutschen Staatspartei 25
  2. Friedrich Middelhauve: Schöngeist, Unternehmer, Politiker .. 28

II. Die nordrhein-westfälische FDP auf dem Weg zur Nationalen Sammlung .. 35
  1. Der organisatorisch-programmatische Neubeginn nach 1945 35
  2. „Liberale" Vergangenheitspolitik 46
    Der Kampf um die „Jugend" 46
    Initiativen gegen die Entnazifizierung und für eine Generalamnestie 49
    Friedrich Grimm – der amnestiepolitische Ideen- und Stichwortgeber ... 53
    Rückblende: Die Vergangenheit Friedrich Grimms 54
    Der Kampf der nordrhein-westfälischen FDP für eine Generalamnestie .. 62
    Reorganisation des Landesverbandes und Personalpolitik der (nach rechts) offenen Tore 72
    Wolfgang Diewerge 82
    „Die Deutsche Zukunft" 85
    Deutsche Jungdemokraten und Junge Adler 88
    „Mitschuld" der Bundespartei 90

III. Nationale Sammlung in der Praxis 95
  1. Überregionale Katalysatoren der nationalen Sammlungsstrategie 95
  2. „Aufruf zur Nationalen Sammlung – Das Deutsche Programm" 103
    Vorlage und „Einstimmung" auf dem Bielefelder Landesparteitag 105
    Der Inhalt 107
    Der „Weimar-Komplex" 109
    Autoren und Mitarbeiter 113
    Reaktionen 118
  3. Fusionsverhandlungen 121

IV. Der Naumann-Kreis und die nordrhein-westfälische FDP 127

V. Innerparteiliche Opposition gegen den „Middelhauve-Kurs" **135**

    1. Vielgestaltige Unterdrückung einer vielschichtigen Kritik – die Opposition in Nordrhein-Westfalen **135**

    2. „Gefahr von rechts" vs. „Pflicht nach rechts" – Konflikte auf Bundesebene **144**

VI. Die Naumann-Affäre – Fanal des Kurswechsels? **157**

    1. Die parteiinterne Aufklärungsarbeit – Middelhauves Machtprobe im Bundesvorstand **160**
       Der „Fall Diewerge" und die „zweckentsprechende" Unterwanderung der FDP **163**
       Der „Fall Achenbach" und die Nibelungentreue Middelhauves **166**

    2. Folgen der Naumann-Affäre für die FDP **173**
       Auswirkungen in Nordrhein-Westfalen **173**
       Auswirkungen auf Bundesebene **184**

VII. Von Kontinuitäten und Brüchen – Biographische Schlaglichter **197**

    1. Protagonisten des Naumann-Kreises (Naumann, Grimm, Diewerge, Achenbach) **197**

    2. Die Düsseldorfer „Jungtürken" und der Koalitionsbruch in Nordrhein-Westfalen **203**

    3. Friedrich Middelhauves Nachsommer **212**

Resümee **217**

Abkürzungen **225**

Quellen- und Literaturverzeichnis **229**

Personenregister **245**

Vorwort

Da bekanntlich keine Schuld dringender ist als die, Dank zu sagen, soll dieses Vorwort ganz im Zeichen der Dankbarkeit gegenüber all jenen stehen, die zur vorliegenden Arbeit beigetragen haben.

Anstoß und Ermutigung zur Beschäftigung mit der spannungsreichen Geschichte der Nachkriegs-FDP im Umfeld der Naumann-Affäre kamen von Prof. Dr. Andreas Wirsching. Ihm danke ich auch für die Betreuung meiner Magisterarbeit, auf der diese Studie aufbaut. Für deren Aufnahme in die „Schriftenreihe der Vierteljahrshefte für Zeitgeschichte" gebührt mein Dank den Herausgebern, deren Anregungen und Kritik mir eine große Hilfe waren. Glücklich kann sich darüber hinaus ein jeder Autor – zumal eines Erstlingswerkes – schätzen, der redaktionell so kompetent und freundlich betreut wird, wie es mir seitens des Instituts für Zeitgeschichte widerfahren ist. PD Dr. Johannes Hürter und Angelika Reizle bin ich daher zu großem Dank verpflichtet.

Dankbar bin ich auch der Studienstiftung des deutschen Volkes für ihre Förderung in der zurückliegenden Studenten- und aktuellen Doktorandenzeit.

Namentlich unerwähnt müssen leider die zahlreichen Archivmitarbeiter bleiben, die mir während der Recherchen und auch danach mit Rat und Tat zur Seite standen.

Jenseits der Institutionen gibt es natürlich eine Vielzahl von Menschen, deren geistige Hilfe, kritische Augen und moralischen Beistand ich in allen Phasen der Arbeit am Manuskript in Anspruch nehmen durfte. Von Herzen danke ich Hanna Buchert M.A., Bastian Buchna M.A., Hendrik Buchna, Gerald Meyer, Monika Müller M.A. und Tanja Peredo Irahola.

Widmen möchte ich dieses Buch schließlich meinen Eltern, Edda und Jörg Buchna, denen ich am meisten zu verdanken habe.

Augsburg, im Juni 2010   Kristian Buchna

Meinen Eltern

Einleitung

„Hält man sich diese personellen Zusammenhänge einmal vor Augen, dann ist es kaum zu viel gesagt, wenn man den Emser Parteitag im Endergebnis als etwas wie einen innerparteilichen 30. Januar der FDP betrachtet: Was sich da vollzogen hat, ist nichts anderes als eine ‚kalte' Machtübernahme – eine Machtübernahme nicht etwa irgendwelcher ‚Neonazis', sondern der alten nationalsozialistischen Equipe in einer Partei, die vielleicht nun nicht mehr allzulange den Namen ‚demokratisch' in ihrem Firmenschild führen dürfte."[1]
(Fritz René Allemann, 24. November 1952)

„Seit Wochen verdächtigt man uns nun im In- und Ausland ‚neofaschistischer Neigungen', fälscht man meine ordnungsmäßige Wahl zum stellvertretenden Vorsitzenden der Bundespartei in eine ‚Machtergreifung' um und behauptet nicht mehr und nicht weniger, als daß wir – bewußt oder unbewußt – ‚Hilfstruppen' aus dem Nazilager die Chance gäben, die FDP für sich zu erobern.
Wir haben keinen Anlaß, gegenüber dieser zweckbestimmten Brunnenvergiftung die Nerven zu verlieren. Im Gegenteil! [...] Je unsachlicher und persönlicher die Attacken werden, um so mehr bestätigt man damit die Wirksamkeit unserer Methoden und die Richtigkeit unseres Weges."[2]
(Friedrich Middelhauve, 31. Dezember 1952)

Es herrschte eine gerüchteschwangere Atmosphäre am Jahresausgang 1952. In der Presse des In- und Auslandes war von alten nationalsozialistischen Seilschaften zu lesen, die sich im nordrhein-westfälischen Landesverband der FDP gebildet hätten und diesen zu unterwandern trachteten. Für Bundespräsident Theodor Heuss stellten sich die dortigen Verhältnisse gar als so eindeutig dar, dass er noch Jahre später seine Düsseldorfer Parteifreunde als „Nazi-FDP"[3] bezeichnete. An Friedrich Middelhauve, dem langjährigen Vorsitzenden der NRW-Liberalen, prallten solcherlei Vorwürfe ab, hatte er sich doch bereits vor Gründung der Bundesrepublik für eine Politik der offenen Tore eingesetzt, die auf eine bewusste Integration ehemaliger Nationalsozialisten in seinen Landesverband abzielte. „Nationale Sammlung" hieß das Schlagwort, hinter dem sich sein Ziel verbarg, aus der Freien Demokratischen Partei eine dritte politische Kraft rechts neben CDU/CSU und SPD zu formen. Mit diesem Ansinnen war Middelhauve innerhalb der FDP keineswegs allein. In den ebenfalls betont nationalliberalen Landesverbänden von Hessen und Niedersachsen stieß jene nationale Sammlungspolitik ebenfalls auf Zustimmung und Unterstützung. Aber nirgendwo wurde sie so systematisch und umfassend praktiziert wie bei den Liberalen an Rhein und Ruhr.

Die Bundespartei sah sich durch derlei Ambitionen vor eine veritable Zerreißprobe gestellt, denn unter ihrem Dach hatte sie noch einen anderen starken Flügel zu integrieren. Gerade in den Traditionsgebieten des deutschen Liberalismus, etwa im Südwesten des Landes oder in der Freien und Hansestadt Hamburg, herrschte nämlich überwiegend das Selbstverständnis einer liberalen Milieupartei[4] oder bürgerlichen Linkspartei[5] vor. Alte, innerliberale Gegensätze zeichneten sich somit schon frühzeitig ab, doch das Bestreben,

---

[1] Die Tat, 24.11.1952.
[2] Rundschreiben Middelhauves an Parteifreunde vom 31.12.1952, BA, N 1080/259, pag. 170f.
[3] Heuss, Tagebuchbriefe, 7.2.1956, S. 143.
[4] Vgl. Hein, Milieupartei.
[5] Vgl. Brauers, FDP.

die Erblast des deutschen Liberalismus, nämlich seine Teilung in mindestens zwei sich zumeist unversöhnlich gegenüberstehende Parteien, zu überwinden und einen Neuanfang zu schaffen, war größer als die Furcht vor langwierigen Richtungsstreitigkeiten. Die institutionelle Einigung, die schließlich auf dem Heppenheimer Gründungsparteitag im Dezember 1948 gelang, hatte jedoch ihren Preis. Angesichts der miteinander unvereinbaren Konzepte von nationaler Sammlungsbewegung und liberaler Milieupartei verzichteten die Freien Demokraten bewusst sowohl auf ein Parteiprogramm als auch auf eine Liberalismus-Definition. Verbunden mit einer zwangsweise eher moderierenden als dirigierenden Parteiführung sicherten diese Zugeständnisse an die Heterogenität ihrer Landesverbände der Bundespartei vorerst ihren Fortbestand. Doch bargen sie zugleich ein erhebliches Spannungspotential in sich. Während des hier zu behandelnden Zeitraumes befand sich die FDP in einer „Dauerkrise", in welcher sich linker und rechter Parteiflügel „in latenter Konfliktbereitschaft gegenüberstanden".[6] Das Selbst- und Sendungsbewusstsein des nordrhein-westfälischen Landesverbandes trug dazu bei, dass jene schwelenden Konflikte von Zeit zu Zeit ausbrachen und eskalierten, so dass die FDP kurz nach ihrer Gründung gleich mehrfach am Rande der Spaltung stand.

Im innerparteilichen Flügelkampf der Anfangsjahre wurde letztlich um den „liberalen" Standort im Parteiensystem der Bundesrepublik gerungen, innerhalb dessen sich gerade Neugründungen wie die FDP schwertaten, ihren Platz zu finden und sich von der politischen Konkurrenz abzugrenzen. So blieb etwa die Frage der Positionierung zur Sozialdemokratie wie schon zu Weimarer Zeiten auch im deutschen Nachkriegsliberalismus in hohem Maße umstritten. In diesem Zusammenhang kann eine Untersuchung der Nationalen Sammlung, wie sie deren Initiatoren unter Zurückweisung jedes Parteigepräges als eine neue, rechte Alternative im politischen System etablieren wollten, auch einen Beitrag zum besseren Verständnis jenes schwierigen Selbstfindungsprozesses leisten, den die FDP in ihrer Frühzeit unter großem, mitunter fruchtlosem Kräfteverschleiß vollziehen musste.

Überblickt man die „Erfolgsgeschichte" der Bundesrepublik, an der die staatstragenden Parteien und damit auch die FDP einen großen Anteil haben, so blieb die Idee der Nationalen Sammlung eines Friedrich Middelhauve freilich Episode – wenngleich eine sehr schillernde. Diese Perspektive sollte jedoch nicht den Blick auf die prinzipielle Offenheit der Verlaufsgeschichte der alten Bundesrepublik verstellen, die eben *kein* Selbstläufer war und ebenso wenig teleologisch auf die Wiedervereinigung von 1989/90 zusteuerte. Nahezu immer und überall waren – sei es im Detail, sei es im Grundsätzlichen – andere Entwicklungen mindestens denkbar, oftmals auch möglich. Dies gilt in gesteigertem Maße für die Frühzeit der Bundesrepublik, die von einem – im wahrsten Wortsinne – Selbstbewusstsein späterer Jahrzehnte noch weit entfernt war. Als ein nicht souveräner, aus einer totalen Kriegsniederlage hervorgegangener Teil-Staat verstand sich die westdeutsche Bundesrepublik dezidiert als Provisorium. Gerade im ersten Jahrfünft des jungen Staates speiste sich dieses Selbstbild größtenteils aus der schmerzhaft empfundenen deutschen Teilung, deren Überwindung zum Staatsziel erhoben worden war. In den Köpfen vieler Zeitgenossen handelte es sich bei der Bundesrepublik jedoch nicht nur um einen *geographischen*, sondern auch *politischen* Übergangszustand. Der von verfassungsrechtlich gestärkten Parteien getragene Parlamentarismus konnte sich auf Bundes- wie Länderebene zwar auf eine große Mehrheit stützen, die ihn von Beginn an trug. Unangefochten oder unumstritten war er indes nicht. Wie die konservative und rechtsliberale Kritik zeigte, standen obrigkeitsstaat-

---

[6] Wengst, Dehler, S. 169.

liche bzw. konstitutionalistische Traditionen sowie Ressentiments gegenüber Parlamenten und Parteien samt dem ihnen inhärenten Pluralismus einer inneren Zuwendung zum neuen Staat entgegen. Der „Makel des Unerwünschten"[7] blieb ein zählebiger Begleiter der neuen politischen Ordnung.

Es herrschte damals wahrlich kein Mangel an Alternativen zum politischen Status quo der Bundesrepublik;[8] in aller Regel verblieben diese jedoch „nur" auf diskursiver Ebene. Als umso interessantere Ausnahme muss die von der nordrhein-westfälischen FDP betriebene nationale Sammlungspolitik mitsamt ihren Staatsordnungsplänen angesehen werden. In Middelhauve bekam ein durch das Scheitern Weimars geprägter, bekennender Skeptiker der grundgesetzlich normierten parlamentarisch-föderalen Ordnung die in dieser Form wohl einmalige Gelegenheit, eine solche Alternative – vorläufig regional begrenzt – in die Tat umzusetzen. Er schickte sich an, eine „herkömmliche" Partei nach seinen Wünschen dahingehend umzuformen, dass aus ihr eine nationale Massenbewegung würde, mit deren Rückhalt eine Umgestaltung des politischen Systems der Bundesrepublik möglich werden sollte. Vor diesem Hintergrund wirft die vorliegende Arbeit auch ein Schlaglicht auf einen anderen, „dunkleren" Pfad der politischen Geschichte in der frühen Bundesrepublik, der sich in der Rückschau zwar als Sackgasse erwies, in der zeitgenössischen Gegenwart jedoch von hunderttausenden Wählern beschritten und von Kritikern als ernsthafte Gefahr gesehen wurde. Dies beweist auch das Eingangszitat von Fritz René Allemann, Bonner Korrespondent der Schweizer Tageszeitung *Die Tat* und in dieser Funktion der wahrscheinlich „meistgelesene und meistzitierte ausländische Korrespondent auf deutschem Boden".[9] Dem heutigen Leser erscheint seine Einschätzung über Zustand und Fortbestand der FDP als ein übertrieben düster gemaltes Zerrbild, das zudem mehr auf Effekt denn auf Analyse abzielt. Doch ausgerechnet bei einem anderen historischen Vergleich, nämlich seinem mehrhundertseitigen Buch *Bonn ist nicht Weimar*, bewies Allemann eine intime Kennerschaft zurückliegender Geschehnisse und ein hellsichtiges Gespür für gegenwärtige Entwicklungen in der Bundesrepublik. Der Erfolg der zweiten deutschen Demokratie hat ihm Recht gegeben, Bonn wurde *auch* deshalb nicht zu Weimar, weil in vielerlei Hinsicht Lehren aus der Vergangenheit gezogen wurden. Allemanns Prognose zur Zukunft der FDP erwies sich hingegen als falsch – war sie deswegen unbegründet?

Die britische Besatzungsmacht schien zumindest die Vermutung einer nationalsozialistisch infiltrierten nordrhein-westfälischen FDP zu bestätigen, als sie Mitte Januar 1953 in einer Aufsehen (und für die deutsche Öffentlichkeit Anstoß) erregenden Aktion sieben ehemalige ranghohe Nationalsozialisten verhaften ließ, die sich in mehr oder minder loser Verbindung um den früheren Goebbels-Staatssekretär Werner Naumann gruppiert hatten und denen neuerliche Machtergreifungspläne vorgeworfen wurden. Schon im Vorfeld des britischen Zugriffs kursierten Spekulationen über personelle Verflechtungen zwischen dem konspirativen Naumann-Kreis und einflussreichen Kräften innerhalb der FDP Nordrhein-Westfalens, die sich im Zuge der nachfolgenden Untersuchungen teilweise auch bestätigten. Es sind jedoch nicht jene Querverbindungen, die – so skandalös sie im Einzelfall sein mögen – im Zentrum dieser Arbeit stehen. Vielmehr gilt es danach zu fragen, warum der größte Landesverband der Freien Demokratischen Partei überhaupt in den Ruch geraten konnte, nationalsozialistisch unterwandert zu sein. Was waren die Ursachen dafür, dass

---

[7] Langewiesche, Parlamentarismus, S. 61.
[8] Vgl. Hacke, Bundesrepublik, insbes. S. 17 ff.
[9] Der Monat 5 (1952/53), S. 365.

einzelnen Vertretern der jungen Funktionsgeneration des „Dritten Reiches" ausgerechnet die nordrhein-westfälische FDP als besonders attraktives Betätigungsfeld für ein neuerliches politisches Engagement erschien?

Als analytischer Fixpunkt dient hierbei das erwähnte Konzept der Nationalen Sammlung, mit dem Middelhauve liberale, deutschnationale und ehemals nationalsozialistische Kräfte unter seiner Führung bündeln wollte. Um dieses umstrittene politische Projekt sowohl auf seine Protagonisten als auch auf seine Organisationsform und Ideen hin zu überprüfen, ist eine Perspektive erforderlich, die nicht allein die vielbeachteten Vorfälle im Kontext der sogenannten Naumann-Affäre in ihren Fokus nimmt. Es wird vielmehr versucht, Entwicklungslinien aufzuspüren, die in die erste Hälfte des 20. Jahrhunderts zurückreichen. Besondere Beachtung findet hierbei die Weimarer Republik. Der enorme Stellenwert von Erlebnis und Deutung der ersten Demokratie für die politische Kultur der Bundesrepublik wurde zuletzt von Sebastian Ullrich in seiner beeindruckenden Studie über den „Weimar-Komplex" herausgearbeitet. Da Friedrich Middelhauve zur Begründung seiner politischen Ziele fast gebetsmühlenartig auf das Negativbeispiel des Weimarer Staates, vor allem auf sein Scheitern hinwies, wird die vorliegende Arbeit mit einer problemorientierten Schilderung des Niedergangs des parteipolitischen Liberalismus eingeleitet. In ihrem Zentrum sollen sowohl missglückte Einigungs- und Sammlungsbemühungen als auch zunehmende Konzessionen an den Zeitgeist stehen. Dieser Zugang bot sich auch deswegen an, weil Middelhauve selbst der liberalen Deutschen Staatspartei (DStP) angehörte, die 1930 zunächst als ein Wahlbündnis zwischen der Deutschen Demokratischen Partei (DDP) und dem bündischen Jungdeutschen Orden (JO; zeitgenössisch: Jungdo) ins Leben gerufen wurde. Middelhauves Sympathiebekundungen für jenen „Orden" muss dabei ebenso Rechnung getragen werden wie dem geographischen Schwerpunkt dieser Arbeit. Auch für den gebürtigen Westfalen und Wahl-Rheinländer Middelhauve galt schließlich, dass die „Wahrnehmung Weimars als Referenzpunkt für den Neuanfang in höchstem Maße beeinflusst [war] von den regionalspezifischen Erfahrungen mit der mehr oder weniger fortgeschrittenen Erosion liberaler Milieus".[10]

Vor dem Hintergrund jener Weimarer Prägungen soll anschließend die Konstituierungsphase der nordrhein-westfälischen FDP nach 1945 geschildert und dabei die Wurzeln des Middelhauveschen Sammlungskonzeptes offengelegt werden.[11] Darauf aufbauend wird in systematisch angelegten Kapiteln der Versuch unternommen, die Nationale Sammlung als eine umfassende, konsistente und konsequent umgesetzte Strategie zu erfassen, deren Ausgangspunkt eine „liberale" Vergangenheitspolitik war. Hierunter werden – in Anlehnung an den von Norbert Frei geprägten Begriff – politische Initiativen der nordrhein-westfälischen Freien Demokraten zur Rehabilitation und Reintegration ehemaliger Nationalsozialisten und Wehrmachtssoldaten subsumiert, die sie unter Berufung auf die eigene Liberalität mit besonderer Vehemenz ergriffen. Es sollte „tabula rasa" gemacht werden mit der Vergangenheit.

Da die Idee der Nationalen Sammlung keine „Ein-Mann-Show" war, wird immer wieder – mal in gebotener Ausführlichkeit, mal in notwendiger Kürze – auch auf die Akteure einzugehen sein, auf deren Fähigkeiten der Landesverbandsvorsitzende vertraute, sei es als Stichwortgeber oder Organisatoren, als Berater oder Propagandisten. Middelhauves Leit-

---

[10] Grüner, Weimar, S. 229.
[11] So ist auch die im Titel verwendete Jahresangabe im Sinne einer Einbeziehung der Vor- und Frühgeschichte der 1945 freilich noch nicht existierenden FDP zu verstehen.

satz, dass die politische Vergangenheit einer Person vor 1945 völlig gleichgültig für deren Bewertung in der Gegenwart sei, diente als Anreiz, die Biographien der Protagonisten etwas näher zu betrachten. So werden etwa die amnestiepolitischen Initiativen des Juristen Friedrich Grimm in der Bundesrepublik nur vor dem Hintergrund seiner Aktivitäten in der Weimarer Republik sowie im „Dritten Reich" verständlich. Die Brisanz der Personalie von Middelhauves persönlichem Sekretär, Wolfgang Diewerge, erschließt sich erst bei einem genaueren Blick auf dessen Tätigkeiten im Dienste des Nationalsozialismus. Gleiches gilt für Ernst Achenbach, den umtriebigen Lobbyisten und Anwalt ehemaliger Nationalsozialisten, durch dessen Kontakte zu prominenten Vertretern der Ruhrindustrie beträchtliche Spendengelder in die Kassen des Landesverbandes flossen. Auch wird nur in dieser Perspektive das Ausmaß an Kontinuität personeller Verbindungen deutlich, die die Zäsur von 1945 überdauerten und in der nordrhein-westfälischen FDP politisch reaktiviert wurden.

Mit welcher Dynamik sich die Nationale Sammlung von einer Kopfgeburt Middelhauves zu einer konkreten „rechten" Alternative innerhalb der politischen Arena der Bundesrepublik entwickelte, soll im dritten Kapitel einerseits am Beispiel des Deutschen Programms, dem Manifest der Nationalen Sammlung, andererseits anhand der bereits angelaufenen Fusionsbemühungen zur Herbeiführung der neuen Sammlungsbewegung aufgezeigt werden. Dem berühmt-berüchtigten Naumann-Kreis ist das daran anschließende Kapitel gewidmet, in dem es primär der brisanten Frage personeller Verbindungen zur nordrhein-westfälischen FDP nachzugehen gilt.

So reizvoll ein systematischer Vergleich mit den (vergangenheitspolitischen) Aktivitäten ähnlich ausgerichteter FDP-Landesverbände wie Hessen oder Niedersachsen auch wäre – aufgrund endlicher Ressourcen kann er hier nicht geleistet werden.[12] Um dennoch nicht der Gefahr eines auf die Führungsriege der NRW-FDP verengten Blickes zu erliegen, werden an geeigneter Stelle nicht nur überregionale, die nationale Sammlungspolitik begünstigende Faktoren in die Untersuchung einbezogen. Beginnend mit dem fünften Kapitel über die inner- und überverbandliche Opposition gegen den Middelhauve-Kurs steht zunehmend die parteiinterne Auseinandersetzung im Mittelpunkt, die einmal mehr verdeutlicht, dass die FDP trotz oder eben wegen ihres Status' als liberale Partei*neu*gründung schwer an ihrem historischen Erbe zu tragen hatte. Gerade eine Betrachtung des Umgangs mit politischen Gegnern in der *eigenen* Partei verspricht instruktive Rückschlüsse auf den Zustand der innerparteilichen Demokratie sowie auf das Mächtegleichgewicht jener „flügellastigen" FDP zuzulassen.

Ziel des sechsten Kapitels ist es, den Reflexivwirkungen der Naumann-Affäre auf die Freien Demokraten nachzugehen. Besonderen Erkenntnisgewinn verspricht die Frage nach den Reaktionen auf den infolge der britischen Verhaftungsaktion gleichsam offiziell

---

[12] Insbesondere die innerverbandlichen Verhältnisse in Niedersachsen beschäftigten die Bundespartei über Jahre hinweg. Auch dort wurden nationalsozialistische Unterwanderungstendenzen festgestellt; an der Spitze der Landespartei hatte es gleichfalls Kontakte zu Werner Naumann gegeben. In Verbindung mit einer hausgemachten Finanzkrise wurde der innerparteiliche Druck auf den umstrittenen Landesvorsitzenden Artur Stegner schließlich so groß, dass er im Januar 1954 zurücktrat und aus der FDP ausschied. Vgl. Gutscher, Entwicklung, S. 161ff.; Wengst, Einleitung zu: FDP-Bundesvorstand 1949–1952, S. LXVIff. Martens ideologiekritische Studie von 1978 über „Die unterwanderte FDP" befasst sich mit der Entwicklung der niedersächsischen FDP von 1945 bis 1955 und den dortigen „faschistoiden" Unterwanderungstendenzen. „Faschistoid" bezeichnet demnach eine „Zwischenzone zwischen liberaler und faschistischer Mentalität" (S. 19). Nicht nur aufgrund dieses zeitgebundenen, tendenziösen Vokabulars und Ansatzes liest sich Martens Studie etwas sperrig.

erhobenen Vorwurf, die NRW-FDP sei nationalsozialistisch unterwandert. Das Middelhauvesche Krisenmanagement ist daraufhin zu untersuchen, wie der nordrhein-westfälische Beitrag zur innerverbandlichen Aufklärungsarbeit aussah und inwieweit der Landesvorsitzende personelle, methodische, programmatische oder gar persönliche Konsequenzen zu ziehen bereit war. Gänzlich unabhängig von Middelhauves Bereitschaft zeitigten die parteiinternen Auseinandersetzungen des Jahres 1953 unmittelbare wie mittelbare Folgen, die es auf Landes- wie auch auf Bundesebene auszumachen gilt. Für alle beteiligten Akteure gab es ein Leben *nach* der Naumann-Affäre, das sich in der Regel auf der politischen Bühne abspielte und in manchen Fällen nicht frei blieb von weiteren Skandalen und Affären. Diesem Umstand möchte das abschließende Kapitel Rechnung tragen, indem es einige biographische Schlaglichter zu werfen versucht.

Forschungsstand und Quellenlage

Auch wenn eine aktuelle, wissenschaftlichen Ansprüchen genügende Gesamtdarstellung zur Geschichte des politischen Liberalismus in der Bundesrepublik noch immer als Desiderat der Forschung gelten muss[13], kann die Vor- und Frühgeschichte der nordrhein-westfälischen FDP – zumal im Vergleich zu anderen liberalen Landesverbänden – als erstaunlich gut untersucht gelten.[14] Zudem hat man sich von verschiedener Seite schon in den 1950er und 1960er Jahren der Naumann-Affäre angenommen, die als integraler Bestandteil einer Analyse des Rechtsradikalismus in Deutschland behandelt wurde.[15] Die beiden

---

[13] Eine Fortschreibung des Standardwerkes von Langewiesche zum „Liberalismus in Deutschland", in dem die Zeit nach 1945 lediglich „skizziert" wird, wäre in jedem Fall wünschenswert. Die wegweisende Monographie von Gutscher, Entwicklung (1967), bleibt noch immer ein wichtiges Referenzwerk zur Geschichte der FDP, doch zahlreiche seither zugänglich gemachte Quellenbestände sowie neuere Forschungsliteratur und Quelleneditionen lassen Ergänzungen und Korrekturen als notwendig erscheinen. Die Darstellung von Lösche/Walter, FDP, verzichtet auf einen wissenschaftlichen Apparat und besticht in ihrer essayistischen Gestalt und ihrem Sprachduktus vor allem durch ihre Meinungsstärke. Ähnliches gilt für die Arbeit von Leuschner, FDP, der seine „persönliche, sehr ambivalente Beziehung zur FDP aufzuarbeiten" beabsichtigte (s. Vorbemerkung). Bei Dittberner, FDP, überraschen in der historischen Schilderung sowohl Datierungsfehler (so wird die Gründung der Deutschen Staatspartei um glatte zwei Jahre [S. 30], die der FDP immerhin um „nur" einen Tag [S. 37] vorverlegt), kaum nachvollziehbare Behauptungen (S. 36: „Es gab keine sich zur Spitze hin verschärfenden Flügelkämpfe.") als auch „effektvolle" Analogieschlüsse, die den Leser aufgrund fehlender Kontextualisierungen und Quellenfundierungen leicht ratlos zurücklassen (Beispiel, S. 38: „In Nordrhein-Westfalen wurde die FDP in den fünfziger Jahren zum Sammelbecken politischer Kräfte rechts von der CDU und zum Aktionsfeld ehemaliger Nationalsozialisten. Und Anfang des neuen Jahrhunderts betrieb der NRW-Landesvorsitzende Jürgen W. Möllemann einen rechtspopulistischen Kurs für die gesamte Bundespartei."). Noch immer unübertroffen, jedoch auf die Vorgeschichte der Bundesrepublik begrenzt: Hein, Milieupartei. Weitere Überblicksdarstellungen stammen etwa von Henning, F.D.P.; Kaack, F.D.P.; Walter, Gelb oder Grün?; Zülch, FDP; oder für die Zeit bis 1953 von Kirchhof, Flügelkampf.
[14] Vgl. u.a. Albertin, FDP; Henning, 25 Jahre FDP; Papke, Ziel; ders.: Ordnungskraft; Sartor, FDP; Schleimer, Demokratiegründung; Schröder, FDP. Daneben behandeln auch aspektorientierte bzw. monothematische Untersuchungen die nordrhein-westfälische FDP: Brauers, FDP (in Hamburg); B. Dierl/R. Dierl/Höffken, Landtag; Düding, Parlamentarismus; Krämer, Verhältnis (Entnazifizierung); Paul, Debatten (über Nationalsozialismus und Rechtsextremismus im Landtag von 1946–2000); Rütten, Liberalismus (Deutschland- und Gesellschaftspolitik); Albrecht, Liberalismus und Entnazifizierung (von formalen Mängeln abgesehen, drängen Sprache und Inhalt einen gewissen „Ideologieverdacht" auf).
[15] Die wohl früheste Darstellung stammt von Horne, Return (1956).

wichtigsten Studien legten in diesem Zusammenhang Manfred Jenke[16] (1961) sowie der amerikanische Politikwissenschaftler Kurt P. Tauber[17] (1967) vor. Beide Arbeiten basieren auf einer jeweils gut zehnjährigen Forschungstätigkeit, entsprechend umfassend ist sowohl das eröffnete Panorama neonazistischer, rechtsextremer Initiativen nach 1945 als auch die zugrunde liegende Fülle an Quellen. Während Jenke in seiner – wie es im Klappentext heißt – „im Grenzgebiet zwischen Wissenschaft und Publizistik" angesiedelten Untersuchung den „Fall Naumann" in die konsequente Integrationspolitik der NRW-FDP nach rechts einbettet, betrachtet Tauber den Naumann-Kreis unter der Kapitelüberschrift „New Patterns of Leadership: Cadre Formations 1949-1953" zunächst als eine von mehreren originär nationalsozialistischen Reaktivierungsinitiativen[18] und behandelt an anderer Stelle unter der Leitfrage „Renazification or Restoration?" neben der Deutschen Partei (DP) und dem Gesamtdeutschen Block/Bund der Heimatvertriebenen und Entrechteten (GB/BHE) auch die FDP. Da Tauber und Jenke jedoch erst mit dem Deutschen Programm im Jahr 1952 einsetzen[19] und in den 1960er Jahren zahlreiche Quellenbestände noch nicht zugänglich waren, kann die vorliegende Arbeit zwar von den detailreichen Schilderungen beider Monographien zum Naumann-Kreis profitieren, weniger jedoch von ihren Ergebnissen bezüglich der FDP. Nachdem die Naumann-Affäre in der Historiographie ein wenig in Vergessenheit zu geraten drohte, wurde sie infolge der seit Anfang der 1990er Jahre intensiv einsetzenden Beschäftigung mit den Themen „Vergangenheitsbewältigung" bzw. „Vergangenheitspolitik" wiederentdeckt.[20] So behandelt etwa Norbert Frei in seiner wegweisenden Studie zur Vergangenheitspolitik in der frühen Bundesrepublik auch die Naumann-Affäre unter besonderer Berücksichtigung der „Rolle der Alliierten", indem er die britische Intervention als bedeutende „vergangenheitspolitische Grenzmarkierung" gegenüber wieder aufkeimenden nationalsozialistischen Umtrieben analysiert.[21]

In all diesen in Auswahl genannten Publikationen finden sich – meist explizit, mal implizit – wichtige Informationen und Anregungen nicht allein zur Naumann-Affäre, sondern auch zu der von der NRW-FDP betriebenen Politik einer Öffnung der Partei nach rechts. Dennoch bleibt das Konzept der Nationalen Sammlung in seiner ideengeschichtlichen Herkunft wie in seiner konkreten praktischen Umsetzung „vor Ort" zumeist ebenso unklar wie der Anteil Friedrich Middelhauves an jenen Vorgängen. Angesichts der bisherigen Forschungsergebnisse wurde dem FDP-Landesvorsitzenden zuletzt nicht ohne Grund „eine undurchsichtige Rolle"[22] attestiert. Obwohl die vorliegende Arbeit trotz ihrer personalen Zuspitzung keine Biographie Friedrich Middelhauves sein kann und will, möchte sie auch in diesem Punkt für etwas mehr „Durchsicht" sorgen. Dies ist gleich in zweierlei Hinsicht geboten: Einerseits existiert – von kurzen Skizzen oder wohlmeinenden Würdigun-

---

[16] Jenke, Verschwörung.
[17] Tauber, Eagle, 2 Bde.
[18] Vgl. ebd., Bd. 1, S. 132 ff.
[19] Vgl. Jenke, Verschwörung, S. 155 ff.; Tauber, Eagle, Bd. 1, S. 891 ff., behandelt schwerpunktmäßig die skandalösen Vorgänge innerhalb des niedersächsischen FDP-Landesverbandes.
[20] Den Anfang machte Friedrich, Amnestie, mit einer zornigen Abrechnung; vgl. außerdem Kittel, Legende; Herbert, Rückkehr; Frei, Vergangenheitspolitik; Reichel, Vergangenheitsbewältigung; Buschke, Presse; Fischer/Lorenz (Hrsg.), Lexikon. In diesen Kontext können aus Herberts vielbeachteter Studie über Werner Best auch die Kapitel „Westdeutschland und die ‚Kriegsverurteilten'", „Rückkehr in die Politik" sowie „Naumann oder das Ende der Analogie" (S. 434 ff.) eingeordnet werden.
[21] Vgl. Frei, Vergangenheitspolitik, S. 361 ff.
[22] Schildt/Siegfried, Kulturgeschichte, S. 147.

gen abgesehen – keine profunde biographische Studie über Middelhauve.[23] Andererseits scheinen die parteioffiziellen Feststellungen der FDP zu den Unterwanderungsvorwürfen die Bewertung der Person Middelhauves auf seltsame Weise präformiert zu haben. Aus offensichtlich (wahl-)strategischen Gründen hatte man sich 1953 im Bundesvorstand auf die Formel geeinigt, dass „[d]er Landesvorsitzende und der Landesvorstand von Nordrhein-Westfalen […] in ihrer Bereitschaft, ehemalige Nationalsozialisten zur Mitarbeit im demokratischen Rechtsstaat heranzuziehen, durch untreue Kräfte in einigen Fällen getäuscht und in einem Falle schwer mißbraucht worden" seien.[24] Diesem exkulpierenden Deutungsmuster folgend, ist innerhalb der Forschung vielfach die Neigung festzustellen, der Landesverbandsführung und besonders Friedrich Middelhauve im Umgang mit früheren Nationalsozialisten Arglosigkeit, Gutgläubigkeit, Vertrauensseligkeit, Unwissenheit und/oder Naivität zu bescheinigen.[25] Folgt man einer solchen Lesart, so erscheint Middelhauve in der Tat als „Opfer […] seines charakterlichen Anstands"[26], der zudem „der redensartlichen Fliege nichts zuleide tun"[27] konnte. Die Tragfähigkeit dieser „Unterstellungen" gilt es zu überprüfen.

Uneinigkeit herrscht in der Einschätzung darüber, ob die Vorwürfe gegenüber der nordrhein-westfälischen FDP berechtigt waren und inwieweit der Integration ehemaliger Nationalsozialisten auch Gefahren für das Parteileben inhärent waren. Bei denjenigen, die apodiktisch die „Behauptungen […] als völlig haltlos" zurückweisen, drängt sich vielfach die Vermutung einer zu geringen Distanz zum Untersuchungsgegenstand auf.[28] Dies gilt mitunter auch für die Bewertungen Gerhard Papkes, der eine profunde Studie zur Fraktionstätigkeit der nordrhein-westfälischen Freien Demokraten von 1946 bis 1966 vorgelegt hat, jedoch weit mehr in den Blick nimmt als die im Landesparlament verhandelte Politik.[29] Papke, seit 2005 selbst Vorsitzender der FDP-Fraktion im Düsseldorfer Landtag, weist völlig zu Recht darauf hin, dass „[d]ie Hintergründe der ‚Naumann-Affäre' […] häufig erheblich überzeichnet oder schlichtweg falsch dargestellt worden" sind.[30] Wie dieser Gefahr seiner Meinung nach zu begegnen sei, lässt sich einer Ermahnung Papkes an die Adresse von Ulrich Herbert entnehmen, der zu einer wesentlich kritischeren (wohlfundierten) Beurteilung der innerverbandlichen Zustände in der NRW-FDP gekommen war: „Man wird das Ausmaß der ‚Unterwanderung' eben nur dann realistisch bewerten können, wenn man sich näher mit den innerparteilichen Verhältnissen der nordrhein-westfälischen FDP auseinandersetzt."[31] Dieser Aufforderung möchte die nachfolgende Unter-

---

[23] Vgl. Bierbach, Middelhauve; Hartstein, Nordrhein-Westfalen, S. 52f.; Hax, Middelhauve; Henkels, Zeitgenossen; Henning, Middelhauve.
[24] FDP-Bundesvorstand 1953/54, Nr. 33, 7. 6. 1953, S. 1069f.
[25] Einschätzungen dieser Art finden sich u. a. bei: Bierbach, Middelhauve, S. 202, 211; Brauers, FDP, S. 466; Gabbe, Parteien, S. 79; Henning, Middelhauve, S. 169ff.; Papke, Ziel, S. 68, 75, 86f.; Sartor, FDP, S. 110.
[26] Henning, Middelhauve, S. 172.
[27] Henkels, Zeitgenossen, S. 164.
[28] Das Zitat stammt von Henning, Middelhauve, S. 170. Dorn/Wiedner, Freiheit, hielten die Vorwürfe ebenfalls für „nicht berechtigt" (S. 14) und schrieben stattdessen von einer „Affäre des britischen Geheimdienstes" (S. 20). Dorn selbst war als Vorstandsmitglied der Deutschen Jungdemokraten ein vehementer Befürworter des Middelhauve-Kurses (zu Dorn s. u., S. 88). Auch bei Mende, Freiheit, S. 258, fiel das Urteil eindeutig aus: „Von einer Verschwörung oder dem Versuch einer Machtergreifung auf dem Umweg über den Landesverband der FDP in Düsseldorf konnte keine Rede sein!"
[29] Vgl. Papke, Ordnungskraft.
[30] Ebd., S. 173.
[31] Ebd., S. 370, Anm. 59.

suchung Folge leisten, wobei schon jetzt festzuhalten ist, dass Papkes Bewertungen bezüglich der Protagonisten und der potentiellen Gefahr des von ihnen eingeschlagenen politischen Kurses immer wieder Gelegenheit zur kritischen Hinterfragung liefern werden.

Die Gründe für die bereits angedeutete auffällige Häufung von kleineren und größeren Fehlern bei der Behandlung des Kontextes FDP und Naumann-Affäre sind primär in den zeitgenössischen Veröffentlichungen zum Thema zu suchen. Die innen- und parteipolitische Brisanz dieses Skandals übertraf den Bestand an gesicherten Informationen um ein Vielfaches, so dass sowohl in Printmedien und Rundfunk als auch von Seiten des politischen oder gar innerparteilichen Gegners zahlreiche dissolute Gerüchte und Anklagen lanciert wurden, die durch ebenso haltlose Apologien aus den Reihen der nordrhein-westfälischen FDP keineswegs ausgeräumt werden konnten. Damit einmal in die Welt gesetzte Fehlinformationen nicht weitertradiert werden, konnten solcherlei Quellen nur mit der notwendigen Vorsicht und nach einer möglichst umfassenden „Verifizierung" des Inhalts – insbesondere bei biographischen Angaben – herangezogen werden. Ähnliche quellenkritische Grundregeln galt es natürlich auch bei der Verwendung offenkundig apologetischer Publikationen zu beachten.[32]

Das Fundament dieser Untersuchung bilden die ungedruckten Parteiquellen und Nachlässe, die sich im Archiv des Liberalismus in Gummersbach (ADL), im Hauptstaatsarchiv Düsseldorf (HStAD) sowie im Bundesarchiv in Koblenz (BA) befinden. Instruktive Einblicke in die parteiinternen Meinungsbildungs- und Entscheidungsprozesse gewähren vor allem die Protokolle der verschiedenen Gremiensitzungen der nordrhein-westfälischen FDP, die im ADL als stenographische Niederschriften, Wort- oder Verlaufsprotokolle vorliegen.[33] Insbesondere der in Düsseldorf archivierte umfangreiche Nachlass Friedrich Middelhauves erweitert diese Perspektive durch zahlreiche Redemanuskripte, persönliche Notizen, private Briefe und Parteikorrespondenz, die in ihrer Summe sowohl den Politiker als auch die Person Middelhauve substanzreich zu charakterisieren vermögen. Aus einer Reihe weiterer herangezogener Nachlässe seien diejenigen von Franz Blücher (BA) und Thomas Dehler (ADL) herausgehoben. Als FDP-Vorsitzender und Vizekanzler (Blücher) bzw. als FDP-Bundesvorstandsmitglied und Bundesjustizminister (Dehler) waren beide unmittelbar in die parteiinternen Ermittlungen involviert und aufgrund ihrer Regierungsämter in der Lage, vertrauliche Informationen aus Quellen zu erhalten, die der Öffentlichkeit unzugänglich waren. „Vertraulichkeit" lautet auch das Stichwort für einen hochgradig spannenden Quellenbestand, nämlich die im Archiv des Instituts für Zeitgeschichte in München (IfZ) in Jahresbänden zusammengefassten „Informationsberichte" des Journalisten Robert Strobel.[34] Der *Zeit*-Korrespondent und Gründungsvorsitzende des Deutschen Presseclubs genoss das Vertrauen zahlreicher FDP-Politiker sowie von Vertretern der Regierung bzw. der Ministerialämter, die ihm – natürlich nach dem Grundsatz quid pro quo – Informationen zukommen ließen. Diese Auskünfte fasste Strobel dann meist tags darauf in Berichten zusammen, die für die Nachwelt insofern besonders reizvoll sind, als sie lediglich zur Informierung der jeweiligen Zeitungs-

---

[32] Z.B. Grimm, Visier; ders., Unrecht.
[33] Um den Lesefluss bei längeren Zitaten nicht durch permanente Einschübe unnötig zu behindern, wurden offensichtliche orthographische und grammatikalische Fehler stillschweigend korrigiert.
[34] Den Hinweis auf diesen Bestand fand der Autor erstmals bei Wengst, Dehler, S. 177f.

redaktionen, jedoch dezidiert *nicht* zur unmittelbaren pressemäßigen Verwertung gedacht waren.[35]

Ein allgemein bekanntes Quellenproblem, das sich im vorliegenden Falle jedoch in besonderem Maße stellt, hängt mit der inhaltlichen Brisanz dessen zusammen, worüber in den Führungszirkeln der nordrhein-westfälischen FDP gesprochen wurde – Themen nämlich, die „zweckmäßiger Weise nicht protokolliert werden"[36] sollten. Parteiintern war gar von einem „privaten Geldschrank Middelhauves"[37] die Rede, der als sicherer Aufbewahrungsort für allzu belastende Dokumente gedient haben soll. Wenn außerdem im Zusammenhang mit Teilaspekten der Nationalen Sammlung von den Protagonisten Pseudonyme oder Tarnbezeichnungen verwendet wurden, so ist es heute nahezu unmöglich, diese zu dechiffrieren. In einzelnen Fällen konnten jedoch vage Andeutungen mittels Parallelüberlieferungen anderer Provenienz aufgeklärt werden. Trotz solch vereinzelter Unwägbarkeiten kann diese Arbeit aber auf eine wahre Fülle an verwertbaren Archivquellen zurückgreifen, deren überwiegender Teil in der bisherigen Forschung unberücksichtigt geblieben ist.

Unter den gleichfalls zahlreichen gedruckt vorliegenden Quellen seien die von Udo Wengst edierten Protokolle der FDP-Bundesvorstandssitzungen von 1949 bis 1954 besonders erwähnt. Da innerhalb der FDP die politisch-programmatischen Trennlinien – cum grano salis – entlang der Landesverbandsgrenzen verliefen, trafen bei den Zusammenkünften jenes etwa 30-köpfigen Gremiums mit den jeweiligen Landesvorsitzenden und ihren Vertretern zwangsläufig die parteiinternen Antagonisten persönlich aufeinander und gerieten (ebenso zwangsläufig) aneinander. Anhand der z.T. mit Erbitterung geführten Debatten lassen sich nicht nur die inhaltlichen Frontlinien innerhalb des liberalen Lagers klar nachzeichnen, sie geben auch Aufschluss über das Kräfteverhältnis von Bundesführung und Landesverbänden sowie über das (Un-)Gleichgewicht zwischen den Parteiflügeln.

Über den Kontext der FDP hinaus wurden gedruckte Quellen unterschiedlichster Herkunft jeweils an geeignet und notwendig erscheinender Stelle herangezogen. Ob zur Veranschaulichung der innerliberalen Fusions- und Reformbestrebungen in der Weimarer Republik, zur genaueren Ermittlung der nationalsozialistischen Biographien nordrheinwestfälischer Landesverbandsangehöriger oder zur Ergänzung der rein innerparteilichen Perspektive im Kontext der Naumann-Affäre – stets konnte auf Quellensammlungen und -editionen sowie auf Egodokumente und Periodika zurückgegriffen werden.

---

[35] Immer wieder wies Strobel auf dieses Procedere hin. Ein beispielhaftes Zitat aus dem Informationsbericht vom 8.6.1953: „Sie werden verstehen, daß ich, falls hier eine Indiskretion geschehen sollte, in die peinlichste Lage geriete und einen meiner wichtigsten Informanten verlöre." IfZ-Archiv, ED 329/5.
[36] Zum Kontext dieses Zitats s.u., S. 147.
[37] Geheime Aufzeichnung im Nachlass Blücher vom 17.3.1953, BA, N 1080/260, pag. 26.

I. Prägungen: Die Weimarer Republik

1. Das Scheitern liberaler Sammlungsversuche und der Niedergang des Liberalismus

Der parteipolitische Neubeginn des Liberalismus „fortschrittlicher" Tradition nach dem Ersten Weltkrieg war verheißungsvoll: Bei den Wahlen zur Nationalversammlung vom 19. Januar 1919 entschieden sich mehr als fünfeinhalb Millionen Wahlberechtigte für die knapp zwei Monate zuvor gegründete Deutsche Demokratische Partei und bescherten ihr mit einem Ergebnis von 18,5% hinter der SPD (37,9%) und der Christlichen Volkspartei (19,7%; fortan Zentrum) einen unangefochtenen dritten Rang im Parteiengefüge der sich konstituierenden deutschen Republik. Unter Einschluss der bei diesen Wahlen noch reichlich unorganisierten, erst am 15. Dezember gegründeten nationalliberalen Deutschen Volkspartei (DVP; 4,4%; etwa 1,3 Mio. Stimmen) fiel die gesamtliberale Bilanz prima facie zwar *noch* positiver aus, zugleich aber offenbarte sich die strukturelle, chronische Schwäche des deutschen Liberalismus, nämlich seine Spaltung. Trotz aller Absplitterungen, Fusionen und Neugründungen konkurrierten spätestens seit Bismarcks Indemnitätsvorlage von 1866, die dem preußischen Verfassungskonflikt ein jähes Ende setzte, stets zwei nebeneinander existierende, parteipolitisch institutionalisierte „Liberalismen" um die Gunst der Wähler und befehdeten sich oftmals heftig: Der *Linksliberalismus* wurde bis zum Zusammenbruch des Deutschen Kaiserreiches hauptsächlich durch die Deutsche Fortschrittspartei, die Deutsche Volkspartei, die Freisinnige Volkspartei und schließlich die Fortschrittliche Volkspartei repräsentiert; der *Nationalliberalismus* fand seine parteimäßige Manifestation bis 1918 in der Nationalliberalen Partei. Im Unterschied zu den Versuchen einer Sammlungspolitik in wilhelminischer Zeit[1] standen die Vorzeichen zur Überwindung tradierter Partei-, Wähler- und Weltanschauungsschranken nach der Zäsur von 1918 ungleich günstiger. In beiden Lagern war ein Bedürfnis nach Einheit zu vernehmen. Zudem musste angesichts der revolutionären Unruhen eine Konzentration aller liberalen Kräfte geradezu als „Gebot der Selbsterhaltung"[2] gelten. Doch je konkreter die Fusionsverhandlungen zwischen den Exponenten beider Richtungen wurden, desto sichtbarer traten die überwunden geglaubten Gegensätze wieder zutage.

Wie auch bei späteren Einigungsversuchen verhinderte schon im November und Dezember 1918 ein Geflecht aus programmatischen Differenzen, parteitaktischem Kalkül, organisatorischem Führungsanspruch und persönlichen Animositäten unter den Verhandlungsführern eine Wiedervereinigung von Links- und Nationalliberalismus.[3] Waren im rechtsliberalen Lager durchaus noch Sympathien für die Monarchie und eine Sammlung aller bürgerlichen Kräfte mit Koalitionspräferenzen in Richtung Konservatismus vorhanden, so lehnten vor allem führende linksliberale Politiker wie Friedrich von Payer oder Hugo Preuß jedes klassenorientierte Konzept aus Furcht vor einer sozialgefährlichen ge-

---

[1] Vgl. Stegmann, Erben.
[2] Albertin, Liberalismus, S. 62.
[3] Zu den Verhandlungen vgl. ebd., S. 59–64; Wright, Stresemann, S. 125–134.

sellschaftlichen Blockbildung ab, das auch eine potentielle parlamentarische Zusammenarbeit mit der Sozialdemokratie in einer erstrebten demokratischen Republik erheblich erschwert hätte. Das alte liberale Ideal einer „klassenlosen Bürgergesellschaft" (Lothar Gall) fand unter den Bedingungen der sich abzeichnenden Massendemokratie seine Neuauflage in der Propagierung einer „Volksgemeinschaft" mit dem Ziel, „den Klassenkampfgedanken zu bekämpfen und die soziale Einheit der Nation herzustellen".[4] Ohnehin zeigte sich insbesondere im Linksliberalismus während der revolutionären Ereignisse 1918/19 Entschlossenheit, die zukünftige Partei den Bedingungen einer modernen Demokratie anzupassen und das Wählerreservoir zu vergrößern. Während die DVP noch mit Problemen des Parteiaufbaus zu kämpfen hatte, flogen im Auftrag der DDP bereits Flugzeuge über Deutschland, die im Wahlkampf zur Nationalversammlung millionenfach Flugblätter abwarfen.[5]

Aber nicht nur in der Außendarstellung wurden neue Wege beschritten, auch mit der überkommenen Organisationsstruktur wollte man brechen und aus einer von solventen Honoratioren getragenen Wählerpartei des Kaiserreiches eine vornehmlich beitragsfinanzierte Mitgliederpartei machen. Der Erfolg bei den Wahlen zur Nationalversammlung schien solche Hoffnungen ebenso zu nähren wie der regelrechte Ansturm von Neumitgliedern – es sollen mehr als 900 000 gewesen sein.[6] Doch der „energische Reformwille"[7] der Gründungsphase verflog und machte nach der Wahl zum ersten Deutschen Reichstag im Juni 1920 einer merklichen Ernüchterung Platz. Die Deutschen Demokraten hatten weit über drei Millionen Wähler verloren und stellten mit 8,3% errungener Stimmen nur noch die sechststärkste Fraktion im Parlament. Blickt man wiederum auf das gesamtliberale Ergebnis, so egalisierte in diesem Falle zwar die DVP mit einer Verdreifachung ihrer Wählerschaft (13,9%) den Verlust der DDP, doch zeichnete sich bereits die wahrscheinlich größte Hypothek der Weimarer Republik ab, nämlich das „Fehlen einer geschlossenen, an politischem Gewicht dem Zentrum und der Sozialdemokratie vergleichbaren Partei des liberalen und demokratischen Bürgertums".[8] Was auf Seiten der DDP blieb, war die bittere Erkenntnis, dass die Übernahme von Regierungsverantwortung vom Wähler keineswegs honoriert, sondern bestraft wurde – eine Erfahrung, die sich wie ein roter Faden durch die Geschichte der staats- bzw. regierungstragenden Parteien der Weimarer Republik ziehen sollte.

Es kann an dieser Stelle unmöglich auf die zahlreichen „exogenen" Faktoren eingegangen werden, die den Niedergang des Liberalismus sowie dessen Verlust an Integrations- und Mobilisierungskraft forcierten. Doch auch bei einer parteiimmanenten Ursachenforschung für den rapiden und kontinuierlichen Verlust an Wählerstimmen fallen einige strukturelle Schwächen ins Auge[9], von denen hier zwei exemplarisch herausgehoben werden sollen. Zunächst einmal ist es beiden Parteien nicht gelungen, ihre Organisation (und somit auch ihr Handeln im politischen Raum) von den Zuwendungen aus Wirtschaft und Industrie unabhängig zu machen. Eine offensichtlich kaum vorhandene, bis 1918 auch

---

[4] Wildt, Ungleichheit, S. 29.
[5] Hierzu und zum Folgenden: Portner, Ansatz.
[6] Vgl. Möller, Weimarer Republik, S. 95f.
[7] Portner, Ansatz, S. 155.
[8] Matthias/Morsey, Staatspartei, S. 31. In diesem Sinne bewertet Richter, Volkspartei, S. 44, die gescheiterten Einigungsbemühungen des Jahres 1918 auch als „Urkatastrophe des Weimarer Liberalismus".
[9] Vgl. Heß, Desintegration.

nicht geschulte Zahlungsmoral liberaler Parteimitglieder[10] führte in Verbindung mit einer anwachsenden Austrittswelle zu notorischer Geldknappheit, die sowohl DDP wie DVP zunehmend in die Abhängigkeit ihrer keinesfalls selbstlosen Förderer und damit in den der Wählergunst abträglichen Ruf brachte, Parteien des Großkapitals und der „Schlotbarone" zu sein.[11] Das tradierte Bild der DVP als quasi parlamentarischer Arm der Ruhrindustrie hat Ludwig Richter in seiner Studie zwar differenziert, doch weist auch er auf die deutliche Überrepräsentanz von Vertretern aus der Industrie innerhalb der Reichstagsfraktion hin, die 1928 über die Hälfte der Abgeordneten stellten.[12] Mit dem Tod des DVP-Vorsitzenden Gustav Stresemann am 3. Oktober 1929 entfiel schließlich jene Instanz, die seit Gründung der Partei eine wirtschaftliche Interessenvertretung zwar anerkannt, unstatthafte Bemühungen um Einflussnahme etwa aus den Kreisen der Ruhrgruppe um Hugo Stinnes jedoch einzudämmen versucht hatte.[13]

Kämpfte die DVP letztlich mehr mit einer zunehmend erzwungenen Verabsolutierung von Wirtschaftsinteressen in ihrer Politik, so litt die DDP – in „guter" liberaler Tradition – an einer unterentwickelten Organisation. Ein größtenteils überalterter und auf ehrenamtlicher Basis agierender Parteiapparat vermochte die notwendige – und von SPD und Zentrum intensiv praktizierte – „Verbindung mit dem ‚Parteivolk'"[14] nicht herzustellen.[15] Die DDP steckte im „Organisationsdilemma"[16] einer kaum reformierbaren Honoratiorenstruktur, die auch ihren volksparteilichen Anspruch zu konterkarieren drohte.[17] In erster Linie fühlten sich das protestantische Besitz- und Bildungsbürgertum sowie Beamte und Selbständige von der DDP angesprochen und vertreten, nennenswerte „Einbrüche" in das katholische Milieu sowie in die Arbeiterschaft gelangen trotz vereinzelter Versuche nicht. In einer Analyse der Zusammensetzung der preußischen DDP-Landtagsfraktion muss Volker Stalmann schließlich das „Unvermögen der Partei" konstatieren, „ihre historisch determinierten Grenzen zu transzendieren und ihr soziales Einzugsfeld zur Massen- und Volkspartei zu erweitern".[18] Bei aller *sozialen* Homogenität hatten die Deutschen Demokraten *inhaltlich* ein breites Spektrum an z. T. widerstreitenden Interessen in sich zu bündeln, das es ihnen nur schwer ermöglichte, sich programmatisch eindeutig und geschlossen zu präsentieren und zu organisieren.[19] Dies stellte sich umso mehr als eine Belastung dar, als mit Gründung der Republik und der damit verbundenen Ausgestaltung des Rechts- und Verfassungsstaates zentrale, zugkräftige linksliberale Forderungen bereits in Erfüllung gegangen waren. Anders als die Parteien der extremen Rechten und Linken konnten die Deutschen Demokraten und auch die Volkspartei unter dem domestizierend auf die Partei-

---

[10] Vgl. Richter, Volkspartei, S. 194–196.
[11] Vgl. Büttner, Weimar, S. 89 f.; Döhn, Politik; Langewiesche, Liberalismus, S. 248 f.; Wright, Stresemann, S. 455 ff.
[12] Vgl. Richter, Volkspartei, S. 182, 201 ff.
[13] Hugo Stinnes (1870–1924) zog 1920 für die DVP in den Reichstag ein. Zu Stinnes: Feldman, Stinnes.
[14] Stephan, Aufstieg, S. 494; vgl. auch S. 498.
[15] Zu den anfänglichen Achtungserfolgen der Reformbemühungen vgl. Portner, Ansatz.
[16] Schneider, Deutsche Demokratische Partei, S. 229.
[17] Vgl. Schieder, Krise, S. 199 ff.
[18] Stalmann, Einleitung, S. XIV.
[19] Vgl. Heß, Überlegungen, S. 290. Dort heißt es: „‚Rationaldemokraten' und ‚Nationaldemokraten', überzeugte Demokraten und Vernunftrepublikaner, Pazifisten und Imperialisten wilhelminischen Zuschnitts, weit spannte sich der Bogen der Anschauungen, den die Partei auf dem Boden der Verfassungs- und Staatsbejahung und einer am Gemeinwohl orientierten Vertretung des Staatsinteresses zu überbrücken hoffte."

rechte einwirkenden Parteivorsitzenden Stresemann keine utopischen Staats- und Gesellschaftsformen entwerfen, die das größer werdende Heer der Unzufriedenen und Verunsicherten hätten mobilisieren bzw. blenden können. Den diagnostizierten Funktionsstörungen der Weimarer Republik konnte also nur „mit systemimmanenter, nicht mit systemsprengender Reformpolitik"[20] begegnet werden. Entsprechend lautete das vom DDP-Parteivorsitzenden Erich Koch-Weser ausgegebene Motto zum Reichstagswahlkampf 1928 „Von der unvollkommenen Republik zur vollkommenen Republik".[21]

Neben Vorschlägen zu einer Finanz- und Wahlrechtsreform vertrat Koch-Weser innerhalb der langwierigen und letztlich ergebnislosen Diskussion um eine Reichsreform mit besonderem Nachdruck die alte Forderung nach einem „dezentralisierten Einheitsstaat". Der erste Schritt auf dem Weg dorthin müsse die „Beseitigung des Souveränitätsanspruchs der Länder" sein, der nach seiner Ansicht nur „zu einem kostspieligen und umständlichen Aufbau der Regierungen und Parlamente führt, wo lediglich Selbstverwaltungsaufgaben zu leisten sind".[22] Bereits Hugo Preuß hatte sich im Zuge der Verfassungsberatungen für eine einheitsstaatliche Lösung ausgesprochen, scheiterte damit aber schon in seiner eigenen Partei, wo es neben Befürwortern eines Unitarismus auch föderalistisch-partikulare Kräfte gab.[23] Die Attraktivität solch rationaler Postulate blieb allerdings begrenzt. Nur noch 4,9% der Wähler entschieden sich bei den Reichstagswahlen vom 20. Mai 1928 für die DDP, die Deutsche Volkspartei kam immerhin noch auf 8,7%. Die ohnehin nur sehr begrenzte soziale Bindekraft des liberalen Milieus ließ zusehends nach, und die Gründung zahlreicher Interessenparteien und kleinerer liberaler Zirkel und Reformklubs nährte die Befürchtung eines völligen Zerfaserns des bürgerlichen Lagers. Eine freundliche Aufforderung zum Dialog zwischen DDP und DVP erging im Sommer 1928, als die beiden Parteivorsitzenden von der *Liberalen Vereinigung* zu ihren Ehrenvorsitzenden gewählt wurden. Zweck dieser im Oktober 1924 gegründeten und maßgeblich von Carl Friedrich von Siemens unterstützten Gruppe war es, auf nominell überparteilicher Ebene die Voraussetzung für eine künftige Fusion beider liberaler Parteien zu schaffen. Von der Formulierung wenig zielführender Kompromissprogramme abgesehen, verblieben ihre Aktivitäten jedoch vielfach eher im symbolischen Bereich, die *Liberale Vereinigung* fristete eine „jahrelange Existenz politischer Bedeutungslosigkeit".[24]

Im Jahr 1929 intensivierten sich dann tatsächlich die Kontakte auf Führungsebene. Ergebnis dieser Bemühungen war die Idee eines „Blockes der Nationalbewussten", ein im September von Stresemann und Koch-Weser entworfenes strategisches Bündnis, das kurzfristig im Zusammenhang des Volksbegehrens gegen den Young-Plan der sich formierenden rechten Front entgegentreten, mittelfristig bei Wahlen zusammenarbeiten und langfristig den „Zusammenschluss der Parteien der Mitte" herbeiführen sollte.[25] Der Tod Gustav Stresemanns ließ diese Pläne freilich nur wenige Tage später Makulatur werden. Erst die politische Entwicklung im Sommer 1930 zwang die Parteiführer – Ernst Scholz war Stresemann im Vorsitz der DVP nachgefolgt – zu neuerlichen Verhandlungen. Die Auf-

---

[20] Langewiesche, Liberalismus, S. 270.
[21] Zit. n. Heß, Überlegungen, S. 298.
[22] Koch-Weser, Einheitsstaat, S. 55; vgl. Portner, Verfassungsentwurf, S. 283; Stephan, Aufstieg, S. 500. Forschungsüberblick zur Reichsreform bei Wirsching, Weimarer Republik, S. 58f.
[23] Vgl. Albertin, Liberalismus, S. 277–285; Heß, Überlegungen, S. 294; Ritter, Föderalismus, S. 83ff.
[24] Albertin, Parteien, S. 70. Zur Liberalen Vereinigung vgl. Jones, Liberalism (1988), S. 232, 266ff.; ders., Sammlung, S. 267; Schneider, Deutsche Demokratische Partei, S. 249f.; Wright, Stresemann, S. 457.
[25] Vgl. ebd., S. 458; Richter, Volkspartei, S. 565.

lösung des Reichstags am 18. Juli 1930 durch den bereits mit präsidialen Vollmachten unterstützten Reichskanzler Heinrich Brüning sorgte im liberalen Lager für hektische Betriebsamkeit, wollte man bei der für den 14. September anberaumten Reichstagswahl doch nicht Gefahr laufen, angesichts der herrschenden politischen Krise und einer damit einhergehenden gesellschaftlichen Polarisierung aufgerieben zu werden. „Zu keinem Zeitpunkt der Weimarer Republik waren die Bedingungen für die Schaffung einer großen liberalen Partei geeigneter, zu keinem Zeitpunkt lag aber auch die Notwendigkeit einer solchen Partei klarer auf der Hand".[26] Doch als sich Ende Juli und Anfang August die führenden Vertreter von DDP und DVP zu Fusionsgesprächen trafen, gab es bereits keine gemeinsame Gesprächsgrundlage mehr. Ohne Kenntnis der Basis oder Genehmigung durch parteioffizielle Gremien hatte Erich Koch-Weser in einem kleinen Kreis die künftige Zusammenarbeit mit der Volksnationalen Reichsvereinigung (VNRV), dem parteipolitischen Arm des bündischen Jungdeutschen Ordens, im Rahmen einer neuen Partei beschlossen. Eine erstaunte Öffentlichkeit, eine pikierte Volkspartei sowie eine in großen Teilen ihrer Mitglieder fassungslose DDP nahm am 28. Juli die „Ausrufung" der Deutschen Staatspartei im Rahmen einer Pressekonferenz zur Kenntnis.[27] Schon seit einigen Monaten stand Koch-Weser in Kontakt zum Jungdeutschen Orden und dessen – so die ordensinterne Titulatur – Hochmeister Artur Mahraun.

Woran entzündete sich nun die Kritik zahlreicher liberaler Demokraten? Einerseits stieß Koch-Wesers Fait-accompli-Politik, in der etwa Theodor Heuss „eine Art von internem Staatsstreich"[28] sah, auf Widerstand. Schwerer wogen jedoch die inhaltlichen Vorbehalte gegenüber der Zusammenarbeit mit einer Organisation, die in ihrem Kern als dem Liberalismus wesensfremd angesehen werden musste.

Der Jungdeutsche Orden

Wie in einem Brennglas ließe sich anhand der Geschichte des Jungdeutschen Ordens die Entwicklung der deutschen Jugendbewegung vor dem Ersten Weltkrieg über die mentalitätsprägende Erfahrung der „Frontgemeinschaft" bis hin zur Bündischen Jugend der Nachkriegszeit nachverfolgen. Umso bedauerlicher ist es, dass eine wissenschaftlich befriedigende Untersuchung des Jungdeutschen Ordens noch immer aussteht.[29]

---

[26] Richter, Volkspartei, S. 660.
[27] Die Einigung war schon tags zuvor erfolgt, neben DDP und VNRV waren auch einige Christliche Gewerkschafter sowie Vertreter der volksparteilichen Jungliberalen beteiligt. Zur Gründung und Geschichte der Staatspartei vgl. Albertin, Auflösung, S. 99–104; Frye, Democrats, S. 155–177; Jones, Sammlung; Matthias/Morsey, Staatspartei; Richter, Volkspartei, S. 651–661; Schneider, Deutsche Demokratische Partei, S. 253–260; Stephan, Aufstieg, S. 439ff.
[28] Heuss, Erinnerungen, S. 392. Vgl. auch Heuss an Theodor Wilhelm, 30. 10. 1930, in: Heuss, Briefe 1918–1933, Nr. 171, S. 398. Auch dort schreibt Heuss von einer „zu staatsstreichartigen Schaffung der Staatspartei".
[29] Die von Armin Mohler inspirierte und „mit seinem freundschaftlichen Rat begleitet[e]" (S. 5) Monographie „Der Jungdeutsche Orden" von Klaus Hornung aus dem Jahr 1958 wurde in ihrer Entstehung von ehemaligen Ordensmitgliedern unterstützt und versteht sich eher als eine „Würdigung der deutschen bündisch-nationalen Bewegung" (S. 8); eine Hinzuziehung von Quellen außerhalb des JO hat Hornung daher auch für „nicht notwendig" (S. 9) befunden. Unter einer mangelnden kritischen Distanz zum Untersuchungsgegenstand leidet ebenfalls die Reihe „Beiträge zur Geschichte des Jungdeutschen Ordens". Die vom ehemaligen Ordensmitglied Wolfgang Lohmüller verlegten und von früheren Jungdeutschen verfassten Beiträge möchten den Jungdeutschen Orden „als staatserhaltende politische Reformbewegung" sowie seinen „erbitterten Widerstand" gegen den Nationalsozialismus

Der 1890 in Kassel geborene Artur Mahraun kehrte als Oberleutnant aus dem Ersten Weltkrieg zurück und befehligte anschließend den von ihm aufgestellten *Freiwilligen-Verband der Offiziers-Kompanie-Cassel* (OKC). Im Zuge der erzwungenen Abrüstung bzw. Auflösung von Freikorps kam es am 17. März 1920 zur Umwandlung des OKC in den Jungdeutschen Orden, zu dessen Hochmeister Mahraun gewählt wurde. Schon die Namensgebung verweist einerseits auf das mythisierte Vorbild, den Deutschen Orden, dessen Nomenklatur der Rangstufen und Gliederungseinheiten man bewusst übernahm. Andererseits sollte in der Selbstbezeichnung als *Orden* der „Gegensatz zur modernen Partei"[30] unmissverständlich dokumentiert werden. In seiner Außendarstellung offenbarte sich eine obskure Mischung aus germanischem Romantizismus, Antiliberalismus, Autoritarismus, Nationalismus und Antisemitismus. Organisiert auf Grundlage des Führerprinzips, bewertete der JO „alle Absplitterungsversuche und Sonderbestrebungen […] als Verrat an der Einigkeit aller Vaterlandsfreunde".[31] Erstrebt wurde „ein freies, großes Reich aller Deutschen, einig in allen seinen Stämmen und Ständen" sowie „die deutsche Volksgemeinschaft auf christlicher Grundlage".

Ob dem Epitheton „christlich" lediglich eine Feigenblattfunktion gegenüber den Vorwürfen neuheidnischer Tendenzen zukam, die vor allem aus Kreisen des Klerus erhoben wurden, sei dahingestellt; der Jungdeutsche Orden wollte sich jedenfalls konfessionell in keiner Weise gebunden wissen. Dass hingegen nur „deutschblütige Männer und Frauen" aufgenommen wurden, verdeutlicht, wer *nicht* als Mitglied jener deutschen „Volksgemeinschaft" galt. Antisemitismus war von Beginn an integraler Bestandteil der jungdeutschen Gesinnung, man bekannte sich zum „‚Schutz von Rasse und Volkskultur' gegenüber der ‚Zersetzung' durch die ‚jüdisch-materialistische Weltanschauung'".[32] Den Parlamentarismus lehnte der Orden ebenso kategorisch ab wie den „Parteiismus". Auf verfassungsfeindliche Äußerungen Mahrauns in der Ordenszeitung *Der Jungdeutsche* reagierte der preußische Innenminister Carl Severing, gestützt auf das Republikschutzgesetz, mit dem Erlass eines kurzzeitigen Erscheinungsverbots. Die Begründung lautete: „In diesen Ausführungen des Blattes wird eine Verachtung der verfassungsmäßig festgestellten republikanischen Staatsform des Deutschen Reiches in unverhüllter und besonders verletzender Weise zum Ausdruck gebracht."[33]

---

darstellen; vgl. Wolf, Entstehung; ders., Orden 1922-1925 (I), 1925-1928 (II); Kessler, Orden 1928-1930 (I), 1931-1933 (II); ders., Der Jungdeutsche Orden auf dem Wege zur Deutschen Staatspartei; Werner, Orden im Widerstand. Die von Clifton Greer Ganyard stammende Monographie „Artur Mahraun and the Young German Order" (2008) liefert zwar einen wertvollen Beitrag, vermag jedoch gerade in der so bedeutsamen ideengeschichtlichen Verortung und Bewertung des Ordens nicht zu überzeugen und widmet der zeitlich gewiss nur sehr kurzen, aber für die Geschichte des JO doch einschneidenden Kooperation mit den Deutschen Demokraten im Rahmen der DStP nur wenige Zeilen. In seiner Studie über die „Generation des Unbedingten" weist Michael Wildt nach, dass „eine nicht unbeträchtliche Gruppe" (S. 57) aus dem späteren Führungskorps des Reichssicherheitshauptamtes aus dem Jungdeutschen Orden stammte.

[30] Sontheimer, Antidemokratisches Denken, S. 209.
[31] Aus der Ordensverfassung, hier und nachfolgend zit. n. Schlund, Jungdo, S. 21.
[32] Zit. n. Hornung, Orden, S. 53f. Umso irritierter liest man nach dieser Passage Hornungs Schlussfolgerung: „Einen schroffen Antisemitismus der Rasse verkündete man also damit nicht." Vgl. Ganyard, Mahraun, S. 209ff. Dort wird dem Antisemitismus innerhalb der jungdeutschen Ideenwelt eine nur untergeordnete Bedeutung beigemessen.
[33] Verfügung des Preußischen Ministers des Innern vom 1.12.1924, zit. n. Wolf, Orden 1922-1925, S. 42.

Die Geistesverwandtschaft jungdeutscher und nationalsozialistischer Ideologeme ist evident, doch die bürgerlich-elitäre Attitüde des Ordens, seine Reserviertheit gegenüber völkischen „Trommlern" und eine – freilich unter großen Vorbehalten und nur zögerlich vollzogene – Annäherung an den Weimarer Staat führten zusehends zu Spannungen zwischen beiden Bewegungen. 1927 sah sich der NS-Chefideologe Alfred Rosenberg gar zu einer expliziten „Abrechnung mit Artur Mahraun"[34] veranlasst, in der er zwar zugestand, dass „Mahrauns Programm mit dem Nationalsozialismus – theoretisch – großen Teils überein[stimme]".[35] In der Praxis erweise sich der Orden jedoch „als eine halbdemokratische Einrichtung mit völkischem Aufputz"[36], die – so Rosenbergs Kritik – die Weimarer Verfassung bejahe, das „Judenproblem" erkenne, aber nicht entschieden genug bekämpfe sowie eine Verständigung mit Frankreich anstrebe. Natürlich ging es Rosenberg primär darum, eine nationalsozialistische Deutungshoheit innerhalb der antidemokratischen Rechten zu beanspruchen und die Führung konkurrierender Gruppierungen zu diskreditieren, um deren Anhang für die NS-Bewegung zu gewinnen.

Ein Blick in das *Jungdeutsche Manifest* aus dem gleichen Jahr zeigt, dass der „Vorwurf" der Verfassungstreue nicht völlig aus der Luft gegriffen war, am eigentlichen Ziel des JO aber eindeutig vorbeigeht. Unter kurzfristiger Anerkennung der „Übergangsverfassung"[37] von Weimar sollte auf evolutionärem Wege „die Brechung der parteiischen Demokratie"[38] erreicht und an ihrer Stelle ein „Gemeinschaftsstaat" bzw. „Volksstaat" jungdeutscher Prägung errichtet werden. Der republikanische Status quo wurde also lediglich als Ausgangspunkt anerkannt, um zu einer Überwindung des verhassten Weimarer Parlamentarismus zu gelangen. Allein die Existenz dieser (reichlich nebulösen) Forderungen deutet indes auf einen gewissen Politisierungsschub innerhalb des JO hin, der im Gründungsaufruf zur Volksnationalen Reichsvereinigung im November 1929 seinen vorläufigen Höhepunkt erreichen sollte. Auch Mahrauns – freilich aus seinem radikalen Antibolschewismus gespeistes – Bekenntnis zu einer Verständigung mit Frankreich ließ die Jungdeutschen in Stresemanns Plänen zur Bildung eines neuen bürgerlichen Blockes zu einem potentiellen Verbündeten werden.[39]

Das Experiment der Deutschen Staatspartei

Der Hauptgrund, der die Führungsriege der Deutschen Demokraten um Koch-Weser, „who privately sympathized with the Order's crusade against ‚partyism'"[40], zur Kooperation mit dem JO bewogen haben dürfte, ist wohl in dessen jugendhaft-dynamischem Habitus zu suchen. Eine „Frischzellenkur" hätte der DDP angesichts einer fortschreitenden Überalterung von Parteiapparat und Führungsriege gewiss gut zu Gesicht gestanden, junge Wähler vermochte sie kaum mehr zu mobilisieren. Mit diesem Kalkül einer Hinwendung zur Jugend folgte die DDP-Spitze außerdem einem Trend der Zeit: „Der ‚Kampf' um die junge Generation nahm um 1930 extreme – verzweifelte oder siegesfrohe – Züge an. Der ‚Mythos der Jugend', der seit der Jahrhundertwende kultiviert worden war und sie

---

[34] Rosenberg, Nationalsozialismus.
[35] Ebd., S. 3.
[36] Ebd., S. 3f.
[37] Mahraun, Manifest, S. 76.
[38] Ebd., S. 79.
[39] Vgl. Wright, Stresemann, S. 458.
[40] Jones, Liberalism (1988), S. 332.

zum Symbol für Kraft, Fortschritt, Zukunft gemacht hatte, wurde pathetisch übersteigert und politisch wirksam."[41]

Entsprechend zuversichtlich entwarf Gertrud Bäumer, Frauenrechtlerin und DDP-Politikerin der ersten Stunde, in einem Beitrag zur Bildung der Deutschen Staatspartei deren Zukunftsaussichten: „Heraus aus der parteipolitischen Verkrampfung"[42] lautete die programmatische Überschrift, hinter der sich das Ziel verbarg, „all die Kräfte nicht nur zu *sammeln*, sondern auch zu *einen*, die heute innerhalb und außerhalb der Parteien fruchtbare Politik machen".[43] Sie wandte sich sowohl an die Frontgeneration als auch an bislang politisch abseits stehende junge Frauen und erhoffte sich von der bündischen Prägung des Jungdeutschen Ordens einen inhaltlichen und organisatorischen Dynamisierungsschub.

Indes barg jenes pädagogische Experiment nicht nur Chancen, sondern auch unkalkulierbare Risiken. Der Jungdeutsche Orden hatte seiner antiliberalen Gesinnung nur halbherzig abgeschworen, antikapitalistische und antiparlamentarische Ressentiments lebten fort.[44] Sein Antisemitismus und der für die Mitgliedschaft erforderliche „Ariernachweis" – ohnehin schon eine „unüberbrückbare Schwelle für jede Liberalität"[45] – rüttelten an den Grundfesten einer Partei, in der viele deutsche Juden ihre politische Heimat gefunden hatten.[46] Im Falle Erich Koch-Wesers, selbst Sohn einer jüdischen Mutter, nahm eine solche Zusammenarbeit geradezu selbstverleugnende Züge an. Die Vision, durch eine als moderat angesehene Öffnung nach rechts ein „Zusammenkommen von Menschen aus dem schwarz-weiß-roten und dem schwarz-rot-goldenen Lager"[47] zu erreichen, ohne dabei gleichzeitig eine Kooperation mit der Sozialdemokratie unmöglich werden zu lassen, war stärker als alle Bedenken.

Das Ergebnis der Reichstagswahlen vom 14. September 1930 wirkte wie ein Schock. Konnte die NSDAP als sich jugendlich-dynamisch gerierende „Bewegung" mit 18,3% einen Erdrutschsieg erringen, so wurde die DStP als vorläufige Wahlvereinigung von DDP und VNRV mit einem Ergebnis von 3,8% nur noch achtstärkste „Kraft" im neuen Reichstag. Nach einem Zerwürfnis zwischen Artur Mahraun und Vertretern der Deutschen Demokraten kam es schon am 7. Oktober 1930 zum Bruch zwischen jenen ungleichen Partnern.[48] Mit dem Auszug der sechs Reichstagsabgeordneten der VNRV verlor die nunmehr nur noch 14-köpfige Gruppe der Liberalen sogar ihre Fraktionsrechte.[49] Der bedeutsame-

---

[41] Büttner, Weimar, S. 266. Vgl. Jones, Liberalism (1988), Kapitel 24: „The Mission of the Younger Generation", S. 323–337; ders., Liberalism (1990).
[42] Erkens/Sassin (Hrsg.), Dokumente, Dok. 1.1.4, S. 33–36.
[43] Ebd., S. 34; Hervorhebungen wurden übernommen.
[44] Nach Sontheimer, Antidemokratisches Denken, S. 385, stand „der Bewegung Mahrauns [...] doch vom Anfang bis zum Ende das antidemokratische Zeichen auf der Stirn geschrieben".
[45] Langewiesche, Liberalismus, S. 251.
[46] Der Antisemitismus der Jungdeutschen machte auch vor jüdischen Vertretern der „eigenen" Partei nicht Halt; vgl. Ganyard, Mahraun, S. 232.
[47] Erkens/Sassin (Hrsg.), Dokumente, Dok. 1.1.4, S. 36.
[48] Mergel, Kultur, S. 421, charakterisiert das Zweckbündnis anschaulich als „Allianz zwischen bündischem Irrationalismus und liberalem Rationalismus, zwischen demokratischem und Führerprinzip, völkischem Denken und Staatsbürgerbegriff", bei der sich die DDP „mit ideologischen Positionen belastet [habe], die in diametralem Gegensatz zur liberalen Tradition der Partei standen".
[49] Vgl. Matthias/Morsey, Staatspartei, S. 37. Theodor Heuss bezeichnete in einem Brief an Theodor Wilhelm vom 30.10.1930 den Auszug der Volksnationalen Gruppe als „indiskutabel". „Wenn es der Gruppe Mahraun auch nicht darauf ankam, im Parlament konkret zu arbeiten, so hatte sie nicht das sachliche und menschliche Recht, uns die Arbeitsmöglichkeit zu verderben." Heuss, Briefe 1918–1933, Nr. 171, S. 398f.

re personelle Aderlass vollzog sich jedoch auf dem linken Flügel der alten DDP, wo zahlreiche Liberaldemokraten den „Grundcharakter der Partei"[50] aufgrund der vollzogenen Öffnung nach rechts erschüttert sahen und diesen Weg nicht mehr mitzugehen bereit waren. Die Deutsche Staatspartei – offiziell gegründet am 9. November 1930 – erwies sich mehr und mehr als eine in den Köpfen ihrer Initiatoren kreierte politische Totgeburt. Das Verhältnis zur Schwesterpartei DVP war zudem irreversibel zerrüttet. Diese wiederum sah ihren künftigen Platz nach der Wahl Eduard Dingeldeys zum Parteivorsitzenden – laut Richter ein „Einschnitt in der Geschichte der Volkspartei, der in seinen Fernwirkungen kaum überschätzt werden kann"[51] – nicht neben der DStP, die sie als „Linkspartei" zu diskreditieren versuchte, sondern vielmehr an der Seite von Stahlhelm, DNVP und NSDAP. In der Deutschen Volkspartei vollzog sich die unübersehbare Rechtsverschiebung der politischen Mitte am radikalsten, die zunehmende Entfremdung zwischen Links- und Nationalliberalismus schien kaum mehr überbrückbar, alle Bemühungen um die Bildung eines starken bürgerlichen Blockes waren gescheitert.

Das eigentliche Dilemma der Staatspartei während der Zeit der Präsidialkabinette bestand darin, sich einerseits an dem einsetzenden Überbietungswettbewerb autoritärer Lösungsmodelle für die Republikkrise beteiligen zu müssen, um überhaupt noch als Alternative vom Wähler wahrgenommen zu werden, ohne sich dabei andererseits in ihrer Kernidentität als republikbejahende *Staats*partei unglaubwürdig zu machen. Dieser Spagat gelang der DStP nur ungenügend. Forciert durch den Rechtsruck infolge der Parteiumgründung, artikulierten sich zunehmend traditionelle liberale Vorbehalte gegenüber dem – nach zeitgenössischem Sprachgebrauch – absoluten, reinen oder hybriden Parlamentarismus, die „eine langfristige etatistische Prägung"[52] sowie die Befangenheit in Denkmustern des Konstitutionalismus offenbarten.[53] Der jungdeutsche Einfluss schlug sich u. a. „in der schonungslosen Kritik an den ‚Schäden des bisherigen parteiistischen Systems'"[54] nieder, wie es im Manifest der Staatspartei nachzulesen war. Man war sich einig, dass der Weg aus der Staatskrise gleichsam „oberhalb" der Parteien gesucht werden müsse. In ihrem „eher relativistische[n] Parlamentsverständnis"[55] setzten viele Liberale gerade in der vorherrschenden Krisensituation ihre Hoffnungen auf „den" Staat. Zahlreiche Vorschläge zur Stärkung der Exekutive „gegenüber dem reinen Parteitreiben des Reichstags"[56] waren die Folge. Einige markante, wenn auch nicht immer für die ganze Staatspartei repräsentative Forderungen seien hier genannt: Einschränkung oder gar Abschaffung des Länderparlamentarismus; Degradierung des Reichstags zur Kontrollinstanz; Begrenzung der Einflussnahme von Parteien bzw. Fraktionen auf die Regierungsbildung; Umgestaltung des Wahlrechts zu einer Persönlichkeitswahl; Einführung eines (z. T. ständisch geprägten) Zwei-

---

[50] Aus einem Brief von Anton Erkelenz an Erich Koch-Weser vom 29.7.1930, in: Erkens/Sassin (Hrsg.), Dokumente, Dok. 1.1.3, S. 31. Erkelenz verließ 1930 die DDP und trat zur SPD über.
[51] Richter, Volkspartei, S. 690.
[52] Seefried, Einleitung, S. 24.
[53] Zu den „linksliberalen" Vorschlägen vgl. v. a. Heß, Wandlungen; Matthias/Morsey, Staatspartei, S. 39ff.; s. auch Portner, Verfassungsentwurf.
[54] Zit. n. Matthias/Morsey, Staatspartei, S. 33. Zu der „in der Weimarer Republik allgegenwärtige[n] Parteienkritik" und deren Auswirkungen auf die Funktionsfähigkeit des Weimarer Parlamentarismus vgl. Raithel, Funktionsstörungen, S. 258ff.
[55] Heß, Wandlungen, S. 66.
[56] Meinecke, Das Reich der Zukunft, Artikel aus der Kölnischen Zeitung, 18.1.1931, abgedruckt in: Meinecke, Schriften, Nr. 59, S. 448.

kammersystems; weitere Stärkung des Reichspräsidenten.[57] Solcherlei Reformvorschläge konnten sich im Einzelnen durchaus auf klassische liberale Ressentiments gegenüber einer von Parteien getragenen, parlamentarischen und notwendig pluralistischen Massendemokratie berufen. In ihrer Bündelung und Verschärfung seit 1930 drohte die Flucht nach vorn jedoch zu einer „Flucht aus dem Liberalismus"[58] zu werden.[59] Die Staatspartei hatte sich „auf ein ideologisch abschüssiges Terrain gewagt"[60], ihr überspannter Etatismus bot ohne Zweifel Anknüpfungspunkte für radikale, antidemokratische Regierungsmodelle. Es gilt hier jedoch zu differenzieren zwischen „einer liberalen Variante der Präsidialdemokratie"[61], die sich als notwendig autoritäre, aber eben als *Interims*lösung zur Bewältigung der Staatskrise bei grundsätzlicher Bejahung demokratischer Prinzipien begriff, und den republikfeindlichen Bemühungen jener Kräfte, die in der Krise einzig das geeignete Vehikel zur Überwindung des verhassten „Systems" erblickt haben.

Angesichts der um sich greifenden gesellschaftlichen und politischen Radikalisierung, die das Bedürfnis nach grundstürzenden Veränderungen, nicht nach rational argumentierenden Reformvorschlägen, wachsen ließ, war es absehbar, dass die Deutsche Staatspartei in einem Hase-und-Igel-Rennen um das populärste Staatsmodell unterliegen musste.[62] Bei den beiden Reichstagswahlen des Jahres 1932 entschieden sich gerade einmal 1,0% der Wähler für die DStP, mit Ergebnissen von 1,2% (31. Juli) bzw. 1,9% (6. November) sah es für die DVP kaum besser aus. Als völlig marginalisierte Splitterparteien traten sie in das Jahr 1933 ein, zur Zeit ihrer Selbstauflösung Ende Juni (DStP) bzw. Anfang Juli (DVP) war eine intakte Parteiorganisation kaum mehr vorhanden.[63] Der evidente Mangel an untereinander vernetzten Strukturen prägte das Bild des Liberalismus während der Zeit des Nationalsozialismus ebenso wie nach 1945, als es ihm – anders als etwa der Sozialdemokratie – kaum möglich war, alte Netzwerke über lokale Zirkel hinaus zu reaktivieren.[64]

2. Friedrich Middelhauve: Schöngeist, Unternehmer, Politiker

Den kläglich gescheiterten Versuch, aus der Staatspartei den Kristallisationspunkt für eine große Sammlung der Mitte zu machen, erlebte Friedrich Middelhauve als deren Mitglied aus nächster Nähe. Die Erfahrung des Abgleitens in die politische Bedeutungslosigkeit prägte ihn tief, zumal der Niedergang der Staatspartei an Rhein und Ruhr, wo insbesondere der Linksliberalismus immer schon einen besonders schweren Stand hatte, noch drastischer ausfiel als auf Reichsebene.[65] Die katholische Bevölkerungsmehrheit – im Jahr 1925

---

[57] In Friedrich Meineckes „Wort zur Verfassungsreform" (Vossische Zeitung, 12. 10. 1932) heißt es: „Die Ausartung von Parlament und Parteien kann nun freilich nur bekämpft werden durch Stärkung von Recht und Macht des Reichspräsidenten und durch Schaffung einer wirksamen Gegeninstanz gegen den Reichstag durch ein wirkliches Oberhaus." Ders., Schriften, Nr. 64, S. 474.
[58] Langewiesche, Liberalismus, S. 251.
[59] Vgl. Grüner, Einheitssehnsucht.
[60] Ebd., S. 220.
[61] Heß, Wandlungen, S. 72.
[62] Vgl. Langewiesche, Liberalismus, S. 283.
[63] Vgl. Hein, Milieupartei, S. 25.
[64] Eine Ausnahme bildeten lediglich die deutschen Traditionsgebiete des Liberalismus im Südwesten sowie in den Hansestädten.
[65] Vgl. Hein, Milieupartei, S. 133f.

betrug der Anteil an Katholiken 57,5% gegenüber 39,3% an Protestanten[66] – sowie der weit über dem Reichsdurchschnitt befindliche Industrialisierungsgrad waren tendenziell dazu angetan, Hochburgen des Zentrums und der Arbeiterparteien zu sein, was die Ergebnisse der Reichstagswahlen eindrucksvoll bestätigten: Im hochindustrialisierten Westen übertraf die KPD – freilich zu Lasten der Sozialdemokraten – die Ergebnisse auf Reichsebene stets deutlich, die katholische Zentrumspartei in Nordrhein-Westfalen erreichte sogar bei allen acht Wahlen ein weit mehr als doppelt so gutes Ergebnis wie im Reichsdurchschnitt.[67] Bereits die Wahlen zur verfassunggebenden Nationalversammlung am 19. Januar 1919 ließen erahnen, wie schwer es eine liberale Partei vom Zuschnitt der DDP angesichts der landesspezifischen Strukturen haben würde: Mit 9,5% unterbot sie das Reichsergebnis um fast die Hälfte.

Von solchen Resultaten war die Deutsche Staatspartei, deren Vorsitzender im Rhein-Wupper-Kreis Friedrich Middelhauve 1931 wurde, weit entfernt. Bei den zwei Reichstagswahlen von 1932 entschieden sich nur noch 0,3% der rheinisch-westfälischen Wählerschaft für die Staatspartei, Middelhauves Kandidatur als stellvertretender Wahlkreisvorsitzender in Düsseldorf für ein Reichstagsmandat hatte keinerlei Aussicht auf Erfolg.

Bis ins Jahr 1930 hinein hatte wenig darauf hingedeutet, dass Friedrich Middelhauve einmal die politische Bühne betreten würde. Vieles hätte eher für eine wissenschaftliche Laufbahn an der Universität oder aber eine erfolgreiche Unternehmerkarriere gesprochen.[68] Friedrich Wilhelm Heinrich Middelhauve wurde am 17. November 1896 in Siegen geboren. Seine Mutter Julie, geb. Schweisfurth, entstammte einer dort ansässigen Kaufmannsfamilie, der Vater Louis Middelhauve, geboren 1870 in Herbede bei Witten, tat es beruflich seinem Großvater mütterlicherseits gleich und ging zur Eisenbahn. Dort bemühte er sich nach Kräften um einen steten beruflichen Aufstieg, so dass es der einstmalige Schlosserlehrling schließlich zum Oberingenieur beim Reichsbahnausbesserungswerk Opladen brachte. Im Kreis Solingen lagen auch die Stationen der schulischen Laufbahn seines Sohnes Friedrich, die ihn von Elberfeld über Opladen ins Realgymnasium von Ohligs geführt haben, wo er 1916 schließlich sein Abitur ablegte. Doch weder diese eher technisch-naturwissenschaftliche Schulbildung noch ein Besuch des Deutschen Museums in München, ermöglicht durch ein Carl-Duisberg-Stipendium, vermochten es, den Humanisten in Middelhauve zu verbiegen. In einer charakteristischen Selbsteinschätzung „gestand" er später: „Meine Neigung galt schon früh der Dichtung, besonders der deutschen Dichtung, der Kunst und der Musik. Ich bin also das, was man schlechthin schöngeistig nennt."[69] Gerne hätte der junge Middelhauve aus dieser Vorliebe einen Beruf gemacht. Den Grundstein hierfür legte er nach kriegsbedingter Verzögerung mit einem Studium der Literaturgeschichte, Geschichte und Kunstgeschichte in Marburg, Bonn und Münster, das er 1921 in Köln mit einer Dissertation über Adalbert Stifters „Nachsommer", einen der letzten klassischen Bildungsromane, abschloss. Aufgrund der sich zusehends verschärfen-

---

[66] Vgl. 50 Jahre Wahlen in Nordrhein-Westfalen, Anlage Nr. 12, S. 138; die Daten fußen auf einer Volkszählung vom 16.6.1925.
[67] Vgl. ebd., Anlage Nr. 2, S. 6f.
[68] Die nachfolgenden biographischen Angaben zu Friedrich Middelhauve beruhen auf den Selbstdarstellungen bzw. dem gesammelten biographischen Material im Nachlass Middelhauve (HStAD, RWN 172/394/-600/-670) sowie auf Angaben in der Literatur bei: Bierbach, Middelhauve; Henkels, Zeitgenossen; Henning, Middelhauve.
[69] Von Middelhauve verfasster Werdegang für die geplante Veröffentlichung in der parteieigenen Zeitung „Die Plattform", 1.8.1949, HStAD, RWN 172/394, pag. 3.

den Geldentwertung sowie unsicherer Berufsaussichten im akademischen Betrieb musste sich Middelhauve schweren Herzens gegen die ursprünglich angestrebte Habilitation entscheiden und gründete 1921 in Wiesdorf, dem heutigen Leverkusen, die – noch immer bestehende – Buchhandlung *Dr. Friedrich Middelhauve*.

Der im Jahr darauf ins Leben gerufene, ebenfalls seinen Namen tragende Verlag scheiterte jedoch angesichts der sich zuspitzenden Inflationskrise und mit ihm das ambitionierte Projekt eines literarischen Periodikums, das 1924 nach nur drei Nummern eingestellt werden musste. Von diesen negativen Erfahrungen ließ sich der risikofreudige Unternehmer nicht abschrecken. Noch im selben Jahr lieh er sich „zu exorbitant hohen Zinssätzen"[70] das notwendige Kapital zur Gründung einer Druckerei in Opladen. Trotz einer anfänglichen Verschuldung, die bis zum Offenbarungseid führte[71], ist hier der Ausgangspunkt für die durchaus beachtliche Verlegerkarriere Middelhauves anzusetzen. Der sich einstellende unternehmerische Erfolg ließ jedoch das Leiden des „Schöngeistes" Middelhauve an der kulturellen Diaspora Opladens nicht kleiner werden. In Artikeln für die *Bergische Post* kritisierte er das Niveau in den Theatervorführungen des örtlichen Bühnen-Volksbundes – sehr zum Ärger von dessen Gründerin und Leiterin Bertha Reichert.[72] Darüber gerieten beide schließlich so sehr aneinander, dass sie 1928 heirateten. Hierbei ließen sie sich auch von Konfessionsgrenzen – Middelhauve war bekennender Protestant, Reichert praktizierende Katholikin – nicht abschrecken, obwohl gerade in klerikalen Kreisen des Rheinlandes das unschöne Wort „Mischehe" eine geradezu stigmatische Konnotation hatte. *Eine* unangenehme Folge hatte die Heirat für die studierte Philologin: Als sogenannte Doppelverdienerin musste sie ihre Arbeit als Gymnasiallehrerin am Lyzeum Marianum in Opladen aufgeben.

Lassen sich somit einige gesicherte Angaben über den Unternehmer und Privatmann Middelhauve treffen, so tappen wir bei einer Bewertung des homo politicus weitgehend im Dunkeln. Es scheinen keine aussagekräftigen Unterlagen überliefert zu sein, die Rückschlüsse auf politische Überzeugungen Middelhauves vor 1930 zuließen. Selbst von seiner Tätigkeit in der Staatspartei ist so gut wie nichts bekannt.[73] Middelhauves rückblickenden Selbstaussagen, sei es in öffentlichen Reden, in Briefen oder eigenverfassten Lebensläufen, sowie die über ihn bekannten biographischen Rahmendaten liefern immerhin das Bild eines umfassend humanistisch gebildeten jungen Mannes mit einem „receptiven Interesse an der Politik"[74], der die Schriften liberaler Exponenten jener Zeit – von Friedrich Naumann über Walther Rathenau und Walther Schücking bis hin zu Theodor Wolff – gelesen hat, ohne sich jedoch dem traditionellen Linksliberalismus, zumal in einer solch althergebrachten Form, wie ihn die DDP vertrat, zugehörig zu fühlen.[75]

---

[70] Hax, Middelhauve, S. 613. In einem Lebenslauf aus dem Jahr 1966 ist die Rede von einem „Zinsfuß von mindestens 18%, meist 24%"; HStAD, RWN 172/670, pag. 17.
[71] Vgl. Informationsbericht Robert Strobels vom 18.2.1953, IfZ-Archiv, ED 329/5.
[72] Vgl. Dertinger, Bertha Middelhauve; Bierbach, Middelhauve, S. 189.
[73] Auch Bertha Middelhauve war vor 1933 Mitglied der DStP geworden; vgl. Entnazifizierungsakte Bertha Middelhauve, HStAD, NW 1018/5492.
[74] Lebenslauf Middelhauves vom 1.8.1949, HStAD, RWN 172/394, pag. 4.
[75] Dass Middelhauve Mitglied der DDP gewesen sei, wie es u.a. Gerhard Papke mehrmals schreibt, ist nicht korrekt. Wer ihn dort politisch verortet, steht vor dem Problem, biographische bzw. politische Brüche erklären zu müssen, die sich realiter gar nicht vollzogen haben. So sieht auch Hein eine Diskontinuität zwischen dem „frühere[n] DDP-Politiker Middelhauve" und dessen politischen Aktivitäten in der Nachkriegszeit; vgl. ders., Milieupartei, S. 196f.

Es gibt gute Gründe, jedoch keine letzten Beweise für die Vermutung, dass Middelhauve der Bewegung des Jungdeutschen Ordens mindestens innerlich zugeneigt war. Nachdem er sich – „kriegsbegeistert und für das Vaterland entflammt"[76] – nach Ausbruch des Ersten Weltkrieges vergeblich als Freiwilliger gemeldet hatte, wurde er 1916 schließlich doch noch eingezogen. Seiner schlaksigen Statur wie auch seinen Sprachkenntnissen hatte er es aber wohl zu „verdanken", dass er nicht etwa als Soldat an der Front eingesetzt wurde, sondern seinen Dienst als Dolmetscher im niederrheinischen Kriegsgefangenenlager Friedrichsfeld bei Wesel verrichtete. Das gerade von der akademischen Jugend oftmals stilisierte „Fronterlebnis" blieb ihm verwehrt. Seine persönliche Weltkriegserfahrung war somit nach 1918 kaum anknüpfungsfähig an das verklärte Bild der „Frontgemeinschaft". Noch in den fünfziger Jahren war bei Middelhauve die Frustration über diese verpasste Gelegenheit zu spüren, wenn er über die Monate in Friedrichsfeld als „unwürdigste Zeit [s]eines Lebens"[77] sprach. Sowohl vor 1914 als auch nach dem Ersten Weltkrieg war er in der Jugendbewegung aktiv[78], und seine Wiesdorfer Buchhandlung entwickelte sich aufgrund der dort vertriebenen Werke von Idolen der bündischen Jugend (z.B. Stefan George) schnell zu einem Zentrum für „Jugendbewegte".[79] Dass Middelhauve am Tage des Zusammengehens von JO/VNRV und DDP in die Politik eingetreten ist[80], spricht ebenso für eine bündisch-jungdeutsch geprägte Herkunft wie spätere Aussagen über seine Motivation zum Eintritt in die Staatspartei:

> „Ich sah eine Chance und Hoffnung in der Bildung der sogenannten Staatspartei, glaubte an eine Regeneration der demokratischen Partei durch die jungen straffen Kräfte des Jungdo und schloß mich der neuen und, wie sich sehr bald herausstellen sollte, leider doch so alten Partei an. Gewiß, es waren ausgezeichnete Frauen und Männer in der geistigen Führung, Gertrud Bäumer, Elisabeth Lüders, Theodor Heuss, nicht zuletzt auch Höpker-Aschoff. Aber bei aller Verehrung für diese Frauen und Männer muß mit Offenheit gesagt werden: es fehlte die junge Kraft, der entschlossene Wille, neue Wege und klare Ziele zu suchen und zu finden, sich aus Kompromissen und Koalitionen herauszulösen, die sich als Belastungen immer mehr erwiesen, es fehlte die treibende, die emporreißende, die Jugend mitreißende Triebkraft einer neuen Idee, eines Ideals."[81]

Es erscheint fast überflüssig zu erwähnen, dass hier natürlich nicht der nüchterne Chronist, sondern bereits der Parteipolitiker der Nachkriegszeit aus Middelhauve sprach, der seine politische Konzeption der Gegenwart mit Verweisen auf vergangene Erlebnisse zu legitimieren versuchte. Auf jenen „Weimar-Komplex" wird noch an anderer Stelle zurückzukommen sein, dennoch seien schon einmal anhand des Zitates drei Axiome der politischen Vorstellungswelt Middelhauves herausgestellt, die sich maßgeblich aus seinen (negativen) Erfahrungen in den Jahren bis 1933 speisten:
1. Vorbehalte gegenüber herkömmlichen Parteien und deren zu wenig „straffer" Organisation;
2. Ablehnung eines an zu engen Weltanschauungsgrenzen ausgerichteten Parteiensystems, das sich aufgrund des Zwanges zu Kompromissen selbst schwächt;
3. Gewinnung der jungen, „idealistischen" Generation als ein die Politik dynamisierender Faktor durch die Herausstellung einer zugkräftigen Zukunftsvision.

---

[76] Bierbach, Middelhauve, S. 188.
[77] Informationsbericht Robert Strobels vom 18.2.1953, IfZ-Archiv, ED 329/5.
[78] Nach Selbstaussagen Middelhauves, vgl. ebd. sowie Henkels, Zeitgenossen, S. 162.
[79] Bierbach, Middelhauve, S. 189.
[80] Vgl. Informationsbericht Robert Strobels vom 18.2.1953, IfZ-Archiv, ED 329/5.
[81] Lebenslauf Middelhauves vom 1.8.1949, HStAD, RWN 172/394, pag. 4f.

In der Rückschau gab Middelhauve zu verstehen, die NSDAP Anfang der dreißiger Jahre entschieden bekämpft zu haben. Gleichzeitig haftet seinen Aussagen eine gewisse Faszination in Bezug auf die „ungeheure Kraft und den Elan"[82] des Nationalsozialismus an. Er habe schon vor 1933 durch die Lektüre von Hitlers *Mein Kampf* oder Rosenbergs *Mythus des 20. Jahrhunderts* sowie durch „eingehende Gespräche mit Nationalsozialisten [...] die aufbrandende Bewegung kennenlernen wollen und kennengelernt, die echte Impulse und eine ungeheure Dynamik entwickelte, gegenüber der die führenden verantwortlichen Parteien der Weimarer Zeit matt und kraftlos wirkten".[83] Anschließend markierte Middelhauve – mit einem durchaus liberalen Argument – seine persönliche inhaltliche Grenzlinie: Er selbst hätte der NSDAP nie angehören können, da sie „die Totalität der Partei und des Führers forderte und verwirklichte".[84] Seine erkennbaren Sympathien für die *Ausdrucksformen* des Nationalsozialismus schienen dort zu enden, wo die Freiheit des Individuums tangiert wurde. Aufgrund seiner frühzeitigen Beschäftigung mit dem Nationalsozialismus habe er „vom ersten bis zum letzten Tag klar gewußt, was von diesem Dritten Reich und seiner Führung zu erwarten war: nur Unglück und Vernichtung der persönlichen Freiheit".[85]

Mitglied der NSDAP ist Middelhauve nie gewesen.[86] Nach eigenem Bekunden gab es in seinem Betrieb weder Hitlerbild noch Hitlergruß; seine drei Kinder habe er in seiner „Gesinnung erzogen und der Hitlerjugend und dem BDM entzogen".[87] Er sei in den Akten des Sicherheitsdienstes des Rhein-Wupper-Kreises gar als „Staatsfeind Nummer 1"[88] geführt worden, wofür es jedoch weder Belege noch Hinweise auf mögliche Motive für eine solche Klassifizierung gibt. Vielmehr gilt: „Von aktiven politischen Widerstandshandlungen Middelhauves gegen den Nazistaat oder von irgendwelchen Verfolgungen oder Restriktionen des Regimes gegen ihn ist [...] nichts bekannt."[89] Um weiter als Unternehmer im Druckereigewerbe tätig sein zu können, gab es zur Mitgliedschaft in der Deutschen Arbeitsfront (seit 1. April 1934) sowie in der Reichsschrifttumskammer (seit 8. Juli 1942) vermutlich kaum eine Alternative.[90] Während des „Dritten Reiches" konsolidierte sich Middelhauves Konzern. 1938 übernahm er das traditionsreiche Kölner Papierverarbeitungswerk Julius Cramer. Aufgrund der Einstufung seiner Druckerei als kriegswichtiger Betrieb wurde Middelhauve „uk-gestellt" und somit von der Wehrpflicht entbunden.[91] In-

---

[82] HStAD, RWN 172/394, pag. 4.
[83] Aus einem Lebenslauf Middelhauves von 1954, zit. n. Bierbach, Middelhauve, S. 193.
[84] Ebd.
[85] FDP-Bundesvorstand 1953/54, Nr. 28, 24.1.1953, S. 828.
[86] Die bei Buschfort, Hüter, S. 243, zu findende Angabe, dass Middelhauve Mitglied der NSDAP sowie der SS gewesen sei, kann nicht verifiziert werden, sie ist vielmehr angesichts einer Vielzahl von anderslautenden Gegenüberlieferungen als höchst unwahrscheinlich anzusehen. Quelle jener Information ist ein 1964 gehaltenes Referat über den „Rechtsradikalismus in der Bundesrepublik – wie er sich uns heute darstellt", dessen Verfasser zudem nicht bekannt ist; vgl. ebd., S. 243, Anm. 43. Die einzig bei Friedrich, Amnestie, S. 311, zu findende Angabe, Middelhauve sei „ein früherer Leiter des Rundfunkpropagandadienstes im Auswärtigen Amt" gewesen, muss gleichfalls als Fehlinformation eingestuft werden.
[87] Stellungnahme Middelhauves gegenüber dem American Jewish Committee vom 16.8.1954, HStAD, RWN 172/648, pag. 112.
[88] HStAD, RWN 172/670, pag. 18; s. auch RWN 172/394, pag. 5.
[89] Düding, Parlamentarismus, S. 90.
[90] Vgl. Entnazifizierungsakte Middelhauve, HStAD, NW 1018/6892.
[91] In der Middelhauveschen Druckerei wurden u.a. Lebensmittelkarten für den Rhein-Wupper-Kreis hergestellt; vgl. HStAD, RWN 172/60, pag. 18. Vgl. auch „Erhebung des Produktionsamtes beim

wiefern seine weiteren Mitgliedschaften in der Nationalsozialistischen Volkswohlfahrt, in der Reichskammer der bildenden Künste (jeweils ab 1935) sowie im Reichskolonialbund (ab 1936) als erzwungenes Zugeständnis, als Anpassungsleistung, um nicht „abseits" zu stehen, oder als Ausdruck von Teilsympathien anzusehen sind, muss aufgrund fehlender Überlieferungen unbeantwortet bleiben. Es besteht jedoch – und dies ist ausdrücklich zu betonen – kein Anlass zur Vermutung, dass Middelhauve ein überzeugter Anhänger des Nationalsozialismus gewesen sei.[92] Auch wenn das linksliberale Profil der DDP nur noch fragmentarisch in die Staatspartei eingeflossen ist: In der Krisenzeit der Präsidialkabinette hätte es für Sympathisanten radikaler Ideologien durchaus „attraktivere" politische Betätigungsfelder gegeben als die zumindest in ihrem Kern republikbejahende DStP.

Reichsminister für Rüstung und Kriegsproduktion für die Bereiche der Produktionsbeauftragten für Druck und für Papierverarbeitung" vom August 1944, HStAD, RWN 172/643, pag. 75ff.
[92] Ebenso gibt es keinerlei Grund zur Vermutung, dass Middelhauve Antisemit gewesen war, wie es ihm 1954 vom American Jewish Committee vorgeworfen wurde. In einer ausführlichen Stellungnahme wies er dies ebenso brüsk wie überzeugend zurück; vgl. Stellungnahme Middelhauves gegenüber dem American Jewish Committee vom 16.8.1954, HStAD, RWN 172/648, pag. 109-115. Ebendort schrieb Middelhauve jedoch auch von „Entartungs- und Überwucherungserscheinungen im damaligen deutschen Judentum" (pag. 110), was zumindest die Frage berechtigt erscheinen lässt, ob nicht auch Middelhauve „in der Kontinuität einer gewissen ‚Distanznahme' des liberal-protestantischen Bürgertums zu Juden" (Seefried, Einleitung, S. 26) zu sehen ist, deren Wurzeln nicht in einem rassistisch motivierten Antisemitismus, sondern in einem christlich-kulturellen Antijudaismus zu suchen wären.

II. Die nordrhein-westfälische FDP auf dem Weg zur Nationalen Sammlung

1. Der organisatorisch-programmatische Neubeginn nach 1945

Gleich mehrere Faktoren machten das Vorhaben einer liberalen Parteineugründung nach Ende des Zweiten Weltkrieges an Rhein und Ruhr zu einem Unternehmen voller Hindernisse und Unwägbarkeiten.[1] Die konfessionellen und wirtschaftlichen Strukturen des Landes hatten den Krieg weitgehend überdauert, was auch für die Zukunft ein vergleichsweise gutes Abschneiden einer katholisch-christdemokratischen Partei sowie der Arbeiterparteien erwarten ließ. Der Rückgriff auf ein intaktes liberales Milieu oder die Anknüpfung an Organisationsstrukturen war kaum möglich, es bestand nicht einmal die Aussicht auf eine stabile, scharf umrissene Wählerbasis. Zumal im industrialisierten Westen Deutschlands haftete dem Liberalismus der Hautgout der Schwerindustrie an. „Sein historisches Ansehen war gering."[2] Konnten kirchliche und „linke" Parteien auf die Resistenzkraft von Christentum bzw. Sozialismus und Kommunismus gegenüber dem Nationalsozialismus verweisen, so war eine (ebenso öffentlichkeitswirksame) Berufung auf bekannte, dezidiert *liberale* „Märtyrer" nicht möglich. Es dürfte außer Frage stehen, dass widerständiges Verhalten im totalitären NS-Staat zu einem nicht unbedeutenden Teil durch das Bewusstsein einer völligen Missachtung liberaler Grundprinzipien motiviert worden ist. Zur tragischen Erfolgsgeschichte des Liberalismus gehört es jedoch auch, dass sich eben jene Prinzipien zum politischen Allgemeingut entwickelt hatten, auf die eine liberale Partei keinen Monopolanspruch mehr erheben konnte. Nach den Erfahrungen des „Dritten Reiches" galt dies in besonderem Maße für „zentrale, ursprünglich von der liberalen Bewegung formulierte Grundsätze wie jene der individuellen Freiheit und der Rechtsstaatlichkeit".[3] Der Liberalismus wirkte „historisch erschöpft"[4], er schien sich „totgesiegt"[5] zu haben.

Das ohnehin schwere Erbe des Liberalismus glich im Westen Deutschlands somit fast einer Hypothek. Als hätten die liberalen Gründungszirkel daran nicht schon schwer genug zu tragen gehabt, trat noch ein weiterer belastender Faktor hinzu. Alsbald stellte sich heraus, dass die Liberalen „bestimmt nicht das Lieblingskind der Besatzungsmächte"[6] waren. Auch die Briten, deren Besatzungszone u.a. das Gebiet des späteren Nordrhein-Westfalen umfasste, waren gewillt, „Lehren aus Weimar" zu ziehen. Ausgehend von der Auffassung, dass die Fragmentierung des Parteiensystems erheblich zum Scheitern der ersten deutschen Republik beigetragen hatte, gab es in ihren Reihen durchaus Sympathien für eine

---

[1] Zur Gründungsgeschichte liberaler Parteien bzw. der FDP in der britischen Besatzungszone/Nordrhein-Westfalen vgl. Albertin, Einleitung; Hein, Milieupartei, S. 133–157; Henning, 25 Jahre FDP; Papke, Ordnungskraft, S. 9–37; Schleimer, Demokratiegründung, S. 7–13; Schröder, FDP; essayistisch in gesamtdeutscher Perspektive: Frölich, Von Berlin nach Heppenheim und Bonn.
[2] Albertin, Einleitung, S. XI.
[3] Hein, Milieupartei, S. 349.
[4] Albertin, Jahrzehnt, S. 659.
[5] Vgl. Vorländer, Hat sich der Liberalismus totgesiegt?
[6] Rückblickende Einschätzung Middelhauves, in: FDP-Bundesvorstand 1949–1952, Nr. 23, 26.10.1952, S. 546.

Konzentration der zukünftigen politischen Landschaft in Deutschland, etwa in Form eines sozialistischen und eines christlich-konservativen Blockes. In einer liberalen Parteineugründung schien keine „historische Notwendigkeit"[7] erblickt worden zu sein. Der Erfahrungshintergrund des stabilen britischen Zweiparteiensystems sowie die Sozialisierungspläne der Labour-geführten Regierung unter Premierminister Clement Attlee dürften diese Vorbehalte noch verstärkt haben.[8] Das Gefühl der Liberalen, „als fünftes Rad am Wagen behandelt"[9] zu werden, fußte u. a. auf der dilatorischen Bearbeitung von Lizenzierungsanträgen kleinerer Parteien, der marginalen Berücksichtigung liberaler Politiker bei der Ernennung des ersten nordrhein-westfälischen Landtages – sie stellten in der konstituierenden Sitzung am 2. Oktober 1946 lediglich neun von 200 Abgeordneten – und einer Benachteiligung in der Zuweisung von Ressourcen, die essentiell für einen erfolgreichen Parteiaufbau waren.[10] Dass der Neuaufbau politischer Parteien gemäß alliierter Vorgaben „von unten nach oben" erfolgen musste, stellte für die Liberalen hingegen keine zusätzliche Belastung dar – mangels vorhandener Strukturen wäre eine andere Gründungsform auch schlichtweg nicht möglich gewesen.

Es ist letztlich auf diese komplexe Zwangslage zurückzuführen, dass die FDP mehr noch als andere Parteien „ihren Anfang bei originär lokalen, gegeneinander unabhängigen Gründungsinitiativen genommen"[11] hat. Unmittelbare Folge dieses dezentralen Neubeginns war eine große Heterogenität der zahlreichen kleinen Parteien des liberalen Lagers in ihren programmatischen Forderungen. Es waren jeweils kleine Zirkel, zumeist dominiert von einem „wegweisenden" Gründungsvater, die „in Bezug auf Namen und Ausrichtung der Partei Entscheidungen" fällten, „die oft für längere Zeit prägend oder verbindlich bleiben sollten".[12] Die (partei-)politische Vergangenheit der Akteure spielte hierbei eine entscheidende Rolle. Dies lässt sich auch an der Deutschen Aufbaupartei festmachen, deren maßgeblicher Initiator Friedrich Middelhauve war.

Sofern die oftmals aufgestellte und gut begründete These zutreffend sein sollte, dass schon die Namensgebung liberaler Parteigründungen nach 1945 ein wichtiger Indikator für ihr Selbstverständnis war, so stach die am 6. Oktober 1945 in Opladen konstituierte Deutsche Aufbaupartei schon rein äußerlich deutlich hervor. Als einzige liberale Gruppierung Nordrhein-Westfalens verzichtete sie auf charakteristische Attribute wie „frei", „demokratisch" oder „liberal". Man betriebe wohl keine allzu gewagte ex-post-Konstruktion, wollte man in der symbolhaften Namensgebung bereits den Vorsatz Middelhauves erblicken, ohne Reminiszenzen an liberale Parteitraditionen eine echte politische *Neu*gründung anzustreben.[13] Ein Blick in Vorgeschichte und Programmatik der Aufbaupartei bestätigt diese Vermutung. Bereits im April 1945 besprach Middelhauve zunächst mit dem früheren Zentrumspolitiker Joseph Bollig, anschließend mit dem von den Nationalsozialis-

---

[7] Schröder, FDP, S. 310.
[8] Vgl. Papke, Ordnungskraft, S. 35–37, 52–57; Nonn, Geschichte, S. 80f.
[9] Gutscher, Entwicklung, S. 12, paraphrasiert so die Aussage von Theodor Heuss in einem Interview am 9.3.1961.
[10] Dies scheint sich besonders negativ bei der „Zuteilung von Papier für die lizenzierte Parteipresse sowie für Benzin und Büromaterial" bemerkbar gemacht zu haben; ebd.; vgl. auch Albertin, Einleitung, S. XII.
[11] Albertin, Einleitung, S. XIV.
[12] Vgl. Hein, Milieupartei, S. 192–197, Zitat: S. 192; zur individuellen Prägung der liberalen Parteineugründungen vgl. auch Rütten, Liberalismus, S. 28; Schröder, FDP, S. 17.
[13] Vgl. Hein, Milieupartei, S. 144f.; zur Deutschen Aufbaupartei s. auch Henning, 25 Jahre FDP, S. 114; Hüttenberger, Nordrhein-Westfalen, S. 120–122; Papke, Ordnungskraft, S. 14f.

ten seines Lehrstuhls enthobenen Pädagogik-Professor Paul Luchtenberg die Aufstellung eines „Zehn-Punkte-Programms", in dem Forderungen nach gerechter Verteilung der Kriegslasten und Gewaltenteilung erhoben wurden. Mit solch vagen Gemeinplätzen allein hätte sich die Partei angesichts der omnipräsenten Diktaturerfahrungen und Weltkriegsfolgen kaum profilieren können. Markanter ist schon der betont schichtübergreifende, überkonfessionell-christliche Ansatz, der die Bereitschaft zur Überwindung des Weimarer Parteienkorsetts dokumentierte. Hinter dem Postulat einer „Ausschaltung des Klerus aus der Politik"[14] steckten keine alten Kulturkämpfer, die antikirchliche Ressentiments schüren wollten. Als liberale Kulturprotestanten, die Middelhauve wie Luchtenberg[15] zeitlebens blieben, ging es ihnen in der Erinnerung an die umstrittene Rolle politischer Prälaten in der Zentrumspartei am Ausgang der Weimarer Republik vielmehr um eine bewusste Abgrenzung gegenüber einer katholischen Parteineugründung sowie um die Andeutung der traditionellen liberalen Forderung nach einem konfessionell neutralen Staat.

Das anfangs auffällige Changieren zwischen liberalen und christdemokratisch geprägten Ansätzen sowie die Affinität zu einer interkonfessionellen Sammlungsbewegung findet bei Middelhauve eine Fortsetzung in seiner Anteilnahme am Gründungsprozess der Christlich Demokratischen Partei (CDP, Vorläuferin der CDU). Er war am 2. September 1945 im Kölner Kolpinghaus zugegen, als der rheinische Landesverband der CDP konstituiert und Leo Schwering zu seinem Vorsitzenden gewählt wurde.[16] Doch anders als Joseph Bollig, der sich fortan für die Christdemokraten im Rhein-Wupper-Kreis engagierte, konnte sich Middelhauve nicht für den Beitritt in eine Partei erwärmen, die zwar ihre Überkonfessionalität betonte, faktisch jedoch eindeutig von Katholiken – meist früheren Zentrumspolitikern – dominiert und geprägt war und sich somit zu einer Neuauflage der Zentrumspartei unter anderem Namen zu entwickeln drohte. Es schien viel dafür zu sprechen, in der parteipolitisch weit weniger gebundenen, liberalen bis konservativen protestantischen Bevölkerung ein Reservoir zu vermuten, das durch die richtige Ansprache mobilisiert werden könnte.

Die nach der CDP-Gründung forcierten Bemühungen zur Gründung der Deutschen Aufbaupartei sind als ein Versuch zu werten, die „politisch heimatlos" gewordenen Bevölkerungskreise an sich zu binden. So wandte sich der im Oktober 1945 erfolgte Aufruf zum Zusammenschluss in der Aufbaupartei erst einmal pauschal an „alle aufbauwilligen deutschen Männer und Frauen" und warb für eine „entschiedene Erneuerung der politischen Gestaltungskräfte in christlichem Geiste und demokratischer Gesinnung".[17] Etwas schärfere Konturen und somit Hinweise auf die ins Auge gefasste Zielgruppe vermitteln die für die künftige Aufbauarbeit ausgegebenen Zielsetzungen. Zunächst fällt die Selbstdarstellung als eine Art Anti-Parteien-Partei ins Auge: „Durchdrungen von der Erkenntnis, daß eine politische Partei sich im Dienste am Volksganzen zu bewähren" habe, werde sie „in ihren Reihen eigensüchtige Parteiziele nicht zulassen und sie in ehrlichem Wettbewerb

---

[14] Zit. n. Hüttenberger, Nordrhein-Westfalen, S. 121.
[15] Luchtenberg (1890–1973), der später u. a. Vorsitzender des kulturpolitischen Ausschusses der FDP und von 1956 bis 1958 nordrhein-westfälischer Kultusminister war, setzte sich innerhalb seiner Partei für die Anerkennung des von den Kirchen postulierten Öffentlichkeitsauftrages sowie für einen Ausgleich des auch nach 1945 noch deutlich angespannten Verhältnisses zwischen Liberalismus und den beiden christlichen Kirchen ein. In einem kurzen Beitrag zu dessen 75. Geburtstag wurde Luchtenberg von Middelhauve, Epitheta, S. 84, auch als „kulturpolitische[r] Kampfgefährte" bezeichnet.
[16] Vgl. Kühn, Aufbau, S. 85f.
[17] Aufruf der Deutschen Aufbaupartei, in: Politischer Liberalismus, Nr. 3, S. 6–9.

mit anderen Parteien nachdrücklich bekämpfen". Alte liberal-konservative Parteienkritik sowie grundsätzliche Skepsis gegenüber einer pluralistisch definierten Gesellschaft kommen hier zum Vorschein. In der Gegenüberstellung der sich offensichtlich einander ausschließenden positiven und negativen Extreme von „Volksganzem" bzw. „Gemeinwohl" und „Parteiinteresse" dienten unzweifelhaft die Weimarer Erfahrungen – oder vielmehr deren Deutung – als Negativfolie, von der es sich entschieden abzugrenzen galt. Seine Fortsetzung fand dieser „Weimar-Komplex" in den Überlegungen zur künftigen Staatsordnung. Ein vom Volk gewählter Präsident sollte an der Spitze des Staates stehen. Dem Parlament, das „nach dem Vorbilde des Zweikammersystems" einzurichten sei, sollte lediglich eine Kontrollfunktion zukommen. Das traditionelle, dem Unitarismus verpflichtete Streben nach einem deutschen Einheitsstaat unter Ablehnung aller „separatistischen Tendenzen" komplettierte den Forderungskatalog. Besonders originell oder gar neu waren diese Vorstellungen nicht. Ausnahmslos entstammten sie dem Arsenal rechtsliberaler und konservativer Reformvorschläge aus den Krisenjahren der Weimarer Republik.[18] Dieser Umstand lässt wiederum instruktive Rückschlüsse darauf zu, welche Gründe die Initiatoren der Deutschen Aufbaupartei als ausschlaggebend für das Scheitern von Weimar ansahen. Einem verbreiteten „konservativen Deutungsmuster"[19] folgend, wurde ein ungezügelter, ausufernder Parlamentarismus, der die Autorität und Handlungsfähigkeit des Staates untergraben habe, für das Abgleiten in die Diktatur verantwortlich gemacht. Auch in der aktuell vorherrschenden Krisensituation könne daher einzig eine starke Exekutive stabile Verhältnisse herbeiführen; nur oberhalb von Parlament und dem dortigen „Parteiengezänk" sei ein „Dienst am Volksganzen" möglich. Der Garant hierfür wurde in einem vermeintlich überparteilichen Präsidenten erblickt. Offensichtlich hatte ein parteienkritischer und parlamentsskeptischer Etatismus die Zeit des Nationalsozialismus unbeschadet überstanden.

Wesentlich progressiver muteten die kultur- und wirtschaftspolitischen Forderungen der Deutschen Aufbaupartei an. Mit dem Bekenntnis zur christlichen Gemeinschaftsschule wurde eine bewusste und in ihrer Tragweite kaum zu unterschätzende Grenzziehung gegenüber der CDP/CDU vorgenommen, wo es – ermutigt durch den rheinischen Klerus – zahlreiche Fürsprecher der Bekenntnisschule gab. Das Eintreten für die „freie Entfaltung aller schöpferischen und produktiven Kräfte nach dem Grundsatz von Leistung und Gegenleistung unter Achtung des Privateigentums" entsprach klassischen Postulaten des Wirtschaftsliberalismus; die „Einschaltung der Gewerkschaften, Genossenschaften und Berufsvertretungen zur Förderung des Gemeinwohls" deutete schon auf sozialliberale Einschläge hin; die Bereitschaft, „Bergbau, Energie- und Verkehrswirtschaft [...] zu verstaatlichen, soweit das öffentliche Interesse es erfordert", erscheint rückblickend hingegen fast schon als liberale Ketzerei. Ganz so revolutionär waren solcherlei Forderungen indes nicht. Bereits unmittelbar nach dem Ersten Weltkrieg wurden selbst in den Reihen der DVP – aus offensichtlich wahltaktischen Gründen – Mitbestimmungs- und Sozialisierungspläne geschmiedet, deren Verbindlichkeit nach dem ersten Urnengang jedoch zusehends abnahm. Vor dem Hintergrund des späteren bedingungslosen Kampfes der nordrhein-

---

[18] S.o., S.27f. Vgl. Ullrich, Weimar-Komplex, S.387. Auch wenn sich Ullrichs dortige Bewertungen auf das Deutsche Programm von 1952 beziehen, ist ihnen vollinhaltlich zuzustimmen. Dies ist bereits als Hinweis auf die prägende Bedeutung der Person Middelhauves sowie die unerschütterliche Persistenz seiner politischen Überzeugungen zu deuten.
[19] Ullrich, Weimar-Komplex, S.619.

westfälischen FDP gegen jegliche Sozialisierungspläne erscheint auch jenes frühe Bekenntnis der Aufbaupartei eher als Konzession an den Zeitgeist denn als wirtschaftspolitischer Paradigmenwechsel.

Als wohl neuralgischer Punkt eines jeden parteipolitischen Gründungsmanifests erscheint – zumindest in der Rückschau – der Umgang mit dem Nationalsozialismus. Die Bewertung von Ausmaß und Intensität der Beschäftigung mit der jüngsten Vergangenheit innerhalb liberaler Gründerkreise ist in der Forschung umstritten. Während Erhard H. M. Lange eine „auffallende Zurückhaltung in der Erwähnung und Analyse der vorangegangenen Schicksalsverstrickungen"[20] feststellt, kommt Lothar Albertin nach der Durchsicht zeitgenössischer Gründungsdokumente zu dem Ergebnis, dass es trotz des Mangels an analytischer Durchdringung der nationalsozialistischen Herrschaftsstruktur durchaus zu einer intensiven „geistigen Auseinandersetzung mit dem Nationalsozialismus"[21] gekommen sei. Wie so oft erscheinen also pauschale Urteile[22] nicht angebracht. Zumindest für den Einzelfall verspricht ein Blick in die Quellen Aufhellung. Befasst sich beispielsweise die Einleitung des Programmentwurfs der bereits erwähnten CDP vom Juni 1945[23] mit den mutmaßlichen Ursachen (Materialismus, fehlender sittlicher Halt, NS-Demagogie) und Folgen (Rassenhochmut, nationalistischer Machtrausch, Größenwahn, Herrschsucht des Militarismus) des Nationalsozialismus, so findet sich in der Präambel des Gründungsaufrufs der Deutschen Aufbaupartei einzig der lakonische Satz: „Hemmende Überbleibsel aus der Zeit nationalsozialistischer Gewaltherrschaft werden beseitigt." Was mit diesen „Überbleibseln" gemeint sein könnte, bleibt völlig unklar. In jedem Fall wird hier der irrige Eindruck erweckt, als handele es sich bei der in ihrem Umfang noch gar nicht abzuschätzenden personellen, materiellen, mentalen und auch moralischen Erblast des Nationalsozialismus lediglich um einen Hemmschuh, den man schnell und ohne Mühe abschütteln könne.[24]

Ob mit diesem postulierten Schlussstrich und der damit implizierten Banalisierung der Vergangenheit bereits um eine (politisch belastete) Wählerschaft rechts der Mitte geworben werden sollte, wird aufgrund fehlender Aktenüberlieferungen zur Willensbildung in der Parteigründungsphase offenbleiben müssen. *Dass* Middelhauve indes auf der für eine liberale Parteineugründung überlebenswichtigen Suche nach neuen Wählerschichten genau dort ein vielversprechendes Betätigungsfeld erblickt zu haben glaubte, steht außer Frage. Nach den Statuten der Deutschen Aufbaupartei konnten ehemalige Mitglieder der NSDAP grundsätzlich aufgenommen werden, es bedurfte hierfür jedoch des einstimmigen Votums eines sechsköpfigen Aufnahmeausschusses.[25] In der Praxis scheint diese Grenzziehung indes nicht konsequent umgesetzt worden zu sein. Trotz einer in den unmittelbaren Nachkriegsjahren sehr lückenhaften Quellenlage finden sich schon in dieser Frühzeit Belege für die Unzufriedenheit mit und die Kritik an den von Middelhauve ver-

---

[20] Lange, Liberalismus, S. 50.
[21] Albertin, Jahrzehnt, S. 660.
[22] So ist bei Papke, Ordnungskraft, S. 21, zu lesen: „Die Gründerkreise verurteilten die NS-Herrschaft in aller Deutlichkeit und bemühten sich durchaus, der Singularität ihres Terrorregimes gerecht zu werden."
[23] Ein Ruf zur Sammlung des deutschen Volkes. Vorläufiger Entwurf zu einem Programm der Christlichen Demokraten Deutschlands, vorgelegt von den Christlichen Demokraten Kölns im Juni 1945, in: Adenauer und die CDU, Nr. 1, S. 105.
[24] Vgl. Krämer, Verhältnis, S. 108.
[25] Vgl. Statuten der Deutschen Aufbaupartei, HStAD, RW 62/108.

tretenen vergangenheitspolitischen Leitlinien. Das vermutlich früheste Dokument des Protestes gegen eine zu weite Öffnung der Sammlungsbestrebungen nach rechts stammt bereits aus dem November 1945, als sich der Mitbegründer der Deutschen Aufbaupartei, Paul Luchtenberg, im Namen einiger Parteifreunde infolge „enttäuschender Überraschungen in der örtlichen Entwicklung der Aufbau-Partei" mit dem Zweifel an Middelhauve wandte, „daß die Distanzierung vom Nazitum so praktisch durchgeführt werden wird, wie sie theoretisch beschlossen worden ist".[26] Sorgen wie diese gingen angesichts der Fülle von Problemen in der Nachkriegszeit zunächst einmal unter.

Primäres Ziel aller liberalen Parteigruppen musste es sein, sich schnellstmöglich unter einem gemeinsamen Dach zu organisieren, um einerseits von der Bevölkerung als politische Alternative wahr- und andererseits von der britischen Besatzungsmacht ernstgenommen zu werden. Der Gründungsprozess vollzog sich in Westfalen und im Rheinland „weitgehend getrennt"[27] voneinander. In der Konstituierung eines Landesverbandes waren die westfälischen Liberalen etwas schneller, was auch auf eine größere Homogenität innerhalb der dortigen Neugründungen im Vergleich zum Rheinland zurückzuführen sein könnte.[28] In der unmittelbaren Nachkriegszeit prägten dort ehemalige Politiker der alten DDP das liberale Geschehen, allen voran der Fabrikant Gustav Altenhain, der seit 1918 den Deutschen Demokraten angehört und diese im Westfälischen Provinziallandtag von 1927 bis 1929 vertreten hatte.[29] Nach einer vorbereitenden Konferenz am 13. Oktober 1945 wurde wenige Wochen später, am 9. November, in Dortmund der westfälische Landesverband der Liberal-Demokratischen Partei gegründet und Gustav Altenhain zu dessen erstem Vorsitzenden gewählt.

Knapp 70 Kilometer südwestlich trafen am selben Tag in Düsseldorf erstmals die rheinischen Liberalen zusammen und berieten das weitere Vorgehen auf dem Weg zur Bildung eines liberalen Landesverbandes in der Nord-Rheinprovinz.[30] Friedrich Middelhauve wurde schließlich an die Spitze eines fünfköpfigen Arbeitsausschusses berufen, der die Vorarbeit für eine organisatorische Zusammenführung der rheinischen Liberalen leisten sollte. Dass dies kein einfaches Unterfangen war, hing mit der wesentlich uneinheitlicheren politischen Ausrichtung der einzelnen liberalen Gruppierungen im Rheinland zusammen; es existierte „eine in keinem anderen Land erreichte Vielfalt parteipolitischer Ansätze".[31] Während beispielsweise die Essener Liberal-Demokratische Partei nicht zuletzt wegen ihrer führenden Köpfe – der bislang parteilose Bankdirektor Franz Blücher zählte dazu – eher einem pragmatischen Wirtschaftsliberalismus zugeneigt war, reihte sich die betont europäisch und föderalistisch ausgerichtete Sozialliberale Partei aus Mönchengladbach ihrem Namen entsprechend auf dem linken Flügel ein. In der Gründungsversammlung des rheinischen Landesverbandes am 4. Dezember 1945 in Düsseldorf trafen also bekennende Linksliberale auf politische Quereinsteiger sowie konservative Nationalliberale. Man einig-

---

[26] Luchtenberg an Middelhauve, 28.11.1945, ebd.
[27] Hein, Milieupartei, S. 136. War im Falle Westfalens eine nahezu vollständige Orientierung an den alten preußischen Provinzgrenzen möglich, so befand sich der südliche Teil der früheren Rheinprovinz im Gebiet der französischen Besatzungszone. Der Quellenbegriff für das unter britischer Besatzung stehende Rheinland lautet daher „Nord-Rheinprovinz".
[28] Vgl. ebd., S. 140.
[29] Vgl. Papke, Ordnungskraft, S. 40.
[30] Zur Gründung des rheinischen Landesverbandes vgl. Hein, Milieupartei, S. 147ff.; Hüttenberger, Nordrhein-Westfalen, S. 119ff.; Albertin, Einleitung, S. XIIIf.
[31] Hein, Milieupartei, S. 149; dazu auch Papke, Ordnungskraft, S. 12ff.

te sich dort auf den noch vorläufigen Namen Demokratische Partei Deutschlands. Die in offenkundiger Anlehnung an die Weimarer Deutsche Demokratische Partei gewählte Benennung darf jedoch keinesfalls als Vorzeichen für den künftigen politischen Standpunkt des Landesverbandes oder gar als Sieg der linksliberal geprägten Kreisverbände gewertet werden. Vielmehr gilt es schon hier, den Blick für eine parteiinterne Konsensfindung bzw. Konfliktlösung zu schärfen, wie sie in den Folgejahren aufgrund der fortgesetzten Richtungsstreitigkeiten der liberalen Flügelexponenten auch auf Bundesebene Anwendung fand, und deren Ausgang jeweils als aufschlussreicher Indikator für das parteiinterne Machtgefüge gedeutet werden kann. Vor diesem Hintergrund muss die eher traditionsbewusste Namensgebung des Landesverbandes in Zusammenhang mit der Wahl Middelhauves zum Vorsitzenden gesehen werden und erscheint so als Konzession an die Parteilinke. Noch deutlicher tritt der offensichtlich vorherrschende Kompromisszwang in den verabschiedeten programmatischen Richtlinien des Landesverbandes zutage, denen der Gründungsaufruf der Deutschen Aufbaupartei einerseits und das Programm der Sozialliberalen Partei andererseits zugrunde lagen.[32]

Mit Formelkompromissen solcher Art war freilich eine Profilschärfung kaum möglich. Um eben diese war Friedrich Middelhauve intensiv bemüht. Ihm ging es um die Schaffung einer nationalliberal-konservativen Sammlungspartei, deren ambitioniertes Ziel er in einem Schreiben vom 8. Dezember 1945 an den westfälischen Landesverband der Liberal-Demokratischen Partei umriss: Es komme bei der Gestaltung der Partei und ihrer politischen Betätigung darauf an, „sämtliche politischen Kräfte zu erfassen, die es ablehnen, sich einer der marxistischen Parteien oder der christlich demokratischen Partei (Zentrumspartei) anzuschließen".[33] Die hier zunächst ex negativo vorgenommene Bestimmung einer zukünftig angestrebten Wählerklientel lässt unschwer erkennen, wie weit Middelhauve bereits am Ende des Jahres 1945 davon entfernt war, sich beim Aufbau einer liberalen Parteiorganisation im Bereich des späteren Bundeslandes Nordrhein-Westfalen an den überkommenen Weimarer Parteigrenzen etwa der Deutschen Demokratischen Partei zu orientieren. Ohnehin schien die alte „Gretchenfrage des deutschen Liberalismus"[34], nämlich seine Stellung zur Sozialdemokratie, nach 1945 von einer neuen abgelöst worden zu sein. Ob man sich vorstellen könne, mit der SPD zu koalieren (so etwa bei den süddeutschen Liberalen) oder – wie Middelhauve – einem bedingungslosen Antisozialismus das Wort redete, war noch immer ein deutliches Unterscheidungskriterium innerhalb des deutschen Nachkriegsliberalismus. Doch von der Beantwortung der „neuen Gretchenfrage", wie man's mit der DDP/DStP hält, hingen maßgeblich das Selbstverständnis und die programmatische Ausrichtung der jeweiligen liberalen Neugründungen ab. Allerorten wurde erörtert, ob und inwiefern eine Anknüpfung an Weimarer Traditionen des Liberalismus und seiner Parteien möglich, wünschenswert und aussichtsreich sei. Im Falle der südwestdeutschen Liberalen etwa wurde diese Kontinuitätslinie bewusst gezogen, schließlich konnten sie in ihrer Region auf eine lange liberale Tradition zurückblicken, die es – anders als beispielsweise in Nordrhein-Westfalen – auch nach 1945 ermöglichte, „politische und soziale Bindungen"[35] wiederzubeleben und „auf ein stabiles protestantisch-mittelständisches

---

[32] Vgl. Hüttenberger, Nordrhein-Westfalen, S. 123.
[33] Zit. n. Hein, Milieupartei, S. 145.
[34] Albertin, Liberalismus, S. 85.
[35] Hein, Milieupartei, S. 40.

Milieu"[36] zurückzugreifen. Schon die Namensgebung Demokratische Volkspartei (DVP) stellte einen eindeutigen Rekurs auf die gleichnamige, in den 1860er Jahren im württembergischen Raum gegründete linksliberale Partei dar, die in der Weimarer Republik als Landesverband der DDP antrat.[37] Am deutlichsten offenbarte sich die Kontinuität jedoch auf personeller Ebene: Sämtliche Vorstandsmitglieder der Nachkriegs-DVP hatten schon dem württembergischen Pendant der DDP angehört, darunter so namhafte Vertreter wie Theodor Heuss, Reinhold Maier oder Wolfgang Haußmann. Auch wenn von den liberalen Gründungsvätern im Südwesten durchaus unterschiedliche Ansätze für einen politischen Neubeginn vertreten wurden[38], profilierte sich die DVP als traditionsbewusste, ihre föderativen Wurzeln wahrende und betonende Partei, die ihren Platz im politischen Spektrum *zwischen* CDU und SPD sah und dies durch die Wahl des Mittel-Platzes im Stuttgarter Landtag unterstrich.[39]

In Nordrhein-Westfalen ebenso wie in Hessen[40] zeichnete sich frühzeitig eine Art Gegenentwurf zum südwestdeutschen Modell ab. In dem bereits zitierten Brief Middelhauves vom Dezember 1945 an die westfälischen Parteifreunde präzisierte er sein Konzept, dessen Kernpfeiler eine schroffe Absage an alle Reaktivierungsversuche vergangener liberaler Parteien und eine konsequente Öffnung nach rechts waren: Es müsse vermieden werden, dass die „Kräfte staatsparteilicher Prägung die Oberhand gewinnen", schrieb der ehemalige Staatsparteiler Middelhauve, da sonst abermals die Entwicklung „zu einer bedeutungslosen Splitterpartei, bestehend aus einem Kreis intellektueller Persönlichkeiten"[41] drohe, der nur dadurch begegnet werden könne, „daß die natürlich national und vaterländisch empfindenden Kräfte unseres Volkes in unserer Partei eine politische Heimat finden und sich nicht durch einen übertriebenen Pazifismus abgestoßen fühlen". Es gelte also, die als zu eng empfundenen Schranken der Weimarer Klientelparteien zu überwinden. Zukünftig müssten „sämtliche Kräfte" der früheren DDP, DVP und der „gemäßigten Deutsch-Nationalen"[42] bei strikter Abgrenzung von der Sozialdemokratie ihre politische Heimat in der neuen liberal-konservativen Sammlungsbewegung haben, die „ihren Rahmen nach rechts ziemlich weit verstricken müsse".[43] Auch wenn in der Frühphase das Schlagwort der Nationalen Sammlung noch keine Verwendung fand, so war in Middelhauves Aussagen das dahinterstehende Konzept bereits deutlich erkennbar. Spätestens seit dem Herbst 1945, als seine Pläne einer Zusammenarbeit mit den Christdemokraten gescheitert waren, warb Middelhauve um ein in der Konsequenz tendenziell protestantisches, liberales bis

---

[36] Papke, Ordnungskraft, S. 9; vgl. auch Hein, Milieupartei, S. 38–55; Gutscher, Entwicklung, S. 12 ff.; Adam, Liberalismus.
[37] Noch heute firmiert die liberale Fraktion im baden-württembergischen Landtag unter der geschichtsbewussten Bezeichnung FDP/DVP.
[38] Vgl. Adam, Liberalismus, S. 222 ff.; Hein, Milieupartei, S. 47 ff.; Weippert, Heuss, S. 171 ff.
[39] Bei der Konstituierung des ersten Deutschen Bundestages setzten sich die süddeutschen FDP-Abgeordneten gemeinsam u. a. mit Hans Reif (Berlin), Willy Max Rademacher und Hermann Schäfer (beide Hamburg) ebenfalls für den Platz zwischen Union und SPD ein, sie unterlagen jedoch den Stimmen aus Nordrhein-Westfalen, Hessen und Niedersachsen und saßen im Bundestag seither rechts von der CDU/CSU-Fraktion. Vgl. Mende, Freiheit, S. 111.
[40] Zum hessischen Landesverband s. u., S. 95 ff.
[41] Zit. n. Sartor, FDP, S. 107 f.
[42] Protokoll über die Besprechung der Kreisgruppen des Landesverbandes Nord-Rheinprovinz der Demokratischen Partei Deutschlands vom 18. 12. 1945, in: Politischer Liberalismus, Nr. 7, S. 22.
[43] Ebd.

konservativ-nationalistisches Wählerspektrum, das sich weder mit sozialistischen noch mit konfessionell-klerikalen Parteien identifizieren konnte oder wollte.

Die vordringlichste Aufgabe bestand zunächst jedoch im Neuaufbau einer funktionsfähigen Parteiorganisation, nicht zuletzt, um eine Verbesserung der Verhandlungsposition gegenüber der Besatzungsmacht zu erreichen. Dessen war sich auch Middelhauve bewusst, und so ging die Initiative zur Gründung eines liberalen Dachverbandes auf Ebene der britischen Besatzungszone vornehmlich vom rheinischen Landesverband aus. Dass die knapp 200 Delegierten aus den betroffenen Landesvertretungen (Braunschweig, Hamburg, Hannover, Oldenburg, Nord-Rheinprovinz, Westfalen) ausgerechnet im beschaulichen Opladen am 7. und 8. Januar 1946 zur Gründungstagung des liberalen Zonenverbandes zusammentrafen, dokumentiert den Einfluss der Rheinländer im Allgemeinen und der „treibenden Kraft"[44] Middelhauve im Speziellen. Die akute Notwendigkeit eines schnellen Zusammenschlusses unter Überwindung etwaiger Bedenken in Detailfragen offenbarte ein Schreiben Robert Lehrs, des damaligen Oberpräsidenten der Nord-Rheinprovinz, das den Vertreter des Alliierten Kontrollrates und Militärgouverneur der britischen Zone, Bernard L. Montgomery, sinngemäß mit den Worten zitierte: „Man betrachtet zunächst die Parteien KPD, SPD und CDU als Träger des politischen Lebens, sie werden in ihrem Aufbau in jeder Hinsicht von der Militärregierung unterstützt, erhalten Bewegungsfreiheit und werden von allen Beschränkungen befreit. Die anderen Parteien werden geduldet und als Absplitterung betrachtet und können Unterstützung nicht erhalten."[45]

Der liberale Anspruch auf eine gewichtige „Mitträgerschaft" des künftigen politischen Lebens in Deutschland und das Trauma der eigenen Partei(en)-Vergangenheit erzwangen förmlich eine Bündelung gleich oder zumindest ähnlich gesinnter Kräfte. Da man den Erfolg jener konstituierenden Sitzung nicht durch eine langwierige, kontroverse Programmdebatte gefährden wollte, entschieden sich die Vertreter zur Ausarbeitung verbindlicher politischer Richtlinien für die Einsetzung einer Programmkommission.[46] Zweier Entscheidungen konnten sich die Delegierten der Landesgruppen indes nicht entziehen: Es musste sowohl Führungspersonal gewählt als auch ein Name gefunden werden, der ein einheitliches Erscheinungsbild der Partei in der britischen Besatzungszone ermöglichen sollte. Aus einem knappen Dutzend von Vorschlägen einigten sich die Landesvertreter schließlich mit „erheblicher Mehrheit"[47] auf den Namen Freie Demokratische Partei. Den Vorsitz des Zonenverbandes übernahm der in Syke ansässige Landrat Wilhelm Heile, einstmals enger Vertrauter und Mitarbeiter Friedrich Naumanns sowie Abgeordneter der DDP in der Weimarer Nationalversammlung und im Reichstag.[48] Die Provinzen Westfalen und Nordrhein wurden im siebenköpfigen geschäftsführenden Vorstand durch Gustav Altenhain, Franz Blücher und Friedrich Middelhauve vertreten.[49]

Trotz der schließlich einmütig mitgetragenen Kompromisse bei der Namens- und Vorstandswahl zeichneten sich bereits Konfliktlinien „in Fragen des liberalen Selbstverständ-

---

[44] Schröder, FDP, S. 19.
[45] Aktennotiz über die Tagung der Demokraten in Opladen, 7.1.1946, in: Politischer Liberalismus, Nr. 8a, S. 27f.
[46] Vgl. Aktennotiz über die Tagung der Demokraten in Opladen, 7.1.1946, in: ebd., S. 30–35.
[47] Aktennotiz über die Tagung der Demokraten in Opladen, 8.1.1946 (2. Tag), in: ebd., Nr. 8b, S. 46.
[48] Vgl. Luckemeyer, Heile.
[49] Vgl. Aktennotiz über die Tagung der Demokraten in Opladen, 8.1.1946, in: Politischer Liberalismus, Nr. 8b, S. 46f.

nisses"[50] ab. So wurden beispielsweise erste Bedenken gegenüber den Forderungen nach einem deutschen „Einheitsstaat" laut, die jedoch wegen der bewussten Unterbindung programmatischer Grundsatzdebatten keiner Lösung zugeführt werden konnten.[51] Dies gelang implizit durch eine personelle Weichenstellung auf dem 1. Parteikongress der FDP in der britischen Zone, der vom 18. bis zum 20. Mai 1946 in Bad Pyrmont tagte, als Wilhelm Heile, ein streitbarer Verfechter des Föderalismus, auf den in der Satzung gar nicht vorgesehenen, „eher repräsentativen Posten eines Präsidenten abgeschoben"[52] und mit Franz Blücher ein entschiedener Anhänger des Einheitsstaates zum 1. Vorsitzenden gewählt wurde. Doch hinter dem „Fall Heile" verbarg sich mehr. Der „liberale Rebell" Heile[53] hatte die Kritik seiner Parteifreunde durch eigenmächtig initiierte Fusionsverhandlungen mit der CDU provoziert.[54] In mehreren Gesprächen mit Konrad Adenauer, dem CDU-Vorsitzenden der britischen Besatzungszone, sollten in Rhöndorf und Hamburg die inhaltlichen Schnittmengen beider Parteien ausgelotet werden. Am 2. März 1946 wurde Heile bei den Beratungen im Haus Adenauers von Middelhauve begleitet, dessen Kontakte mit den Christdemokraten nicht abgerissen waren, sich aufgrund seiner bekannten kulturpolitischen Vorbehalte jedoch nicht intensiviert hatten. Wie die meisten Protestanten konnte auch Middelhauve der naturrechtlich begründeten Forderung nach einer uneingeschränkten Bejahung des Elternrechts bei der Schulwahl, wie sie von der katholischen Hierarchie immer wieder erhoben wurde, nicht folgen. Adenauer selbst fasste rückblickend Middelhauves schulpolitische Maxime und damit die Trennlinie zum Unionsprogramm zusammen: „Er könne nicht zugeben, daß hinsichtlich der Volksschule der Wille der Erziehungsberechtigten, der Eltern, ausschließlich maßgebend sein müsse. Der Staat habe ein Recht mitzusprechen."[55]

An der Ablösung Heiles vom Vorsitz der Zonenpartei war Middelhauve maßgeblich beteiligt. Die (in Middelhauves Kenntnis und z. T. in seinem Beisein) mit der CDU geführten Verhandlungen können hierfür nicht ausschlaggebend gewesen sein, auch nicht die zugegebenermaßen großen Differenzen in der Frage des Einheitsstaates. Vielmehr war es die nach Middelhauves Dafürhalten mangelhafte „Führungsarbeit"[56] des Zonenverbandes, die nach einer Änderung an dessen Spitze verlangte. In einem in der Wortwahl sehr freundlichen, in der Sache aber äußerst bestimmten Brief an den Vorsitzenden teilte er dem 64-jährigen Heile gut eine Woche vor dem Parteikongress mit, dass dieser „über [seine] Kräfte beansprucht und eingespannt in großen Versammlungen" sei und daher „von jeder organisatorischen Arbeit entlastet" werden müsse. Da er ihm „aus freundschaftlichem Herzen und aus einer verehrenden Verbundenheit" heraus schreibe, nahm er sich das Recht zu dem unverblümten Vorwurf, dass Heile nämlich „der Sinn und der Trieb zu einer organisatorischen Führung und Zügelung der Partei, ihrer Arbeit und Propaganda" fehle. Middelhauves Plan, Wilhelm Heile aus dem operativen Geschäft hinauszukomplimentieren und Blücher an dessen Stelle zu setzen, ging auf.

---

[50] Schröder, FDP, S. 36.
[51] Vgl. Aktennotiz über die Tagung der Demokraten in Opladen, 7.1.1946, in: Politischer Liberalismus, Nr. 8a, S. 32.
[52] Nordrhein-Westfalen. Deutsche Quellen, S. 75.
[53] Der sprechende Untertitel der Heile-Festschrift von Luckemeyer lautet: Föderativer liberaler Rebell in DDP und FDP und erster liberaler Vorkämpfer Europas in Deutschland.
[54] Vgl. Schröder, FDP, S. 107–114.
[55] Adenauer an Otto Schmidt, 18.4.1946, in: Adenauer, Briefe 1945–1947, Nr. 215, S. 226.
[56] Middelhauve an Heile, 11.5.1946, hier und nachfolgend zit. n. Luckemeyer, Heile, S. 257f.

Für den erst nach dem Zweiten Weltkrieg politisch aktiv gewordenen Franz Blücher war die Wahl zum Vorsitzenden des FDP-Zonenverbandes der Markstein auf dem Weg zu seiner späteren Führungsposition auf Bundesebene.[57] Als Vorsitzender eines Verbandes, der ohnehin als „organisatorische Vorstufe zur Bildung einer reichseinheitlichen liberalen Partei"[58] gedacht war, machte Blücher frühzeitig Erfahrungen mit landesübergreifenden Problemfeldern, was ihn – gepaart mit seinem unzweifelhaften ökonomischen Sachverstand – für die Position des Vorsitzenden der gemeinsamen FDP/DP-Fraktion im Frankfurter Wirtschaftsrat prädestinierte. Mit seinem zunehmenden Engagement auf (bi-)zonaler Ebene korrelierte die Abkehr Blüchers von seinem Landesverband und dessen Tagespolitik. Dort rückte Friedrich Middelhauve zwar nicht gerade zur „unumstrittenen"[59], sicherlich aber unbestrittenen Führungsperson auf. In dem von der britischen Besatzungsmacht ernannten Landtag übernahm er den Vorsitz der kleinen liberalen Fraktion, den er bis 1954 nicht mehr abgab. Da den FDP-Abgeordneten anfangs nicht einmal ein Sekretariat zur Koordinierung ihrer Arbeit zur Verfügung stand, konnte Middelhauve „seine administrativen Fähigkeiten in der Fraktionsarbeit voll entfalten".[60]

Die nicht zu unterschätzende Machtfülle Middelhauves erwuchs allerdings erst aus seiner gleichzeitigen Stellung als Vorsitzender des Landesverbandes der Nord-Rheinprovinz, der am 27. Mai 1947 – gut neun Monate nach Gründung des neuen Bundeslandes – mit dem westfälischen Pendant zum FDP-Landesverband Nordrhein-Westfalen fusionierte. Aus Rücksichtnahme auf einen regionalen Proporz in Führungspositionen wählten die Vertreter der Wuppertaler Vereinigungsversammlung den Westfalen Gustav Altenhain zum 1. Landesverbandsvorsitzenden. Eine wenig später folgende innerverbandliche Auseinandersetzung machte jene anfänglichen Sensibilitäten jedoch schnell vergessen: Im nordrhein-westfälischen Landtag hatte die Mehrheit der liberalen Abgeordneten – darunter auch Altenhain – einen von der SPD eingebrachten Gesetzesvorschlag mitgetragen, der ein erweitertes Mitspracherecht von Betriebsräten erwirken sollte. Vertreter der Parteirechten werteten diese Entscheidung als Affront gegen die eigenen, vorbehaltlos antisozialistischen Parteiziele und nahmen sie zum Anlass für massives Aufbegehren.[61] Die von einigen Liberalen vielleicht verdrängte, vergessene oder überwunden geglaubte Spaltung der Partei offenbarte sich hier schonungslos, und der Ausgang des Konfliktes musste notwendigerweise eine Vorentscheidung im Ringen um die künftige politische Ausrichtung des Landesverbandes herbeiführen. Ein eigens anberaumter außerordentlicher Landesparteitag auf der Hohensyburg (südlich von Dortmund) am 16. und 17. August 1947 sollte durch Neuwahlen des Vorstandes Klarheit schaffen. Gegen Altenhain kandidierten gleich vier „Parteifreunde", darunter Middelhauve sowie der Kölner Unternehmer Hans Albrecht

---

[57] Nach dem Urteil von Rütten, Liberalismus, S. 47, war Blücher „kein Politiker, der in der Tradition des deutschen Liberalismus steht". Vielmehr sei er als Vertreter „einer unspezifischen, gemäßigten Rechten" anzusehen. Zu einer geradezu entgegengesetzten Beurteilung kam Henkels, Zeitgenossen, S. 57: „Blücher ist ein Liberaler, wohl auch des wirtschaftlichen Liberalismus, mehr aber der echten geistigen Liberalität, die ihren letzten großen Vertreter in Theodor Heuss hat". Vgl. auch Wengst, Einleitung zu: FDP-Bundesvorstand 1949–1952, S. XIVf.
[58] Schröder, FDP, S. 14.
[59] Papke, Ordnungskraft, S. 40.
[60] Ebd.
[61] Nach Teilnahme an der von der britischen Militärregierung geforderten Allparteienregierung verweigerte sich die FDP-Fraktion im Juni 1947 als einzige Partei der ersten demokratisch legitimierten Regierung, da sie die von den potentiellen Koalitionspartnern angestrebten Sozialisierungsvorhaben nicht mitzutragen bereit war. Vgl. Hein, Milieupartei, S. 151 ff.

Freiherr von Rechenberg, der sich als Vertreter eines dezidiert national-konservativen, wirtschaftsradikalen Kurses innerhalb der FDP exponiert hatte und dessen nachfolgende „Blitzkarriere"[62] den merklichen Rechtsruck des nordrhein-westfälischen Landesverbandes exemplarisch belegte.

Nachdem Middelhauve und Altenhain im ersten Wahlgang die meisten Stimmen auf sich vereinigen konnten (88 bzw. 75), musste eine Stichwahl die Entscheidung bringen: Mit 127 gegen 80 Stimmen gewann der Herausforderer Middelhauve und war somit Fraktions- und Landesverbandsvorsitzender in Personalunion. Die Abstrafung Altenhains einerseits und die zunehmende Dominanz des nationalliberalen Flügels andererseits manifestierten sich sogar noch in der Wahl für den Posten des stellvertretenden Vorsitzenden: Rechenberg setzte sich gegen vier Mitbewerber durch – darunter erneut Gustav Altenhain, dem als symbolischer Akt der Wertschätzung die Leitung eines „Politischen Büros" übertragen wurde.[63] Parallelen zur Abwahl des ebenfalls in Ungnade gefallenen Wilhelm Heile drängten sich auf, die Mechanismen einer personalistischen Konfliktbereinigung hatten auch dort gegriffen.[64]

Mit Gründung des FDP-Landesverbandes Nordrhein-Westfalen war der äußere Rahmen geschaffen, dessen inhaltliche Füllung Middelhauve mit großem Ehrgeiz und aufgrund seiner Stellung in Führungsämtern mit Erfolg betrieb, so dass es rückblickend durchaus berechtigt erscheint, von einer „Ära Middelhauve"[65] zu sprechen.

2. „Liberale" Vergangenheitspolitik

Der Kampf um die „Jugend"

> „Die Jugend so anzusprechen, daß sie, die bitter enttäuschte, nochmals ihr Ohr und ihr Herz öffnet und bereit zu nochmaligem Vertrauen ist, die Jugend herauszuheben aus ihrer selbsterwählten Isolierung in eine neue wahrhafte Volksgemeinschaft, das ist also das Gebot der Stunde für uns alle."[66]

Die Überzeugung, dass vor allem die junge Generation für die Ziele der noch im Gründungsprozess befindlichen Partei gewonnen werden müsse, war über all die Jahre seiner politischen Tätigkeit nach 1945 ein entscheidendes Movens für Middelhauve. Er selbst begründete die herausgehobene Bedeutung dieser Zielgruppe oftmals mit seiner eigenen „geschichtlichen Betrachtungsweise"[67], nach der eine nur mangelhafte Ansprache der Jugend sowohl für das Scheitern der Deutschen Staatspartei als auch der Weimarer Republik insgesamt mitverantwortlich gewesen sei. Hinzu trat das parteitaktische Kalkül, dass die jüngere, während des „Dritten Reiches" sozialisierte Generation sich a priori nicht an eine Partei gebunden fühle und ein nicht unerhebliches Wählerreservoir biete. Der nach Jahren der nationalsozialistischen „Volksgemeinschafts"-Propaganda abgeschmackt wirkende

---

[62] Hüttenberger, Nordrhein-Westfalen, S. 135.
[63] Vgl. ebd., S. 134; zum Landesparteitag vgl. außerdem: Hein, Milieupartei, S. 152ff.
[64] Vgl. Schröder, FDP, S. 14.
[65] Hein, Milieupartei, S. 157; Hüttenberger, Nordrhein-Westfalen, S. 134.
[66] Middelhauve zum Thema „Erziehung der Jugend" auf der FDP-Delegiertentagung des Landesverbandes Nord-Rheinprovinz am 27.4.1946, HStAD, RWV 49/46, pag. 34.
[67] Hier entnommen aus den Stichworten für die Begründung der Anträge Middelhauves auf dem außerordentlichen Parteitag der FDP in Essen am 12./13.7.1952, HStAD, RWN 172/170, pag. 33.

Verweis auf eine „neue wahrhafte Volksgemeinschaft" lässt besonders aufhorchen. Er ist einzuordnen in den großen Komplex der versuchten „Bewältigung" der Vergangenheit, dessen populärste Variante die der Selbstviktimisierung war.[68] Ausgangspunkt dieses weitverbreiteten Deutungsmusters war die Grundannahme, dass „die Deutschen" von einer kriminellen Führungsclique mit Hitler an ihrer Spitze geblendet und schließlich in den Krieg gehetzt worden seien. Nach einer solchen individuell wie kollektiv entlastend und exkulpierend wirkenden Auslegung des Nationalsozialismus konnten sich auch Schuldiggewordene als Teil einer verführten, in ihrem Vertrauen missbrauchten „Opfergemeinschaft" fühlen. Unter diesen Vorzeichen war die neuerliche Beschwörung einer „Volksgemeinschaft" möglich, jedoch einer „Volksgemeinschaft' ohne Führer".[69]

Middelhauves Vortrag zur „Erziehung der Jugend" vom April 1946 kann als Musterbeispiel für ein solch hochgradig konstruiertes Opferbild gelten. Bei gleichzeitiger Inschutznahme der „Gläubigen", die getäuscht worden seien, geißelte er mit scharfen Worten die skrupellosen „Hasardeure", jene „Bande verantwortungsloser, brutaler Verführer und Verbrecher, die in der entscheidenden Stunde feige und erbärmlich ihre ganze Jämmerlichkeit offenbarten".[70] Entlarvend wirkt indes Middelhauves Hinweis darauf, welchen Personenkreis er unter dem Schlagwort der „Jugend" subsumierte – es müsse um die Gewinnung der „gereiften Jugend im Alter von 20–35 Jahren"[71] gehen, mithin also Vertreter einer Generation, die keineswegs aus jugendlicher Unreife oder Unwissenheit „zwangsweise" der NS-Propaganda erlegen sein musste. Die von Middelhauve verwendete Formel der „selbsterwählten Isolierung" deutete bereits darauf hin, dass er bei der beabsichtigten Wahlwerbung durchaus die zahlreichen, im „Dritten Reich" auf unterschiedlichen Ebenen aktiv gewordenen Kräfte anzusprechen versuchte. Mit richtungsweisenden Personalentscheidungen wollte er schon frühzeitig seinen festen Willen dokumentieren, die jüngere Generation an maßgeblicher Stelle in den Parteiaufbau einzubinden. Erwähnt seien Heinz Wilke und Erich Mende, die idealtypisch Exponenten derjenigen „Großgruppen" waren, um deren Gunst besonders geworben wurde. Wilke, Jahrgang 1910, hatte eine steile Karriere in der Hitler-Jugend hinter sich. Von der Chefredaktion des HJ-Blattes *Wille und Macht*, dem *Führerorgan der nationalsozialistischen Jugend*, wechselte der HJ-Bannführer Anfang 1939 als Abteilungsleiter ins Auslandsamt der Reichsjugendführung. Er wurde hauptamtlicher HJ-Landesjugendführer für Italien, stieg 1942 zum Hauptbannführer auf und wurde schließlich „zum Beauftragten des Jugendführers des Deutschen Reiches in Italien und zum Leiter der HJ-Dienststelle bei der Reichsvertretung in Italien ernannt".[72] Später diente er bei der Wehrmacht als „Vertreter der HJ-Zentrale".[73] Beim Versuch einer neuerlichen politischen Betätigung fand Wilke in der nordrhein-westfälischen FDP Aufnahme und wurde umgehend mit dem Amt des Geschäftsführers der FDP-Landtagsfraktion betraut. Als enger Vertrauensmann Middelhauves konnte er fortan großen Einfluss in Fragen der Personalpolitik ausüben.

Stand Heinz Wilke beispielhaft für die geglückte Integration hochrangiger Amtsträger der HJ in den FDP-Landesverband, so nahm Middelhauve Erich Mende als Vertreter der

---

[68] Vgl. Thießen, Erinnerungen; Bajohr/Wildt (Hrsg.), Volksgemeinschaft, S. 22f.; Albertin, Jugendarbeit, S. 141.
[69] Thießen, Erinnerungen, S. 167–171.
[70] Middelhauve zum Thema „Erziehung der Jugend" (s. Anm. 66), HStAD, RWV 49/46, pag. 32f.
[71] Ebd., pag. 32.
[72] Buddrus, Erziehung, Teil 2, S. 1227.
[73] Ebd., S. 800.

ebenfalls heftig umworbenen Vertreter der Wehrmacht „unter seine Fittiche".[74] Der 1916 in Oberschlesien geborene Mende trat 1936 als Offiziersanwärter in die Wehrmacht ein, nahm an den Feldzügen in Polen, Frankreich und Russland – zuletzt als Major – teil und wurde im Februar 1945 mit dem Ritterkreuz ausgezeichnet. Der Stolz auf seine soldatische Vergangenheit fand noch in späterer bundesrepublikanischer Zeit seinen symbolhaften Ausdruck im öffentlichen Tragen jenes Ordens zu gegebenen Anlässen, auch wenn auf diesem „das kleine, fast unsichtbare Hakenkreuz"[75] prangte. Auf Empfehlung Middelhauves trat Mende im Januar 1946 das Amt des FDP-Landesgeschäftsführers in der Nord-Rheinprovinz an und engagierte sich zudem in führenden Positionen auf Landes- wie auch auf Zonenebene für den Auf- und Ausbau einer parteiinternen Nachwuchsorganisation.[76] Das Beispiel Mendes, der keineswegs als überzeugter Liberaler, eher als politischer Opportunist zur FDP gestoßen war, kann als Beleg für das erfolgreiche Buhlen der nordrheinwestfälischen Liberalen insbesondere um die Frontgeneration gewertet werden.[77] Vor den Landtagswahlen am 20. April 1947 warb die FDP mit einem eigens auf diese Klientel abzielenden, in den Farben schwarz-weiß-rot gehaltenen Wahlplakat: Es war dort ein auf Krücken gestützter, beinamputierter junger Mann zu sehen. Darüber war die appellativrhetorische Frage samt Antwort zu lesen: „Frontgeneration abseits? Eure Partei: FDP".[78]

Der Einfluss, den diese junge Generation auf die künftige Entwicklung des nordrheinwestfälischen Landesverbandes nahm, darf ebenso wenig unterschätzt werden wie ihre Bedeutung als vergangenheitspolitische *pressure group*. Die gehäufte Kritik aus den Reihen des politischen Nachwuchses an der Führung des Zonen- bzw. Landesverbandes war Wasser auf die Mühlen derer, die der FDP ohnehin eine nationale Sammlungsstrategie verordnen wollten, und wurde von diesen folglich instrumentalisiert, um parteiintern ihren Kurs durchzusetzen. Ein anschauliches Beispiel für einen solch katalytischen Prozess liefern die als unbefriedigend bis verheerend empfundenen Ergebnisse der Landtagswahlen vom 20. April 1947, bei denen die FDP lediglich 5,9% der Stimmen auf sich vereinigen konnte. In der parteiinternen Wahlnachlese verwies Middelhauve zunächst „auf die Kritik […], die seitens junger Mitglieder der FDP an den Wahlvorbereitungen geübt wurde", und mahnte entsprechende Konsequenzen an. Inhaltlich solle die FDP künftig weniger von ihrem Wirtschaftsprogramm und ihrer ablehnenden Haltung gegenüber der Sozialisierung sprechen, da sie sonst „leicht in den Geruch geraten" könne, „nur Arbeitgeber-Interessen [zu] vertreten".[79] Sein Vorschlag für eine Neuausrichtung der Partei lautete: „Wir müssen das Nationale betonen. Nicht, daß wir nationalistisch sein sollten, sondern vielmehr wollen wir den Gedanken des Deutschseins in Zukunft mehr herausstellen. Das muß vor allen Dingen durch unsere Redner, die Presse und unsere Parteispitzen geschehen."[80] Der Grund für

---

[74] Papke, Ordnungskraft, S. 46; vgl. Mende, Freiheit, S. 30f.; Nickel, Parteivorsitzende, S. 233ff. Zu Mendes „Persönlichkeit und Prägungen" vgl. ebd., S. 225ff.
[75] Mende, zit. n. Rütten, Liberalismus, S. 211; vgl. auch Wagner, FDP, S. 49–52, 151–153.
[76] Zu den Deutschen Jungdemokraten s. u., S. 73ff., 88ff.
[77] In einem Gespräch mit Christof Brauers am 24.1.1998 berichtete Mende mit entwaffnender Ehrlichkeit über die Motive seines Parteieintritts: „Das war reiner Zufall, daß ich im Februar 1946 bei der FDP war und nicht bei der CDU. Das war keine tiefe Überzeugung. Das war, wenn Sie so wollen, ein Stück Opportunismus." Brauers, FDP, S. 281.
[78] Plakate des politischen Liberalismus nach 1945, Nr. 39.
[79] Protokoll über die Sitzung des Landesausschusses des Landesverbandes Nordrhein am 28.4.1947, in: Politischer Liberalismus, Nr. 29, S. 162f.
[80] Ebd., S. 163.

die herbeizuführende Akzentuierung des „Deutschseins" sei wiederum in der notwendigen Heranziehung einer Jugend zu suchen, die nach Middelhauves Überzeugung „in erster Linie national und dann parteipolitisch denkt".

Unterstützung fand Middelhauve vor allem bei den Vertretern dieser jungen Generation. Noch in derselben Sitzung des Landesausschusses nahm Erich Mende den auf das Nationalgefühl abzielenden Appell bereitwillig auf und sprach sich dafür aus, „den Gedanken des Reichs in den Vordergrund [zu] stellen", ohne dabei jedoch „Konzessionen an die Nazis" zu machen. „Besser sei es aber", so fuhr Mende fort, „einmal zu weit zu schießen, als überhaupt nichts zu tun oder in Langsamkeit zu ersticken."[81] Mit fast identischen kritisch-„konstruktiven" Überlegungen versuchte sich auch der 30-jährige Willi Weyer[82] als junger Aktivposten innerhalb der FDP zu profilieren und wandte sich in seiner Funktion als Sprecher der Jungdemokraten in Westfalen am 31. Mai 1947 in einem Brief an den seit wenigen Tagen amtierenden Vorsitzenden des nordrhein-westfälischen Landesverbandes Altenhain. Da das Potential zu einer „Massenpartei" vorhanden sei, dürfe sich die FDP nicht damit begnügen, „Partei des intelligenten Bürgertums zu werden". Nach dem alten römischen Motto *panem et circenses* sei „[e]twas Circus [...] erforderlich, auch bei den Freien Demokraten. Uns fehlt ein wenig Paprika."[83] Diese „Zutat" erblickte auch Weyer in einer besonderen Betonung des Nationalen.

Initiativen gegen die Entnazifizierung und für eine Generalamnestie

Die umfassende Säuberung des politischen und gesellschaftlichen Lebens vom Nationalsozialismus im Nachkriegsdeutschland war eines der wenigen Ziele, auf die sich die „Großen Drei" – Roosevelt, Churchill und Stalin – schon zu Kriegszeiten einigen konnten. Auch nach der Kapitulation Deutschlands hielten die Siegermächte an diesem Vorhaben fest. Im Potsdamer Abkommen, dem Ergebnis der vom 17. Juli bis zum 2. August 1945 auf Schloss Cecilienhof tagenden Konferenz, fanden sich unter den „Politischen Grundsätzen" erste Hinweise darauf, wie jene Ent- bzw. Denazifizierung vollzogen werden sollte. Völlig unstrittig war, dass die NSDAP samt ihrer zahlreichen angeschlossenen Organisationen aufgelöst, dezidiert nationalsozialistische (Rasse-)Gesetze abgeschafft und die Hauptkriegsverbrecher vor Gericht gestellt werden müssten. Selbst die Mehrheit der deutschen Bevölkerung stand den Nürnberger Prozessen zumindest zum Zeitpunkt ihrer Eröffnung keineswegs ablehnend gegenüber, bot sich doch hier die Möglichkeit, die stattgefundenen

---

[81] Ebd., S. 165. Dankbar für diesen Redebeitrag verkündete Middelhauve schließlich: „Die Jugendarbeit müsse sofort beginnen und solle durch Herrn Mende belebt werden." Ebd., S. 169.
[82] Der 1917 geborene, aus liberalem (Groß-)Elternhaus stammende Weyer trat offensichtlich mit 20 Jahren der NSDAP bei. In der nicht eben „unparteiischen", von Rüdiger Sagel, Abgeordneter der Partei „Die Linke" im Düsseldorfer Landtag, mit unzweideutigen Absichten herausgegebenen und von Michael C. Klepsch geschriebenen Online-Broschüre „Nahtloser Übergang in neue Führungspositionen – Alte Nazis in den nordrhein-westfälischen Landtagsfraktionen von CDU und FDP" (http://www.sagel.info/service/DasvergessenebrauneErbe.pdf; Zugriff am 1.6.2010) befindet sich im Anhang die faksimilierte NSDAP-Mitgliedskarte Weyers, die als Tag des Eintritts den 1.5.1937 ausweist. Seit 1940 arbeitete Weyer als Assistent an der von Hans Frank (bis 1942) geleiteten Akademie für Deutsches Recht. Nach Fronteinsatz und kurzer Kriegsgefangenschaft widmete er sich ebenso wie Mende vornehmlich dem Aufbau der Deutschen Jungdemokraten, in deren Landesvorsitz sich beide abwechselten. Zu Weyer vgl. Fischer, Weyer; Hartstein, Nordrhein-Westfalen, S. 64f.; Biographisches Handbuch der Mitglieder des Deutschen Bundestages, Bd. 2, S. 947f.
[83] Zit. n. Albertin, Jugendarbeit, S. 146.

Verbrechen und deren Verantwortlichkeit zu personalisieren.[84] Eine ungleich schwierigere Aufgabe hatten die Alliierten ebenfalls schon ins Potsdamer Abkommen aufgenommen: „Alle Mitglieder der nazistischen Partei, welche mehr als nominell an ihrer Tätigkeit teilgenommen haben, und alle anderen Personen, die den alliierten Zielen feindlich gegenüberstehen, sind aus den öffentlichen oder halböffentlichen Ämtern und von den verantwortlichen Posten in wichtigen Privatunternehmungen zu entfernen."[85]

Wie aber sollte festgestellt werden, wer lediglich „nominelles" und wer „aktives" Mitglied der NSDAP gewesen war? Angesichts der schieren Masse von zuletzt über neun Millionen „Parteigenossen"[86] musste dieses Vorhaben als eine unlösbare Herkulesaufgabe ohne Aussicht auf eine angemessene, gerechte Beurteilung jedes Einzelfalls erscheinen.[87] Der gute Wille war den Besatzungsmächten nicht abzusprechen. Die anfänglich in alliierter Alleinregie, später in deutscher Mitverantwortung durchgeführten Entnazifizierungsverfahren sahen zunächst eine individuelle Prüfung vor, die auf der Grundlage eines detaillierten Fragebogens zu erfolgen hatte. Durch eidesstattliche Erklärungen von gut beleumundeten Freunden oder Bekannten („Persilscheine"), die den zu Überprüfenden zumeist eine strikt antinationalsozialistische Gesinnung, gepaart mit widerständigem Verhalten, attestierten, war zusätzlich die Möglichkeit einer „Reinwaschung" gegeben, die im „Idealfall" die Einstufung als „nichtbelastet" zur Folge hatte. Eine uneinheitliche Handhabung der Entnazifizierungspraxis in den vier Besatzungszonen[88], die offensichtliche bürokratische Überforderung der Ausschüsse und Spruchkammern, eine unausgesprochen im Raum stehende Kollektivschuld-Anklage sowie die weitverbreitete Empfindung, dass in Einzelfällen ungleiche Maßstäbe angelegt würden, nährten die Kritik an einer „Siegerjustiz".

Der entschiedene Kampf gegen die alliierte Praxis der Entnazifizierung wurde von Friedrich Middelhauve schon frühzeitig als wirksames Instrument zur erfolgreichen Ansprache der von ihm anvisierten Zielgruppen erkannt. Vor dem Hintergrund des Werbens insbesondere um die „junge" Generation ist es bezeichnend, dass eine der ersten diesbezüglichen Initiativen im Juni 1946 die Forderung nach Straffreiheit für alle nach dem 1. Januar 1915 Geborenen war. Begründet wurde sie – nach dem bekannten Muster – mit dem Verweis auf deren Unwissenheit: „Sie ahnten nicht, zu welchem Zweck das alles diente. Sie mißtrauten nicht den schönen Worten, weil es zum Recht der Jugend gehört, Vertrauen zu haben, weil sie sich angesprochen fühlten in ihrem Willen, Kamerad zu sein und Mut zu zeigen."[89]

Zwischen den Zeilen ist hier ein Gedanke vorweggenommen, der erst Monate später von Eugen Kogon formuliert wurde, als er in den Frankfurter Heften ein „Recht auf politischen Irrtum"[90] einforderte. Zumal aus der Feder eines langjährigen KZ-Häftlings entfaltete dieses Diktum eine ganz besondere Breitenwirkung. In der Folgezeit wurde es von zahlreichen Interessenvertretungen für ihre Zwecke (zunächst vor allem die Beendigung

---

[84] Vgl. Hardtwig, „Vergangenheitsbewältigung", S. 173.
[85] Quellen zur staatlichen Neuordnung, Nr. 6, S. 42.
[86] Vgl. Nolzen, „Führer", S. 73.
[87] Vgl. Rauh-Kühne, Entnazifizierung.
[88] Zur britischen Entnazifizierungspolitik im Gebiet von Nordrhein-Westfalen vgl. die von Lange bearbeitete Quellenedition „Entnazifizierung in Nordrhein-Westfalen".
[89] Aus dem Beitrag „Politische Bereinigung" in den Demokratischen Briefen der FDP in der britischen Zone vom 26.6.1946, zit. n. Krämer, Verhältnis, S. 186. Die Demokratischen Briefe sollten der politischen Rednerschulung dienen; vgl. ebd., Anm. 579.
[90] Kogon, Recht.

der Entnazifizierung) aufgegriffen und instrumentalisiert. Schon im Oktober 1947 empfahl Willi Weyer, dass die FDP eben jenes „Recht auf den politischen Irrtum [...] in Anspruch nehmen"[91] solle, und tatsächlich verzichtete der Landesvorsitzende Middelhauve in kaum einer Rede zum Komplex der Entnazifizierung auf das Kogonsche Postulat: „Unser Standpunkt ist klar. Wir verlangen immer wieder, daß mit dieser Deklassierung aufgehört wird. Die CDU tritt in dieser Frage leise, während die Linksparteien ganz klare Front auch gegen die Leute einnehmen, die sich in einem politischen Irrtum befanden. Diese Leute aber dürfen nicht ausgeschlossen werden."[92] In der Agitation gegen die Entnazifizierung erblickten führende Liberale aus Nordrhein-Westfalen ein probates Mittel, sich gegenüber den anderen Parteien durch stets *noch* etwas radikalere Forderungen abzugrenzen. Dabei gingen sie „bis an die Grenzen des in dieser Zeit ‚politisch korrekten' Umgangs mit den von der alliierten Entnazifizierungsgesetzgebung Betroffenen".[93] Diesen Kampf konnte die FDP und insbesondere ihr rechter Flügel auch deswegen mit besonderer Verve führen, da er sich als Verteidigung vermeintlich bedrohter liberaler Grundwerte wie Freiheit, Gleichheit und Rechtsstaatlichkeit deuten ließ. Middelhauve betonte ein ums andere Mal, dass es die höhere Berufung gerade der FDP als liberaler Partei sei, sich für eine Beendigung der Entnazifizierung einzusetzen. „Wir haben uns, gerade weil wir auf dem Boden der Freiheit als dem wertvollsten Grundrecht des Menschen stehen, dagegen gewehrt, daß man einem Bürger das Recht auf politischen Irrtum abspricht, daß man ihn wegen des politischen Irrtums, nicht etwa wegen eines politischen Vergehens oder gar Verbrechens bestraft."[94]

Im Landesausschuss der Liberalen wurde bereits im Oktober 1947 die Einsetzung eines „Ausschusses zur Koordinierung aller Vorschläge zur Beendigung der Entnazifizierung"[95] beschlossen. Allen Auseinandersetzungen mit dem Komplex der alliierten Säuberungspolitik lag die Überzeugung zugrunde, dass durch die Entnazifizierung nicht etwa Verbrechen, sondern lediglich politische Gesinnungen (bzw. „politische Irrtümer") in nach rechtsstaatlichen Kriterien fragwürdig erscheinenden Prozessen bestraft und somit große Teile der Bevölkerung vom Aufbau des neuen Staates zum beiderseitigen Nachteil ferngehalten würden. Um sich von diesem „Alpdruck der Entnazifizierung"[96] zu befreien, zielten die Forderungen aus den Reihen der FDP-Landtagsfraktion darauf, „die gesamte Aktion mit einem Federstrich zu beenden"[97], ihre „Folgemaßnahmen" (z.B. Entzug des aktiven und passiven Wahlrechts) aufzuheben, justiziable Handlungen vor ordentlichen Gerichten zu verhandeln und jene zu integrieren, die sich „nur" politisch geirrt hätten. Eine entsprechende Initiative der FDP-Fraktion vom 28. April 1948 wurde in einem Ausschuss des nordrhein-westfälischen Landtages abgelehnt. Das tags darauf verabschiedete Entnazifizierungsgesetz fand wiederum keine Zustimmung seitens der FDP, da die Liberalen Pensionsansprüche der als „Mitläufer" eingestuften Beamten nicht ausreichend berücksichtigt

---

[91] Protokoll über die Sitzung des Landesausschusses am 13.10.1947, HStAD, RWN 172/223, pag. 49.
[92] Sitzung des Landesausschusses am 2.4.1948 in Recklinghausen, ADL, Bestand FDP-LV NRW, Landesausschuss, 26898.
[93] Krämer, Verhältnis, S. 272.
[94] Rede Middelhauves auf dem Landesparteitag in Milspe vom 31.7.-1.8.1948, HStAD, RWN 172/325, pag. 14.
[95] Sitzung des Landesausschusses am 13.10.1947 in Milspe, HStAD, RWN 172/223, pag. 49.
[96] Arbeitsprogramm der FDP-Landtagsfraktion 1947, in Auszügen abgedruckt bei Krämer, Verhältnis, S. 274.
[97] Hüttenberger, Nordrhein-Westfalen, S. 403.

sahen.⁹⁸ Dieses Beispiel macht deutlich, dass es bei der Entnazifizierungspolitik immer *auch* um Klientelpolitik ging. Die Beamtenschaft sollte ihre Bedürfnisse durch die FDP ebenso vertreten wissen wie Wehrmachtssoldaten, „nominelle" NSDAP-Mitglieder oder die Vertriebenen.⁹⁹

Allein, es wurde immer schwieriger, sich als *die* Gegnerin der Entnazifizierung zu profilieren. Spätestens seit 1948 war innerhalb der politischen Parteien eine regelrechte vergangenheitspolitische Konkurrenz um die Gunst derer entfacht, die infolge der alliierten Säuberungspolitik ihrer Posten enthoben bzw. in ihrer politischen und beruflichen Betätigung eingeschränkt worden waren oder aber sich gegen jene als staatsbürgerliche Klassifizierung und vor allem Deklassierung wahrgenommene Praxis wandten. Das „Recht auf den politischen Irrtum" wurde partei- und gesellschaftsübergreifend anerkannt; Norbert Frei bezeichnet es gar als das „vergangenheitspolitische Grundgesetz der Bundesrepublik".¹⁰⁰ Eine verbreitet vorzufindende „Schlussstrich-Mentalität", die von den politischen Akteuren zum Teil mitgeprägt, zum Teil bereitwillig aufgegriffen wurde, machte es gerade für die kleineren Parteien (rechts) neben der Union erforderlich, sich durch eine Radikalisierung der zielgruppenorientierten Politik stärker zu profilieren, denn allein der Ruf nach einer möglichst raschen Beendigung der Entnazifizierungsmaßnahmen verhallte sehr bald konturlos im gleichstimmigen Chor aller Parteien. So wurde beispielsweise in seltener Einmütigkeit von sämtlichen im Deutschen Bundestag vertretenen Fraktionen das noch im Dezember 1949 verkündete „Gesetz über die Gewährung von Straffreiheit"¹⁰¹ mitgetragen, das „alle vor dem 15. September 1949 begangenen Taten, die mit Gefängnis bis zu sechs Monaten beziehungsweise bis zu einem Jahr auf Bewährung geahndet werden konnten"¹⁰², amnestierte. Fortan blieben selbst Straftaten aus der NS-Zeit wie Körperverletzung mit Todesfolge ohne juristische Folgen. Auch die kaum quantifizierbare Gruppe der sogenannten „Illegalen" oder „Unterseebootleute", die nach Kriegsende aus der zumeist wohl berechtigten Angst vor einem Prozess eine neue Identität angenommen hatten, erhielt nun die Möglichkeit, sich wieder zu ihrem Namen und der mit ihm verbundenen Vergangenheit bekennen zu können, ohne mit strafrechtlichen Konsequenzen rechnen zu müssen; Werner Naumann gehörte zu den Nutznießern dieser Bestimmung.

Neben den rein justitiellen Folgen zog das Straffreiheitsgesetz auch eine „Delegitimierung jeder weiteren Verfolgung von NS-Straftaten"¹⁰³ nach sich – eine wichtige psychologische Voraussetzung für die weiteren Aktivitäten des nordrhein-westfälischen Landesverbandes der FDP, der als vergangenheitspolitische Speerspitze der Bundespartei stets zeitnah auf veränderte Rahmenbedingungen reagierte und seinen Forderungskatalog entsprechend aktualisierte.

---

⁹⁸ Vgl. Stellungnahme der FDP zur Beamtenschaft und den Beamtenproblemen vom 20.6.1948, in: Politischer Liberalismus, Nr. 48, S. 303, Anm. 3.
⁹⁹ Vgl. Krämer, Verhältnis, S. 386. Auch auf den Wahlplakaten wird das Bemühen der NRW-FDP, jene Personengruppen gezielt anzusprechen, offensichtlich. Bei den Kommunalwahlen 1948 wurde u. a. plakatiert: „Vertriebene! Für Euch und Eure Heimat kämpft die FDP"; Plakate des politischen Liberalismus nach 1945, Nr. 40. Bei den ersten Bundestagswahlen hieß es dann auf einem anderen Plakat: „Kriegsopfer! Heimatvertriebene, Bombengeschädigte. Was taten ‚CDU' und ‚SPD' als Regierende bisher für Euch? Gebt ihnen die Antwort und wählt FDP"; ebd., Nr. 37.
¹⁰⁰ Frei, Vergangenheitspolitik, S. 405.
¹⁰¹ Bundesgesetzblatt 1949, Nr. 9, 31.12.1949, S. 37f.
¹⁰² Frei, Vergangenheitspolitik, S. 18; zum Straffreiheitsgesetz vgl. außerdem S. 29–53.
¹⁰³ Rauh-Kühne, Entnazifizierung, S. 67.

Friedrich Grimm – der amnestiepolitische Ideen- und Stichwortgeber

Am 12. Februar 1951 hielt der habilitierte Völkerrechtler und Rechtsanwalt Friedrich Grimm vor dem Industrie-Club in Düsseldorf einen Vortrag mit dem programmatischen Titel „Generalamnestie als völkerrechtliches Postulat". Unter Berufung auf Hugo Grotius sowie zahlreiche (Friedens-)Verträge seit der Frühen Neuzeit – vom Westfälischen Frieden über den Frankfurter Friedensschluss von 1871 bis zum Londoner Abkommen von 1924 – versuchte Grimm, die „Forderung nach einer allgemeinen Befriedungsamnestie" als „Postulat des Naturrechts" sowie als „eine unabdingbare, notwendige und selbstverständliche Klausel jedes Friedensvertrages"[104] zu deuten. Es müsse ein „Schlußstrich unter die bewegte Zeit des Krieges und der Kriegs- und Nachkriegswirren" gezogen werden. „Es soll reiner Tisch, tabula rasa, mit der Vergangenheit gemacht werden."[105] Das Publikum, vor dem Grimm für sein Konzept der Generalamnestie warb, war exklusiv. Der noch heute bestehende Industrie-Club Düsseldorf galt (und gilt) als ein „Treffpunkt der Eliten"[106] aus der Wirtschaft von Rhein und Ruhr, wo Kontakte zwischen Industrie und Politik geknüpft und gepflegt, Geschäftliches und Politisches diskutiert und Vorträge von Personen des öffentlichen Lebens gehalten wurden. Die wohl bekannteste Rede vor diesem illustren Kreis ist zugleich für den berühmt-berüchtigten Ruf verantwortlich, der dem Industrie-Club anhaftet: Am 26. Januar 1932 hatte Hitler vor über 600 Mitgliedern in Düsseldorf eine vielbeachtete, aber keineswegs die gegenseitigen Vorbehalte restlos überwindende Rede gehalten.[107]

Unter Grimms Zuhörern befanden sich neben Repräsentanten der Industrie, die als „dem rechten FDP-Flügel politisch eng verbunden"[108] galten, auch Friedrich Middelhauve und Werner Naumann. Beide trafen bei dieser Veranstaltung offensichtlich erstmals aufeinander und kamen durch die Vermittlung Grimms ins Gespräch. Zu seiner persönlichen Verteidigung gab Middelhauve gut zwei Jahre später vor dem FDP-Bundesvorstand zu Protokoll, dass er lediglich „zwei Minuten" über „belanglose Dinge in Gegenwart anderer" mit Naumann gesprochen habe – und dennoch wollte er aus dieser Konversation den unmittelbaren Eindruck gewonnen haben, dass Naumann „völlig unakzeptabel sei".[109] In jedem Fall handelte es sich bei dieser Zusammenkunft um das einzige von Middelhauve selbst offiziell bestätigte Treffen zwischen ihm und Naumann, ein weiteres *soll* es nicht gegeben haben.

Auf die Kontakte zwischen Werner Naumann und der nordrhein-westfälischen FDP wird später noch zurückzukommen sein. Zunächst verdienen der Referent, Friedrich Grimm, und seine radikalen, pseudohistorisch bzw. pseudojuristisch gefärbten Forderungen nähere Aufmerksamkeit, denn der Vortrag enthielt in nuce jene Leitlinien, die der nordrhein-westfälische Landesverband der FDP fortan zu den Maximen seiner vergangenheitspolitischen Aktivitäten erhob. Middelhauve stimmte den Grimmschen Postulaten zu und war entschlossen, ihnen zu größerer Publizität zu verhelfen. Zu diesem Zweck ließ er die Rede umgehend im wissenschaftsorientierten Westdeutschen Verlag, den Middelhauve 1947 neben dem schöngeistigen Friedrich Middelhauve Verlag gegründet hatte, drucken.[110] Au-

---

[104] Grimm, Generalamnestie, S. 5.
[105] Ebd., S. 5f.
[106] Vgl. Ackermann, Treffpunkt.
[107] Zur Hitler-Rede und zu ihren Folgen vgl. ebd., S. 120–139.
[108] Herbert, Best, S. 453.
[109] FDP-Bundesvorstand 1953/54, Nr. 30, 25. 4. 1953, S. 925.
[110] Grimm, Generalamnestie (1951).

ßerdem gab er gut einen Monat später in der Sitzung des FDP-Landesvorstandes zunächst „wesentliche Inhalte" des Grimm-Vortrages wieder und bat den Hauptgeschäftsführer Wolfgang Döring, „30 Exemplare des Vortrages durch die Geschäftsstelle käuflich zu erwerben und den Mitgliedern des Vorstandes zu übersenden".[111] Im Verlauf der Aussprache wurde ferner über die künftigen Maßnahmen der Landes-FDP in der Frage der Entnazifizierung beraten. Middelhauve berichtete über den FDP-Gesetzentwurf, in dessen Zentrum „die Vernichtung aller Entnazifizierungsakten" stehe.[112] Erich Mende wollte diesen noch um die Bestimmung ergänzt wissen, „daß alle Spruchkammerakten im Strafregister gelöscht werden müssen". Schließlich machte Middelhauve einen Vorschlag für das weitere Vorgehen: „Der Vorsitzende hält die ‚Tabula rasa' in Bezug auf die Entnazifizierung für unbedingt erforderlich und empfiehlt dem Vorstand, einen Beschluss herbeizuführen, die Frage der Generalamnestie auf die Tagesordnung des Bundesparteitages zu setzen." Unverkennbar ist hier die Inspiration durch Friedrich Grimm erkennbar, und in der Tat avancierte der in nationalistischen Kreisen äußerst populäre Rechtsanwalt zum amnestiepolitischen Stichwort- und Ideengeber der nordrhein-westfälischen Liberalen, der ihnen zudem in personellen wie materiellen Fragen „wertvolle" Vermittlungsdienste leistete.[113]

Da die Wurzeln für Grimms ungebrochene Popularität – und somit die Gründe seiner Attraktivität für Middelhauve und Co. – in seiner anwaltlichen Tätigkeit während der Weimarer Republik sowie im „Dritten Reich" zu suchen sind, ist ein Rückblick auf seinen bisherigen Werdegang nicht uninteressant, zumal diese Perspektive weitere Antworten auf die leitmotivische Frage nach personellen Kontinuitäten innerhalb der NRW-FDP sowie ideellen Wurzeln der von ihr betriebenen Vergangenheitspolitik zu geben verspricht.

Rückblende: Die Vergangenheit Friedrich Grimms

Wenn ein deutscher Rechtsgelehrter schon vor 1933 von Hitler, einem erklärten Verächter des überkommenen „Paragraphenrechts", sowie von hohen Vertretern der NSDAP persön-

---

[111] Kurzprotokoll über die Sitzung des Gesamtvorstandes am 17.3.1951, ADL, Bestand FDP-LV NRW, Landesvorstand, 27072.

[112] Die bundesweit Aufsehen erregende Verbrennung von Entnazifizierungsakten in Stadtoldendorf diente hier im Übrigen nicht als Vorbild, sie fand erst im Oktober 1951 statt. Vgl. Reichel, Vergangenheitsbewältigung, S. 108f.

[113] Auf die Meinung, das Wissen und den Werbeeffekt Friedrich Grimms legte Middelhauve auch in der Folgezeit großen Wert, wie zahlreiche Dokumente aus dem Nachlass Middelhauve belegen. Im Dezember 1951 hoffte er etwa, mit Grimm „über eine ganze Reihe von Fragen sprechen" zu können (Protokollnotiz aus dem Büro Middelhauve vom 20.12.1951, HStAD, RWN 172/278, pag. 19), und zu einem Vortrag Grimms, der am 17.3.1952 in Düsseldorf vor geladenen Gästen unter dem Titel „Politische Justiz als Krankheit unserer Zeit" gehalten werden sollte, plante Middelhauve, „eine Reihe führender Persönlichkeiten" einzuladen (vgl. Brief Diewerges an Grimm vom 6.3.1952, HStAD, RWN 172/69, pag. 48). Diesen Vortrag ließ sich Grimm von der NRW-FDP mit 250 DM entlohnen (RWN 172/606, pag. 56). Außerdem scheint sich der Landesverbandsvorsitzende so sehr für die Vita Grimms interessiert zu haben, dass ihm dieser das einzige, maschinenschriftliche Exemplar seiner nach 1945 verfassten „Persönlichen Erinnerungen" zugeschickt hatte, das heute einen Großteil des Grimm-Nachlasses (BA, N 1120) ausmacht und Hermann Schild als Grundlage für seine Biographie „Professor Dr. Friedrich Grimm, Mit offenem Visier. Aus den Lebenserinnerungen eines deutschen Rechtsanwalts" (1961) diente (vgl. Brief Diewerges an Grimm vom 1.2.1952, HStAD, RWN 172/70, pag. 5). Dass sich dieses Buch in der Universitätsbibliothek Augsburg in den „Remota"-Beständen befindet, hat seine Gründe. Nicht allein die dort betriebene Apologie ist nur schwer erträglich, aus den dort zitierten Passagen der Lebenserinnerungen spricht darüber hinaus ein ungeläuterter Antisemitismus und Revisionismus.

lich besucht wurde, um fachliche Ausführungen zu (juristischen) Problemen der Außen- und Innenpolitik zu erhalten, so bedarf dies einer Erklärung. Der Titel von Grimms am 9. Dezember 1921 an der Universität Münster gehaltener Antrittsvorlesung liefert einen ersten Hinweis: „Handeln aus Vaterlandsliebe als Schuldausschließungsgrund"[114] – so könnte auch das Lebensmotto von Friedrich Grimm umschrieben werden, denn von Beginn seiner beruflichen Karriere an bis zu seinem Tod im Mai 1959 fühlte er sich dem Gedanken des Straferlasses aus „nationalen" Motiven verpflichtet. Der als Sohn eines preußischen Beamten am 17. Juni 1888 in Düsseldorf geborene Grimm begann nach seinem 1907 an einem humanistischen Gymnasium abgelegten Abitur ein Studium der Rechtswissenschaften, das ihn nach Zwischenstationen in Genf, Marburg und Berlin nach Münster führte, wo er 1910 mit einer Arbeit über „Jugendliches Alter als Schuldausschließungsgrund" promoviert wurde. 1914 trat Grimm in die Essener Anwaltspraxis von Adolf Kempkes ein, der nach dem Ersten Weltkrieg zu den Mitbegründern der DVP und zu den Vertrauten und Anhängern Gustav Stresemanns zählte. Wie Middelhauve wurde auch Grimm während des Krieges nicht zum Dienst an der Waffe herangezogen, sondern aufgrund seiner französischen Sprachkenntnisse in ein Münsteraner Kriegsgefangenenlager beordert, wo er als Dolmetscher und in der Briefzensur tätig war.[115]

Grimm dürfte es den guten Kontakten von Kempkes zu hohen Kreisen der Wirtschaft zu verdanken haben, dass er seit 1919 von der Hautevolee der deutschen Industrie als Verteidiger vor den im Versailler Vertrag, Art. 304, vorgesehenen Gemischten Schiedsgerichten engagiert wurde. Ob Röchling, Thyssen, Tengelmann, Krupp oder Stinnes – sie alle vertrauten Grimm die Vertretung ihrer Interessen vor den internationalen Gerichten an. Doch sein eigentlicher Kampf galt der „politischen Justiz", die er in einer nach seiner Auffassung unrechtmäßigen Verfolgung von „aktiven" (oftmals des Mordes beschuldigten) Ruhrkämpfern sowie von Fememördern erblickt zu haben glaubte. Grimm verteidigte Nationalsozialisten ebenso wie Freikorpskämpfer; auch am Prozess gegen den als „nationalen Märtyrer" gefeierten Albert Leo Schlageter schrieb er sich eine Beteiligung zu, die jedoch nicht sicher festgestellt werden kann.[116] In jedem Fall verdiente sich Grimm durch sein rastloses Wirken zweifelhafte Meriten in allen nationalistischen Kreisen, denen er eine Rechtsgrundlage für politische Morde zu liefern versuchte. Den Nachweis für die „Beständigkeit" seiner Einstellung liefert ein Vortrag über „Politischen Mord", den Grimm im August 1938 auf einer Arbeitstagung des Rechtsamtes der Auslandsorganisation der NSDAP hielt. Zur Veranschaulichung jenes für Grimm typischen „historischen" Argumentationsmusters seien hier wesentliche Auszüge zitiert:

> „Es gibt in der Tat in außergewöhnlichen Zeiten Vorgänge, die nur mit dem Maßstab der Geschichte gemessen werden können. Wir haben in der Notzeit des Jahres 1923 solche Vorgänge erlebt, die mit Paragraphenrecht nicht zu messen sind und ausschließlich in die Sphäre der Beurteilung durch die Geschichte gehören."[117]

Auch die an rheinischen Separatisten verübte Lynchjustiz fand nach der Lesart eines „übergesetzlichen Notstandes" ihre Rechtfertigung:

---

[114] Zit. n. Steveling, Juristen, S. 182, Anm. 231. Der Titel seiner im November 1921 angenommenen Habilitationsschrift lautet: „Die Einwirkung des Krieges auf internationale Lieferungsverträge nach dem französisch-belgischen Recht und dem Friedensvertrag von Versailles".
[115] Vgl. Grimm, Visier, S. 14ff.
[116] Vgl. Zwicker, „Nationale Märtyrer", S. 62f.; Grimm, Visier, S. 64ff.
[117] Grimm, Politischer Mord, S. 32.

> „Es ist klar, daß diese Tat mit den Bestimmungen des Strafgesetzbuches über Notwehr und Notstand nicht zu rechtfertigen war. Trotzdem bleibt das Problem, ob in einer Zeit außergewöhnlicher Not von Staat und Volk die Gerichte des Staates, zu dessen Rettung die Tat geschah, den Täter nach Paragraphen zu verurteilen haben, die für normale Zeiten bestimmt sind. Wenn damals die Bauern im Siebengebirge die Separatisten nach Kriegsrecht gefangen genommen und ins Bürgermeisteramt eingeliefert hätten, würden eine halbe Stunde später die Besatzungstruppen eingegriffen und die Separatisten befreit haben. [...] So wurde in wenigen Tagen die Separatistenfrage am Rhein gelöst. Das war eine geschichtliche Tat, die damals das Rheinland vor dem Zusammenbruch gerettet hat. [...] Das sind Dinge, die über die menschliche Beurteilung hinauswachsen. Das kann man nicht mit Gesetzen messen, die der Staat für normale Zeiten erlassen hat."[118]

Dass es Grimm im Jahr 1938 mit seinen obligatorischen geschichtlichen Verweisen bereits um die Legitimierung einer ganz neuen Qualität von politischen Morden ging, deuten seine „überzeitlichen" Feststellungen an:

> „Nur wenn es um das Volk als solches geht, um die Nation und um den Staat, kann der übergesetzliche Notstand bejaht werden, niemals wenn es sich um Einzelinteressen oder Parteiinteressen handelt. [...] Niemals darf der Einzelne zum Richter darüber werden, ob ein anderer Mensch ein politischer Schädling ist, der beseitigt werden muß. Politische Schädlinge auszumerzen ist Sache des Staates."[119]

Auf den Juristen im Dienste des NS-Regimes wird noch einzugehen sein, zunächst zurück zum Amnestievorkämpfer während der Weimarer Republik. Im Vorfeld der Londoner Konferenz (16. Juli bis 16. August 1924) setzte sich Grimm mit Nachdruck für eine Amnestie der in französischen und belgischen Gefängnissen einsitzenden Deutschen ein, die aufgrund von aktivem oder passivem Widerstand während des Ruhrkampfes inhaftiert worden waren. Eigens zu diesem Zweck fertigte er eine Denkschrift mit dem Titel *Quelques idées sur l'amnestie des prisonniers allemands* an, „ließ sie in beträchtlicher Auflage drucken und in Paris bei allen in Betracht kommenden Kreisen verbreiten".[120] Ob Grimms Aktivitäten einen Beitrag zu dem in London ausgehandelten deutsch-französischen Amnestieabkommen geleistet haben, dürfte nur schwer nachzuweisen sein. In jedem Fall sah er sein Ziel erfüllt – zumindest vorerst. Denn Ende der 1920er Jahre war für Grimm der Moment gekommen, „daß ein Strich gemacht wird unter 1923, ein ganz dicker Strich. Es wird Zeit, daß wir endlich uns darauf besinnen, daß wir das Vergangene vergessen und an die Zukunft denken wollen."[121] Das „zu Vergessende" waren in diesem Fall die während der Ruhrkrise begangenen Fememorde, für die an vorderster Stelle Paul Schulz (genannt „Feme-Schulz") verantwortlich war. Als Kopf der Schwarzen Reichswehr, einer der „geheimnisvollsten" und „bedeutendsten rechtsradikalen Organisationen der frühen zwanziger Jahre"[122], hatte Schulz die Ermordung politischer Gegner organisiert und angeordnet. Dem 1925 erlassenen Todesurteil folgte jedoch eine Begnadigung zu lebenslänglicher Zuchthausstrafe. Grimm nahm sich schließlich seiner an und kämpfte unter dem Applaus aller nationalistischen Kreise bis hin zur NSDAP um seine Freilassung.[123]

---

[118] Ebd., S. 33f.
[119] Ebd., S. 35, 37.
[120] Grimm, Visier, S. 78.
[121] Grimm, Oberleutnant Schulz, S. 22.
[122] Sauer, Schwarze Reichswehr, S. 8.
[123] Dies tat er unter Verweis auf das „Ausnahmejahr 1923" (Grimm, Oberleutnant Schulz, S. 5), den von Frankreich entfachten „Ruhrkrieg" – „Ohne Ruhrkrieg keine Femetaten" (S. 22) – sowie auf die Notwendigkeit, einen „Gegenstand der Beunruhigung der öffentlichen Meinung in Deutschland" (S. 22) zu beseitigen.

Inzwischen hatte der Rechtsanwalt eine Verteidigungstaktik entwickelt, die sich mehr und mehr auf eine moralische Rehabilitierung jener „Jünglinge voll Idealismus"[124] verlagerte, deren Morde aus Vaterlandsliebe verübt worden seien, weshalb auch keine „objektive Rechtswidrigkeit"[125] vorliegen könne. Diese Form der nationalistischen Apologie sollte sich als „charakteristisch für die Argumentation während der gesamten späteren Kampagne für die Freilassung der verurteilten Fememörder"[126] erweisen. Zudem bereitete sie den Weg für die nach 1933 betriebene Verehrung jener Verbrecher als „Helden der Nation".[127] Vor diesem Hintergrund ist es auch kein Zufall, dass Grimm in Essen Besuch von führenden Nationalsozialisten erhielt, die sich nach dem Fortgang des Prozesses erkundigen wollten. So sprach er etwa mit Walter Buch, Wilhelm Frick oder Franz Ritter von Epp, die Grimm als „Männer von gemäßigten, vernünftigen Anschauungen" einschätzte, die ihm „Vertrauen einflößten".[128] Zwischen Grimm, der es seinem Mentor Kempkes gleichgetan hatte und der DVP beigetreten war[129], und seinen nationalsozialistischen Besuchern ergaben sich zahlreiche inhaltliche Schnittmengen: „Sie schienen Idealisten zu sein, die nur das Beste für Volk und Vaterland wollten. Ihre Auffassungen über die Deutschen und die Überwindung der Parteienzerrissenheit und des Klassenhasses deckten sich mit den meinigen. [...] Sie wollten weg vom überspitzten Paragraphenrecht und wünschten ein volksnahes Recht. Sie waren gegen die immer mehr einreißende Politisierung des Rechtes, wie wir sie in den Femeprozessen so schrecklich erlebt hatten. Auch hier deckten sich unsere Auffassungen."[130]

Die im Rahmen des Young-Plans beschlossene Räumung des noch besetzten Rheinlandes bot zusätzliche Gelegenheit, in der Öffentlichkeit eine Schlussstrich-Stimmung zu schüren. Unter der Federführung Grimms fand sich Ende 1929 in Essen ein „Ausschuß zur Förderung der Bestrebungen auf Erlaß einer Amnestie aus Anlaß der Rheinlandräumung" zusammen, der sich für eine allgemeine „Befriedungsamnestie" einsetzte.[131] Ein Blick auf die prominente Liste der Mitglieder jenes Essener Kreises offenbart die Vielzahl an Motiven derer, die sich für eine solche Amnestie engagierten: Die beiden ehemaligen Reichskanzler Cuno und Luther gehörten dem Ausschuss ebenso an wie Konrad Adenauer, Robert Lehr (damals DNVP), Eugen Schiffer oder Hans von Seeckt. Wiederum wird der konkrete Einfluss dieser *pressure group* durch die Eingaben an die Reichsregierung nur schwer festzustellen sein; am 24. Oktober 1930 wurde aber schließlich ein Straffreiheitsgesetz erlassen, von dem all jene profitieren sollten, die vor dem 1. September 1924 (politische) Straftaten begangen hatten – unter ihnen Paul Schulz. Sein noch am gleichen Tag erfolgter Eintritt in die NSDAP sowie seine dortige Karriere blieben auch für Grimm nicht ohne Folgen. Auf Veranlassung und in Begleitung von Schulz reisten Hitler und Walther Funk im Mai 1932 nach Essen, um bei einem mehrstündigen Treffen Grimms Meinung über weitere Revisionsmöglichkeiten des Versailler Vertrages zu erfahren. „Der Führer", so

---

[124] Grimm, zit. n. Sauer, Schwarze Reichswehr, S. 21.
[125] Ebd., S. 111.
[126] Ebd.
[127] Vgl. ebd., S. 18 und 283, Anm. 15.
[128] Grimm, Visier, S. 117.
[129] In Grimms Lebenserinnerungen heißt es dazu: „Ich war nie Parteimann. [...] Ich gehörte der Deutschen Volkspartei an, weil mein Sozius Adolf Kempkes Generalsekretär dieser Partei war." BA, N 1120/14, Bd. 4, S. 2.
[130] Grimm, Visier, S. 117.
[131] Vgl. Sauer, Schwarze Reichswehr, S. 286f.

notierte der Rechtsprofessor, „hörte aufmerksam zu."[132] Noch im August folgten weitere Zusammenkünfte zwischen Grimm und der Parteispitze im Berchtesgadener Land, die eindrücklich Zeugnis davon ablegen, wie vertrauensvoll das Verhältnis zueinander war. Nach Schwimmpartien mit Frick, Funk und Gregor Strasser sprach Grimm auf Haus Wachenfeld, dem bescheidenen Vorgängerbau des späteren Berghofs, mit Hitler über „volksnahes Recht" und traf dort beim Abendessen auch auf Joseph Goebbels („liebenswürdig").[133]

In Friedrich Grimm fand Hitler einen glühenden Verehrer, auf dessen „Expertise" und völlige Loyalität er sich während der gesamten Zeit des „Dritten Reiches" verlassen konnte. Gerade *weil* Grimm unter führenden Nationalsozialisten höchstes Ansehen genoss, wandten sich nach 1933 auch solche Personen an ihn, die ins Visier der neuen Machthaber geraten waren. Beim Essener Gauleiter Josef Terboven setzte er sich für einen jüdischen Anwaltskollegen ein[134], Konrad Adenauer stand er in einem Dienststrafverfahren als Rechtsbeistand zur Seite[135], und auch inhaftierten Mitgliedern des verbotenen Jungdeutschen Ordens verhalf Grimm mit seinem Einsatz zur Freilassung.[136] Zweifel an seiner Systemtreue können solcherlei Freundschaftsdienste indes nicht wecken. Im April 1933 trat Grimm zur NSDAP über[137]; er gehörte vom November 1933 bis 1945 (in den ersten Jahren als Hospitant) der NSDAP-Fraktion im Reichstag an[138] und diente der NS-Propaganda durch zahlreiche Veröffentlichungen.[139] Auf den dort betriebenen Hitlerkult à la „Ein Volk, ein Reich, ein Führer"[140], die systemkonforme Geschichtsklitterung, die Einstimmung auf einen nahenden Krieg oder dessen spätere Legitimierung muss hier nicht näher eingegangen werden. Den wertvollsten Dienst tat Grimm dem Nationalsozialismus in seinem Beruf, als Anwalt „deutscher", d. h. antisemitisch-propagandistischer Interessen vor internationalen Gerichten.

Im Auftrag des Reichsministeriums für Volksaufklärung und Propaganda (RMVP) sowie des Auswärtigen Amtes sollte Grimm in Kairo vor dem Internationalen Gemischten Gerichtshof eine Klage zurückweisen, die ein jüdischer Ägypter im Juni 1933 aufgrund der Veröffentlichung einer antisemitischen Hetzschrift durch den dortigen Deutschen Verein gegen dessen Präsidenten erhoben hatte. Vom RMVP wurde Grimm Wolfgang Diewerge als Mitarbeiter und Sonderberichterstatter des *Völkischen Beobachters* zur Seite gestellt, der die Verhandlungen propagandistisch verwerten sollte. In der nach Prozessende erschienenen „Dokumentation" berichtete Diewerge mit affektierter Ergriffenheit von Grimms Plädoyer: „Es war für uns Deutsche, die wir in dem Saal beisammensaßen, ein stolzes

---

[132] Grimms Lebenserinnerungen, BA, N 1120/14, Bd. 4, S. 4.
[133] Grimm, Visier, S. 118–122.
[134] Vgl. ebd., S. 125f. Bezeichnend für Grimms rassistisch-antisemitische Denkmuster ist seine Beschreibung jenes Rechtsanwalts: „[...] er gehörte zu jenen Juden, die äußerlich wenig Jüdisches an sich haben."
[135] Vgl. Schwarz, Adenauer, Bd. 1, S. 372f.
[136] Vgl. Werner, Orden im Widerstand, S. 233. Ohne selbst Ordensmitglied gewesen zu sein, zählte Grimm auch zu den Autoren einer im Oktober 1933 von Jungdeutschen neu gegründeten Monatsschrift. Vgl. ebd., S. 112.
[137] Dazu Grimm in seinen „Lebenserinnerungen": „Den Staat bejahen und an staatlichen Aufgaben mitwirken, hieß zugleich die Partei bejahen und ihr beitreten. Das wurde mir damals völlig klar." BA, N 1120/14, Bd. 4, S. 15.
[138] Vgl. Hubert, Reichstag, S. 73.
[139] Siehe Auswahl seiner Publikationen im Quellenverzeichnis, S. 231f.
[140] Grimm, Hitlers deutsche Sendung, S. 8, 48.

Gefühl, mitzuerleben, wie hier deutscher Geist und deutsche Wissenschaft über kleinliche Hetze und banale Theatermätzchen triumphierten."[141] Das vermeintliche Musterbeispiel deutscher Rechtsgelehrtheit bestand in Grimms mit zahllosen historischen Querverweisen versetzter Zurückweisung der Klagezulässigkeit, da sich die beanstandete Broschüre auf die Verhältnisse in Deutschland und somit auf die deutschen Juden beziehe und außerdem von einer einzelnen Person keine Klage wegen einer Beleidigung *des* Judentums erhoben werden könne. Das Gericht folgte dieser „Beweisführung" und wies die Klage ab. Einer Ausschlachtung des Prozesses im Sinne einer propagandistischen Kriegserklärung an die „Verleumdungs- und Boykottfront des internationalen Judentums"[142] durch Diewerge war Tür und Tor geöffnet.

In Gewissensnöte kam Grimm bei einem solchen Prozess nicht. Er selbst war bekennender Antisemit, was auch in seinen nach 1945 geschriebenen Lebenserinnerungen noch völlig unverhüllt zum Ausdruck kommt.[143] Überzeugt davon, dass es „eine jüdische Macht" gebe, mit der seit 1933 „ein de facto-Kriegszustand herrschte"[144], trug er an seiner „Front" nach Kräften dazu bei, antijüdische Ressentiments zu schüren und der nationalsozialistischen Judenpolitik „in der roten Robe eines Professors für internationales Recht"[145] eine pseudojuristische Legitimität und Seriosität zu verleihen. Die nächste Gelegenheit dafür bot sich – wiederum vor den Augen einer interessierten Weltöffentlichkeit – im Prozess gegen David Frankfurter, einen aus Jugoslawien stammenden jüdischen Medizinstudenten, der am 4. Februar 1936 in Davos den Landesgruppenleiter der Auslandsorganisation der NSDAP in der Schweiz, Wilhelm Gustloff, erschossen hatte und für diese Tat zu 18 Jahren Gefängnis verurteilt worden war. De jure war Grimm bei diesem Prozess Anwalt der Zivilpartei (Gustloffs Frau), de facto sollte er im Auftrag des Propagandaministeriums und in Absprache mit Hitler[146] – wie er noch im November 1947 bei einem Verhör zu verstehen gab – den Nachweis erbringen, dass „Hintermänner von Frankfurter oder das Weltjudentum im Spiel waren".[147] Natürlich konnte ihm das nicht gelingen, dennoch nutzte er den Gerichtssaal als Bühne, um Gustloff zum Märtyrer zu stilisieren, vor einer jüdischen Gefahr für alle Völker Europas zu warnen sowie die antijüdischen Exzesse in Deutschland

---

[141] Diewerge, Sonderberichterstatter, S. 70.
[142] Ebd., S. 11. Diewerges abschließende Bewertung (S. 95) lautete: „Die Vorgeschichte, der Verlauf und das Ergebnis des ersten Rechtsganges des Kairoer Judenprozesses haben dem Deutschen Volk mit aller Deutlichkeit gezeigt und bewiesen, daß es sich einem großen internationalen haßerfüllten Feind gegenübersieht, dem kein Mittel in seinem heimtückischen Kampf zu schlecht ist, dem Juden. Wenn noch ein Beweis notwendig war, warum sich das nationalsozialistische Deutschland gegen den übermäßigen Einfluß des Judentums in politischer, kultureller und wirtschaftlicher Beziehung wehren mußte, dann hat der Kairoer Judenprozeß die Bestätigung der nationalsozialistischen Gesetzgebung erbracht."
[143] Bei Grimm, Visier, ist u. a. zu lesen: „Ich fühlte instinktiv, mehr als ich wahrhaben wollte, daß es doch ein Judenproblem gab, und daß das deutsche Volk sich irgendwie damit auseinandersetzen mußte." (S. 124); „Wenn es wirklich eine Möglichkeit der Abtrennung der Juden vom deutschen Volkskörper gab, war es möglich, ihnen zu gestatten, daß sie allen Reichtum mitnahmen, den sie in den letzten Generationen, zum Teil aber auch erst während der Inflationszeit erworben hatten?" (S. 127).
[144] Ebd., S. 273.
[145] Diewerge, Sonderberichterstatter, S. 67.
[146] „Ich las dem Führer auch mein 20-Minuten-Plädoyer vor, so wie ich es [...] später auch tatsächlich gehalten habe. Hitler hörte mir auch diesmal wieder mit Interesse zu und sprach mir sein volles Einverständnis mit der von mir beabsichtigten Haltung im Prozeß aus." Grimm, Visier, S. 160.
[147] Vernehmungsprotokoll vom 24.11.1947, IfZ-Archiv, ED 411, Bd. 40.

zu legitimieren, deren Be- oder gar Verurteilung sich Grimm verbat, da „das Urteil über die deutsche Lösung der Judenfrage [...] von der Geschichte gesprochen"[148] werde.

Unterstützt wurde Grimm erneut von Wolfgang Diewerge, der beim *Völkischen Beobachter* mittlerweile im Ruf stand, „der ausgezeichnete Kenner jüdischer Rechtsschliche"[149] zu sein. Ließ sich eine internationale Verschwörung des Judentums vor Gericht schon nicht nachweisen, so war es Diewerges Aufgabe, diese in seinen „Dokumentationen" zum Prozess zu konstruieren.[150] Beide erhielten von Goebbels für ihr Zusammenspiel höchstes Lob.[151] Das Duo Grimm-Diewerge leistete dem Nationalsozialismus auf dem Feld der Auslandsprozesse solch wertvolle Dienste, dass es vom Propagandaministerium auch auf die „Bearbeitung" des am 7. November 1938 von Herschel Grynszpan verübten Attentats auf den deutschen Botschaftssekretär in Paris, Ernst vom Rath, angesetzt wurde.[152] Tags darauf war im *Völkischen Beobachter* unter der Überschrift „Die Verbrecher" bereits ein hetzerischer Artikel von Diewerge zu lesen, mit dem er die Reichspogromnacht gleichsam mental vorbereitete.[153] Da der Prozess in Paris über Voruntersuchungen nicht hinausgekommen war und die eigentlichen Verhandlungen wegen des Kriegsausbruches nicht stattfinden konnten, sollte Grynszpan nach seiner von Grimm betriebenen und im Juli 1940 erfolgten Auslieferung an Deutschland ein Schauprozess gemacht werden. „Der Grünspan-Prozeß", so führte Grimm vor Bekannten aus, „wird in Berlin Mitte April [1942] beginnen, großauf-

---

[148] Diewerge, Jude, S. 57 ff., Zitat: S. 58.
[149] Völkischer Beobachter, 3.5.1936, zit. n. den „Pressestimmen" in: ebd., S. 120.
[150] Vgl. Diewerge, Der Fall Gustloff; ders., Jude.
[151] Am 13.12.1936 notierte Goebbels in seinem Tagebuch: „Prof. Grimm vertritt sehr stark und fest den deutschen Standpunkt im Gustloff-Prozeß. Die Sache der Juden steht sehr faul." Am 22.1.1937 heißt es dort weiter: „Prof. Grimm erstattet Bericht Gustloff-Prozeß. Die Juden haben alles auf die Beine gestellt, um uns bloszustellen [!]. Aber unsere Prozeßführung war überlegen. Die Juden sind doch dumme Teufel, in allem. Grimm hat seine Sache ausgezeichnet gemacht. Diewerge hat ihn glänzend unterstützt." Goebbels-Tagebücher, Teil I, Bd. 3/II, S. 289, 338.
[152] Vgl. Heiber, Fall Grünspan. Zu den Prozessvorbereitungen notierte Goebbels am 23.11.1938 in seinem Tagebuch: „Prof. Grimm berichtet mir von den Vorbereitungen zum Prozeß Grünspan in Paris. Das wird eine ganz große Aktion. [...] Den Juden wird nichts geschenkt werden. Grimm ist auf dem Gebiet sehr beschlagen. Ich beauftrage ihn mit den Vorarbeiten." Goebbels-Tagebücher, Teil I, Bd. 6, S. 198. Bei Steinweis, Kristallnacht, S. 135f., heißt es dazu: „As if evident from internal Propaganda Ministry documentation that was not intended for external consumption, Diewerge was genuinely convinced that Grynszpan had killed vom Rath as the instrument of an international Jewish conspiracy. He told his colleagues that it was his own ‚personal conviction' that the conspirators behind Grynszpan had also set up David Frankfurter to kill Wilhelm Gustloff in 1936. [...] Neither Diewerge nor Grimm could ever make up his mind exactly how the relationship between Grynszpan and the supposed Jewish conspirators had actually functioned, but the main thrust of their narrative was that a desperate and angry Grynszpan had been a willing pawn of diabolical Parisian Jews and their foreign confederates. Both men entertained speculative scenarios for how Grynszpan's actions might have been instigated by Jewish conspirators, but they found no concrete evidence for any of them. Neither man considered the possibility that the conspiracy was difficult to explain because it did not actually exist."
[153] Dort heißt es u.a.: „Es ist klar, daß das deutsche Volk aus dieser neuen Tat seine Folgerungen ziehen wird. [...] Die Schüsse in der deutschen Botschaft in Paris werden nicht nur den Beginn einer neuen deutschen Haltung in der Judenfrage bedeuten, sondern hoffentlich auch ein Signal für diejenigen Ausländer sein, die bisher nicht erkannten, daß zwischen der Verständigung der Völker letzten Endes nur der internationale Jude steht." Zit. n. Osterloh, Judenverfolgung, S. 205. Dazu auch Steinweis, Kristallnacht, S. 20 f. Vgl. auch Diewerge, Anschlag; auf S. 7 ist dort zu lesen: „Der nationalsozialistische Weltkampf um die Befreiung des deutschen Volkes vom Judentum und die Abwehr jüdischer Angriffe gegen Frieden und Verständigung ist in ein letztes, entscheidendes Stadium getreten."

gemacht als Anklage gegen das kriegsschuldige Judentum!"[154] Doch diese Hoffnung Grimms sollte sich nicht erfüllen. Trotz intensiver Vorarbeiten, die er u. a. mit dem Präsidenten des Volksgerichtshofes, Otto Georg Thierack, betrieben hatte, verzichteten die Nationalsozialisten aus einer Vielzahl von Gründen auf eine Prozesseröffnung – insbesondere sollte eine öffentliche Diskussion über das von Grynszpan behauptete homosexuelle Verhältnis zu vom Rath vermieden werden.[155]

Infolge seiner Auftragsarbeiten für das RMVP lernte Grimm auch den jungen Staatssekretär Werner Naumann kennen, der dort als Günstling von Goebbels einen kometenhaften Aufstieg erlebt hatte. Doch nicht nur als Jurist, auch als Frankreichexperte stand Grimm in bezahlten Diensten des NS-Regimes. Bereits seit 1932[156] versorgte er Hitler und Goebbels mit Informationen zur allgemeinen Lage in Paris bzw. Frankreich. Im Auftrag von Außenminister Ribbentrop institutionalisierte sich ab 1934 dieses Meldewesen. In regelmäßigen Abständen lieferte er Berichte zur französischen Innen- und Außenpolitik sowie – nach 1940 – zur „Stimmung" im besetzten Teil Frankreichs. Ein „Kreis seiner Freunde" hat diese *Frankreich-Berichte* 1972 herausgegeben, jedoch in einer bewusst selektiven Auswahl.[157] So verwundert es nicht, dass dort Grimms Berichte zur „Judenfrage" unerwähnt bleiben. In einer Meldung über seine Paris-Reise aus dem Oktober 1940 berichtete er beispielsweise von der „immer wieder" zu vernehmenden Klage der Franzosen (!), „daß wir Deutschen in der Judenfrage in Frankreich nicht scharf genug vorgehen".[158] Welche Wirkung er mit solchen „Stimmungsberichten" in Berlin erzielen wollte, dürfte klar sein. Als Rechtsberater der deutschen Botschaft in Paris arbeitete er ohnehin mit einer Einrichtung zusammen, die „zu den Schrittmachern der europaweit anlaufenden Verfolgung"[159] der Juden zählte und auf deren Agenda „antisemitische Politik einen nicht zu vernachlässigenden Teil"[160] ausmachte. Sowohl zum Botschafter Otto Abetz als auch zu dessen Gesandtschaftsrat Ernst Achenbach hatte Grimm engen Kontakt. Als Leiter der Politischen Abteilung innerhalb der Botschaft war Achenbach in die Verhaftungen und Deportationen der in Frankreich lebenden Juden involviert.[161] Er wurde nicht nur von Mitarbeitern der Botschaft oder des SD-Judenreferats in Paris über die Umsetzung der Judengesetze und deren Auswirkungen auf die „Endlösung der Judenfrage"[162] informiert[163]; von Achen-

---

[154] Aufzeichnung des Vortragenden Legationsrates von Etzdorf vom 4.4.1942, zit. n. Heiber, Fall Grünspan, S. 153.
[155] In dem dennoch bzw. gerade deswegen in mehrfacher Auflage gedruckten Manuskript über den „Grünspan-Prozeß" verzichtete Grimm bei seiner Charakterisierung des Angeklagten und dessen Familie auf kaum eine Vokabel aus dem NS-Repertoire des Antisemitismus (Faulheit, Brutalität, Feigheit, Hinterlist, Lügen, Vergnügungssucht, Geiz, Bösartigkeit etc.).
[156] Vgl. Goebbels-Tagebücher, Teil I, Bd. 2/II, Eintrag vom 11.8.1932, S. 337: „Prof. Grimm aus Essen kommt. Bringt interessante Nachrichten aus Paris."
[157] Grimm, Frankreich-Berichte.
[158] BA, N 1120/4, Bd. 3, S. 112. Der „Quellenwert" jener Berichte scheint ohnehin äußerst begrenzt, wie Meldungen etwa über eine „ausgesprochene Euphorie" im französischen Volk nach dem Sieg der Wehrmacht belegen; ebd., S. 94ff.
[159] Ray, Annäherung, S. 355.
[160] Lambauer, Antisemitismus, S. 245.
[161] Vgl. Billig, Endlösung, S. 119–194.
[162] So zu lesen in einer Aufzeichnung des Legationsrates Zeitschel an Achenbach vom 18.3.1942, in: Klarsfeld (Hrsg.), Endlösung, Nr. 32, S. 52.
[163] Vgl. Aufzeichnung vom 28.2.1941, betr.: Zentrales Judenamt in Paris, in: Klarsfeld, Vichy – Auschwitz, S. 365f.; Aufzeichnung vom 11.3.1942, betr.: Judendeportierung; in: ebd., S. 375; Auflistung von Dokumenten über Achenbachs Tätigkeit in Paris: HStAD, RWN 172/115, pag. 112 sowie BA, N 1080/267, pag. 202.

bach selbst stammt ein Telegramm an das Auswärtige Amt, in dem er als „Sühnemaßnahme" für die Erschießung eines Oberstleutnants und eines Majors ankündigte, „2000 Juden zu verhaften und nach dem Osten zu verbringen".[164] Mit Werner Best, der von 1940 bis 1942 Chef des Verwaltungsstabes beim Militärbefehlshaber in Frankreich war, hatte Achenbach zudem zur weiteren „Stigmatisierung der Juden in der französischen Öffentlichkeit […] die sofortige Einführung des ‚Judensterns' im besetzten Gebiet vereinbart".[165] Auch zum Propagandaministerium, namentlich zu Wolfgang Diewerge, hatte Achenbach laufenden Kontakt.[166]

Es ist kein Zufall, dass uns all diese Namen, von Friedrich Grimm über Wolfgang Diewerge und Ernst Achenbach bis hin zu Werner Best und Werner Naumann, in den Reihen (bzw. im Falle Naumanns im Umfeld) der nordrhein-westfälischen FDP wiederbegegnen werden.

Der Kampf der nordrhein-westfälischen FDP für eine Generalamnestie

Während des Verhörs am 24. November 1947 durch den stellvertretenden amerikanischen Chefankläger in Nürnberg, Robert Kempner, präsentierte sich Grimm als „Überzeugungstäter".[167] Konfrontiert mit seinen Aktivitäten im Dienste des Nationalsozialismus, etwa der Vorbereitung des Schauprozesses gegen Grynszpan, übernahm er laut Vernehmungsprotokoll die Verantwortung und beharrte darauf, „recht gehandelt" zu haben. Seine Zusammenarbeit mit höchsten NS-Funktionsträgern begründete er zudem mit seiner Überzeugung, dass „die Guten […] zusammenhalten und Böses verhindern" sollten. Die von Kempner angesichts einer solchen „Gesinnungstreue" geäußerte Hoffnung, dass Friedrich Grimm nie wieder in seinem Leben als Rechtsanwalt zugelassen werden möge, sollte sich indes nicht erfüllen.

Unmittelbar nach Abschluss seiner Entnazifizierung meldete sich Grimm im September 1949 als selbsternannter Anwalt aller inhaftierten Nationalsozialisten und Kriegsverbrecher in der Debatte um ein Straffreiheitsgesetz mit einer „Denkschrift über die Notwendigkeit einer Generalamnestie" zu Wort.[168] In einer bruchlosen gedanklichen Kontinuität warb er „um die Erkenntnis, daß, im Sinne einer höheren Gerechtigkeit, eine Straftat, die unter außergewöhnlichen Verhältnissen begangen ist, nicht die gleiche Behandlung verdient wie die Straftat, die unter normalen Umständen geschah".[169] Die logische Konsequenz dieses verquasten Rechtsverständnisses lautete, dass sich in (Nach-)Kriegszeiten begangene Verbrechen per se einer strafrechtlichen Ahndung entzögen, frei nach dem Motto: Je größer die „Wirren", desto dicker und notwendiger der Schlussstrich! Folgerichtig beschrieb Grimm den „einen Ausweg aus dem Chaos […]: Ein Generalreinemachen nach innen und außen, einen radikalen Schlußstrich unter die Vergangenheit, die Generalamnestie".[170] Für

---

[164] Vgl. Klarsfeld, Vichy – Auschwitz, S. 210, Anm. 15; Faksimile des Telegramms, abgedruckt in: Der Spiegel, Nr. 30, 22.7.1974, S. 30. Vgl. auch Artikel „Er war es, der den Ton angab'. Neue Dokumente zum Fall Achenbach", Der Spiegel, Nr. 31, 29.7.1974, S. 25.
[165] Herbert, Best, S. 317. Zu Bests Tätigkeit während seiner Zeit in Paris vgl. Mayer, Staaten, S. 42f., 54f., 206f., 244, 271f.
[166] Vgl. Billig, Endlösung, S. 191.
[167] Vgl. Vernehmungsprotokoll vom 24.11.1947, IfZ-Archiv, ED 411, Bd. 40.
[168] Vgl. Frei, Vergangenheitspolitik, S. 29ff., v.a. S. 35; Herbert, Best, S. 451f.
[169] Grimm, Denkschrift, S. 3.
[170] Ebd.

eben jene setzte sich Grimm in den Folgejahren immer enthemmter ein und nutzte dabei eine Vielzahl an Plattformen. Zu nennen wäre etwa das rechtsextreme Periodikum *Nation Europa. Monatsschrift im Dienst der europäischen Erneuerung*, das 1951 von Arthur Ehrhardt gegründet worden war.[171] Ehrhardt war im „Dritten Reich" SS-Sturmbannführer und publizistisch aktiv.[172] Die Autorenliste der Zeitschrift liest sich wie ein „Who is Who" des europäischen Rechtsextremismus – zu den Beiträgern gehörten u. a. der britische Faschistenführer Oswald Mosley und auch, unter Pseudonym, Werner Naumann. Wie infolge der späteren britischen Untersuchungen durch (bewusste?) Indiskretionen publik wurde, soll Naumann maßgeblich an der Finanzierung der Zeitschrift beteiligt gewesen sein und bei der Erschließung ausländischer Geldquellen auch auf die Vermittlungsdienste von Ernst Achenbach zurückgegriffen haben.[173] Für Friedrich Grimm war *Nation Europa* in jedem Fall ein willkommenes Forum zur Verbreitung seiner Forderungen.[174]

Gleiches gilt für die Evangelische Akademie Bad Boll, die Grimm im Mai 1950 zu einer Tagung mit „Männern der Wirtschaft in Süddeutschland" einlud. Sein Vortrag mit dem Titel „Das völkerrechtliche Prinzip der tabula rasa und seine Bedeutung für die wirtschaftliche Wiedergesundung Europas"[175] war einmal mehr Ausdruck seines apologetischen Revisionismus. Die Grimmsche Märchenstunde begann wieder einmal beim Westfälischen Frieden, in dessen Amnestiebestimmungen er den tabula-rasa-Gedanken als ungeschriebenes, aber beispielgebendes Prinzip im Völkerrecht institutionalisiert sah, ein Prinzip, das zudem „zuinnerst der christlichen Ethik" entspreche und dessen Gegensatz das „Sühneprinzip" sei.[176] Eine solche Argumentation funktionierte nur durch die bewusste Ausblendung aller deutschen Untaten im Zweiten Weltkrieg, was für ihn ein Leichtes war, denn nach bereits hinlänglich bekanntem Muster überließ er eine Bewertung von Schuld und Verantwortung für alles Stattgefundene „der Geschichte". Dies ermöglichte dem Amnestiekämpfer der Weimarer Republik eine Gleichsetzung beider Weltkriege und ihrer Folgen, was sowohl „intellektuelle Schlichtheit"[177] als auch Unverfrorenheit belegt. In völliger Verkehrung aller kausalen Zusammenhänge versuchte Grimm, mit „Weimar" für eine Generalamnestie in der Bundesrepublik zu argumentieren. Demnach hätten nicht etwa die von ihm legitimierten Femeemorde und die Heroisierung der Attentäter zur Destabilisierung der Weimarer Republik und Radikalisierung der politischen Atmosphäre beigetragen. Es seien vielmehr die unruhestiftenden Strafprozesse gegen jene Mörder und das Ausbleiben einer Generalamnestie nach der Ruhrkrise gewesen, die dem Nationalsozialismus den Weg bereitet hätten. Doch Grimm beließ es nicht bei seinen mit gelehrten Floskeln angerei-

---

[171] Vgl. Dudek/Jaschke, Entstehung, Bd. 1, S. 50ff.; Jenke, Verschwörung, S. 370ff.; Sarkowicz, Publizistik, S. 71ff.
[172] Zum Beispiel: Ehrhardt, Kleinkrieg. Bei Sarkowicz, Publizistik, S. 71, findet sich außerdem die Angabe, dass Ehrhardt „Chef der Bandenbekämpfung im Führerhauptquartier" gewesen war.
[173] Vgl. Artikelserie von Fried Wesemann, Die Totengräber sind unter uns. Aus den Dokumenten der Naumann-Affäre (III), Frankfurter Rundschau, 11.6.1953. Über welche Kanäle die Ermittlungsakten des britischen Geheimdienstes in die Hände der Frankfurter Rundschau und auch des NWDR gelangt sind, lässt sich nicht mit letzter Gewissheit klären. Ganz offensichtlich hat Wesemann seine Auswertung dieser Dokumente *cum* ira et studio betrieben. Mit gebotener Vorsicht können aber die dort abgedruckten Protokollausschnitte abgehörter Telefonate einen Quellenwert für sich beanspruchen, ohne dass ein solches Material freilich „gerichtsfest" wäre.
[174] Vgl. Grimm, Befriedung.
[175] Vortrag, gehalten am 17.5.1950, Manuskript im LKAH, L 3 III Nr. 445.
[176] Vgl. ebd., S. 2, 6.
[177] Herbert, Best, S. 452.

cherten ahistorischen Ausführungen. Ohne Umschweife benannte er die Konsequenzen, die aus einer Anerkennung des „Tabula-rasa-Prinzips" zu ziehen seien: „Das Tabula-rasa-Prinzip ist ein radikales Prinzip, das keine Einschränkung, keine Ausnahme, keinen Kompromiss gestattet. Es gehört Mut dazu, sich heute dazu zu bekennen. Aber es geht gar nicht anders. Eine Tabula-rasa-Amnestie, von der man Ausnahmen macht, ist eben keine tabula rasa. Nach dem totalen Krieg muss auch die Amnestie total sein."[178]

Diesen „Mut" fand Grimm im nordrhein-westfälischen Landesverband der FDP, wo Ernst Achenbach zu seinem wichtigsten Medium avancierte. Wie bereits erwähnt, kannten sich beide aus ihrer Tätigkeit an der deutschen Botschaft in Paris. Der 1909 in Siegen geborene Achenbach war promovierter Jurist[179], gehörte seit 1933 dem Bund Nationalsozialistischer Deutscher Juristen (BNDJ; ab 1936: Nationalsozialistischer Rechtswahrerbund, NSRB) an, trat am 1. Dezember 1937 in die NSDAP ein und war seit April 1936 für das Auswärtige Amt tätig.[180] Von der dortigen Rechtsabteilung wechselte er im Dezember 1936 als Attaché an die deutsche Botschaft in Paris, wo er zunächst persönlicher Referent des Grafen Welczeck und schließlich von 1940 bis 1943 Gesandtschaftsrat unter Botschafter Otto Abetz war. Von seiner Beteiligung an der antijüdischen Besatzungspolitik ist bereits die Rede gewesen. Dass er im April 1943 von der Pariser Botschaft abberufen wurde, begründete Achenbach nach dem Krieg mit seiner „zu frankophilen Politik".[181] Persönliche Animositäten zwischen ihm und Außenminister Ribbentrop sowie Konflikte mit der deutschen Militärverwaltung in Zuständigkeitsfragen dürften jedoch die wesentlich wahrscheinlicheren Gründe gewesen sein.[182] Anders als Ribbentrop hielt der Leiter der Kulturpolitischen Abteilung im Auswärtigen Amt, der spätere SS-Brigadeführer und „Gegnerforscher" Franz Alfred Six, große Stücke auf Ernst Achenbach und holte ihn als Referent zu sich.[183] Im September 1944 wurde Achenbach dann zum Fronteinsatz in der leichten Artillerie-Ersatz-Abteilung Neuruppin als Kanonier eingezogen.[184] Seine in den Entnazifizie-

---

[178] Grimm-Manuskript (s. Anm. 175), S. 7.
[179] Achenbach, Der briefliche und telegraphische Vertrag; die Dissertation wurde im Juli 1932 abgeschlossen.
[180] Zu biographischen Angaben vgl. Biographisches Handbuch des deutschen Auswärtigen Dienstes, Bd. 1, S. 3 f.; Entnazifizierungsakte Achenbach, HStAD, NW 1005-G 40/463.
[181] Achenbach an Hauptentnazifizierungsausschuss der Stadt Essen, 15.4.1948, ebd.
[182] Vgl. persönlicher, streng vertraulicher Vermerk von Lothar Weirauch an Franz Blücher vom 11.3. 1953, BA, N 1080/267, pag. 192. Infolge der innerparteilichen Untersuchungen nach Aufdeckung des Naumann-Kreises bat der FDP-Parteivorsitzende Blücher den Bundesgeschäftsführer Lothar Weirauch darum, Informationen über Achenbachs Vergangenheit einzuholen. Von Elmar Michel, dem ehemaligen Chef der Abteilung Wirtschaft beim Verwaltungsstab des Militärbefehlshabers in Frankreich, erhielt Weirauch Informationen, die Achenbach schwer belasteten. Demnach habe Achenbach ein von Otto Abetz gezeichnetes Telegramm verfasst, in dem das Auswärtige Amt darüber informiert wurde, „daß gegen die Deportation von 4000 französischen Juden nach Auschwitz keine Bedenken" bestünden. Vgl. auch Herbert, Best, S. 632, Anm. 145.
[183] Vgl. Hachmeister, Gegnerforscher, S. 247. Six stand zugleich dem „Deutschen Auslandswissenschaftlichen Institut" vor, zu dessen Beiratssitzung im Juni 1943 er auch Ernst Achenbach einlud. Ebenfalls im Beirat vertreten war der Geschäftsführer der „Adolf-Hitler-Spende der deutschen Wirtschaft", Dr. Richard Achenbach, zwischen denen „keine Identität" bestand. Vgl. Botsch, „Politische Wissenschaft", S. 82–84. Es ist daher zu vermuten, dass die 1953 lancierte und seither oftmals in der Literatur zu findende Angabe, Ernst Achenbach sei Inhaber jenes Amtes gewesen, auf einer schlichten Namensverwechselung beruht. Vgl. u. a.: Brauers, FDP, S. 462; Düding, Parlamentarismus, S. 297; Hachtmann, Wissenschaftsmanagement, Bd. 2, S. 1032; Hachtmann bezieht sich hierbei auf Pohl, Zusammenarbeit, S. 514, der jedoch lediglich von einem „Dr. Achenbach" schreibt.
[184] Vgl. Entnazifizierungsakte Achenbach, HStAD, NW 1005-G 40/463.

rungsakten vermerkten Angaben über eine polnische und/oder russische Kriegsgefangenschaft sind widersprüchlich. Gesichert ist hingegen, dass Achenbach schon unmittelbar nach Kriegsende eines seiner zukünftigen Hauptbetätigungsfelder für sich entdeckt hatte: die Verteidigung und juristische wie moralische Rehabilitierung ehemaliger Nationalsozialisten.

Seine ersten prominenten Klienten fand Achenbach in Nürnberg als Verteidiger im IG-Farben- und Wilhelmstraßenprozess.[185] Doch bereits zum Zeitpunkt der Urteilsverkündungen hatte er sich längst auf und davon gemacht. Gerüchteweise wurden in Nürnberg Details über Achenbachs eigene Vergangenheit an der Pariser Botschaft bekannt. Für Camille Sachs, Staatssekretär im Bayerischen Sonderministerium, schienen die Verdachtsmomente jedenfalls auszureichen, um in Bayern Haftbefehl gegen Achenbach zu erlassen. Da dieser jedoch rechtzeitig gewarnt worden war, flüchtete er in einer Nacht- und Nebelaktion.[186] Was als großer Auftritt geplant gewesen war, endete in einem blamablen Rückzug. Juristische Konsequenzen hatte Achenbach indes nicht zu fürchten. Von alten Freunden und Weggefährten ließ er sich 14 Leumundszeugnisse („Persilscheine") ausstellen, in denen ihm u. a. bescheinigt wurde, „kein Nazi und ein anständiger Mensch" zu sein und im Übrigen „der Nazipolitik im Rahmen der ihm gegebenen Möglichkeiten Widerstand geleistet"[187] zu haben. Dass ein solches Urteil etwa aus der Feder des ehemaligen Leiters der Politischen Abteilung des Auswärtigen Amtes unter Umständen tendenziös gefärbt sein könnte, stand einer Einstufung Achenbachs als „unbelastet" durch den Hauptentnazifizierungsausschuss der Stadt Essen nicht im Wege.

In der Folgezeit baute Achenbach seine Essener Anwaltskanzlei mehr und mehr zu einer Schnittstelle zwischen der nordrhein-westfälischen FDP, ehemaligen Funktionären der NS-Zeit und zahlungsfreudigen Vertretern der Ruhrindustrie aus. Die Personalie Werner Best kann als Musterbeispiel für diese Dreiecksbeziehung gelten. Best, Autor der Boxheimer Dokumente, Stellvertreter Reinhard Heydrichs beim SD sowie Reichsbevollmächtigter für Dänemark von 1942 bis 1945, war im September 1948 vom Kopenhagener Stadtgericht wegen seiner Beteiligung an der Judendeportation zum Tode verurteilt worden. Im Revisionsverfahren lautete die Strafe – zum Entsetzen der dänischen Öffentlichkeit – dann auf fünf Jahre Haft; im März 1950 fällte das Højesteret, das dänische Höchstgericht, schließlich das endgültige Urteil: zwölf Jahre Haft.[188] In Hugo Stinnes jr., dem leidlich erfolgreichen Erben des industriellen Stinnes-Imperiums, fand Best einen solventen Förderer, welcher der nordrhein-westfälischen FDP ideell wie materiell verbunden war. Er beauftragte seinen eigenen „Anwalt und persönliche[n] Freund"[189] Achenbach damit, „Best und seinen dänischen Verteidiger anwaltlich zu unterstützen".[190] Sowohl der zunehmende öffentliche wie diplomatische Druck aus Deutschland als auch eine milder werdende alliierte Haltung gegenüber inhaftierten NS-Straftätern führten schließlich am 24. August 1951 zur

---

[185] Im IG-Farben-Prozess verteidigte Achenbach Fritz Gajewski (ehemaliges Vorstandsmitglied und Wehrwirtschaftsführer), im Wilhelmstraßen-Prozess Ernst Wilhelm Bohle, Leiter der Auslandsorganisation der NSDAP seit 1933; vgl. Hachmeister, Gegnerforscher, S. 306.
[186] Vgl. persönlicher Brief Walter Menzels an Blücher vom 11.2.1953, BA, N 1080/267, pag. 201.
[187] Erklärung Karl C. Schwendemanns vom 10.2.1948, Entnazifizierungsakte Achenbach, HStAD, NW 1005-G 40/463; abschriftlich: BA, N 1080/267, pag. 167. Mitte der 1930er und Anfang der 1940er Jahre war Schwendemann an der deutschen Botschaft in Paris tätig.
[188] Vgl. Herbert, Best, S. 426ff.
[189] Schleimer, Demokratiegründung, S. 23.
[190] Herbert, Best, S. 445.

Freilassung Werner Bests. Da Achenbach wusste, dass er in seinem alten Bekannten aus Pariser Zeiten einen kongenialen Mitstreiter im Kampf gegen die Entnazifizierung und für eine Generalamnestie erhalten würde, stellte er Best kurzerhand als Mitarbeiter seiner Essener Kanzlei ein – eine „win-win-Situation" für beide Seiten. Doch auch bei der nordrhein-westfälischen FDP stand Best auf der Gehaltsliste. Als – wie er sich selbst bezeichnete – „Rechtsberater des Landesverbandes"[191] verfasste Best „vor allem in bezug auf Entnazifizierungsfragen, Gesetzesvorhaben und einzelne NS-Verfahren Gutachten, Denkschriften und Eingaben, was natürlich einen regelmäßigen und engen Kontakt zur Düsseldorfer FDP-Spitze nach sich zog".[192] Aber nicht nur für Best (und dessen Pensionsansprüche[193]) setzte sich Achenbach mit Hingabe ein. Er verteidigte unzählige ehemalige Kollegen aus dem Auswärtigen Amt, setzte sich für deren „soziale Reintegration" ein und ließ hierfür seine zahlreichen Kontakte spielen.[194] Mehr und mehr wurde Achenbach zur „Spinne im Netzwerk der jüngeren NS-Funktionselite, die in der Bundesrepublik eine neue politische und professionelle Orientierung suchte".[195]

Es war Achenbach möglich, die Verteidigung ehemaliger Nationalsozialisten als „Ehrenpflicht"[196] anzusehen, der er auch ohne Honorar nachkam, weil er zahlungskräftige Unterstützer hinter sich wusste. Gefördert von Friedrich Grimm, avancierte Achenbach zum Anwalt des Vertrauens für zahlreiche belastete Ruhrindustrielle – darunter Alfried Krupp von Bohlen und Halbach[197] –, die ihm seinen Einsatz neben personengebundenen Parteispenden mit äußerst großzügig dotierten Aufsichtsratsposten dankten.[198] Achenbachs prominente Stellung innerhalb der FDP, die eine Aussicht auf unmittelbare politische Einflussnahme bot, dürfte die Zahlungsfreudigkeit seiner Gönner zusätzlich befördert haben. Seit Juli 1950 saß er für die Liberalen im nordrhein-westfälischen Landtag, wo er u. a. Mitglied im Haupt-, Justiz- und Verfassungsausschuss war.[199] Natürlich galt hier sein Hauptaugenmerk dem schnellstmöglichen Abschluss der Entnazifizierung. So nimmt es nicht wunder, dass ihn die FDP-Fraktion mit der Ausarbeitung entsprechender Gesetzentwürfe betraute.[200] Von Achenbachs „Expertenwissen" hoffte offensichtlich auch die Bundespartei zu profitieren – seit 1950 war er Vorsitzender des Außenpolitischen Ausschusses der FDP[201], und in der Folge wurden Parteiamt und Mandat von Achenbach durchaus dazu

---

[191] Fragebogen der Bundesgeschäftsstelle der FDP, BA, N 1080/260, pag. 117.
[192] Herbert, Best, S. 464. Herbert weist in diesem Zusammenhang darauf hin, dass Best auch schon 1930 „Rechtsberater" war, nämlich für die NSDAP-Gauleitung in Darmstadt.
[193] Vgl. Informationsbericht Robert Strobels vom 18. 12. 1952 über ein Gespräch mit Karl Wilde aus dem Auswärtigen Amt, IfZ-Archiv, ED 329/4. In einem weiteren Gespräch mit Wilde im Januar 1953 berichtete ihm dieser über die „Restaurationspolitik" im Auswärtigen Amt. Dazu schreibt Strobel: „Achenbach, den Wilde für einen ‚Reaktionär mit nazistischem Einschlag' hält, ist im Auswärtigen Amt Persona gratissima. Wenn Achenbach sich für einen ehemaligen, politisch belasteten Beamten des Auswärtigen Amtes einsetze, habe diese Intervention fast immer Erfolg." Informationsbericht vom 21. 1. 1953, IfZ-Archiv, ED 329/5.
[194] Vgl. Weitkamp, Diplomaten, S. 398ff.
[195] Hachmeister, Gegnerforscher, S. 306.
[196] Zit. n. Weitkamp, Diplomaten, S. 397.
[197] Vgl. Artikel über Achenbachs Werdegang, Der Spiegel, Nr. 52, 23. 12. 1959, S. 24.
[198] Der Pressereferent in der Bundesgeschäftsstelle der FDP, Josef Ungeheuer, wusste allein von zwei Aufsichtsratsposten zu berichten, die ihm 25000 DM eingebracht hatten. Vgl. Informationsbericht Robert Strobels vom 3. 8. 1953, IfZ-Archiv, ED 329/5.
[199] Vgl. Liste der Ausschussbesetzung (Stand Sept. 1951), HStAD, RW 357/18, pag. 4.
[200] Vgl. Bericht über die Sitzung des Fraktionsvorstandes am 6. 2. 1951, ebd., pag. 58–60.
[201] Vgl. Schleimer, Demokratiegründung, S. 17.

instrumentalisiert, seinen rigorosen Forderungen zusätzliches Gewicht zu verleihen.[202] Dies konnte er sich auch aus dem Grunde „leisten", weil er in all seinem Tun den Sukkurs von Friedrich Middelhauve genoss. Zudem verband Achenbach und Middelhauve eine gemeinsame Sympathie für Friedrich Grimm und dessen Forderung nach einer Generalamnestie, die der von Grimms Rede vor dem Industrie-Club inspirierte Landesverbandsvorsitzende seiner Partei ins politische Stammbuch schreiben wollte.

Auf dem Münsteraner Landesparteitag im Juli 1951 gelang ein erster Schritt, der sich auch als vergangenheitspolitischer Dammbruch der NRW-FDP deuten lässt. Middelhauves dortige Ausführungen lassen keinerlei Zweifel an der geistigen Urheberschaft aufkommen. Entsprechend dem Grimmschen Vorbild warf auch Middelhauve zur Legitimierung des Amnestiegedankens zunächst einen selektiven und in seiner Beweiskraft mehr als fragwürdigen Blick in die Geschichte, begann mit dem Friedensschluss von 1648 und erklärte schließlich die Generalamnestie zum „vornehmste[n] Anliegen der FDP".[203] In der Entschließung des Landesparteitages wurde Grimms euphemistisch-verharmlosendes „tabula-rasa-Prinzip" mit all seinen Konsequenzen schließlich zur Parteidoktrin erhoben:

> „Ein Zusammenleben der Völker ist nicht möglich ohne den radikalen Abbau von Haß-, Rache- und Vergeltungsgefühlen. Die Völker dürfen weder durch politische Prozesse, die mit Kriegsvorgängen zusammenhängen, noch durch Strafvollstreckungen oder Rechtskämpfe um die Freilassung oder Rehabilitierung politischer Gefangener weiter beunruhigt werden. Das Sühnebedürfnis im Einzelfall muß abgelöst werden durch das tabula rasa-Prinzip, das einen echten Schlußstrich unter die Vergangenheit zieht."

Die hieraus abgeleiteten Forderungen lauteten:

> „1.) Alle Straftaten, die aus politischen Motiven oder im Zusammenhang mit Kriegsvorgängen vor und nach 1945 begangen wurden, werden amnestiert.
> 2.) Die im Rahmen der Spruchgerichtsverfahren in der britischen Zone ausgesprochenen Verurteilungen sind in den Strafregistern zu löschen, anhängige Verfahren sind einzustellen und neue nicht mehr einzuleiten. Sühnegelder werden nicht mehr eingezogen, Freiheitsstrafen nicht mehr vollstreckt."[204]

Diese offiziellen Parteibeschlüsse besaßen eine neue Qualität. Von früheren Vorbehalten gegenüber dem letzten verbliebenen Tabu im Umgang mit den NS-Verbrechen war nichts mehr zu spüren. Sämtliche zur Zeit des Nationalsozialismus begangenen Straftaten blieben demnach ungesühnt. Auch die vor allem in den alliierten Gefängnissen in Werl,

---

[202] So schrieb er beispielsweise nicht etwa als Privatmann, sondern als „Mitglied des Landtags Nordrhein-Westfalen" und „Vorsitzender des Außenpolitischen Ausschusses der Freien Demokratischen Partei" eine Einführung zur 1951 veröffentlichten Apologieschrift von Otto Abetz „Das offene Problem. Ein Rückblick auf zwei Jahrzehnte deutscher Frankreichpolitik". Prima facie mag an einem solchen Freundschaftsdienst für den ehemaligen Chef und „persönliche[n] Freund" (ebd., S. 7) nichts einzuwenden sein. Doch einerseits war Abetz 1949 in Frankreich u. a. wegen seiner Beteiligung an den Judendeportationen zu 20 Jahren Haftstrafe verurteilt worden, andererseits erging sich Achenbach in den wenigen einführenden Zeilen in einer maßlosen Polemik gegenüber der Justiz und „Hybris" der „Sieger", die „aus politischer Verblendung und Instinktlosigkeit ein Urteil gesprochen" hätten. Achenbach ließ sich auch zu der Warnung hinreißen, „daß das sich ewig drehende Rad der Geschichte plötzlich neue Situationen heraufführen kann" (ebd.).
[203] Eröffnungsrede Middelhauves auf dem Landesparteitag der FDP in Münster am 20.7.1951, ADL, Bestand FDP-LV NRW, Landesparteitag, 26713, pag. 2. Auch in der abschließenden Pressekonferenz am 22.7.1951 betonte Middelhauve, dass die Generalamnestie „seit Monaten [...] das wichtigste Anliegen der FDP" sei; ebd., pag. 9.
[204] Entschließungen des Landesparteitages in Münster vom 20.–22.7.1951, in: Rundschreiben Nr. A/18/51, ebd.

Wittlich und Landsberg einsitzenden Kriegsverbrecher hätten dem Beschluss zufolge auf freien Fuß gesetzt werden müssen. Dass dieser Fall nicht als Nebeneffekt billigend in Kauf genommen, sondern richtiggehend angestrebt wurde, hat Middelhauve mehrfach expressis verbis zu verstehen gegeben. Während der Landtagsdebatte über den von Achenbach erarbeiteten Gesetzentwurf der FDP-Fraktion zum Abschluss der Entnazifizierung verlangte er bereits im März 1951 von den Alliierten, „daß es ebenfalls unter das einen Schlußstrich setzt, was schlechthin in das Kapitel der Generalamnestie fällt und als Kriegsverbrechen bezeichnet"[205] wird. In der emotionalen Atmosphäre des Landesparteitages gab sich der ansonsten „etwas hölzern wirkende Middelhauve"[206] dann betont kämpferisch: „Das ist das Vorrecht und die große Aufgabe der FDP, die diesem Ziele schon immer gedient hat und die auch in der Zukunft überall dort zum Kampf antreten wird, wo das Recht verletzt wird; besonders dann, wenn es im Namen der Gerechtigkeit mißbraucht wird wie in Nürnberg, wie in Landsberg, wie in Werl."[207] Mit seinem „Kampf [...] für die Gefangenen in Werl"[208] konnte sich Middelhauve nicht nur des Dankes der dort einsitzenden Häftlinge sicher sein.[209] Abgesehen von der damit betriebenen Werbung in den anvisierten Wählerkreisen wurde er mit seinem Einsatz für inhaftierte Kriegsverbrecher einem relativ weit verbreiteten Bedürfnis gerecht, „das Thema Kriegsverbrecher ein für allemal abzuschließen".[210]

Als Vorsitzender einer Landespartei, die keine Regierungsverantwortung trug, besaß Middelhauve gegenüber den Vertretern der „staatstragenden" Parteien einen unleugbaren Vorteil. Ohne unmittelbare Konsequenzen fürchten zu müssen, konnte er in seinem vergangenheitspolitischen Gebaren stets einen Schritt weiter gehen als etwa die CDU oder die eigenen Parteikollegen in Bonn. Die Bundes-FDP trug als Regierungspartei den von Konrad Adenauer eingeschlagenen Kurs der kooperativen Integration der Bundesrepublik in die westliche Staatengemeinschaft mit und hatte daher auch die Außenwirkung ihres Auftretens zu berücksichtigen. Ein zu rigoroser Einsatz für eine Generalamnestie, die notwendigerweise mit einer (polemischen) Kritik an der alliierten Besatzungspolitik einhergehen musste, barg die Gefahr diplomatischer Verstimmungen.[211] Dies galt umso mehr für jene neuralgische Phase, in der die europa- und deutschlandpolitisch wegweisenden Verhandlungen über die Europäische Verteidigungsgemeinschaft sowie den Generalvertrag/Deutschlandvertrag anstanden.[212] Der nationalliberale Flügel innerhalb der FDP, allen vo-

---

[205] Landtagsdebatte vom 14.3.1951 über den Abschluss der Entnazifizierung, zit. n. Paul, Debatten, S. 76.
[206] Düding, Parlamentarismus, S. 89.
[207] Rede Middelhauves auf dem Landesparteitag der FDP in Münster am 20.7.1951, ADL, Bestand FDP-LV NRW, Landesparteitag, 26713, pag. 8.
[208] Ebd., pag. 7.
[209] Am 20.12.1951 erhielt Middelhauve einen Dankesbrief von dem in Werl inhaftierten Karl-Heinz Schäfer, in dem es heißt: „Wir sogenannten Kriegsverbrecher in der Alliierten Strafanstalt in Werl verfolgen mit echter Dankbarkeit Ihren seitherigen Kampf um unsere Befreiung." HStAD, RWN 172/121, pag. 23.
[210] Frei, Vergangenheitspolitik, S. 235. Zum „Problem der Kriegsverbrecher" vgl. ebd., S. 133–306.
[211] Darauf hat Adenauer auch vor dem Deutschen Bundestag hingewiesen: „Ultimative Forderungen helfen den in Gewahrsam Zurückgehaltenen nicht, sondern sie richten nur Schaden an." Beispielhaft zeigt sich an dieser Aussage die peinliche Bemühtheit der Politik, in öffentlichen Verlautbarungen das Wort „Kriegsverbrecher" zu umgehen. Verhandlungen des Deutschen Bundestages, 230. Sitzung, 17.9.1952, S. 10495.
[212] Vgl. Frei, Vergangenheitspolitik, S. 234ff.; zur „Kriegsverbrecherfrage im Deutschlandvertrag" vgl. auch Brochhagen, Nach Nürnberg, S. 74ff.

ran der nordrhein-westfälische Landesverband, postulierte ein Junktim zwischen Westverträgen und Generalamnestie und versuchte in diesem Sinne auf den Bundeskanzler einzuwirken. Wenige Tage vor Abschluss des Generalvertrages wandte sich Middelhauve im Einvernehmen und im Namen des Landesvorstandes der FDP in einem Telegramm mit der dringenden Bitte an Adenauer, bei den Verhandlungen „unter allen Umständen Generalamnestie durchzusetzen", da die „innere und äußere Befriedung im Sinne des tabula rasa-Prinzips [...] namentlich für [die] junge Generation unerläßliche Voraussetzung" für den notwendigen „Wehrwillen" sei.[213]

Unter der sinngemäßen Devise „Kein Generalvertrag ohne Generalamnestie"[214] hatte zur gleichen Zeit ein „Vorbereitender Ausschuss zur Herbeiführung der Generalamnestie" die Öffentlichkeit – Parteien, Kirchen, Medien – bereits mit einer Kampagne überrollt, wie sie die junge Bundesrepublik bis dahin noch nicht erlebt hatte. Sein „Aufruf zur Unterstützung der überparteilichen Aktion zur Herbeiführung der Generalamnestie"[215] vom Februar 1952 soll an über 600 Redaktionen verschickt worden sein.[216] Das Manifest wurde in großer Aufmachung als Anzeige in Zeitungen geschaltet[217] und zur Versendung an einen möglichst großen Kreis von „Multiplikatoren" in Millionenauflage gedruckt.[218] Die Frage nach der Finanzierung einer Aktion diesen Ausmaßes dürfte sich erübrigen, wenn man auf die Initiatoren blickt – es waren Ernst Achenbach und Friedrich Grimm. Während Achenbach für die Organisation und Logistik des im Oktober 1951 gegründeten Ausschusses verantwortlich zeichnete, kündet der Inhalt des Unterstützungsaufrufs unzweifelhaft von der geistigen Vaterschaft Grimms. Darauf deutet nicht allein die explizite Erwähnung des von ihm begründeten Essener Amnestieausschusses von 1929, in dem „verantwortungsbewußte deutsche Männer [...] eine Generalamnestie als einzigen Ausweg" erkannt hätten. Es tauchen vielmehr sämtliche Versatzstücke der Grimmschen Rabulistik auf. Die gebetsmühlenartig vorgetragenen, dadurch jedoch nicht schlüssiger werdenden Verweise auf zurückliegende Amnestien finden sich ebenso wie das Bekenntnis zur tabula rasa und zum „Schlußstrich unter die Vergangenheit", der ein „Gebot politischer Klugheit" sei. Begründet wurden die radikalen, in Absicht und Folgen unzweideutigen Forderungen mit dem hehren Motiv einer „Befriedung". Nur eine Generalamnestie könne eine „echte", „wahre", „tiefere" „Befriedung der Geister" herbeiführen, die durch eine weitere Inhaftierung deutscher Kriegsverbrecher auf das Schwerste gefährdet sei. Folgerichtig blieben die NS-Verbrechen nicht nur unerwähnt, sondern es wurde sogar auf die Notwendigkeit hingewiesen, diese zu verschweigen: „Deshalb sind die Personen und die Fälle als solche uninteressant. Das Ziel ist gerade, daß um der Befriedung willen über sie nicht mehr gesprochen und gestritten werden soll." Generalamnestie bedeutete in diesem Sinne nichts anderes als eine kollektiv verordnete General*amnesie.*

Als Wolfgang Schollwer, stellvertretender Leiter des Ostbüros der FDP in Bonn, den Gründungsaufruf des Amnestieausschusses gelesen hatte und auf den Namen Achenbach

---

[213] Von Middelhauve in Absprache mit dem Landesvorstand unterzeichnetes Telegramm an Adenauer vom 14.5.1952, ADL, Bestand FDP-LV NRW, Landesvorstand, 27072.
[214] Brunner, Frankreich-Komplex, S.199.
[215] Der Aufruf befindet sich in zahlreichen Parteibeständen und Nachlässen, vollständig abgedruckt ist er in den edierten Protokollen des Rates der Evangelischen Kirche in Deutschland, Bd. 6, 1952, Nr. 29D18, S. 209–216; dort finden sich auch die nachfolgenden Zitate wieder.
[216] Vgl. Herbert, Best, S. 454.
[217] Vgl. Frei, Vergangenheitspolitik, S. 256.
[218] Vgl. Diewerge an Grimm, 6.3.1952, HStAD, RWN 172/69, pag. 42f.

gestoßen war, beschlich ihn der „Verdacht, dass sich einige Leute mit ihrer Generalamnestie vor allem selbst jenen Generalpardon geben wollen, den die Welt ihnen aus begreiflichen Gründen verweigert".[219]

Unter den zwölf Unterzeichnern[220] befanden sich zwar insgesamt sieben Abgeordnete des Düsseldorfer Landtages (für die FDP waren dies Achenbach, Cläre Blaeser und Middelhauve, für die CDU Joseph Bollig, Josef Hermann Dufhues, Hans Spiecker sowie Hans Toussaint), doch ein Mitglied des Bundestages fand sich nicht in ihren Reihen.[221] Auch bekennende Sympathisanten einer Generalamnestie wie Erich Mende mussten sich in Bonn als „Realpolitiker" dem Zwang des Machbaren fügen. „Die Bereinigung der Kriegsverbrecherfrage", so Mende im September 1952 vor dem Deutschen Bundestag, „ist leider Gottes nicht im Sinne des völkerrechtlichen ‚tabula-rasa-Prinzips' zu erreichen, wie wir als Realisten feststellen müssen".[222] Friedrich Grimm dürfte sich immerhin darüber gefreut haben, dass seine vergangenheitspolitische Maxime vor dem deutschen Parlament zum völkerrechtlichen Prinzip erhoben wurde. In diesem Sinne fragte Mende weiter, „ob ein solches völkerrechtliches Postulat, das jahrhundertealt ist, nicht gerade deswegen besonders günstig wäre, weil es einen allgemeinen Schlußstrich zieht. Bei jeder Amnestie und bei jeder allgemeinen Bereinigung trifft natürlich die Wohltat des Gesetzes auch Unwürdige; aber mir scheint, es ist besser, einige Unwürdige freizulassen, als einen großen Teil Unschuldiger festzuhalten." Die große Mehrheit des Deutschen Bundestages erteilte jedoch jeglichen Forderungen nach einer Generalamnestie eine deutliche Absage. Ob Adenauer („Nicht alle im Gewahrsam befindlichen Personen sind eines Gnadenerweises würdig."[223]), Eduard Wahl („weil wir keine Veranlassung haben, für Leute einzutreten, die gemeine Verbrechen begangen haben"[224]) oder Hans Merten („würde gleichfalls einen Rechtsbruch und einen Verstoß gegen das Recht bedeuten"[225]) – unter den verantwortlichen bzw. verantwortungsbewussten Politikern fand sich niemand, der die aus den Reihen der NRW-FDP mit Nachdruck erhobene Forderung nach einer Generalamnestie unterstützt hätte. In dieser Hinsicht entsprach der Standpunkt der nordrhein-westfälischen Liberalen also keinesfalls „der einvernehmlichen Haltung aller staatstragenden politischen Parteien".[226]

---

[219] Schollwer, Aufzeichnungen, Tagebucheintrag vom 29.2.1952, S. 41.
[220] In alphabetischer Reihenfolge: Ernst Achenbach, Wilhelm Helmuth van Almsick, Cläre Blaeser, Joseph Bollig, Josef Hermann Dufhues, Friedrich Grimm, Albert Meurer, Friedrich Middelhauve, Hans Wolfgang Rubin, Josef Schönheit, Hans Spiecker und Hans Toussaint.
[221] Friedrich Middelhauve hatte sein Bundestagsmandat schon im Oktober 1950 niedergelegt, um sich ganz seinem Landesverband und der Fraktionsarbeit widmen zu können.
[222] Verhandlungen des Deutschen Bundestages, 230. Sitzung, 17.9.1952, S. 10503.
[223] Ebd., S. 10495.
[224] Ebd., S. 10495.
[225] Ebd., S. 10500.
[226] Papke, Ordnungskraft, S. 159. Sowohl in der Schilderung der aus Reihen des nordrhein-westfälischen Landesverbandes erhobenen Forderungen nach einer Generalamnestie als auch in der Bewertung Ernst Achenbachs zeichnet Gerhard Papke ein äußerst schiefes Bild, was evtl. auf die Fokussierung der Fraktionstätigkeit zurückzuführen ist. Er bestreitet die unwiderlegbare Tatsache, dass mehrfach von unterschiedlicher Seite eine Generalamnestie mit allen ihren Konsequenzen gefordert wurde; eine „eingeschränkte" Generalamnestie wäre ohnehin eine contradictio in adjecto. Erst aufgrund dieses unverständlichen Fehlurteils kommt Papke zu dem irrigen Schluss, in Achenbachs vergangenheitspolitischen Initiativen eine bewusste oder unbewusste „Indifferenz" (S. 158) zu erblicken. Folgte man dieser Lesart, würde nicht nur der funktionale Charakter jenes keineswegs „indifferenten" Engagements geleugnet, auch die Person Ernst Achenbachs erschiene so – wie in Papkes Darstellung

Die Liberalen von Rhein und Ruhr unternahmen jedoch den Versuch, ihre radikalen Forderungen wenigstens zu denen der Bundespartei zu machen und so den vergangenheitspolitischen Kurs der FDP in ihrem Sinne zu steuern. Sie stießen dabei allerdings in letzter Konsequenz auf unüberwindbare Vorbehalte. Die Ablehnung der Entnazifizierungsmaßnahmen war innerhalb der Gesamt-FDP communis opinio. Schon der erste ordentliche Bundesparteitag in Bremen vom Juni 1949 kam in seinen offiziellen Beschlüssen zu der Einschätzung, dass sich die Entnazifizierung „als Fehlschlag erwiesen" habe und dass es als „ein unerläßliches staatspolitisches Gebot" gelten müsse, „die Entnazifizierung durch einen Amnestieakt zu beenden und die kriminell Schuldigen dem Strafrichter zu überweisen".[227] Während zu diesem Zeitpunkt noch eine weitgehende Deckungsgleichheit in der Grundforderung zu erkennen war, wurde beim Münchner Bundesparteitag von 1951 die semantische, aber auch inhaltliche Diskrepanz zwischen dem aus Nordrhein-Westfalen eingereichten Antrag und der merklich zurückhaltenderen Entschließung offenkundig.[228] In Grimmscher Diktion und Intention wurde aus Nordrhein-Westfalen eine „Generalamnestie auf der Grundlage des tabula-rasa-Prinzips" gefordert. „Die Völker", so hieß es im Antrag, „dürfen weder durch politische Prozesse, die mit Vorgängen des vergangenen Krieges zusammenhängen, noch durch Strafvollstreckung oder Rechtskämpfe um die Freilassung oder Rehabilitierung politischer Gefangener weiter beunruhigt werden."[229] Die vom Bundesparteitag angenommene Entschließung war dann unübersehbar ein Formelkompromiss.[230] Sie enthielt zwar die obligatorischen historischen Analogiebildungen (Westfälischer Friede, Londoner Konferenz) und auch inhaltliche Konzessionen (Freilassung der noch zurückgehaltenen Kriegsgefangenen, Einstellung der schwebenden Verfahren, Nachprüfung ergangener Urteile), doch das Reizwort „Generalamnestie", für dessen Verankerung sich Middelhauve im Bundesvorstand eingesetzt hatte, wurde gestrichen; die Bedenken der gemäßigten Liberalen gegenüber den damit verbundenen Konsequenzen waren zu groß. So brachte Hermann Schäfer, der Mitbegründer des Landesverbandes Hamburg und stellvertretende FDP-Bundesvorsitzende[231], mit einem drastischen Beispiel seine Ablehnung jener Forderung zum Ausdruck: „Ich schrecke zurück vor dem Wort Generalamnestie und ich kann mich nicht einsetzen dafür, daß Leute amnestiert werden, die mit Menschen Tierversuche gemacht haben. [...] Das Wort Generalamnestie muß verschwinden."[232]

Am Kompromissbeschluss des Münchner Bundesparteitages lassen sich beispielhaft die Konfliktlinien und -potentiale innerhalb der FDP nachweisen. In Franz Blücher hatten

---

– in einem unnötig zwiespältigen Licht. Aus welchen Gründen „die Rolle Achenbachs mit etlichen Fragezeichen versehen werden muß" (S. 370, Anm. 59) anstatt mit zahlreichen Ausrufezeichen, bleibt völlig unklar, zumal es an dieser Stelle noch nicht um eine Bewertung von Achenbachs späterer politischer Laufbahn geht (dazu s. u., S. 200 ff.). Auf eine Erwähnung Friedrich Grimms verzichtet Papke völlig.

[227] Beschluss Nr. 11 des Bundesparteitages vom 11./12.6.1949 in Bremen zur Entnazifizierung, ADL, Bestand Bundesparteitag, A1-1. Die als „Bremer Plattform" bezeichneten Beschlüsse sind außerdem abgedruckt in: Dokumente zur parteipolitischen Entwicklung, 2. Bd., 1. Teil, Nr. 125, S. 274–295.
[228] Vgl. Brauers, FDP, S. 523–525.
[229] Aus dem Antrag des Landesverbandes der nordrhein-westfälischen FDP an den Bundesparteitag, ADL, Bestand Bundesparteitag, A1-17.
[230] Vgl. Entschließungen des Bundesparteitages, in: Rundschreiben Nr. A/9/51, ebd.
[231] Vgl. Wengst, Einleitung zu: FDP-Bundesvorstand 1949–1952, S. XVf.
[232] FDP-Bundesvorstand 1949–1952, Nr. 14a, 19.9.1951, S. 258; Middelhauve war sich sowohl der Konsequenzen seiner Forderung als auch der Vorbehalte seiner Vorstandskollegen bewusst: „Ich verstehe die Bedenken und Hemmungen, die Sie, meine Herren, gegen eine volle Auswirkung dieser Amnestie haben." Ebd., Nr. 14b, 19.9.1951, S. 276.

die Liberalen einen vergleichsweise führungsschwachen Vorsitzenden, der es nach Möglichkeit vermieden hat, sich in den innerparteilichen Auseinandersetzungen eindeutig zu positionieren. Als „Kompromißvorsitzender"[233] sah er eine seiner Hauptaufgaben vielmehr darin, zwischen dem linken, liberaldemokratischen und dem rechten, nationalliberal-konservativen Flügel zu vermitteln, was ihm von den Exponenten beider Richtungen oftmals den sicherlich nicht immer gerechtfertigten Vorwurf der Beliebigkeit oder „Meinungslosigkeit"[234] eintrug. Auch in der Kontroverse um eine Generalamnestie trat Blüchers mitunter krampfhaftes Bemühen um einen Ausgleich offen zutage. Statt von „Generalamnestie" und „tabula rasa" sprach er von der Notwendigkeit, „reinen Tisch [zu] machen"[235] oder von einer „Generalbereinigung".[236] Man müsse „mal einen Schluß ziehen", hierbei sei jedoch „jedes Wort" abzuwägen, „damit ich nicht bzw. wir nicht als Beschützer von Verbrechern oder Verbrechen erscheinen".[237] Das Ergebnis dieses verbalen und inhaltlichen Drahtseilaktes war jener Münchner Beschluss, der zwar mehrheitsfähig war, mit dem jedoch keine der „Parteien" innerhalb der FDP restlos zufrieden sein konnte.

Der Konflikt zwischen linkem und rechtem FDP-Flügel konnte durch Beschlüsse eines Bundesparteitages ohnehin nicht beigelegt oder gar gelöst werden, da sie keine Auswirkungen auf die in den Landesverbänden betriebene Politik hatten. So konnte es dazu kommen, dass aus dem gemäßigten Lager die Forderung nach einem „Verschwinden" der Generalamnestie mitsamt den ihr impliziten Konsequenzen erhoben wurde, während sie in Nordrhein-Westfalen zum „vornehmsten Anliegen" der dortigen Liberalen erklärt wurde und sich unter ihrer Schirmherrschaft ein Ausschuss bildete, dessen einziger Zweck die Freilassung aller noch inhaftierten Nationalsozialisten und Kriegsverbrecher war.

Die aus ihrer Gründungsgeschichte resultierende, sehr dezentrale Struktur der FDP gewährte den Landesverbänden eine außergewöhnliche Autonomie. Friedrich Middelhauve nutzte diese Gestaltungsfreiheit, um in Nordrhein-Westfalen einen – wie er es einmal nannte – „neuen, fortschrittlichen Liberalismus"[238] aufzubauen. Eine straffe Organisation sowie eine als besonders „liberal" apostrophierte Personalpolitik dienten ihm hierbei als Grundpfeiler seines Konzepts – beide gilt es nachfolgend in ihrer praktischen Umsetzung zu beleuchten.

Reorganisation des Landesverbandes und Personalpolitik der (nach rechts) offenen Tore

> „Wir können es uns vor allen Dingen nicht leisten, Männer, die, abgesehen von ihrer politischen Einstellung, die nie zu Handlungen geführt hat, welche strafrechtlich oder auch nach den Grundsätzen der Menschlichkeit aktiv gewertet werden müssen, charakterlich einwandfrei und bewiesenermaßen fähig sind, spazieren gehen zu lassen, oder in untergeordneten Stellen zu ‚beschäftigen', während erwiesene Nichtskönner, deren politische Tragbarkeit möglicherweise nur aus ihrer Indif-

---

[233] Papke, Ordnungskraft, S. 169. Nach Meinung Schollwers, Führungspersonen, S. 164, war Blücher „[d]ie Aufgabe, Moderator des Parteigeschehens zu sein, […] auf den Leib geschnitten".
[234] Gutscher, Entwicklung, S. 148.
[235] FDP-Bundesvorstand 1949–1952, Nr. 14b, 19.9.1951, S. 275.
[236] Ebd., S. 276.
[237] Ebd.
[238] Middelhauve in der Sitzung des Landesausschusses am 18.12.1948, zit. n. Hein, Milieupartei, S. 336, Anm. 76.

ferenz herrührt und deren charakterliche Höherwertigkeit noch keineswegs bewiesen ist, führende Positionen einnehmen."[239]

Anhand dieser vergleichsweise frühen Stellungnahme aus dem Kreis der FDP-Landtagsfraktion von 1947 lässt sich unschwer ein integraler Bestandteil der Bemühungen um eine Beendigung der Entnazifizierung ableiten, nämlich das Ziel, „bewährte" Kräfte für die Mitarbeit in Staat und Partei zu gewinnen. Parallel zur Verschärfung des vergangenheitspolitischen Kurses *nach außen* wuchs die Bereitschaft bzw. vielmehr der Wille zur Integration ehemals ranghoher Nationalsozialisten oder Wehrmachtsangehöriger in die Organisation des Landesverbandes, denen in Middelhauves Konzept einer Zentralisierung der Parteistrukturen und Ausweitung der Wählerschaft entscheidende Bedeutung zukam.

Im Sinne der von der Landesverbandsführung ausgegebenen Leitlinie, die „Jugend" mit einer auf ihre „Empfindungen" zugeschnittenen nationalen Politik anzusprechen, wurde direkte Fühlungnahme mit ehemaligen HJ-Führern, SS-Angehörigen sowie Wehrmachtssoldaten und Offizieren gesucht. Als wichtigste Vorfeldorganisation dienten hierbei die Deutschen Jungdemokraten (DJD), die in Nordrhein-Westfalen von der Parteispitze besonders gefördert wurden. Auf Beschluss eines Landesparteitages der rheinischen FDP sowie organisiert durch ein eigenes Landesjugendsekretariat fand sich bereits am 24. August 1946 in Düsseldorf der parteinahe Nachwuchs zusammen und gab sich den vorläufigen Namen „Junge Demokraten".[240] Gut einen Monat später folgte der erste Zonenjugendtag in Hannover, auf dem auch Fragen des Selbstverständnisses und des Standorts innerhalb (oder auch außerhalb) der liberalen Parteiorganisation diskutiert wurden.[241] Als Vertreter der nordrhein-westfälischen Jungdemokraten sprach sich Erich Mende eindeutig für eine integrierte Lösung aus: „Wir wollen keine besondere Organisation, keinen Staat im Staate schaffen, sondern zusammen mit den älteren Parteifreunden ein geschlossenes Ganzes sein."[242] Die Zusammenarbeit mit den „Älteren" vollzog sich in der Folge jedoch keineswegs reibungslos, vielmehr deutete sich bereits in der Frühzeit ein Generationenkonflikt an. So machte ein unzufriedener Willi Weyer Anfang Juni 1947 gegenüber Franz Blücher, dem Vorsitzenden der Zonen-FDP, seinem Unmut darüber Luft, dass die Jungdemokraten keine angemessene Berücksichtigung in den Parteigremien fänden und hierfür die „alten verdienstvollen Kämpfer", die „Herren über 70 Jahre"[243] verantwortlich seien. Immerhin herrschten in NRW zwischen dem Jugendverband und der Mutterpartei (zumindest seit Beginn der „Ära Middelhauve") keine grundsätzlichen programmatischen Differenzen – beide bekannten sich zum Ziel einer Sammlungspolitik unter besonderer Betonung des Nationalen.[244]

Um eine Zielgruppe anzusprechen, bei der man vermutlich zu Recht von einer politischen Desillusionierung und einer Skepsis gegenüber herkömmlichen Parteien ausging,

---

[239] Arbeitsprogramm der FDP-Landtagsfraktion 1947, in Auszügen abgedruckt bei Krämer, Verhältnis, S. 274.
[240] Vgl. Albertin, Jugendarbeit, S. 144f.; Henning, F.D.P., S. 72f.; Schröder, FDP, S. 243ff.; Protokoll über die Sitzung der Jugendgruppen der Landesverbände der FDP in der britischen Besatzungszone am 28.9.1946, in: Politischer Liberalismus, Nr. 20, S. 88.
[241] Vgl. ebd., S. 87ff.
[242] Zit. n. Schröder, FDP, S. 246.
[243] Weyer an Blücher, 2.6.1947, zit. n. Albertin, Jugendarbeit, S. 147.
[244] Anders verhielt es sich z.B. im Hamburger Landesverband, wo sich eine hanseatisch-linksliberale FDP einem liberalkonservativ bis nationalistischen Jugendverband gegenübersah, der von seinem Vorsitzenden Hans Ludwig Waiblinger bewusst „auf rechts getrimmt" wurde und bei dem Middelhauves Kurs der Nationalen Sammlung auf „begeisterte Zustimmung" stieß. Vgl. Brauers, FDP, S. 506ff., Zitate: S. 507.

bot die Organisation der Deutschen Jungdemokraten den idealen Ansatzpunkt, zumal eine Mitgliedschaft in der FDP keine Voraussetzung für ein Engagement bei den DJD war.[245] Regelmäßig organisierten die Jungdemokraten Treffen, bei denen gezielt ehemalige Wehrmachtssoldaten oder HJ-Funktionsträger angesprochen und zur Mitarbeit ermuntert wurden. Gelegentlich wurde auch Parteiprominenz, vornehmlich Exponenten des nationalliberalen Flügels, zu solchen Versammlungen geladen. So organisierte der nordrhein-westfälische Jungdemokrat Peter Tinschmann, ein früherer HJ-Führer, Anfang Mai 1950 eine mehrtägige Tagung, in deren Rahmen ehemalige HJ-Funktionäre, jüngere NS- und SS-Aktivisten sowie Vertreter der Wehrmacht auf führende Vertreter der FDP – darunter der hessische Landesverbandsvorsitzende August Martin Euler sowie die Rheinländer von Rechenberg und Middelhauve – treffen sollten.[246] Middelhauve hatte bei seiner Ansprache keine Mühe, den richtigen Ton zu treffen: „Sie waren in der Vergangenheit keine Halben, Sie dürfen es auch heute nicht sein. Sie waren doch einmal HJ-Führer, Diener und Träger der Gemeinschaft, und das wollen Sie heute nicht mehr sein? Das kann ich nicht glauben. Dazu haben Sie viel zu klare, entschiedene Augen."[247] Offensichtlich war dies nicht der einzige fragwürdige Analogieschluss, mit dem Middelhauve die politisch notgedrungen gescheiterten Existenzen zu neuerlicher Mitarbeit ermuntern wollte. An die junge Wehrmachtsgeneration wandte er sich mit dem Appell: „Wir brauchen die Soldaten des zweiten Weltkrieges, damit sie ihre soldatischen Tugenden auf dem Schlachtfeld des Friedens beweisen können."[248]

Inwiefern sich eine während des „Dritten Reiches" sozialisierte und aktive Generation von solchen Phrasen aus dem Munde eines hageren, mit Hornbrille versehenen, magisterhaften und alles in allem wenig soldatischen Parteimannes aus der Reserve locken ließ, wird kaum zu klären sein.[249] Fakt ist allerdings, dass sich zum Teil namhafte Wehrmachtsangehörige für ein Engagement bei den Freien Demokraten entschieden. Der prominenteste „Neuzugang" war der ehemalige Panzergeneral Hasso von Manteuffel, auf dessen Mitarbeit in ihren Reihen die Landesverbandsführung oftmals und nicht ohne Stolz hinwies.[250] Als Zeichen des Erfolgs für eine bewusst betriebene Klientelpolitik kann auch die Personalie Wolfgang Döring gelten, der im Herbst 1949 am Rande einer vergleichbaren DJD-Tagung in Bad Godesberg der FDP beigetreten war.[251] Döring, 1919 in Leipzig geboren, hatte sich 1938 für eine Militärlaufbahn entschieden, kämpfte als Kommandeur einer Panzereinheit sowohl in Afrika als auch an der Ostfront und wurde 1942 zum Oberleutnant, 1944 zum Hauptmann befördert.[252] Protegiert von Friedrich Middelhauve und Willi

---

[245] Nach den Statuten der DJD mussten lediglich die beiden Vorsitzenden FDP-Mitglied sein. Vgl. Albertin, Jugendarbeit, S. 147.
[246] Eine rückblickende Einschätzung der damaligen Jungdemokratin Liselotte Funcke bezüglich der Godesberger Tagung findet sich bei Brauers, FDP, S. 465f.
[247] Middelhauve-Zitat, Der Spiegel, Nr. 19, 11.5.1950, S. 5.
[248] Ebd.
[249] Das Hamburger Nachrichtenmagazin zitiert im selben Artikel zwei Reaktionen aus dem Kreise der Zuhörerschaft: „Er redet ein bißchen sehr viel", so soll ein ehemaliger Vertreter der SS befunden haben, während Lydia Ganzer, Frau des NS-Historikers Karl Richard Ganzer, der Meinung war, dass Middelhauve „ganz gut in diesen Kreis" passe. „Bestes altes Preußen – aber alt." Ebd.
[250] Middelhauve sprach sich selbst das Verdienst zu, von Manteuffel für die Mitarbeit in der FDP gewonnen zu haben. Vgl. Middelhauve an Blücher, 24.8.1951, BA, N 1080/114, pag. 66.
[251] Vgl. Dorn/Wiedner, Freiheit, S. 11; Hartstein, Nordrhein-Westfalen, S. 72.
[252] Vgl. Dorn/Wiedner, Freiheit, S. 8ff.; Hachmeister, Gegnerforscher, S. 328; Papke, Ordnungskraft, S. 161.

Weyer, schaffte er im August 1950 den Sprung in die Düsseldorfer Landesgeschäftsstelle, wo er fortan als Hauptgeschäftsführer die Verantwortung für die Reorganisation des Landesverbandes trug und zu einer engen Vertrauensperson Middelhauves wurde.

Was für die Landesverbände in Bezug auf die Bundespartei gilt, kann weitgehend auch auf die Kreisverbände und ihr Verhältnis zur Landespartei übertragen werden: Aufgrund des dezentralen Gründungsprozesses und der lokal bzw. regional voneinander abweichenden politischen Ausrichtung kam den jeweiligen Untergliederungen besonderes Gewicht zu, das sie in programmatische Einflussnahme und/oder Wahrung ihrer weitgehenden Eigenständigkeit umzusetzen versuchten.[253] Trifft nun auf jede politische Konzeption die These zu, dass sie nur ein begrenztes Maß an innerer Heterogenität auszuhalten in der Lage ist, ohne dabei ihre Glaubwürdigkeit zu verlieren, so gilt dies sicher potenziert für eine strikt antisozialistische nationale Sammlungsidee, die Abweichungen in gemäßigte oder gar linke politische Gefilde kaum „verkraften" konnte. Wie an seinem rastlosen Bemühen in der Parteigründungsphase abzulesen, war sich Middelhauve von Beginn an der Bedeutung organisatorischer Fragen für Erfolg oder Misserfolg einer Partei bewusst. Dabei wirkte in ihm offenbar das Trauma seiner Weimarer Erfahrungen in der Staatspartei nach, die gegen Ende der Weimarer Republik gerade im rheinisch-westfälischen Raum auf keinerlei intakte Infrastruktur mehr zurückgreifen konnte. Doch Organisation per se war für Middelhauve kein Selbstzweck. Natürlich sollte sie einer Steigerung der Effizienz in den Abläufen der Partei dienen, aber primär kam ihr die Rolle des Mittels zum Zweck der Vereinheitlichung der *politischen* Ausrichtung innerhalb des Landesverbandes zu. Dieses Ziel suchte er spätestens seit 1947 durch organisatorische und satzungsmäßige Veränderungen zu erreichen. Ein wichtiges Instrument war eine erweiterte Interventionsbefugnis des Landesvorstandes gegenüber renitenten oder für unfähig befundenen Kreisvorsitzenden und Kreisvorständen, die bis hin zu deren Entlassung reichen sollte.[254]

Ebenfalls sehr früh, nämlich im Oktober 1948, sah Middelhauve eine entscheidende Aufgabe des Landesverbandes darin, „durch Erweiterung des Außendienstes in systematischer Arbeit die Organisation engmaschig und zuverlässig aufzubauen".[255] Vergleichbar mit den Bemühungen um Amnestie und Integration ehemaliger Nationalsozialisten handelte es sich auch hier um ein Postulat, das – entsprechend dem wachsenden Einfluss Middelhauves – in seiner Reichweite stets ausgedehnt und in der praktischen Umsetzung verschärft wurde. Gut drei Jahre später klang Middelhauves *ceterum censeo* jedenfalls schon wesentlich konkreter und „praxisorientierter": „Leider haben die Kreisverbände nicht immer die gleiche Auffassung wie sie hier in der Spitze vertreten wird. Es ist daher erforderlich, unseren Stab so stark wie möglich zu machen, unsere Geschäftsstelle zu stärken und unsere Gesamtarbeit so zu intensivieren."[256]

Mit Hilfe enormer Geldbeträge – Erich Mende hat den monatlichen Etat auf 100 000 DM beziffert[257] – wurde die Landesgeschäftsstelle mit Wolfgang Döring an ihrer Spitze zur

---

[253] Zur Eigenständigkeit der Kreisverbände vgl. Papke, Ordnungskraft, S. 131.
[254] Vgl. Protokoll über die Sitzung des Landesausschusses des Landesverbandes Nordrhein am 28. 4. 1947, in: Politischer Liberalismus, Nr. 29, S. 163; Protokoll über die Sitzung des Landesausschusses des Landesverbandes Nordrhein-Westfalen am 30. 10. 1948, in: ebd., Nr. 51, S. 339 f.
[255] Vgl. ebd., S. 340.
[256] Protokoll über die Sitzung des geschäftsführenden Landesvorstandes am 16. 10. 1951, ADL, Bestand FDP-LV NRW, Geschäftsführender Landesvorstand, 27034.
[257] Angabe in einem Schreiben von Carl Wirths und Karl Schneider an den FDP-Bundesvorstand (z. Hd. Franz Blücher) vom 12. 1. 1953, BA, N 1080/258, pag. 12.

Schaltzentrale der Reorganisation des Landesverbandes. Dass sich nach dem Willen Middelhauves „die Angehörigen der Dienststelle, insbesondere aber Herr Döring, als Instrumente des Vorstandes fühlen sollten"[258], fasste der Hauptgeschäftsführer keineswegs als Ehrabschneidung, sondern als Bestätigung seines Selbstverständnisses als „Exekutivorgan des Vorstandes"[259] auf, das „die Politik der Mehrheit" innerhalb des Landesverbandes „in der Praxis umzusetzen habe".[260] Wie die weitere Entwicklung zeigen sollte, ließ sich eine solche Mehrheit auch mit organisatorischen Eingriffen künstlich erzeugen.

In einer für die Geschichte des bisherigen parteipolitischen Liberalismus wohl beispiellosen Form entstand bei den nordrhein-westfälischen Freien Demokraten eine unter der Maxime größtmöglicher Zentralisierung entwickelte Parteistruktur, die der Landesverbandsführung einen massiven Machtzuwachs bescherte, indem ihr in personeller und organisatorischer Hinsicht eine dirigistische Einflussnahme auf die in den Kreisverbänden betriebene Politik ermöglicht wurde. Insbesondere die Ebene des „mittleren Parteimanagements"[261] erfuhr durch den forcierten Ausbau der sogenannten Außen(dienst)geschäftsführung eine enorme personelle Ausweitung: Zahlreichen Kreis- und Bezirksverbänden wurden Außendienstgeschäftsführer regelrecht vorgesetzt, die als unmittelbar dem geschäftsführenden Landesvorstand verpflichtete Angestellte (!) die politischen Aktivitäten der Untergliederungen im Sinne des von der Verbandsführung vorgegebenen Kurses koordinieren sollten.[262] Zum Aufgabenprofil der Außengeschäftsführer gehörte u.a. auch die „Abwehr parteischädigender Einflüsse von innen und außen" sowie eine „unmittelbare Unterstützung und Ergänzung der zu betreuenden Verbände bei der Vorbereitung und Durchführung von Wahlen aller Art, insbesondere der Kommunalwahl im Herbst 1952".[263] Was hier leicht euphemistisch mit „Unterstützung" und „Betreuung" umschrieben wird, entsprach in der Realität vielfach einer Entmündigung. Bei der Auswahl der Delegierten für Landes- oder Bundesgremien (Landesausschuss, Landes- und Bundesparteitage) sowie bei der Zusammenstellung und Platzierung der Wahllisten kam ihnen die sondierende Funktion zu, „geeignete" Kandidaten der Hauptgeschäftsstelle zu melden

---

[258] Protokoll einer Besprechung zwischen Middelhauve, Wilke, Döring, Zoglmann, von Rechenberg, Weyer und Diewerge in Opladen am 1.11.1951, HStAD, RWN 172/214, pag.4.
[259] Döring während einer Landesvorstandssitzung am 25.6.1951, zit. n. Papke, Ziel, S.76.
[260] Protokoll vom 1.11.1951 (s. Anm.258), pag.3.
[261] Rütten, Liberalismus, S.248; vgl. auch ebd., S.231.
[262] Vgl. Krämer, Verhältnis, S.363; Papke, Ordnungskraft, S.161f.; Sartor, FDP, S.109f.; Schleimer, Demokratiegründung, S.13f. In der vom geschäftsführenden Landesvorstand verabschiedeten „Arbeitsanweisung für Außendienstgeschäftsführer" heißt es zur Stellung: „Er arbeitet nach den Weisungen und Richtlinien des geschäftsführenden Vorstandes und ist diesem für seine Tätigkeit verantwortlich. Der geschäftsführende Vorstand des Landesverbandes kann sich zur Übermittlung seiner Weisungen und Richtlinien an den Außendienstgeschäftsführer folgender Organe bzw. Persönlichkeiten des Landesverbandes bedienen: a) des Organisationsausschusses des geschäftsführenden Vorstandes des Landesverbandes, b) des Hauptgeschäftsführers des Landesverbandes, c) des Referenten für Organisation in der Geschäftsstelle des Landesverbandes." Die „Arbeitsanweisung" findet sich als Anlage eines Briefes Middelhauves an Friedrich Nolting, Vorsitzender des Bezirksverbandes Bergisch-Land, vom 8.5.1952, HStAD, RW 60/57, pag.140ff. Im Anschreiben Middelhauves kommt nochmals der den Außendienstgeschäftsführern beigemessene Stellenwert zum Ausdruck: „Sowohl die gegenwärtigen und zukünftigen politischen und organisatorischen Aufgaben des Landesverbandes als auch die der Bezirks- und Kreisverbände erfordern eine laufende, lückenlose gegenseitige Arbeitsübereinstimmung, die vornehmlich über den Außendienstgeschäftsführer Ihres Bezirksverbandes erreicht werden soll." Ebd., pag.140.
[263] Aus der „Arbeitsanweisung", ebd., pag.141f.

und sie zu bevorteilen. Eine nach demokratischen Gepflogenheiten übliche Wahl der Delegierten bzw. Kandidaten in den einzelnen Kreisen fand oftmals nicht statt, vielmehr wurden sie vom jeweiligen Bezirksverband vorgeschlagen oder auch direkt von der Landesverbandsführung ernannt.[264] Im Vorfeld der Kommunalwahlen vom November 1952 regte Middelhauve die Bildung eines Wahlausschusses an, der ihn selbst „Kraft seines Amtes"[265] zum Mitglied haben sollte, um so eine „gewisse Einheitlichkeit in die Entscheidungen, in die Bemühungen und Absichten unserer Kreisverbände und Ortsverbände hinein[zu]bringen. [...] Wir wollen hier keine Diktatur dieses Wahlausschusses [...] aufrichten, wir wollen auf der anderen Seite aber verhindern, daß aus lokalen Bedingtheiten heraus Entscheidungen getroffen werden, die in ihrer Auswirkung der Partei schädlich sein können."[266]

Um auf solche „lokal bedingten" Abweichungen möglichst zeitnah reagieren zu können, waren die Außengeschäftsführer in ein hochdifferenziertes Berichtswesen eingebunden. Der infolge der Naumann-Affäre vom Bundesvorstand eingesetzte parteiinterne Untersuchungsausschuss stellte dieser Institution in seinem Abschlussbericht ein vernichtendes Urteil aus:

> „Es wird der Vorwurf erhoben, daß mit Hilfe des Funktionärskorps ein ausgeklügeltes System zur Überwachung der nachgeordneten Parteiverbände und ihrer Vorsitzenden durch Beauftragte des Landesverbandsvorstandes durchgeführt worden sei, daß eine Art Spitzelunwesen, wie es früher den Parteiapparat der NSDAP auszeichnete, geherrscht habe und daß dadurch ein lebendiges politisches Leben erstickt worden sei. Es erscheint unerfreulich, daß ein richtiger Nachrichten- und Abwehrdienst im Landesverband eingerichtet worden ist."[267]

Was auf den ersten Blick als hemmungslose Übertreibung anmutet, erweist sich bei genauerem Hinsehen zumindest sinngemäß als durchaus angemessene Bewertung. Die Außendienstgeschäftsführer waren angewiesen, „zum Montag einer jeden Woche" der Geschäftsstelle einen Wochenbericht vorzulegen, der „in stichwortartiger, jedoch inhaltlich erschöpfender Form den Arbeitsverlauf der Woche (nach Tagen getrennt) ausweisen" sollte. Zu Beginn eines jeden Monats mussten sie darüber hinaus dem geschäftsführenden Landesvorstand und der Geschäftsstelle einen Monatsbericht zukommen lassen, der „organisatorische, politische, propagandistische Erfahrungen allgemeiner Art" behandeln und auch „Vorschläge, Werturteile etc." enthalten sollte. Zudem hatte ein Außendienstgeschäftsführer die Pflicht, „dem geschäftsführenden Vorstand des Landesverbandes jede die Arbeit hemmende Unstimmigkeit mit einzelnen Mitgliedern oder Organisationen der Partei seines Bereiches umgehend über die Geschäftsstelle des Landesverbandes mitzuteilen". Eine geradezu groteske Steigerung erfährt dieses Überwachungsbedürfnis der Landesverbandsführung durch die Bestimmungen über „telefonische Meldetermine". Demnach waren die Außendienstgeschäftsführer „angewiesen, am Sonnabend jeder Woche der Geschäftsstelle [...] mitzuteilen, unter welcher Anschrift und Rufnummer sie am Montag und Dienstag

---

[264] Vgl. Monatsbericht August 1952 des Außendienstgeschäftsführers Karl Peter Marks, BV Aachen, vom 7.9.1952, HStAD, RWV 49/766, pag. 1; vgl. auch Sartor, FDP, S. 109f.
[265] Vorbereitung der Kommunalwahlen, HStAD, RWN 172/198, pag. 47f.
[266] Ebd.
[267] Abschlussbericht des parteiinternen Untersuchungsausschusses zur Aufklärung der Verhältnisse im nordrhein-westfälischen Landesverband der FDP infolge der Naumann-Affäre, 5.6.1953 (künftig: Abschlussbericht), HStAD, RWN 172/2, S. 16. Auszüge des Berichtes mit bewussten Auslassungen an entscheidender Stelle sind nachzulesen in Grimms apologetischer „Dokumentation": Unrecht, S. 210–213.

der kommenden Woche erreichbar" seien. Doch damit nicht genug: Am Mittwoch einer jeden Woche war die Geschäftsstelle „bis 10 Uhr" darüber zu orientieren, „wo sie am Mittwoch, Donnerstag und Freitag der laufenden Woche telegrafisch oder fernmündlich erreichbar sind". Dieser Meldedienst sei „erforderlich, um dem Landesverband die Möglichkeit zu geben, sich kurzfristig mit Außendienstgeschäftsführern in Verbindung zu setzen". Auch dieses Informationsnetz schien der Geschäftsführung noch nicht engmaschig genug zu sein. Zur Koordinierung des gesamten Außendienstes sowie für „Einzelrücksprachen" hatten die Außendienstgeschäftsführer allsamstäglich von neun bis 13 Uhr in der Düsseldorfer Sternstraße, dem Sitz der Geschäftsstelle, anwesend zu sein.[268]

Wer die von den Außendienstgeschäftsführern verfassten „Meldungen aus dem Landesverband" *nicht* erhalten sollte, war auch klar: nämlich die Vorsitzenden der zu „betreuenden" Bezirksverbände. Der Beschluss des Landesvorstandes vom Juli 1951, den jeweiligen Bezirksvorsitzenden eine Kopie der Außengeschäftsführerberichte zukommen zu lassen, stellte das „System" vor ein ernstes Problem, das Döring mit Middelhauve beriet. Aus nachvollziehbaren Gründen erschien es ihm „sehr fraglich, ob die Geschäftsberichte der Außengeschäftsführer [...] in der gleichen Form an die Bezirksverbandsvorsitzenden gegeben werden können, da die Außengeschäftsführerberichte an uns ja schonungslos sind und z.T. die Bezirksverbände einer sehr kritischen Betrachtung unterziehen. Weder Sie noch ich haben ein Interesse daran, schön gefärbte Situationsberichte zu erhalten." Als einfachste Lösung schlug Döring schließlich vor, „Tätigkeitsberichte speziell für die Bezirksverbandsvorsitzenden" anzufertigen.[269]

Es liegt in der Natur dieses Kontroll- und Meldewesens, dass über dessen Praxis nur spärliche Angaben möglich sind. Dennoch lassen sich *unmittelbar* anhand einiger überlieferter Monatsberichte wie auch *mittelbar* durch die Hinzuziehung zahlreicher Beschwerdebriefe aus den Kreis- und Bezirksverbänden einige instruktive Aussagen über das Wirken der Außengeschäftsführer vor Ort treffen. Vorweg gilt es festzuhalten, dass es in Nordrhein-Westfalen liberale Kreisverbände gab, die den Außengeschäftsführern aufgrund ihrer organisatorischen, personellen wie auch programmatischen Geschlossenheit keinerlei Angriffsfläche für deren „Reorganisationsmaßnahmen" boten. So wurde beispielsweise dem (überaus erfolgreichen) Kreisverband Wuppertal mit Carl Wirths als erstem Vorsitzenden ein „betontes Eigenleben"[270] attestiert, das sich – zumindest in den Monatsberichten – zu „einer konspirativen Haltung"[271] auswuchs. Ähnliches trifft auf den Kreisverband Lippstadt zu, in dem die Anwesenheit eines Außengeschäftsführers „nicht erwünscht" war[272], und auch die Liberalen aus Remscheid zogen mit ihrer „grundsätzlichen eigenbrötlerischen Einstellung", die zudem „konträr [...] zu der ,Offentürpolitik' der FDP"[273] stehe, den Zorn der Außengeschäftsführung auf sich.

Wo es jedoch keine gefestigten Strukturen gab, die externe Eingriffsversuche hätten erschweren können, oder wo innerhalb eines Kreisverbandes unterschiedliche politische Zielvorstellungen herrschten, sahen die Außengeschäftsführer ihr Betätigungsfeld. Die

---

[268] Alle Zitate sind der „Arbeitsanweisung" entnommen (s. Anm. 262), HStAD, RW 60/57, pag. 142f.
[269] Döring an Middelhauve, 20.8.1951, HStAD, RWN 172/296, pag. 37.
[270] Abschrift von Kurzberichten über Kreisverbände des Bezirksverbandes Bergisch-Land, Anlage zum Brief Middelhauves an Friedrich Nolting vom 8.5.1952, HStAD, RW 60/57, pag. 145.
[271] Monatsbericht Januar 1953 von Hugo Kraas, BV Bergisch-Land, HStAD, RWV 49/770, pag. 151.
[272] Niederschrift über die Aussage von Johannes Mertens, ehem. Außengeschäftsführer für Westfalen-Süd, am 11.5.1953, BA, N 1080/260, pag. 18.
[273] Monatsbericht Januar 1953 (s. Anm. 271).

regelmäßigen Rücksprachen mit der Geschäftsstelle schienen gewisse vereinheitlichte „Sprachcodes" zur Folge gehabt zu haben. Wenn ein Bezirksgeschäftsführer in einem Kreisverband etwa den „Bedarf" nach einem hauptamtlichen Geschäftsführer festgestellt hatte, so wurde dies mit der „politisch absolut uneinheitlichen Auffassung der wenigen, verantwortlichen Persönlichkeiten"[274] begründet. Dass die Berichte in Wortwahl und Inhalt tendenziös waren, kann nicht verwundern, schließlich war es die Aufgabe dieser Außengeschäftsführer, der von der Landesverbandsführung vertretenen „Tendenz" an der Basis zur Mehrheit zu verhelfen. Insofern waren jene Parteiangestellten nicht nur passive Beobachter, sondern griffen auch vor Ort aktiv in das Parteileben ein, etwa in der „propagandistischen Form", wie sie in einem Monatsbericht von Johannes Mertens, zuständig für den Bezirksverband Westfalen-Süd, skizziert wurde: „In der allgemeinen Propaganda auf Sprechabenden und kleinen Versammlungen rede ich weniger von der FDP, als mehr von der nationalen Sammlung, deren Rückgrat die Partei ist".[275] Ziel war jedoch nicht, lediglich einen Stimmungswandel, sondern vielmehr einen inneren Strukturwandel im Sinne der „offiziellen" Richtung der Landes-FDP herbeizuführen. Dies war z. B. über den Weg von Vorstandswahlen auf Bezirks- und Kreisebene möglich, die – wie zahlreiche überlieferte Klagen seitens der Kreisverbände nahelegen – oftmals „gegen jede übliche parlamentarische Form durchgeführt"[276] worden zu sein scheinen. Walther Hasemann, FDP-Politiker aus Niedersachen, schilderte Robert Strobel in einem vertraulichen Hintergrundgespräch detailliert jene innerverbandlichen Abläufe in Nordrhein-Westfalen:

> „Es sei öfter vorgekommen, daß in Versammlungen kleiner Bezirksverbände ein Funktionär des Landesverbandes mit einer größeren Zahl von Leuten aufgetaucht sei, die er gleich in Autobussen mitbrachte. Wenn dann der Versammlungsleiter gefragt habe, wer denn diese Leute seien und was sie hier wollten, sei die Antwort gekommen, das seien Parteimitglieder, die an der Sitzung teilzunehmen wünschten. Auf die Erwiderung, daß diese Personen nicht von der Bezirksvertretung aufgenommen worden seien, habe der Funktionär der Partei geantwortet, sie seien vom Kreisverband oder direkt vom Landesverband aufgenommen worden. Oft hätten dann die alten, liberalen Parteimitglieder die Versammlung verärgert verlassen, und dann sei ein neuer Kreis- oder Bezirksvorstand eingesetzt worden. Durch solche ‚Husarenstücke' habe Middelhauve eine ganze Reihe von Kreis- und Bezirksverbänden für seine Richtung erobert. Dort, wo eine große, geschlossene liberale Gruppe bestehe, wie in den großen Städten, sei natürlich ein solcher Überrumpelungsversuch nicht möglich gewesen."[277]

Geprägt durch vergleichbare Entwicklungen im niedersächsischen FDP-Landesverband war Hasemann ein strikter Gegner rechtsnationaler Sammlungsambitionen. Seine Ausführungen sollten dennoch nicht einfach als „oppositioneller" Diskreditierungsversuch abgetan werden. Vielmehr weisen sie große Schnittmengen mit Eingaben von Parteimitgliedern auf, die sich über die Vertreter der Landesgeschäftsstelle („aufgebauschter Wasserkopf"[278]) und deren dominantes Auftreten empörten.[279] Der stellvertretende FDP-Bundesvorsitzende

---

[274] Monatsbericht November 1952 von Karl Peter Marks, BV Aachen, HStAD, RWV 49/771, pag. 36; die Aussage bezog sich auf den KV Düren. Im zeitgleich erstellten Bericht von Ferdinand Thoennissen, BV Linker Niederrhein, hieß es nahezu gleichlautend: „[…] der KV Kempen bedarf […] eines hauptamtlichen Geschäftsführers. Diese Notwendigkeit ergibt sich aus der nichteinheitlichen politischen Auffassung der tragenden Personen." Ebd., pag. 47.
[275] Monatsbericht August 1952, HStAD, RWV 49/766, pag. 21.
[276] Beschluss des KV Witten-Ruhr vom 25. 6. 1952, ebd., pag. 66.
[277] Informationsbericht Robert Strobels vom 11. 8. 1953, IfZ-Archiv, ED 329/5.
[278] Aus einem Brief Heinrich (Heinz) Dohrs an Middelhauve vom 23. 4. 1951, HStAD, RWN 172/296, pag. 7.
[279] Vgl. z. B. Ottmar von Loessl an Franz Blücher, 26. 1. 1953, BA, N 1080/276, pag. 7.

Hermann Schäfer geizte gegenüber Robert Strobel ebenfalls nicht mit kompromittierenden Details zur nordrhein-westfälischen Organisations- und Personalpolitik:

> „Middelhauve hat es verstanden, eine Gruppe ihm hauptsächlich wegen ihrer finanziellen Abhängigkeit völlig ergebenen Personen um sich zu sammeln, die bei der Besetzung von Posten in den Kreisverbänden durchaus in seinem Sinne arbeiteten. Es ist in dem größten Teil der FDP von Nordrhein-Westfalen üblich, bei solchen Gelegenheiten von dem ‚liberalen' und dem ‚nationalen' Kandidaten zu sprechen. Der ‚liberale' Kandidat wird meistens entweder durch diffamierende oder durch wichtigtuerische Propaganda von Mund zu Mund im kleinen Kreis für untragbar erklärt. [...] Auf diese Weise werden schon die Vorschläge der unteren Gremien größtenteils völlig im Sinne Middelhauves beeinflußt und dann dementsprechend gestellt."[280]

Ausgerechnet in einem Landesverband der FDP schien das Wort „liberal" wieder zu einem politischen Denunziationsbegriff zu werden. Wiederum gilt es zu betonen, dass Hermann Schäfer ohne Zweifel zu den innerparteilichen Antipoden Middelhauves zählte und ein vitales Interesse an der Zurückdrängung des nordrhein-westfälischen Führungsanspruches hatte. Doch auch in diesem Fall verdient der Inhalt ernstgenommen zu werden. In der internen Kommunikation des nordrhein-westfälischen Führungszirkels war eine innerparteiliche Freund-Feind-Dichotomie nahezu omnipräsent: Die (in der Selbstwahrnehmung) „fortschrittlichen" Kräfte wurden den rückwärtsgewandten „Steinzeitdemokraten" gegenübergestellt, die betont nationalen Kräfte den Linksliberalen, die aktivistische Mehrheit der oppositionellen Minderheit. Dass die Loyalität der Parteifunktionäre zudem durch eine beachtliche Vergütung sichergestellt werden sollte, galt stets als offenes Geheimnis. Bis zu 1 600 DM sollen die Führungskräfte pro Monat erhalten haben[281]; die von Schäfer behauptete „finanzielle Abhängigkeit" mutet daher alles andere als abwegig an.

Nach allem bisher Dargelegten war das im nordrhein-westfälischen Landesverband der FDP institutionalisierte System der Außendienstgeschäftsführung mit liberalen Grundsätzen kaum vereinbar. Doch erst ein Blick auf die handelnden Personen offenbart die ganze Fragwürdigkeit und in seiner politischen Tendenz zugleich Eindeutigkeit jenes Unternehmens.[282] Es handelte sich bei den Geschäftsführern nämlich nahezu ausnahmslos um ehemalige aktive Nationalsozialisten, auf deren bewährte Dienste die Führungsriege der NRW-FDP baute. Ob HJ-Bannführer (Mertens), Generalmajor der Waffen-SS (Kraas), Gaurichter (Mundolf) oder SS-Standartenführer (Marks) – sie alle fanden in Middelhauves Landesverband ein neues, gut dotiertes Betätigungsfeld. Wie noch zu zeigen sein wird, wurden innerhalb der nordrhein-westfälischen FDP ressortübergreifend alte nationalsozialistische Netzwerke reaktiviert, um ehemalige Kollegen einerseits wieder zu Lohn und Brot, andererseits auch zu neuerlichem politischem Einfluss zu verhelfen. So war z. B. Günter Prager NSDAP-Mitglied seit 1929, seit August 1937 Leiter des Hauptreferats Führerschulen im Stab der Reichsjugendführung und von 1938/39 bis 1945 HJ-Gebietsführer des Sudetenlandes gewesen.[283] Während seiner zwischenzeitlichen Kriegseinsätze hatte ihn dort Heinz Lange vertreten. Im FDP-Landesverband diente Prager als Geschäftsführer des Ruhrbezirks. Lange hingegen, früher u. a. Mitglied der NSDAP und des NS-Rechts-

---

[280] Informationsbericht Robert Strobels vom 30.1.1953, IfZ-Archiv, ED 329/5.
[281] Vgl. Abschlussbericht, HStAD, RWN 172/2, S. 9. Siehe auch Artikel Robert Strobels in den Stuttgarter Nachrichten vom 11.6.1953.
[282] Eine umfangreiche Auflistung von Mitarbeitern der Landesgeschäftsstelle mitsamt ihrer nationalsozialistischen Vergangenheit befindet sich im ADL, Bestand Thomas Dehler, N1-830. Auch der innerparteiliche Abschlussbericht enthält entsprechende Angaben; HStAD, RWN 172/2, S. 16.
[283] Vgl. Buddrus, Erziehung, Teil 2, S. 1198.

wahrerbundes sowie Angehöriger der Waffen-SS-Division *Das Reich* als Reserveführer, wurde zum Vorsitzenden der nordrhein-westfälischen Jungdemokraten gewählt.[284]

Im Wissen um die Vergangenheit der Außengeschäftsführer wirken die von ihnen angewandten, ohnehin zweifelhaften Methoden noch anrüchiger. Wenn man in den Monatsberichten in stolzem Unterton von „Goebbelsche[n] Propaganda-Methoden"[285] liest, so drängt sich der Eindruck nicht nur personeller und organisatorischer, sondern auch mentaler Kontinuität auf. Zum damaligen Zeitpunkt konnte von einem Läuterungsprozess jener Gruppe keine Rede sein. Ob ein solcher überhaupt herbeigeführt werden sollte, bleibt angesichts der Aufgaben, die den „Ehemaligen" angetragen wurden, fraglich. So waren etwa die den Außengeschäftsführern erteilten Direktiven mitnichten dazu angetan, sich in demokratischen Gepflogenheiten eines pluralistischen Gemeinwesens einzuüben. Vielmehr lassen sich altvertraute Überwachungs- und Unterdrückungsmechanismen erkennen, so dass den Verantwortlichen des Landesverbandes bezüglich ihrer Praxis der Installation ehemaliger Nationalsozialisten auf organisatorischen Schlüsselpositionen keine didaktischen Absichten im Sinne einer „Reeducation" zu attestieren sind.

Einer breiten (Partei-)Öffentlichkeit wurden die NS-Karrieren zahlreicher Mitarbeiter des FDP-Landesverbandes erst nach Aufdeckung des Naumann-Kreises und der sich daran anschließenden parteiinternen Untersuchungen bekannt. Die Verwunderung darüber hätte sich bei denen in Grenzen halten müssen, die die lautstarken Auftritte Middelhauves wahr- und vor allem ernstnehmen. Gleich mehrfach deklarierte er die aus den Forderungen nach Generalamnestie zu ziehenden Konsequenzen kurzerhand zum Prüfstein für die Gesinnungsechtheit seiner Partei:

> „Es gibt in unseren Reihen – das kann gar nicht bestritten werden – eine Gruppe von Parteifreunden, die zwar den formellen Abschluß der Entnazifizierung bejahen, sich aber innerlich und zum Teil auch äußerlich dagegen sträuben, nun die Konsequenzen aus dieser Haltung zu ziehen. Sie bekennen sich zwar zum Gedanken der Toleranz, weisen es aber weit von sich, einer Gruppe früherer Nationalsozialisten die vollen Betätigungs- und Entwicklungsmöglichkeiten zuzugestehen. [...] Ernsthaft dagegen müssen wir uns mit jenen auseinandersetzen, die zwar nichts dagegen einzuwenden haben, daß für die Mehrzahl der kleinen Nazis der Bannfluch aufgehoben wird, für alle diejenigen aber bestehen bleibt, die in irgendeiner Form an der Verantwortung teilgenommen haben. [...] Die Entscheidung hierüber bedeutet nun die Probe, ob unsere Anschauungen echt sind, d.h. ob sie auch dann als verpflichtend anerkannt werden, wenn sie mit einer Gefahr verbunden zu sein scheinen."[286]

Vergleichbare Stellungnahmen Middelhauves sind Legion. Sie zielten auf eine „politische und rechtliche Gleichstellung der früheren Mitglieder der NSDAP"[287] ab. Stets betonte er, dass im nordrhein-westfälischen Landesverband „nicht danach gefragt wird, wo früher einmal jemand gestanden hat, ob bei der deutsch-nationalen Volkspartei, ob bei der NSDAP oder auch bei der deutschen Volkspartei oder bei der Staatspartei, sondern daß wir nur unsere Parteifreunde und ihre Mitarbeit danach beurteilen, wo sie heute stehen und wie

---

[284] Vgl. Auskunft der Bundesgeschäftsstelle vom 17.3.1953 an Thomas Dehler, ADL, Bestand Thomas Dehler, N1-832; Lange war zuvor Vorsitzender der Jungdemokraten in Essen gewesen. Dort hatte ihn Ernst Achenbach im Entnazifizierungsprozeß unterstützt und dafür gesorgt, dass er im November 1949 in Kategorie IV (Mitläufer) eingestuft wurde. Vgl. Dokumente zur Entnazifizierung von Heinz Lange, HStAD, NW 1005-G 40/763; Ordensakte Heinz Lange, HStAD, NW O-23383.
[285] Monatsbericht Mai 1952 für den Bezirksverband Westfalen Nord, HStAD, RWV 49/766, pag. 107.
[286] Aus dem Redemanuskript Middelhauves für die Begründung seiner Anträge auf dem außerordentlichen Bundesparteitag in Essen vom 12./13.7.1952, HStAD, RWN 172/170, pag. 27ff.
[287] Bericht zur politischen Lage, gehalten auf dem Landesparteitag in Münster vom 20.–22.7.1951, ADL, Bestand FDP-LV NRW, Landesparteitag, 26713.

sie sich heute unserer Arbeit verbunden fühlen".[288] Eine solch „liberale" Haltung müsse sich auch die Bundespartei zu eigen machen, in der – nach Middelhauves Empfinden – die „Tore noch nicht weit genug aufgemacht"[289] worden seien.

Wolfgang Diewerge

Dieser Vorwurf konnte dem nordrhein-westfälischen Landesverband der FDP im Allgemeinen und dessen Vorsitzenden im Besonderen wahrlich nicht gemacht werden. In dem von Middelhauve finanzierten Opladener Büro, das sich zu „einer Art Nebendienststelle"[290] des Landesverbandes entwickeln sollte, standen die Tore so weit offen, dass mit Wolfgang Diewerge „einer der radikalsten antijüdischen Publizisten"[291] des „Dritten Reiches" dort Aufnahme fand und zur rechten Hand seines unmittelbaren Vorgesetzten aufsteigen konnte. Es war kein geringerer als Friedrich Grimm, der seinem ehemaligen Wegbegleiter aus dem RMVP zu dieser Stellung verhalf, indem er ihn im Herbst 1951 zunächst Ernst Achenbach mit der Bitte um Vermittlung empfahl, der wiederum bei Middelhauve für diesen Vorschlag ein offenes Ohr fand.[292] In einem infolge der Naumann-Affäre vom nordrhein-westfälischen Landesverband publizierten apologetischen Memorandum hieß es zum Thema Diewerge, dieser habe „vor Beginn seiner Tätigkeit die Einzelheiten seiner politischen Vergangenheit dem Vorsitzenden des Landesverbandes ordnungsmäßig mitgeteilt".[293] Ein Blick in Wolfgang Diewerges bisherige politische Vita zeigt schnell, dass diese „Mitteilung" den Umfang eines längeren Vortrages gehabt haben musste. Von seiner propagandistisch-antisemitischen Unterstützung der von Grimm geführten Prozesse ist bereits die Rede gewesen, doch der 1906 in Stettin geborene Diewerge konnte darüber hinaus auf eine wahrhafte „NS-,Bilderbuch'-Karriere"[294] zurückblicken. In einem von ihm unterzeichneten Lebenslauf bekannte er freimütig: „Seit Beginn meines politischen Denkens kämpfe ich für die Ziele Adolf Hitlers."[295] Es besteht keinerlei Anlass, die Richtigkeit dieser Aussage in Zweifel zu ziehen. Seit seinem 20. Lebensjahr veröffentlichte Diewerge Artikel in zahlreichen nationalsozialistischen Organen – im *Völkischen* und im *Westdeutschen Beobachter*, in Goebbels' *Der Angriff*, in den *NS-Monatsheften* oder in der antisemitischen Zeitschrift *Die Brennessel*.[296] Am 1. August 1930 trat Diewerge der NSDAP bei, an deren Nürnberger Parteitagen er schon zu Weimarer Zeiten teilnahm. Hauptarbeitgeber des studierten Juristen in der NS-Diktatur war das RMVP, wo er – gefördert von Joseph Goebbels – vom Assessor (1934) zum Regierungsrat (1936), Oberregierungsrat (1939) und schließlich zum Ministe-

---

[288] Rede Middelhauves auf dem Bielefelder Landesparteitag vom 25.–27.7.1952, ADL, Bestand FDP-LV NRW, Landesparteitag, 26714.
[289] FDP-Bundesvorstand 1949–1952, Nr. 19, 6.7.1952, S. 376.
[290] Dorn/Wiedner, Freiheit, S. 18.
[291] Herbert, Best, S. 463.
[292] Vgl. FDP-Bundesvorstand 1953/54, Nr. 28, 24.1.1953, S. 801, 825.
[293] Antwort der FDP. Behauptungen und Tatsachen zu der Verhaftungsaktion des britischen Hochkommissars. Gesammelt und kommentiert unter Verwertung der offiziellen Verlautbarungen und Pressemeldungen vom Geschäftsführenden Vorstand des Landesverbandes Nordrhein-Westfalen der FDP, HStAD, RWN 220/2, pag. 143–148, hier: pag. 147.
[294] Düding, Parlamentarismus, S. 296.
[295] Zit. n. Auskunft des Document Center vom 18.2.1953, BA, N 1080/260, pag. 76. Das Berlin Document Center (BDC) war nach Kriegsende von der amerikanischen Besatzungsmacht zur zentralen Erfassung aller personenbezogenen Dokumente aus der NS-Zeit gegründet worden.
[296] Vgl. ebd.; nach Angaben Diewerges habe er z.T. unter Pseudonym geschrieben.

rialrat (1941) aufstieg.[297] In dieser Zeit übte er zahlreiche verschiedene Funktionen im Dienste des Propagandaministeriums aus: Er war Reichs- und Auslandsredner[298], Referent für Frankreich, die Schweiz, Nordafrika und Ägypten[299], Leiter des Gaupropagandaamtes der NSDAP und Landeskulturverwalter in Danzig[300] sowie Leiter der Rundfunkabteilung im RMVP.[301] Im Zweiten Weltkrieg war Diewerge, seit September 1936 Mitglied der SS, auf eigenen Wunsch in den SS-Divisionen *Wiking* und *Leibstandarte* im Fronteinsatz, zuletzt im Rang eines Standartenführers. Diewerge wurde nicht nur mit dem ehrenhalber verliehenen Goldenen Parteiabzeichen, sondern auch mit dem SS-Ehrendolch und -ring ausgezeichnet. Dass er – wie oftmals in der Literatur zu lesen – auch Träger des Blutordens gewesen sei, kann hingegen nicht bestätigt werden.[302]

Die größte Bekanntheit erlangte Diewerge während des „Dritten Reiches" als Autor zahlreicher antisemitischer Hetzschriften, die z. T. in Millionenauflage gedruckt wurden.[303] Besonders perfide an seiner Agitation war der Schein der Sachlichkeit, der durch einen vermeintlich dokumentarischen Charakter suggeriert wurde. Dies galt nicht nur für die Pamphlete über die erwähnten Prozesse. So stellte Diewerge 1941 eine Sammlung von (fiktiven?) Feldpostbriefen zu einer Broschüre zusammen, die eine „Bestätigung der Richtigkeit und Notwendigkeit des großen Entschlusses des Führers vom 22. Juni 1941"[304] liefern und zugleich den Russlandfeldzug als notwendigen Kampf der ehrenhaft-zivilisierten deutschen Streitkräfte gegen das „jüdisch-bolschewistische Mordgesindel"[305] legitimieren

---

[297] Vgl. Akten der Partei-Kanzlei der NSDAP, S. 93 (Nr. 20697), S. 221 (Nr. 21664), S. 460 (Nr. 23586), S. 732 (Nr. 25751).
[298] Vgl. Auskunft des Document Center (s. Anm. 295); Goebbels-Tagebücher, Teil I, Bd. 3/II, Eintrag vom 20. 2. 1937, S. 382: „Ich verabschiede Diewerge, der eine dreimonatige Rederreise nach Afrika antritt." Ebd., Teil II, Bd. 12, Eintrag vom 12. 5. 1944, S. 276: „Von Diewerge, der eine Vortragsreise durch die Türkei gemacht hat, bekomme ich Bericht über die Lage in Ankara. [...] Die Dinge in Rumänien sind auch nach Darstellung Diewerges äußerst krisenhaft."
[299] Vgl. Auskunft des Document Center (s. Anm. 295); diese Tätigkeiten „prädestinierten" ihn wiederum dazu, die Prozesse in Kairo, gegen David Frankfurter in Chur sowie gegen Herschel Grynszpan in Paris zu begleiten bzw. vorzubereiten.
[300] Vgl. Diewerge, Reichsgau, S. 99ff.
[301] Vgl. Bonacker, Fritzsche, S. 152f. Hans Fritzsche wurde im November 1942 Diewerges Nachfolger auf diesem Posten.
[302] Diese im Abschlussbericht, HStAD, RWN 172/2, S. 7, zu findende Zuschreibung ist u. a. auch nachzulesen bei Brauers, FDP, S. 464; Buschke, Presse, S. 245; Hachmeister, Gegnerforscher, S. 308; Jenke, Verschwörung, S. 176. Einerseits erfüllte Diewerge die „Voraussetzungen" für die Verleihung jener „Medaille zur Erinnerung an den 9. November 1923" nicht, andererseits wurde in der bereits zitierten „Antwort der FDP" (s. Anm. 293) mit sehr geschickten Formulierungen versucht, die in der Öffentlichkeit kursierenden „Gerüchte" zu entkräften. Dort hieß es: „Er [Diewerge; K.B.] ist, entgegen den Behauptungen in der Presse, niemals Hauptschulungsleiter der NSDAP oder Herausgeber der NS-Schulungsbriefe gewesen [dafür Reichs- und Auslandsredner; K.B.]. Er war auch niemals hauptamtlich in der NSDAP [aber im RMVP, K.B.] oder in der allgemeinen SS [stattdessen: Waffen-SS; K.B.] beschäftigt und ist auch nicht Träger des Blutordens." HStAD, RWN 220/2, pag. 147. Aus quellenkritischer Sicht erscheint diese Aussage durchaus glaubhaft, zumal auch keine andere der sonstigen, gleichfalls namhaften und somit diskreditierenden Auszeichnungen geleugnet wurde.
[303] Siehe Quellenverzeichnis, S. 230.
[304] Diewerge (Hrsg.), Feldpostbriefe, S. 9.
[305] Ebd., S. 61. Diewerges primitiven Ausführungen soll nicht ungebührlich großer Platz eingeräumt werden. Primär war ihm daran gelegen, die Juden in „ihrer hemmungslosen Geldgier, ihrer schmutzigen Gesinnung und ihrer perversen Rachelust [...] als die sadistischen Organisatoren von Massenmorden und Greueltaten" (S. 35) zu diffamieren und ihnen die „Gutmütigkeit" und „anständige Gesinnung und Haltung" (S. 39) der deutschen Soldaten gegenüberzustellen.

sollte. Parallel zur Kommentierung und Herausgabe dieser Feldpostbriefe wurde Diewerge vom Reichspropagandaminister auf ein weiteres, in seinen Rückwirkungen für die nationalsozialistische Vernichtungspolitik wesentlich bedeutenderes Propagandaprojekt angesetzt. Im Juli 1941 kursierte in Deutschland die Nachricht über die Existenz einer obskuren Schrift aus der Feder des Amerikaners Theodore Newman Kaufman, betitelt *Germany must perish*, in der von Zwangssterilisationen der deutschen Bevölkerung und einer Aufteilung Deutschlands die Rede war.[306] Dieses „Produkt eines bedeutungslosen Fanatikers"[307] war für die nationalsozialistische Propagandamaschinerie wegen des jüdischen Glaubens Kaufmans ein gefundenes Fressen, lieferte es doch unversehens die Möglichkeit, den Willen zur Vernichtung der europäischen Juden als Abwehrkampf eines vermeintlich bedrohten Volkes umzudeuten. Diewerge hatte die Aufgabe, Exzerpte aus dieser Broschüre zusammenzufügen, zu kommentieren und zusätzlich zu manipulieren, so dass er am Ende über das angebliche „Kriegsziel der Weltplutokratie"[308] berichten konnte. Diese Schrift Diewerges dürfte zu den abstoßendsten Machwerken nationalsozialistischer Judenhetze zählen, die – von Goebbels in fünfmillionenfacher Auflage unter die Bevölkerung gebracht – „endgültig mit den letzten Rudimenten einer evtl. vorhandenen Nachgiebigkeit [gegenüber Juden; K.B.] aufräumen"[309] sollte.

Diewerge machte in seiner Schrift eine Art Gegenrechnung auf, die sich rückblickend als geistige Einstimmung auf den Holocaust liest: „Es gibt etwa 20 Millionen Juden auf der Welt. Wie wäre es, wenn man statt der 80 Millionen Deutsche diese 20 Millionen Juden nach dem Rezept ihres Rassegenossen Kaufman behandeln würde? Dann wäre der Frieden auf alle Fälle gesichert. Denn der Unruhestifter, der Friedensstörer, auf der ganzen Welt ist der Jude. Seit die Juden ausgeschaltet sind, ist die deutsche Volksgemeinschaft unzerstörbar. [...] Die Ausmerzung des Juden aus dem deutschen Volkskörper hat dem deutschen Volk den Frieden gegeben."[310] Neben dieser Rechtfertigung der bisherigen antijüdischen Maßnahmen in Deutschland bereitete Diewerge seine Leserschaft auch darauf vor, dass es im gegenwärtigen Krieg nur einen totalen Sieger und einen totalen Verlierer geben könne und dürfe: „Es ist nicht ein Krieg wie in früheren Zeiten, der mit einem Interessenausgleich sein Ende finden kann. Es handelt sich darum, wer künftig in Europa leben soll: die weiße Rasse mit ihren kulturellen Werten und ihrer Schöpferkraft, mit ihrem Fleiß und ihrer Lebensfreude, oder das jüdische Untermenschentum als Herr über eine dumpfe, freudlose, zum Volkstod verurteilte Sklavenmasse."[311] Dass Goebbels eine solche implizite Aufforderung zur Judenvernichtung als „ausgezeichnet gelungen"[312] betrachtete, bestätigt Wolfgang Diewerges ideologische Linientreue und seinen verblendeten Rassenantisemitismus. Die persönliche Nähe zwischen beiden wird auch dadurch ersichtlich, dass Diewerge

---

[306] Vgl. Benz, Judenvernichtung; Longerich, Judenverfolgung, S. 167 ff.
[307] Benz, Judenvernichtung, S. 623.
[308] Der vollständige Titel lautete: „Das Kriegsziel der Weltplutokratie. Dokumentarische Veröffentlichung zu dem Buch des Präsidenten der amerikanischen Friedensgesellschaft Theodore Nathan Kaufman ‚Deutschland muß sterben' (‚Germany must perish')". Um die jüdische Herkunft des Autors zusätzlich zu betonen, wurde aus Theodore N.(ewman) kurzerhand Theodore Nathan gemacht. Vgl. Benz, Judenvernichtung, S. 617, Anm. 9.
[309] Goebbels-Tagebücher, Teil II, Bd. 1, Eintrag vom 29.8.1941, S. 328.
[310] Diewerge, Kriegsziel, S. 14; auf die Übernahme der Hervorhebungen im Original wurde verzichtet.
[311] Ebd., S. 30.
[312] Goebbels-Tagebücher, Teil II, Bd. 1, Eintrag vom 29.8.1941, S. 328.

„zur Verabschiedung von Goebbels am 30. April 1945"³¹³ im Führerbunker erschien – dort ging auch Werner Naumann ein und aus.

Nach Kriegsende tauchte Wolfgang Diewerge als „Illegaler" in Hessen unter und soll dort als „Bürovorsteher bei einem Anwalt"³¹⁴ gearbeitet haben. Büßen musste er für seine Taten während der NS-Zeit nicht. Vielmehr schien er gerade *wegen* seiner langjährigen Tätigkeit für das Propagandaministerium das Anforderungsprofil Middelhauves zu erfüllen. Unverblümt gab der Landesverbandsvorsitzende als Grund für Diewerges Einstellung auch dessen „berufliche Qualifikation"³¹⁵ an. Bei einem Blick auf das ihm zugewiesene Betätigungsfeld wird schnell klar, was damit gemeint war. Wolfgang Diewerge, der in seiner Zeit als Gaupropagandaleiter in Danzig den Aufbau eines Netzes von Reichs-, Gau- und Kreisrednern organisiert hatte³¹⁶, sollte nach dem Willen Middelhauves zunächst in Nordrhein-Westfalen eine einheitliche Rednerschulung (!) der FDP auf- und ausbauen. Bereits seit 1946 hatte Middelhauve für die Notwendigkeit einer solchen Institution geworben, doch über sporadische, eher technische Rednerausbildungen waren jene Bemühungen nicht hinausgekommen. Nicht *ausgerechnet*, sondern *gerade* der erfahrene ehemalige Goebbels-Mitarbeiter schien dafür prädestiniert, in mehrtägigen Kursen „systematisch neu und zusätzlich Redner"³¹⁷ auszubilden, die künftig als Multiplikatoren des nationalen Sammlungskurses eingesetzt werden sollten. Diese fast zynische Personalentscheidung wurde vom Vorstand mitgetragen; an vorderster Stelle hatte sich Wolfgang Döring dafür eingesetzt, Diewerge mit der Rednerschulung zu betrauen.³¹⁸

„Die Deutsche Zukunft"

Mit welcher Systematik ehemalige Nationalsozialisten in der NRW-FDP auf eben jenem Gebiet wieder zum Einsatz kamen, welches ihnen aus der NS-Zeit bestens vertraut war, beweist auch das Beispiel der landesverbandseigenen Wochenzeitung *Die Deutsche Zukunft*, deren Vorgeschichte bis ins Jahr 1948 zurückreicht.³¹⁹ Als Ursache für die enttäuschenden Ergebnisse der Gemeinde- und Kreiswahlen vom 17. Oktober 1948, bei denen die FDP lediglich 5,0 bzw. 6,9% der Stimmen erringen konnte³²⁰, machte Friedrich Middelhauve auch eine „völlig unzureichende Unterstützung unseres Wahlkampfes durch die parteinahestehende Presse"³²¹ verantwortlich. Die vom Landesausschuss gezogene Konsequenz aus diesem Dilemma war eindeutig: Der Landesverband müsse ein „Kampfblatt" herausge-

---

[313] Bonacker, Fritzsche, S. 215.
[314] Undatierte Aktennotiz, „nur zur persönlichen Information von Vizekanzler Blücher", BA, N 1080/260, pag. 87. Als Quelle dieser geheimen Informationen wird Alfred Gielen genannt, ein ehemaliger „leitender Mitarbeiter der Abteilung Antikomintern beim Reichspropagandaministerium". Demnach galt Diewerge selbst im RMVP als ein „sturer 150%iger" und „gewissenloser und unkameradschaftlicher Ehrgeizling".
[315] „Antwort der FDP" (s. Anm. 293), HStAD, RWN 220/2, pag. 147.
[316] Vgl. Diewerge, Reichsgau, S. 46. Dort heißt es: „Insgesamt wurden im ersten Jahr nach der Befreiung 152 Reichsredner, 51 Gauredner und 180 Kreisredner in 5925 öffentlichen Versammlungen, Kundgebungen und darüber in zahlreichen Sonderveranstaltungen eingesetzt."
[317] Protokoll über die Sitzung des geschäftsführenden Landesvorstandes am 23. 4. 1952, HStAD, RWN 172/225, pag. 8.
[318] Vgl. ebd., pag. 8f.
[319] Alle Ausgaben der Deutschen Zukunft sind einzusehen im ADL.
[320] Vgl. Schachtner, Nachkriegswahlen, S. 52f.; Schröder, FDP, S. 280.
[321] Protokoll über die Sitzung des Landesausschusses des Landesverbandes Nordrhein-Westfalen am 30. 10. 1948, in: Politischer Liberalismus, Nr. 51, S. 340.

ben, das 14-tägig erscheinen „und an alle Mitglieder, besonders aber an die politisch bisher abseits Stehenden und die Jugend gerichtet sein"[322] sollte. Als Interimslösung diente von 1949 bis 1951 *Die Plattform* als *Halbmonatsschrift für Politik, Wirtschaft, Kultur*, deren überregionale Verbreitung zudem als Mittel zum Zweck eingesetzt werden sollte, den Einfluss des nordrhein-westfälischen Landesverbandes innerhalb der Gesamt-FDP auszuweiten.[323] Da die Klientel der „abseits Stehenden" äußerlich wie inhaltlich mit einer ihr vertrauten Darstellungsweise angesprochen werden sollte, entzündete sich schon bald Kritik an der Art der Berichterstattung. Sogar Theodor Heuss sah sich im Januar 1951 zu einer direkten Intervention bei Friedrich Middelhauve veranlasst. Er beschwerte sich u.a. über eine Berichterstattung, die antijüdische Ressentiments schüre sowie die nationalsozialistische Judenpolitik verharmlose, und äußerte die Vermutung, dass „ein alter Nazi"[324] dahinter stecke.

Heuss sollte sich in seiner Ahnung nicht täuschen. Seit November 1950 leitete mit Siegfried Zoglmann ein Journalist das „Presse- und Propaganda-Referat"[325] im Landesverband der FDP, der sein Handwerkszeug ebenfalls im „Dritten Reich" gelernt hatte. Der 1913 in Neumark geborene Zoglmann war seit seinem 15. Lebensjahr in der sudetendeutschen Jugendbewegung aktiv gewesen, hatte im Dienste der Reichsjugendführung (RJF) „volksdeutsche" Propaganda betrieben[326] und sich u.a. als Hauptschriftleiter der Zeitschrift *Der Pimpf* sowie des *Pressedienstes Ostraum* hervorgetan, ab 1939 auch als Chef der Schriftleitung der HJ-Reichszeitung *Die HJ*.[327] Im Reichsprotektorat Böhmen und Mähren war Zoglmann in mehreren Führungspositionen tätig, so leitete er – zusammen mit Heinz Schmidt – das der Reichsjugendführung unterstellte Hauptreferat Auslandspresse und später in alleiniger Verantwortung die Befehlsstelle der RJF sowie die Abteilung Jugend beim Reichsprotektor.[328] Außerdem hatte sich Zoglmann als Absolvent der SS-Junkerschule in Braunschweig im März 1943 freiwillig zur Waffen-SS gemeldet, wo er in der SS-Division *Leibstandarte* zum Untersturmführer befördert wurde.[329]

Über Zoglmann hinaus lässt sich eine markante personelle Querverbindung zwischen ehemaligen Nationalsozialisten aus dem Sudetenland und der nordrhein-westfälischen FDP feststellen. Von den beiden ehemaligen HJ-Gebietsführern Heinz Lange und Günter Prager ist bereits die Rede gewesen. Mit Walter Brand fungierte außerdem ein Mitbegründer der Sudetendeutschen Partei (SdP) als Referent für Kommunales, Vertriebenen- und Besatzungspolitik in der FDP-Landesgeschäftsstelle. In der SdP war Brand 1935 mit dem Aufbau einer parteieigenen Presse beauftragt worden und leitete kurzzeitig die Kanzlei Konrad Henleins.[330] Auch nach 1945 agierte Brand als sudetendeutscher Chefideologe und stand dem 1950 gegründeten, rechtsextremen Witikobund in den ersten beiden

---

[322] Ebd., S. 345. Von Rechenberg lieferte hierfür die Anregung (ebd., S. 341).
[323] Vgl. Protokoll einer Besprechung zwischen Middelhauve, Wilke, Döring, Zoglmann, von Rechenberg, Weyer und Diewerge in Opladen am 1.11.1951, HStAD, RWN 172/214, pag. 1, 5.
[324] Heuss an Middelhauve, 14.1.1951, BA, N 1221/177.
[325] Protokoll über die Sitzung des Organisationsausschusses am 8.11.1950, ADL, Bestand FDP-LV NRW, Organisationsausschuss, 26552.
[326] Vgl. Jugend erlebt Deutschland; Sudetendeutschland marschiert.
[327] Vgl. Buddrus, Erziehung, Teil 2, S. 1229f.
[328] Vgl. ebd., Teil 1, S. 93, Teil 2, S. 976.
[329] Vgl. ebd., Teil 2, S. 1229f.; Auskunft des Document Center vom 18.2.1953, BA, N 1080/260, pag. 72. Nach Angabe des Abschlussberichtes, HStAD, RWN 172/2, S. 16, stand Zoglmann zuletzt im Rang eines SS-Obersturmführers. Diese Angabe ist fortan in der Literatur übernommen worden.
[330] Vgl. Schwarzenbeck, Pressepolitik, S. 188ff.

Jahren seines Bestehens vor.[331] Zu den Mitbegründern des Witikobundes, der sich selbst in der bündischen Jugend verwurzelt sah, gehörte auch Siegfried Zoglmann.[332] Ergänzt wurde die Liste aktiver „Liberaler" in Führungsgremien jener Gruppierung durch den nordrhein-westfälischen Vorsitzenden der Jungdemokraten, Heinz Lange, der von 1959 bis 1983 als Witiko-Bundesvorsitzender amtierte.

Unter großzügiger finanzieller Beihilfe von Hugo Stinnes jr.[333] konnte Anfang des Jahres 1952 als Nachfolgerin der *Plattform* schließlich *Die Deutsche Zukunft* auf den Markt gebracht werden, deren Chefredaktion Zoglmann übernahm. Unterstützt wurde er dabei von einem weiteren Mann „vom Fach": Carl Albert Drewitz hatte bis 1937 beim Reichspropagandaamt Württemberg[334] gearbeitet und war im Februar 1938 von Goebbels zu seinem Pressereferenten ernannt worden.[335] Da der Propagandaminister mit dieser Personalentscheidung offenbar nicht sonderlich zufrieden war[336], wechselte Drewitz bereits ein halbes Jahr später in das dem RMVP unterstellte Deutsche Nachrichtenbüro (DNB) und beteiligte sich während des Zweiten Weltkrieges an der Propagandafront.[337] Auch Zoglmanns ehemaliger Kollege aus gemeinsamen Prager Zeiten in der Reichsjugendführung, Heinz Schmidt, fand bei der *Deutschen Zukunft* offensichtlich eine neuerliche Anstellung.[338]

Der anvisierten Zielgruppe dürfte der neue Zeitungstitel gewiss vertraut gewesen sein, firmierte doch das HJ-Blatt *Wille und Macht*[339] bis 1933 unter dem Namen *Die Deutsche Zukunft. Monatsschrift des jungen Deutschland* bzw. *Monatsschrift der nationalsozialistischen Jugend*. In ihrer schwarz-weiß-roten Aufmachung und ihrem Inhalt trug die neue Wochenzeitung der NRW-FDP deutlich rechtsnationale Züge. Ihr Untertitel *Illustrierte Wochenzeitung für Politik, Wirtschaft, Kultur, Unterhaltung, Sport* suggerierte bewusst eine Überparteilichkeit bzw. Parteiunabhängigkeit, doch Middelhauve, der sich von Zoglmann zeitweise nicht ausreichend informiert und in die Redaktionsarbeit eingebunden fühlte, machte dem Chefredakteur unmissverständlich klar, dass es sich hierbei lediglich um eine „nach außen hin aus Zweckmäßigkeitsgründen vertretene Parole" handele, und die Schriftleitung nicht berechtigt sei, „abseits vom Parteivorstand ein demonstrativ betontes Eigenleben zu führen".[340] Von kleineren Differenzen abgesehen, die vor allem auf persönliche Animositäten zwischen Zoglmann und Wolfgang Diewerge zurückzuführen gewesen sein dürften, entwickelte sich *Die Deutsche Zukunft* – bei einer Durchschnittsauflage von ca. 35 000 Stück[341] – zu einem zuverlässigen Sprachrohr des Landesverbandes, in dem sowohl Mid-

---

[331] Vgl. Brand, Witikobund; Jenke, Verschwörung, S. 212ff.; Tauber, Eagle, Bd. 1, S. 284.
[332] Vgl. Brumlik, Sturm, S. 250.
[333] Vgl. Herbert, Best, S. 463f. Erich Mende bezifferte außerdem den monatlichen Zuschuss seitens der Landesverbandsgeschäftsführung auf 20 000 DM. Vgl. Schreiben von Wirths und Schneider an den FDP-Bundesvorstand vom 12.1.1953, BA, N 1080/258, pag. 12.
[334] Vgl. Boelcke (Hrsg.), Kriegspropaganda, S. 69.
[335] Vgl. Goebbels-Tagebücher, Teil I, Bd. 5, Einträge vom 15./18.2.1938, S. 155/162.
[336] Vgl. ebd., Einträge vom 18./19.6.1938, S. 350f.
[337] Vgl. Drewitz, Wehrmacht.
[338] Vgl. Informationsmaterial in Stichworten, BA, N 1080/258. Jenes Informationsmaterial wurde Ende 1952 von einer Gruppe Oppositioneller innerhalb der NRW-FDP zusammengestellt und am 3.1.1953 an einen ausgesuchten Kreis verteilt; zum Kontext s.u., S. 142f.
[339] Zur Erinnerung: Chefredakteur von „Wille und Macht" war bis 1939 der FDP-Fraktionsgeschäftsführer Heinz Wilke gewesen; s.o., S. 47.
[340] Middelhauve an Zoglmann, 21.3.1952, HStAD, RWN 172/129, pag. 10.
[341] Vgl. Politischer Bericht und Geschäftsbericht Middelhauves vor dem Landesparteitag in Bielefeld vom 25.-27.7.1952, ADL, Bestand FDP-LV NRW, Landesparteitag, 26714.

delhauve selbst als auch Diewerge und Grimm mit Artikeln zum nationalen Sammlungskurs, zur Generalamnestie oder zur Kriegsverbrecherfrage zu Wort kamen. Entsprechend linientreu warb sie in ihrer Ausgabe vom 7. Juni 1952 in großer Aufmachung für das „Gebot der Stunde: Sammlung der Rechten", wobei unter „Rechts" ziemlich vage und doch vielsagend all „die Aufrechten, Mutigen und Anständigen. Besonders aber die Jugend" verstanden wurden. Welche Zuschreibungen jenen zugedacht waren, die sich nicht zum nationalen Sammlungskurs der NRW-FDP bekennen wollten, läßt sich ex negativo erahnen.[342]

Die propagandistische Betätigung Zoglmanns in den Reihen der nordrhein-westfälischen FDP wurde schon von der innerverbandlichen Opposition als Teil eines sich vollziehenden „Strukturwandel[s] der Partei"[343] bezeichnet, zumal Zoglmann in öffentlichen und parteiinternen Reden keinerlei Zweifel an seinem *nicht* vollzogenen Gesinnungswandel aufkommen ließ. In stereotyper Apologie hob er die Verdienste des Nationalsozialismus mit dem schon damals ziemlich abgedroschenen Hinweis auf die Autobahnen hervor und subsumierte Vernichtungslager wie Auschwitz unter dem Schlagwort der „menschlichen Verirrungen".[344]

Deutsche Jungdemokraten und Junge Adler

Tendenzen eines unechten Strukturwandels sahen die parteiinternen Opponenten auch innerhalb der Deutschen Jungdemokraten am Werk, die sich durch einen Zustrom zahlreicher „Ehemaliger" zusehends radikalisierten. Kritik an dieser unübersehbaren Entwicklung musste jedoch ins Leere stoßen, denn auch hier handelte es sich um eine systematisch betriebene Integration, nicht aber um eine unwillentliche oder gar unwissentliche Unterwanderung durch unliebsame Kräfte. Während sich etwa Gustav Altenhain über den Eintritt von 15 Angehörigen der zum damaligen Zeitpunkt noch nicht verbotenen Sozialistischen Reichspartei (SRP) erregte, die „teilweise in den DJD-Landesvorstand hineinbugsiert worden seien", sah der Jungdemokrat und ehemalige hauptamtliche HJ-Gebietsführer für Westfalen sowie Angehörige der Waffen-SS Wolfram Dorn[345] gerade dadurch die Taktik der DJD bestätigt. Es sei Aufgabe von DJD und auch FDP, jene „Aktivisten aus der bisher abseits stehenden jungen Kriegsgeneration" zur Mitarbeit heranzuziehen, deren „Glaubenswelt 1945 zerschlagen worden sei, [die] aber wieder aus Idealismus für eine

---

[342] Sichtlich empört kommentierte der Hamburger Landesverbandsvorsitzende Willy Max Rademacher diesen Artikel in einem Brief vom 16.10.1952 an die Bundesgeschäftsstelle: „Es lebe also die neue Harzburger Front, die es sich, wie die ‚Zukunft' so schön schrieb, zur Aufgabe gemacht hat, alle anständigen und aufrichtigen Menschen zusammenzufassen, d. h. also, alle Übrigen sind unanständig und unaufrichtig. So weit sind wir also schon wieder!" ADL, Bestand Bundesparteitag, A1-29.
[343] So der Krefelder Liberale Stefan Durlak, der die Personalie Zoglmann in einen größeren Kontext einordnete. Im Protokoll über die Sitzung des Landesausschusses vom 30.1.1952 heißt es dazu weiter: „Es sei aber Tatsache, daß in der Landesgeschäftsstelle unserer Partei ausschließlich Offiziere und Parteigenossen beschäftigt würden und daß es keinem anderen möglich sei, in diesen Apparat einzudringen." ADL, Bestand FDP-LV NRW, Landesausschuss, 26898, S. 26.
[344] Ebd. Auch die nachfolgenden Zitate sind daraus entnommen.
[345] Dorn, Leben, S. 88, war nach eigenem Bekunden „ein begeisterter Jungvolk- und HJ-Führer" gewesen. Im Zweiten Weltkrieg, in dem er knapp zwei Jahre der Waffen-SS angehört hatte, war er sowohl an der Ost- und Westfront im Einsatz als auch an der von Otto Skorzeny geleiteten Befreiung des abgesetzten und inhaftierten Benito Mussolini beteiligt. Vgl. ebd., S. 14ff.; Düding, Parlamentarismus, S. 371.

Sache" eintreten wollten. Einige dieser „Sachen", denen sich die Jungdemokraten verschrieben hatten, war die vorbehaltlose Unterstützung der Generalamnestie, das Bekenntnis zu einer „beständigen Präsidialdemokratie" sowie die damit verbundene Kritik an einem „überspitzten Parlamentarismus"[346], womit sie die Generallinie des Landesverbandes nahezu deckungsgleich vertraten.

Ein Blick auf die Führungsspitze der nordrhein-westfälischen Jungdemokraten vermag zu erhellen, was die innerparteiliche Opposition mit dem Verweis auf einen „unechten Strukturwandel" ausdrücken wollte. Da wäre zunächst der bereits erwähnte ehemalige HJ-Führer Peter Tinschmann zu nennen, der 1950 bundesweit von sich reden machte, als er sich für die neuerliche Einführung eines „Arbeitsdienstes" aussprach.[347] Ein von Tinschmann am 5. Juni 1952 in Umlauf gebrachter „vertraulicher Informationsbericht" zur Entwicklung der Deutschen Jungdemokraten liest sich z.T. in Diktion und Inhalt wie ein schauerliches Dokument aus einer damals noch nicht allzu fernen Vergangenheit.[348] Nicht ohne Stolz berichtete er dort u.a. davon, dass es dem „Bundesthing" der Jungen Adler gelungen sei, Heinz Lange zum „Bundesführer" zu wählen. Bei den Jungen Adlern handelte es sich um eine „Organisation mit jugendpflegerischem Charakter", die „nicht ‚konfessionell oder sozialistisch' ausgerichtet war".[349] In ihr sollten Kinder und Jugendliche zwischen zehn und 18 Jahren auf subtile Weise „geschult" werden, um sie auf eine spätere Mitarbeit bei den Jungdemokraten bzw. in der FDP vorzubereiten. Die Idee zu einer solchen vorpolitischen Jugendgruppierung stammte bereits aus der Gründungszeit der DJD, als man im September 1947 bei einem Berliner Jungdemokraten-Treffen eine Anlehnung an die bündische Jugendbewegung aus der Zeit vor 1933 ins Auge fasste: „Sie steht dem liberalen Gedankengut mit Einschränkungen nahe', lautet das Protokoll."[350] Der konkrete Anstoß zur Gründung einer „Reichsvereinigung" der Jungen Adler ging dann 1950 vor allem von dem nordrhein-westfälischen Jungdemokraten Heinz Lange aus.[351] Die Aktivitäten der Nachwuchstruppe, die sich regional in einem „Horst" zusammenfanden, reichten vom einfachen Zeltlager bis hin zu gemeinsam mit den DJD durchgeführten „Auslandseinsätzen".[352] Bei den Jungen Adlern herrschte außerdem Uniformpflicht, der sich kein Mitglied widersetzen durfte. Eine Episode vom Münchner Bundesparteitag aus dem September 1951 belegt, dass jene Nachwuchsgruppe alles andere als eine unpolitische Jugendbetreuungsorganisation war. Als „Türhüter" waren „ein oder zwei Dutzend junger

---

[346] Aus dem Rundschreiben „Die Deutschen Jungdemokraten – wer sind wir und was wir wollen!", zit. n. Schollwer, Aufzeichnungen, Tagebucheintrag vom 29.2.1952, S.42.
[347] Vgl. Artikel „Genug fähige HJ-Führer", Der Spiegel, Nr.19, 11.5.1950, S.24ff.
[348] BA, N 1080/277, pag. 95f. So bezeichnete Tinschmann etwa die Zustimmung des außerordentlichen Landesparteitages vom 29.5.1952 zur konkreten Umsetzung des nationalen Sammlungskurses als „Ermächtigungsgesetz" (im Original ohne Anführungszeichen), dem sogar jene zugestimmt hätten, „die sich selbst als gute Demokraten bezeichnen".
[349] Rommel, Jungdemokraten, S.568.
[350] Ebd.
[351] Vgl. Tauber, Eagle, Bd.1, S.400.
[352] Vgl. Schriftwechsel vom 27.6. und 2.7.1951 zwischen Alfons Höller vom „Horst Oberhausen" und Heinz Lange als Vertreter der Landesleitung der nordrhein-westfälischen Jungdemokraten, die gemeinsam einen „Einsatz" beider Gruppierungen in Tirol organisierten; BA, B 104/276. Höller, „a product of an Adolf Hitler School" (Tauber, Eagle, Bd.1, S.400), hatte bereits 1947 einen „Jugendbund Junge Adler" gegründet, der sich organisatorisch an NS-Jugendorganisationen angelehnt hatte. Als „Berufsjugendliche[r]" war Höller später auch an der Gründung der „Reichsjugend" der Deutschen Reichspartei (DRP) beteiligt. Vgl. Artikel „Rechts ab zum Vaterland", Der Spiegel, Nr.19, 1.5.1967, S.113.

Leute aus Nordrhein-Westfalen in graublauem Hemd, mit schwarzem Halstuch und Lederknoten in HJ-Manier"[353] entsandt worden. Erstmals traten die Jungen Adler mit dieser demonstrativen Aktion ans Licht der breiten Parteiöffentlichkeit, was sowohl auf Seiten der Linksliberalen wie auch des akademischen Nachwuchses der liberalen Studentengruppe heftigen Protest auslöste; der Bundesvorstand wollte „offiziell mit dieser Gründung nichts zu tun haben, sagt[e] sich aber auch nicht von ihr los".[354]

Wie der FDP-Bundesgeschäftsführer Lothar Weirauch am 17. März 1953 Franz Blücher mitteilte, war es ihm und seinen Mitarbeitern „seit längerer Zeit bekannt, daß seitens der Geschäftsführung des Landesverbandes auf die Entwicklung innerhalb der Deutschen Jungdemokraten mit Hilfe ,geeigneter' Bezirks- und Kreisgeschäftsführer ein nicht unerheblicher Einfluß ausgeübt wird".[355] Die konkrete Praxis einer solchen Einflussnahme lässt sich heute nicht mehr nachvollziehen. In jedem Fall zeigte man sich nicht gerade kleinlich, was die Auslegung der für Jungdemokraten obligaten Altersgrenze von 32 Jahren betraf: Als der 1914 geborene Heinz Lange zum Vorsitzenden des Landesverbandes der DJD in NRW gewählt wurde, hatte er diese Grenze bereits um sechs Jahre überschritten.[356] Mit Wolfram Dorn wurde Lange zudem ein weiterer ehemaliger HJ-Gebietsführer als stellvertretender DJD-Vorsitzender zur Seite gestellt.

„Mitschuld" der Bundespartei

Es wäre naiv, wollte man die Häufung ehemaliger Nationalsozialisten im nordrhein-westfälischen Landesverband der FDP als Ergebnis eines Zufalls deuten. Der FDP-Untersuchungsausschuss zur Naumann-Affäre stellte fest: „Es ist schwer zu verstehen, warum ausgerechnet alle Schlüsselpositionen nicht politisch erprobten Persönlichkeiten, sondern früheren prominenten Nationalsozialisten anvertraut worden sind."[357] Schwer verständlich ist dieser Tatbestand jedoch nur dann, wenn man hinter der systematisch betriebenen Organisations- und Personalpolitik der nordrhein-westfälischen Landesverbandsführung *keine* Strategie erkennen möchte.[358] Doch die „Schuld" daran, dass ehemalige Nationalsozialisten so zahlreich in Teilen der FDP unterkamen, ist nicht allein mit der konsequent betriebenen Politik der offenen Tore der Düsseldorfer Liberalen zu erklären. Es muss vielmehr als ein entscheidendes Versäumnis der Bundesführung angesehen werden, in den Jahren nach 1945 keine eindeutige (Grenz-)Linie im Umgang mit „Ehemaligen" gefunden bzw. überhaupt gesucht zu haben.

Die Ablehnung der Entnazifizierung war innerhalb der FDP unumstritten. Inwieweit sich daraus das Recht – oder nach nationalliberaler Lesart: die Pflicht – zur Integration breiter Kreise ehemaliger NS-Funktionäre in die Partei ableiten ließe, blieb zwischen den Vertretern beider Flügel umstritten und folglich ungeklärt. So führte der hessische Lan-

---

[353] Deutsche Zeitung, 26.9.1951, zit. n. Rommel, Jungdemokraten, S. 568f.
[354] Ebd.; vgl. auch Brauers, FDP, S. 541. Die Institution eines „Saalschutzes" schien in Nordrhein-Westfalen auch danach durchaus geläufig zu sein. Vgl. Diewerge an Grimm, 6.3.1952, HStAD, RWN 172/69, pag. 48.
[355] Persönlicher, vertraulicher Brief Weirauchs an Blücher vom 17.3.1953, BA, N 1080/258, pag. 89.
[356] Vgl. ebd.
[357] Abschlussbericht, HStAD, RWN 172/2, S. 16.
[358] So z.B. Gerhard Papke, der apodiktisch feststellt, dass „vergeblich nach einer Strategie geforscht worden" sei und dass die „außerordentliche Brisanz" der personellen Kontinuitäten von der Landesverbandsführung „lange Zeit nicht erkannt worden" sei. Papke, Ordnungskraft, S. 165.

desvorsitzende August Martin Euler die Wahlerfolge seines Landesverbandes hauptsächlich darauf zurück, „keinerlei Engherzigkeit gegenüber ehemaligen Nationalsozialisten gezeigt"[359] zu haben. Auch Eduard Leuze, Vorsitzender der in Südwürttemberg-Hohenzollern eher konservativ orientierten Demokratischen Volkspartei (DVP), sprach sich für ein äußerst großzügig angewandtes „Recht auf Änderung" aus, das „Gauleiter und SS-Gruppenführer"[360] einbezog. Vertreter der gemäßigten Mitte und des linksliberalen Flügels äußerten durchaus Kritik an diesen weitgehenden Forderungen: Thomas Dehler mahnte eine „Grenze der Delikatesse"[361] im Umgang mit ehemaligen Nationalsozialisten an und sprach sich gemeinsam mit Hermann Schäfer für eine „besondere Qualifikation"[362] derjenigen aus, die in die Partei aufgenommen werden sollten.

Allein, diese Debatte um die Grenzen der Rekrutierung politisch Belasteter kam zu spät, um daraus verbindliche und allgemein anerkannte Schlüsse ziehen zu können. Sie war im Jahr 1952 Bestandteil einer Grundsatzdiskussion um den politischen Kurs einer in akuter Spaltungsgefahr schwebenden Gesamtpartei – eine formale Festlegung auf den Standpunkt des einen oder anderen Flügels hätte zu diesem Zeitpunkt als sezessionistischer Katalysator gewirkt. Die Gelegenheit zu einer nach innen und außen offensichtlich gezogenen Trennlinie hätte es zu einem früheren Zeitpunkt gegeben. Hans Reif, ehemaliges DDP-Mitglied und nach 1945 in der (West-)Berliner Liberaldemokratischen Partei (LDP) aktiv, brachte bereits im April 1949 im Bundesvorstand einen entsprechenden Antrag ein. Eindeutiges Ergebnis: „Der Antrag Reif, denjenigen ehemaligen Parteigenossen der NSDAP die Mitgliedschaft zu versagen, denen das Grundgesetz das passive Wahlrecht abspricht[363], wird nach Gegenäußerungen von Wildermuth, Middelhauve, Dehler, Euler, Heuss mit allen Stimmen gegen die von Reif abgelehnt."[364]

Frei nach dem vom damaligen Parteivorsitzenden Theodor Heuss ausgegebenen Motto „Einmal muß Schluß gemacht werden"[365] war der überwältigenden Mehrheit im Bundesvorstand zunächst offenbar daran gelegen, die allgemein geächtete Entnazifizierung in aller Deutlichkeit abzulehnen und diese populäre Haltung nicht durch vermeintlich überflüssige Restriktionen zu entwerten. Nicht nur die auffällige Ansammlung ehemaliger Parteigenossen in Reihen der nordrhein-westfälischen FDP legt die Vermutung nahe, dass einigen jener „Gegenäußerungen" weitergehende Hintergedanken zugrunde lagen. Schon die Beratungen der Parteisatzung im Juni 1949 ließen gewisse Intentionen erahnen. § 2 der Satzung hätte ursprünglich lauten sollen: „Mitglied können alle Deutschen werden, die das 17. Lebensjahr vollendet haben, die Grundsätze der Partei anerkennen, im Besitze der bürgerlichen Ehrenrechte sind und gegen deren Zugehörigkeit politische Bedenken nicht bestehen."[366] Middelhauve schlug nun vor, „die Worte ‚und gegen deren Zugehörig-

---

[359] FDP-Bundesvorstand 1949–1952, Nr. 23, 26.10.1952, S. 549.
[360] Ebd., Nr. 19, 6.7.1952, S. 379.
[361] Ebd., S. 377; vgl. Wengst, Dehler, S. 172.
[362] FDP-Bundesvorstand 1949–1952, Nr. 23, 26.10.1952, S. 560; vgl. auch ebd., Nr. 19, 6.7.1952, S. 381f.
[363] Gemäß der gängigen Entnazifizierungspraxis waren dies immerhin Personen, die in die Gruppen I (Hauptschuldige) und II (Belastete) eingestuft worden waren. Vgl. Gesetz Nr. 104 zur Befreiung von Nationalsozialismus und Militarismus vom 5.3.1946 (Auszug), in: Vollnhals, Entnazifizierung, S. 262–272.
[364] FDP-Bundesvorstand 1949–1952, Nr. 3, 2.4.1949, S. 34.
[365] Ebd., Nr. 1, 12.2.1949, S. 7.
[366] Ebd., Nr. 5b, 9.6.1949, S. 51, Anm. 9.

keit politische Bedenken nicht bestehen' zu streichen".[367] Das Wort „politisch" wurde schließlich in der Tat gestrichen.

Als Legitimationsgrundlage für die von Seiten des nationalliberalen Flügels mit Nachdruck betriebene Öffnung der Partei nach rechts diente zumeist die Berufung auf die eigene Liberalität. So warb Middelhauve im Juli 1952 im Bundesvorstand für seine „liberale" Vergangenheitspolitik:

> „Wir müssen aber diese Menschen nicht nur als Wählerstimmen gewinnen, sondern als aktive Mitarbeiter der Partei. Kann es uns dann stören, wenn einige Kreisleiter der NSDAP waren? Gerade weil wir liberal sind, können wir das tun. Es sind gerade in der Entnazifizierung Dinge geschehen, die mit dem Rechtsstaat nichts zu tun haben. Wir haben die Entnazifizierung bekämpft, und aus diesem Grunde heraus haben wir auch die Pflicht, hier Konsequenzen zu ziehen. […] Ich bin nach wie vor der Auffassung, wenn jemand den ehrlichen Willen hat, sich in den Aufbau einer Demokratie einzuschalten, haben wir nicht danach zu fragen, was der Betreffende 1934 gewesen war, sondern was er heute ist. Wir haben nicht danach zu fragen, ob jemand früher einmal, so bedauerlich es ist, Schulungsbriefe der NSDAP geschrieben hat."[368]

Nach dieser recht eigenwilligen Umdeutung des Liberalismus schien es geradezu die Pflicht einer Partei wie der FDP zu sein, ihre Mitarbeiter ohne Ansehen der Person (und v. a. ihrer Vergangenheit) bei einem in der Gegenwart mehr oder weniger ersichtlichen „guten Willen" (der natürlich auch ein reines Lippenbekenntnis sein konnte) zu rekrutieren. In den Augen der Vertreter des strikt antisozialistischen Flügels galt jene als liberale Vorurteilslosigkeit getarnte instrumentelle Geschichtsvergessenheit im Übrigen nur für Personen, die sich in der NSDAP „geirrt" hatten – von Rechenberg betonte gleich mehrfach, dass langjährige Sozialisten „nicht liberale Leute sein" könnten, „das gäbe es nicht. Es gäbe gewisse Grundsätze dafür."[369] Und selbst bei „Überläufern" hin zur Sozialdemokratie sei Misstrauen angebracht: „Sehr viel schwieriger ist es, […] wenn ein erwachsener Mann, der sein Leben lang Kommunist war, plötzlich bei der SPD erscheint! – Es tut mir leid! Saulus wurde zum Paulus auch in erwachsenen Jahren! Aber im allgemeinen meine ich doch, man sollte derartigen wunderbaren Vorkommnissen etwas mißtrauisch gegenüberstehen!"[370]

Ganz ähnlich argumentierte auch Middelhauve immer wieder. Auf seine großzügige Heranziehung ehemaliger Nationalsozialisten in den Reihen seines Landesverbandes angesprochen, verteidigte er sich mit dem Verweis darauf, dass „die SPD kein geringeres Risiko eingegangen" sei als die nordrhein-westfälische FDP, indem sie „die ehemaligen Kommunisten Ernst Reuter und Herbert Wehner bei sich aufgenommen habe".[371] Von der Fragwürdigkeit einer solchen Parallelisierung abgesehen, enthält jene Aussage einerseits einen neuerlichen Hinweis auf Middelhauves dogmatischen Antisozialismus und sein manichäisches Weltbild, in dem links der Mitte der politische Feind, rechts davon hingegen Bundesgenossen im Kampf gegen eben jenen zu finden waren. Andererseits wird in ihr deutlich, dass sich der Landesvorsitzende der potentiellen Risiken seiner Personalpolitik wohlbewusst war, doch traten sie hinter den vermeintlichen Chancen zurück.

---

[367] Ebd., S. 51. Die Satzung von 1949 mit dem entsprechenden Passus zur Mitgliedschaft (§ 2) ist abgedruckt in: Dokumente zur parteipolitischen Entwicklung, 1. Bd., Nr. 65, S. 303.
[368] FDP-Bundesvorstand 1949–1952, Nr. 19, 6. 7. 1952, S. 376.
[369] Ebd., Nr. 9, 9. 12. 1950, S. 127.
[370] Pressekonferenz am 22. 11. 1952 im Anschluss an den Bundesparteitag von Bad Ems, ADL, Bestand Bundesparteitag, A1-32, pag. 83.
[371] Informationsbericht Robert Strobels vom 18. 2. 1953, IfZ-Archiv, ED 329/5.

In Middelhauves Konzeption, auf der Basis eines nach innen und außen möglichst geschlossen auftretenden nordrhein-westfälischen Landesverbandes eine bundesweite Nationale Sammlung zu initiieren, kam der Integration ehemaliger Nationalsozialisten entscheidende Bedeutung zu. Aufgrund der weitgehenden Autonomie der Landesverbände hätte die Bundespartei kaum eine Möglichkeit zur personalpolitischen Intervention gehabt, zumal es sich vielfach um Angestellte, nicht um FDP-Mitglieder handelte. Dennoch wurde die in Nordrhein-Westfalen nahezu schrankenlose Einstellungspraxis auch dadurch begünstigt, dass die auf Bundesebene geführten Auseinandersetzungen über Aufnahme und aktive Mitarbeit ehemaliger Nationalsozialisten in Reihen der FDP keine verbindlichen Beschlüsse nach sich gezogen hatten, etwa in Form einer satzungsmäßigen Definition von Bedingungen, die im Falle der Mitgliedschaft eines ehemaligen „Parteigenossen" erfüllt sein müssen.[372] Wie an der gescheiterten Initiative von Hans Reif ersichtlich wurde, war die große Mehrheit innerhalb der FDP gegen eine offiziell festgeschriebene Aufnahmehürde.

---

[372] Im Organisationsstatut der SPD von 1946/47 wurde etwa ein Verfahren vorgeschrieben, das der Aufnahme eines ehemaligen NSDAP-Mitgliedes vorgeschaltet war. Durch die Prüfung des jeweiligen Aufnahmeantrages u. a. durch einen auf Ortsebene eigens eingerichteten Ausschuss sollte festgestellt werden, „ob die politische Vergangenheit, die gegenwärtige politische Einstellung und die Person des Antragstellers eine Gewähr dafür bieten, daß der Antragsteller seine Verpflichtungen als Mitglied der Partei einhalten wird". Das Organisationsstatut ist abgedruckt in: Dokumente zur parteipolitischen Entwicklung, 1. Bd., Nr. 79, S. 434. Eine solche Praxis wäre zu Beginn der 1950er Jahre zumal in der FDP freilich nicht mehr vermittelbar gewesen. Auch eine Orientierung an den fünf Entnazifizierungskategorien war angesichts der übereinstimmenden Ablehnung jener alliierten Klassifizierungspraxis unter den Freien Demokraten nur eine theoretische Möglichkeit.

III. Nationale Sammlung in der Praxis

1. Überregionale Katalysatoren der nationalen Sammlungsstrategie

Ein Führungsanspruch der NRW-Liberalen ließ sich aus den ersten auf regionaler Ebene durchgeführten Wahlen nach dem Krieg wahrlich nicht ableiten, sie offenbarten vielmehr die Kluft zwischen dem von Middelhauve vertretenen Anspruch, neben der Sozialdemokratie und den Christdemokraten einen dritten, nationalliberal-konservativen Block zu etablieren, und der harten Wirklichkeit von Ergebnissen knapp über der 5%-Marke. Die Wahlen zum ersten Deutschen Bundestag am 14. August 1949 boten die Gelegenheit des unmittelbaren Vergleichs zwischen dem Abschneiden einzelner Landesverbände in Relation zu den auf Bundesebene erreichten 11,9% der Wählerstimmen. Schon ein flüchtiger Blick auf die einzelnen Landesergebnisse lässt eine erstaunliche Amplitude erkennen: Zwar konnten die Freien Demokraten von Rhein und Ruhr mit 8,6% ihr bis dahin bestes Wahlergebnis erzielen, die Bundespartei verdankte ihr Abschneiden im zweistelligen Bereich jedoch anderen Landesverbänden, allen voran denen von Württemberg-Baden (18,2%) und Hessen (28,1%). Diese fast schon volksparteilichen Resultate werfen ein Schlaglicht auf die innere Heterogenität des deutschen Nachkriegsliberalismus, denn sie wurden von zwei in ihrer politischen Ausrichtung grundverschiedenen Landesverbänden (in den Anfangsjahren ist man versucht, von „Landesparteien"[1] zu sprechen) erzielt, zwischen denen die alte liberale Dichotomie fortzuleben schien. Die südwestdeutschen Liberalen verfolgten die „Konzeption einer milieugebundenen liberalen Mittelpartei".[2] In Hessen hingegen, wo der Liberalismus „nie jene relativ weitreichende Geschlossenheit als politisch-soziales Phänomen"[3] erreichte, zeichnete sich frühzeitig eine Art Gegenentwurf zum südwestdeutschen Modell ab, wobei hinsichtlich der parteipolitischen Bewertung von Vergangenheit und Zukunft eine erstaunliche Übereinstimmung mit den Parteifreunden aus Nordrhein-Westfalen festzustellen ist:

> „Traditionen ja, aber nur wenn sie erfolgreich waren, nicht aber, wenn sie Mißerfolge hatten. Man findet sich sehr schwierigen Problemen gegenüber, wenn man frühere Parteien, die sehr klein waren oder wurden, nun als Traditionsparteien betrachtet. [...] Wir haben dagegen in Hessen gesagt, wir übernehmen nicht irgendeine Tradition, wir sind eine neue Partei mit dem Blick in die Zukunft, und wir werden die Fehler der Vergangenheit meiden. [...] Vom ‚Zünglein an der Waage' halte ich nichts."[4]

Genau wie Middelhauve, der ebenfalls jene letztgenannte „selbstgenügsame Konzeption"[5] strikt ablehnte, sah auch der hessische Landesvorsitzende August Martin Euler den Platz

---

[1] Vgl. Gutscher, Entwicklung, S. 70ff.; an anderer Stelle wird die frühe FDP aufgrund der weitreichenden Autonomie ihrer Glieder auch als „Kartell von Landesverbänden" (Biefang, Wiederentstehung, S. 42) bzw. „Kartell weitgehend unabhängiger Landesorganisationen" (Hein, Milieupartei, S. 348) beschrieben.
[2] Hein, Milieupartei, S. 205.
[3] Ebd., S. 55; vgl. auch Luckemeyer, Liberale in Hessen, S. 115ff.; Schiller, FDP in Hessen.
[4] FDP-Bundesvorstand 1949–1952, Nr. 19, 6.7.1952, S. 374.
[5] Rede Middelhauves auf dem Landesparteitag der FDP in Bielefeld vom 25.–27.7.1952, ADL, Bestand FDP-LV NRW, Landesparteitag, 26714.

der FDP rechts von der CDU, wobei der programmatische Fixpunkt seines vagen Sammlungsgedankens ein dogmatischer Antisozialismus war, dessen Überbetonung die Gefahr in sich barg, „den Gesamtzusammenhang liberaler Politik aus den Augen zu verlieren"[6] – sofern dessen Erschließung dem politischen homo novus überhaupt möglich war.[7] Schon in der ersten Bundesvorstandssitzung ließ Euler keinen Zweifel an seinen funktionalen Überlegungen, als er betonte, „daß die ehemaligen Nazis oft bessere Mitkämpfer gegen den Totalitarismus von der anderen Seite sind als diejenigen, die sich einbilden, schon immer Demokraten gewesen zu sein".[8] In Verbindung mit dem unbedingten Willen zur Expansion dürfte diese Überlegung als Triebfeder für das vor der Bundestagswahl 1949 eingegangene Wahlabkommen der hessischen Liberalen mit der radikalen Nationaldemokratischen Partei (NDP)[9] fungiert haben. Aufgrund von Lizenzierungsverweigerungen seitens der Alliierten war jene Absprache für die Nationaldemokraten die einzige Gelegenheit zur Wahlteilnahme, und eine sichere Listenplatzierung brachte ihrem Mitbegründer und Parteivorsitzenden Heinrich Leuchtgens immerhin ein Bundestagsmandat ein.[10] Die FDP-Fraktion wurde durch Leuchtgens' Zugehörigkeit zwar nur wenige Tage belastet[11], doch der Imageschaden bzw. Vertrauensverlust war – zumindest „links" vom nationalliberalen Flügel der FDP – unübersehbar. „Die FDP fischt im Trüben" – so kommentierte der *Sozialdemokratische Pressedienst* im Juli 1949 das Wahlabkommen zwischen hessischen Liberalen und Nationaldemokraten und folgerte daraus, dass die FDP „auf die demokratische Substanz [...] keinen Wert mehr" lege und sich „in das trübe Fahrwasser des Neo-Nationalismus"[12] begebe.

Vor dem Hintergrund des strikten Eulerschen Antisozialismus erstaunt eine solche Beurteilung seitens der Sozialdemokratie nicht; von Vertretern des rechten FDP-Flügels dürfte sie sogar als Bestätigung für die Richtigkeit ihres nationalen Kurses gedeutet worden sein. Aber auch innerhalb der FDP regte sich Kritik, sogar an höchster Stelle. Der Parteivorsitzende Theodor Heuss beschwerte sich persönlich bei Euler, einerseits über jene Kooperation (Leuchtgens sei „ein Deutschnationaler Typ im primitiven Sinn"), andererseits über das völlig eigenmächtige Vorgehen der Hessen ohne jede Rücksprache mit der Parteiführung.[13] Euler, dessen „Führungsstil [...] durch einsame Entscheidungen und das Zurückdrängen innerparteilicher Widersacher"[14] geprägt war, konnte Vorwürfen wie diesen gelassen begegnen, denn die „nackten Zahlen" schienen sein Vorgehen zu bestätigen: Mit 28,1% der Stimmen erzielten die hessischen Liberalen das bis zum heutigen Tag beste jemals von einem FDP-Landesverband bei Bundestagswahlen erzielte Resultat. Dass dieser „historische" Wahlerfolg eine Vorbildfunktion auf ähnlich ausgerichtete Landesverbände ausübte, versteht sich von selbst, schien doch in Hessen die Vision eines „dritten Blocks"

---

[6] Hein, Milieupartei, S. 65.
[7] Der 1908 in Kassel geborene Euler war bis 1944 als Vertragsjurist bei der I.G. Farben beschäftigt. Zu Euler: Holtmann, „Pflicht nach rechts"; s. auch Wengst, Einleitung zu: FDP-Bundesvorstand 1949–1952, S. XVIIf.
[8] FDP-Bundesvorstand 1949–1952, Nr. 1, 12.2.1949, S. 5.
[9] Vgl. Schmollinger, Nationaldemokratische Partei.
[10] Vgl. Hein, Milieupartei, S. 65f.
[11] Leuchtgens wechselte fortan zwischen Deutscher Konservativer Partei – Deutscher Rechtspartei (DKP-DRP), Deutscher Partei (DP) und Fraktionslosigkeit. Im Dezember 1954 wurde er Vorsitzender der Monarchistischen Partei Deutschlands. Vgl. Schmollinger, Nationaldemokratische Partei, S. 1892f., Anm. 1.
[12] Sozialdemokratischer Pressedienst, 13.7.1949.
[13] Heuss an Euler, 18.7.1949, in: Heuss, Briefe 1945–1949, Nr. 209, S. 513f.
[14] Holtmann, „Pflicht nach rechts", S. 58.

neben CDU (21,4%) und SPD (32,1%) Wirklichkeit geworden. Bereits nach dem ebenfalls überdurchschnittlichen Abschneiden der national und antisozialistisch auftretenden hessischen FDP bei den Land- und Stadtkreiswahlen vom April 1948 (21,9%) hatte Middelhauve gefordert, „eiserne Konsequenzen"[15] aus diesem Ergebnis zu ziehen.

Im Vorfeld der nordrhein-westfälischen Landtagswahlen vom Juni 1950, bei denen die FDP bereits mit dem Slogan „Die Partei der nationalen Sammlung"[16] warb, bereitete Middelhauve ein vergleichbares Wahlabkommen mit der Nationalen Rechten (NR) vor, einer Abspaltung der DKP-DRP.[17] Der Vorsitzende der Nationalen Rechten, Hermann Klingspor (geboren 1885 in Siegen), gehörte in der Endphase der Weimarer Republik zu denjenigen Aktivisten innerhalb der Deutschen Volkspartei, die einen Zusammenschluss mit Alfred Hugenbergs DNVP unter dem Vorbehalt einer weiteren Öffnung nach rechts herbeiführen wollten. Da die Schwerindustrie des Ruhrgebiets diesen Kurs massiv unterstützte, verwundert es nicht, dass die rheinisch-westfälischen DVP-Wahlkreise parteiintern mit Sezession drohten, falls jene Nationale Front unter Einschluss auch des Stahlhelms scheitern sollte. Letztlich trennte sich nur der „in der Partei auf dem äußersten rechten Flügel stehende Wahlkreisverband Westfalen-Süd"[18] von der Mutterpartei, die auf Reichsebene einen Übertritt zu den Deutschnationalen abgelehnt hatte. Zu den Einzelmitgliedern, die der DNVP schließlich beigetreten waren, gehörte auch der Vorsitzende der westfälischen DVP-Jugendorganisation, Hermann Klingspor.[19] Nach dem Zweiten Weltkrieg hatte Klingspor dem Zonenvorstand der nationalistisch-monarchistischen Deutschen Rechtspartei/Konservativen Vereinigung (DReP/KV) angehört, ab Februar 1947 amtierte er als ihr Vorsitzender.[20]

Um die Chancen auf eine künftige Regierungsbeteiligung in Nordrhein-Westfalen zu vergrößern, schlossen die Liberalen auf Kreisebene zudem Wahlabkommen mit der CDU, von denen beide Seiten profitieren sollten.[21] Die FDP verzichtete in einigen Wahlkreisen auf eigene Kandidaten, um andernorts mit der Unterstützung christdemokratischer und „rechter" Wähler ihren Kandidaten durchzubringen. In Mühlheim traten die Liberalen beispielsweise den nördlichen Wahlkreis an die Union ab und hofften im Süden auf eine Direktwahl von Wilhelm Dörnhaus mit Hilfe der Nationalen Rechten. Da dieses Unternehmen „den Einsatz aller örtlichen und darüber hinaus auch Mittel des Landesverbandes" erforderte, bat man kurzerhand Hugo Stinnes jr. um finanzielle Unterstützung, schließlich war Mühlheim seit jeher Stammsitz der Familie Stinnes.[22]

---

[15] Protokoll über die Sitzung des Landesausschusses am 30.10.1948, in: Politischer Liberalismus, Nr. 51, S. 338. Da nach Auffassung Middelhauves die Freien Demokraten „die aktivsten und entschiedensten Antimarxisten seien", durften auch auf regionaler Ebene keinerlei Konzessionen an die Sozialdemokratie oder gar Kooperationen mit ihr erfolgen.
[16] Siehe Abbildung auf dem Buchcover.
[17] Vgl. Hüttenberger, Nordrhein-Westfalen, S. 141; Jenke, Verschwörung, S. 183; Schmollinger, DKP-DRP, S. 1011f.
[18] Richter, National-Liberalismus, S. 112.
[19] Vgl. Richter, Volkspartei, S. 734ff. Im April 1933 traten die rheinisch-westfälischen Wahlkreise der DVP zur NSDAP über, womit sie den wenige Tage zuvor auf Reichsebene gefassten Beschluss zur Aufrechterhaltung der Parteiorganisation konterkarierten und das Schicksal der Partei besiegelten. Vgl. Richter, National-Liberalismus, S. 131.
[20] Vgl. Buschfort, Hüter, S. 26ff.
[21] Vgl. Düding, Parlamentarismus, S. 287.
[22] Brief vom 26.5.1950 an Hugo Stinnes (der Absender ist mit hoher Wahrscheinlichkeit Middelhauve), HStAD, RW 357/2, pag. 367f. Dörnhaus zog letztlich über die Landesliste in den Landtag ein.

Konkret sah das Wahlabkommen die Platzierung von gleich acht NR-Kandidaten auf der FDP-Landesliste vor. Das gute Ergebnis von 12,1% der abgegebenen Stimmen (bei den Landtagswahlen von 1947 waren es noch 5,9%) bedeutete für drei Vertreter der Nationalen Rechten den Einzug in den nordrhein-westfälischen Landtag als Hospitanten der FDP-Fraktion. Hierbei handelte es sich um Lothar Steuer, Hans Joachim von Rohr(-Demmin) und Wilhelm Piepenbrink, allesamt ehemalige Mitglieder der DNVP.[23] Steuer war seit 1919 in der DNVP aktiv, vertrat sie von 1925 bis 1933 im Preußischen Landtag und schloss sich 1926 auch dem Stahlhelm an.[24] Mit einem parlamentarischen Hospitanten-Status hatte er bereits Erfahrungen gesammelt: Von 1933 bis 1938 war er Gast der NSDAP-Fraktion im Reichstag. Als „einer der umtriebigsten rechtsradikalen Politiker der Nachkriegszeit"[25] gehörte Steuer im November 1945 zu den Gründern der Deutschen Konservativen Partei (DKP), einer Vorläuferin der DReP/KV. Auch sein Mitstreiter von Rohr saß seit 1925 (bis 1932) für die DNVP im Preußischen Landtag und amtierte nach der „Machtergreifung" kurzzeitig unter Hugenberg als Staatssekretär im Reichsministerium für Ernährung und Landwirtschaft. Mit Alexander Hirschfeld rückte im Juni 1951 noch ein vierter NR-Hospitant nach, der von 1931 bis 1933 der DNVP und seit 1937 der NSDAP angehört hatte. Jene deutschnationalen Vergangenheiten, mit denen die Nationalen Rechten keineswegs gebrochen hatten, verleiteten den damaligen sozialdemokratischen Landtagsabgeordneten Heinz Kühn zu der sarkastischen Bemerkung, dass die nordrhein-westfälischen Liberalen „weniger vom Geist von Theodor Heuss als vielmehr von dem Geist Alfred Hugenbergs"[26] geprägt seien. Auf irritierte Nachfragen aus den anderen Fraktionen reagierte der FDP-Fraktionsvorsitzende Middelhauve mit der Bitte um eine „Bewährungsfrist".[27]

Nach Bekunden des Landesverbands- und Fraktionsvorsitzenden entwickelten sich beide Parteien im Landtag „zu einem ausgezeichneten Team in bester Zusammenarbeit"[28]. Auch Klingspor betonte später in einem Schreiben an alle Kreisvereine und Mitglieder der Nationalen Rechten, dass „die nordrhein-westfälische FDP als eine ausgeprägt rechtsstehende Partei gelten muß, deren Haltung im Landesparlament sich von der unserer Vertreter in nichts unterscheidet".[29] Auf dem Weg zur großen Nationalen Sammlung konnte das Wahlabkommen mit der relativ unbedeutenden NR allenfalls eine Geste des Wohlwollens gegenüber Vertretern einer deutschnational-konservativen Rechten sein, aber es offenbarte bereits die Entschlossenheit, rechts neben sich keine andere Partei zu dulden. Das angestrengte Bemühen Middelhauves, seine Partei als die im Grunde einzige Alternative für alle national gesinnten Deutschen zu profilieren und eine Deutungshoheit im rechten

---

[23] Vgl. Düding, Parlamentarismus, S. 285f.; Papke, Ordnungskraft, S. 134.
[24] Vgl. Reichstagshandbuch 1933, S. 341.
[25] Buschfort, Hüter, S. 243.
[26] Kühn am 22.9.1950, zit. n. Paul, Debatten, S. 83. Vgl. B. Dierl/R. Dierl/Höffken, Landtag, Bd. 2, S. 1096.
[27] Middelhauve am 5.6.1950, zit. n. Paul, Debatten, S. 82.
[28] Middelhauve, Bericht zur politischen Lage, gehalten auf dem Münsteraner Landesparteitag am 21.7.1951, ADL, Bestand FDP-LV NRW, Landesparteitag, 26713. In einem Schreiben an Klingspor hatte Middelhauve bereits am 30.10.1950 betont, „wie hoch" er die Zusammenarbeit mit der Nationalen Rechten „inzwischen einschätze". Weiter schrieb er: „Ich glaube, daß es uns schon jetzt gelungen ist, eine enge vertrauensvolle Zusammenarbeit herzustellen und möchte sehr gern Sie in allen Schritten unterstützen, die dazu dienen können, zu einer noch engeren Zusammenarbeit zu kommen, die bisher allerdings nur in Nordrhein-Westfalen verwirklicht werden konnte." HStAD, RW 357/2, pag. 138f.
[29] Rundschreiben Nr. 9/52 vom 1.9.1952, HStAD, RWN 172/90, pag. 119–121.

Lager zu beanspruchen, fand beispielhaft in einer Rede auf dem Münsteraner Landesparteitag im Juli 1951 seinen Niederschlag:

> „Für das Recht der Entrechteten, für die Achtung der Mißachteten, für die Ehre der Entehrten mit allem Ernst und Eifer einzutreten, darin sah die FDP vom ersten Tage ihres Bestehens an ihre Ehrenpflicht. [...] Diese vorkämpferische zielbewußte Haltung der FDP ist das, worauf sie in der kurzen Zeit ihres Bestehens mit Fug und Recht am meisten stolz sein kann. [...] Wir waren es, die zuerst von der Ehre des deutschen Soldaten sprachen; davon, daß er sie nie verloren hat, daß sie ihm niemand streitig machen kann, daß er mindestens ein ebenso ehrlicher und anständiger Soldat war wie seine Gegner! Wir waren es, die seiner Zeit gegen das Unrecht und den Unfug der Entnazifizierung anrannten. Wir sprachen aus, daß man den Geist des Nazismus nicht durch Entnazifizierung, nicht durch Kategorisierung, nicht durch Diffamierung überwinden kann, sondern vom Geist her, durch die Überwindung jeder Haßpsychose, durch die Einreihung aller, die den guten Willen hatten und haben, dem Vaterland beim Aufbau einer zukunftsstarken Demokratie als einer echten Lebensform in einer echten Volksgemeinschaft zu dienen. [...] Die FDP als Wahrerin des Reichsgedankens, des Gedankens der deutschen Einheit, die einzige Partei, die als große Sammelpartei hierfür infrage kommt. Wir werden weit unsere Arme öffnen."[30]

Wer zu Beginn der 1950er Jahre versuchte, zum Zentrum eines dritten, nationalen Blockes zu werden, der musste besondere Betriebsamkeit an den Tag legen, denn nach Ende der alliierten Parteilizenzierungspolitik konkurrierten in einer „Blütezeit der Splitterparteien"[31] am rechten politischen Rand zahlreiche neugegründete Interessenvertretungen wie z. B. der Block der Heimatvertriebenen und Entrechteten (BHE; seit September 1952: Gesamtdeutscher Block/BHE) um die Gunst der Wähler. Auf der äußersten Rechten ging die programmatisch wie organisatorisch als legitime Nachfolgerin der NSDAP auftretende Sozialistische Reichspartei auf Stimmenfang.[32] Ihre Wahlerfolge im Jahr 1951 wirkten wiederum katalytisch auf die nordrhein-westfälischen Sammlungsinitiativen. Bei den niedersächsischen Landtagswahlen vom Mai erreichte die SRP 11,0%, bei den Wahlen zur Bremischen Bürgerschaft im Oktober immerhin 7,7% der Stimmen – Ergebnisse, die parteiübergreifend Besorgnis und Ratlosigkeit hervorriefen. Middelhauves Konsequenzen waren indes klar: Man müsse als Reaktion auf das gute Abschneiden der SRP nun „außergewöhnlich aktiv werden und eine klare Politik"[33] betreiben, um so den „Durchstoß zur großen Partei"[34] zu erreichen. Als geeignete Mittel nannte er die „Herausstellung von Persönlichkeiten", die verstärkte Betonung der Generalamnestie-Forderung, eine Förderung des „Zusammenschlusses der Soldatenbünde" sowie die Erarbeitung „zeitgemäße[r] Verfassungsänderungsvorschläge".

Gegen diese Politik regte sich im Landesverband durchaus vereinzelte Kritik, allen voran vom Wuppertaler Liberalen Carl Wirths. Auch wenn er sich selbst trotz seiner Vergangenheit in der Staatspartei keineswegs als „alten Liberalen" betrachtete und von Beginn an ein überzeugter Gegner der Entnazifizierung war, so hielt er es dennoch für „untragbar, daß heute ehemalige prominente Naziführer in der FDP schon wieder eine führende Rolle spielen und aus ihr eine Partei zu machen versuchten, die die Tonart der SRP nachahme,

---

[30] Middelhauve, Bericht zur politischen Lage, gehalten auf dem Münsteraner Landesparteitag am 21.7.1951, ADL, Bestand FDP-LV NRW, Landesparteitag, 26713.
[31] Kaack, F.D.P., S. 17.
[32] Vgl. Buschke, Presse, S. 147ff.; Hansen, SRP.
[33] Protokoll über die Sitzung des geschäftsführenden Landesvorstandes am 16.10.1951, ADL, Bestand FDP-LV NRW, Geschäftsführender Landesvorstand, 27034.
[34] Hier und nachfolgend: Protokoll über die Sitzung des Landesausschusses am 20.10.1951, ADL, Bestand FDP-LV NRW, Landesausschuss, 26898.

unter dem Vorwand, ihr damit das Wasser abzugraben". Doch Stimmen wie diese bildeten die Ausnahme. Nach Auffassung Middelhauves „sei die vielfache Warnung vor einer Rechtsentwicklung der FDP völlig unbegründet. Der Vorstand habe die Entwicklung der eigenen Partei völlig in der Hand." In jedem Fall wusste der Landesverbandsvorsitzende in den entscheidenden Gremien die Mehrheit hinter sich. So wies etwa der stellvertretende Vorsitzende von Rechenberg den Vorwurf einer Nachahmung der SRP und der damit verbundenen (Rechts-)Radikalisierung mit dem reichlich suspekten Hinweis zurück, dass es sich bei der SRP seiner Meinung nach um eine Linkspartei handele, während Wolfram Dorn den „Kampf gegen die SRP" eher strategisch auffasste: Es dürfe lediglich deren Führungsspitze angegriffen werden, da „ihm aus der Praxis bekannt sei, daß sich in den Ortsgruppen der SRP anerkannte Persönlichkeiten zur Verfügung stellten". Angesichts solch taktischer Überlegungen war auch das am 23. Oktober 1952 erfolgte Verbot der SRP[35] ein zusätzlicher Antrieb zur Verstärkung der Bemühungen um eine Nationale Sammlung, schließlich waren die SRP-Anhänger ein zweites Mal binnen weniger Jahre politisch heimatlos geworden.

Die am Beispiel der verbandsinternen Reorganisation dargestellte Politik der offenen Arme erfuhr spätestens seit Beginn des Jahres 1952 ihre ganz konkrete Erweiterung nach außen im Sinne einer „Sammlung aller rechtsstehenden Gruppen".[36] Das Fernziel waren die Bundestagswahlen im September 1953[37], die Middelhauve, wie er später betonte, „unter gänzlich veränderten Konstellationen" anzugehen gedachte, nämlich mit einem großen Block, „der als Nationale Sammlungsbewegung alle die Kräfte an sich gezogen hat, die den Kurs der CDU ablehnen und sich auch nicht nach links orientieren wollen".[38] Anders als beim inneren Strukturwandel des Landesverbandes, der sich in Ausmaß und Konsequenz weitgehend der Kenntnis der Außenstehenden – im Übrigen auch der Parteifreunde außerhalb Nordrhein-Westfalens – entzog, bedeutete die Sammlungskonzeption notwendig und unmittelbar einen Eingriff in die Substanz der (Bundes-)FDP als liberale Partei.

Dass ein solches Szenario überhaupt vorstellbar war, ist gleich auf mehrere innerparteiliche Faktoren zurückzuführen. Aus sehr pragmatischen Gründen „war und wurde" die FDP „in den 50er Jahren keine Programm-Partei"[39] – Lothar Albertin bezeichnete jene Dekade auch treffend als das „theoriearme Jahrzehnt der Liberalen".[40] Die in der FDP nach Jahrzehnten der parteipolitischen Konkurrenz bzw. Gegnerschaft erreichte Vereinigung des deutschen Liberalismus sollte nach Gründung der Bundespartei im Dezember 1948 nicht aufgrund einer programmatischen Grundsatzdebatte leichtfertig aufs Spiel gesetzt werden. Die Worte des damaligen Parteivorsitzenden Theodor Heuss, „daß die Politik der Partei nicht durch ein Programm gemacht wird, sondern durch die Arbeit, die in Bonn und Frankfurt geleistet wird"[41], waren ungeschriebenes Gesetz innerhalb der FDP.

---

[35] Vgl. Frei, Vergangenheitspolitik, S. 326–360; Hansen, SRP, S. 223ff.
[36] Protokoll über die Sitzung der FDP-Landtagsfraktion am 3.3.1952, HStAD, RW 357/42, Bd. I, pag. 135.
[37] Vgl. Protokoll über die Sitzung der FDP-Landtagsfraktion am 3.3.1952, ebd.
[38] Protokoll über die Sitzung der FDP-Landtagsfraktion am 6.10.1952, ebd., pag. 15.
[39] Jansen, Probleme, S. 215. Erst im Jahr 1957 verabschiedete die FDP auf ihrem Berliner Bundesparteitag ein Parteiprogramm.
[40] Albertin, Jahrzehnt.
[41] FDP-Bundesvorstand 1949–1952, Nr. 1, 13.2.1949, S. 17. Der Verweis auf Frankfurt bezieht sich auf die Tätigkeit des Frankfurter Wirtschaftsrates, in dem der damalige stellvertretende Bundesvorsitzende Franz Blücher der gemeinsamen Fraktion von FDP und DP vorstand.

Eine Verschärfung erfuhr die programmatische Richtungslosigkeit durch die „schwache und vornehm-zurückhaltende Führung der Bundespartei"[42], die schon zeitgenössisch sowohl parteiintern als auch in der politischen Öffentlichkeit als eine wesentliche Ursache für die Krisen- und Spaltungsanfälligkeit der frühen FDP diagnostiziert wurde.[43] Die am 12. September 1949 erfolgte Wahl von Theodor Heuss zum Bundespräsidenten war für die FDP zwar eine ehrenhafte Auszeichnung, kurz- und mittelfristig jedoch gleich in doppelter Hinsicht schmerzhaft: Aufgrund seines Verzichts auf Bundestagsmandat und Parteivorsitz verloren die Freien Demokraten nicht nur eine „integrierende Führungspersönlichkeit"[44], die den anfänglichen „Desintegrationstendenzen"[45] hätte entgegenwirken können. Sie konnten zudem auch nicht darauf bauen, vom „Amtsbonus" des Bundespräsidenten oder dem Ansehen, das sich Heuss in dieser Position verdiente, zu profitieren, da ihn nach einer Allensbach-Umfrage vom August 1950 lediglich ein gutes Viertel der Deutschen der FDP zuzuordnen wusste.[46]

Die FDP-Landesverbände waren sich der programmatischen Leerstelle und personellen Überforderung an der Parteispitze wohlbewusst. Einige von ihnen versuchten wiederholt, mit politischen Initiativen einerseits ihre Unabhängigkeit und ihr Machtbewusstsein zu dokumentieren, andererseits den Kurs der Bundespartei in ihrem Sinne zu beeinflussen. Angesichts des „labilen innerparteilichen status quo" kam der Koalitionsfrage besondere Bedeutung zu, da sie die „Systemfunktion der FDP"[47] direkt berührte. Heino Kaack stellte für diesen Sachverhalt die plausible Faustregel auf: „Je weniger eindeutig die programmatischen Fragen geklärt sind, desto stärker wird die Koalitionsfrage zum Erkennungs- und Orientierungsmerkmal innerparteilicher Gruppenbildung."[48]

Sinnfälliges Beispiel einer autonomen Landesverbandspolitik mit unmittelbarer Rückwirkung auf die Bundespartei war die im März/April 1952 gebildete Koalition aus SPD, DVP/FDP und BHE unter der Führung des Ministerpräsidenten Reinhold Maier (DVP/FDP) im neugeschaffenen Bundesland Baden-Württemberg.[49] Die außerordentliche Brisanz jenes Bündnisses lag für die Liberalen darin, dass sie den (regierungs-)parteioffiziellen Kurs gleich in mehrerlei Hinsicht zu desavouieren drohte. Entgegen den Einwirkungsversuchen aus Bonn verschmähte Maier den gleichsam „natürlichen" Koalitionspartner CDU und verließ den von der Bundesebene als verbindlich vorgegebenen koalitionären Bindungskodex, der die Sozialdemokratie dezidiert ausschloss. Zudem barg das Bündnis in den Augen vieler Unions- und FDP-Politiker eine regelrechte deutschlandpolitische Gefahr in sich: In Bundestag und Bundesrat standen die Ratifizierung der Verträge zur Bildung einer Europäischen Verteidigungsgemeinschaft (EVG) an, welche die SPD mit allen Mitteln zu verhindern suchte. Die Sorge über eine Ablehnung der EVG-Verträge im

---

[42] Gutscher, Entwicklung, S. 151.
[43] In seiner Kritik an der Führungsschwäche der FDP kommt der kurz zuvor zum Ordinarius für Politikwissenschaft an der Universität Tübingen ernannte Theodor Eschenburg zu dem Schluss: „Führungslose Mittelparteien tendieren, wie das Beispiel der Deutschen Volkspartei nach Stresemanns Tod zeigt, sehr leicht zur Radikalisierung." Leserbrief Eschenburgs, Der Monat 5 (1952/53), S. 682.
[44] Kaack, F.D.P., S. 18.
[45] Ebd., S. 16.
[46] Vgl. Noelle/Neumann (Hrsg.), Jahrbuch, S. 165.
[47] Kaack, F.D.P., S. 17.
[48] Ders., FDP im politischen System, S. 22.
[49] Vgl. Adam, Liberalismus, S. 229f.; Brauers, FDP, S. 559ff.; Gutscher, Entwicklung, S. 120ff.; Nickel, Parteivorsitzende, S. 131ff.; Ortwein, Die Liberalen, S. 107f.; Wengst, Einleitung zu: FDP-Bundesvorstand 1949–1952, S. XLIII–XLIX.

Bundesrat, dem Reinhold Maier seit September 1952 als Präsident vorstand, war groß und berechtigt – die Sozialdemokraten hatten ihm während der Koalitionsverhandlungen die mündliche Zusage abgetrotzt, gegen die Ratifizierung zu stimmen.[50]

Die innerparteilichen Reaktionen auf die Regierungsbildung im Südwesten kamen prompt und waren heftig. Bezeichnenderweise regte sich der stärkste Widerstand in den nationalliberalen Landesverbänden, so z. B. bei den strikt antisozialistisch ausgerichteten hessischen Liberalen, welche – Zitat Euler – die „Position, die uns bisher auszeichnete, [...] durch Stuttgart in Gefahr" sahen.[51] Die FDP stand bedrohlich nahe am Rand einer Spaltung:

> „Wir sind keine einheitliche Partei mehr, sondern faktisch eine DVP und eine FDP. [...] Er [der hessische FDP-Hauptausschuss; K.B.] wird darüber befinden, ob ein Verbleiben des Landesverbandes Hessen in einem Gesamtverband zusammen mit einer DVP noch tragbar ist. Wir fragen uns, scheiden wir aus der Gesamtpartei aus, weil uns die Linie nicht gefällt und weil der Vorstand es vermieden hat, sofort auf Äußerungen von Reinhold Maier zu reagieren. Wir fragen uns, ob diese Partei geeignet ist, mit der hessischen Partei gemeinsam in einer Gesamtpartei zu sein."[52]

Um ihrer Entschlossenheit Ausdruck zu verleihen, forderten die hessischen Liberalen nicht nur die Einberufung eines außerordentlichen Bundesparteitages, sondern auch die Einleitung eines Parteiausschlussverfahrens gegen Ministerpräsident Reinhold Maier sowie gegen den DVP-Vorsitzenden Wolfgang Haußmann.[53] In Nordrhein-Westfalen riefen die Liberalen für den 29. Mai 1952 eigens einen außerordentlichen Landesparteitag nach Dortmund ein, um das weitere Vorgehen gegenüber den „Parteifreunden" aus dem Südwesten abzustimmen. In dessen Vorfeld herrschten in der Landesverbandsführung durchaus Sympathien für den radikalen hessischen Vorstoß, wie der Brief eines Mitglieds des Landesvorstandes an Middelhauve belegt.[54] Demnach sollte die baden-württembergische Koalition als Aufhänger für eine großangelegte Umformung der Gesamtpartei genutzt werden:

> „Wenn es uns gelänge, Maier/Haußmann zu einer Trennung von der FDP zu treiben, oder meinetwegen sie aus der FDP auszuschließen (hessischer Antrag), dann verschöbe sich das Kräfteverhältnis innerhalb der Gesamtpartei eindeutig zu unseren Gunsten. [...] Es wäre dann erst der zweite Schritt, Blücher wegen seiner laxen Parteiführung anzugreifen, bzw. das von uns geplante Direktorium unter Hinweis auf diese schädliche Entwicklung im Südweststaat durchzuführen. Gelingt es, die Masse der derzeitigen DVP abzustoßen, dann wären wir in der Lage, in Württemberg-Baden eine neue FDP aufzubauen und hätten darüberhinaus unsere Situation in der Öffentlichkeit und auch der Industrie gegenüber wesentlich zu unseren Gunsten verändert. Das wichtigste wäre aber, daß wir die Entscheidungen der Partei mit von uns und den nahestehenden Verbänden getragenen Mehrheiten beeinflussen könnten."

Die Planungen für eine innerparteiliche „Machtübernahme" auf dem Wege der Majorisierung liefen hinter den Kulissen auf Hochtouren, doch der Zeitpunkt für eine Machtprobe,

---

[50] Vgl. Ortwein, Die Liberalen, S. 108.
[51] FDP-Bundesvorstand 1949–1952, Nr. 23, 26.10.1952, S. 550. Bei den Kommunalwahlen vom 4.5.1952 büßte die hessische FDP 8,6% im Vergleich zur Wahl von 1948 ein, wo sie noch 21,6% erreicht hatte; vgl. Berg-Schlosser/Fack/Noetzel (Hrsg.), Parteien, S. 309. Auch Middelhauve führte diesen Einbruch auf die Koalition in Baden-Württemberg zurück; vgl. Protokoll über die Sitzung des erweiterten Landesvorstandes am 14.5.1952, ADL, Bestand FDP-LV NRW, Landesvorstand, 27072.
[52] So Oswald Kohut (stellvertretender hessischer Landesvorsitzender), in: FDP-Bundesvorstand 1949–1952, Nr. 16, 1.5.1952, S. 309.
[53] Vgl. Gutscher, Entwicklung, S. 122.
[54] Abschrift eines von Middelhauve als „Vertraulich" und „Persönlich" gekennzeichneten Briefes ohne Nennung des Absenders vom 27.5.1952, HStAD, RWV 49/858, pag. 119–122. Inhalt wie Diktion dieses Schreibens berechtigen zur Vermutung, dass von Rechenberg der Absender ist.

deren unabweisbare Folge die Spaltung der FDP gewesen wäre, schien noch zu früh, da die Nationale Sammlung organisatorisch noch kaum gefestigt war. In seiner Entschließung verurteilte der Landesparteitag zwar die Koalition mit der SPD als partei- und staatsgefährdend[55], doch im Bundesvorstand kam es zum landesverbandsübergreifenden und letztlich auch erfolgreichen Versuch, mäßigend auf die hessischen Vertreter einzuwirken.[56] Die FDP vollführte in jenen Tagen eine Gratwanderung zwischen Staats- und Parteiräson und kam auf dem in Essen stattfindenden außerordentlichen Bundesparteitag im Juli 1952 zu einer Entschließung, welche die Koalition im Südwesten zwar „angesichts der gegenwärtigen staatsgefährdenden Obstruktionspolitik der SPD im Bund"[57] verurteilte, jedoch auf personelle Konsequenzen verzichtete.

2. „Aufruf zur Nationalen Sammlung – Das Deutsche Programm"

Während dieser innerparteilichen Auseinandersetzung offenbarte Middelhauve eine Janusköpfigkeit, die ihn auch in den nachfolgenden Monaten auszeichnete: Er kritisierte einen parteischädigenden, programmatischen Föderalismus[58] sowie den im Südwesten offensichtlich gewordenen „Mangel an Parteidisziplin"[59] und sprach sich dafür aus, solch weitreichende Entscheidungen wie in Baden-Württemberg „unter die Obhut der Gesamtpartei"[60] zu bringen, betrieb in seinem eigenen Landesverband allerdings zur selben Zeit ohne jegliche Rücksprache mit einer Landes- oder gar Bundesinstanz die Ausarbeitung eines Programms, das nach seinem Willen die Grundlage für ein Aufgehen der FDP in einer Nationalen Sammlung sein sollte – ein Vorhaben, das die Substanz der gesamten Partei sicherlich mehr tangierte als eine Koalition mit Sozialdemokraten auf Landesebene.

Das Selbstverständnis der nordrhein-westfälischen Liberalen, „tragender Landesverband dieser Partei"[61] zu sein, begründete auch ihre Ambition zur programmatischen Hegemonie. Schon unmittelbar nach dem Heppenheimer Gründungsparteitag der FDP (11./12. Dezember 1948) hatte Middelhauve im nordrhein-westfälischen Landesausschuss keinen Zweifel darüber aufkommen lassen, dass der Gesamtpartei künftig ein nordrhein-westfälischer Kompass zur politischen Kursbestimmung verpasst werden müsse. Mit Blick auf die südwestdeutschen Liberalen stellte Middelhauve fest, dass es in der FDP zwei politische

---

[55] Vgl. Entschließung zur Frage der Regierungskoalition DVP/SPD, ADL, Bestand FDP-LV NRW, Landesparteitag, 26713.
[56] Vgl. FDP-Bundesvorstand 1949–1952, Nr. 16, 1.5.1952, S. 307ff. Aus Angst vor einer Abspaltung des hessischen Landesverbandes von der Bundespartei war auch Middelhauve – bei gleichzeitiger vehementer Verurteilung der baden-württembergischen Koalition – um eine Entschärfung der Debatte bemüht; vgl. ebd. sowie Protokoll über die Sitzung des erweiterten Landesvorstandes am 14.5.1952, ADL, Bestand FDP-LV NRW, Landesvorstand, 27072.
[57] FDP-Bundesvorstand 1949–1952, Nr. 20b, 13.7.1952, S. 414, Anm. 15.
[58] Vgl. Stichworte für die Begründung der Anträge Middelhauves auf dem außerordentlichen Parteitag der FDP in Essen am 12./13.7.1952, HStAD, RWN 172/170, pag. 39f.
[59] Rede Middelhauves auf dem außerordentlichen Landesparteitag in Dortmund am 29.5.1952, ADL, Bestand FDP-LV NRW, Landesparteitag, 26713.
[60] FDP-Bundesvorstand 1949–1952, Nr. 16, 1.5.1952, S. 316. Schon im Januar 1951 forderte Middelhauve im Bundesvorstand, „daß irgendwelche wichtigen politischen Entscheidungen unter allen Umständen im Zentralvorstand besprochen werden müssen und nicht in den Ländern". FDP-Bundesvorstand 1949–1952, Nr. 10, 15.1.1951, S. 175.
[61] Protokoll über die Sitzung des Landesausschusses am 20.10.1951, ADL, Bestand FDP-LV NRW, Landesausschuss, 26898.

Strömungen gebe, von denen die eine „stark in der Vergangenheit" verhaftet sei, während die andere „über die Gegenwart hinaus in die Zukunft" blicke. „Es komme nun darauf an, welche Richtung sich als die stärkste erweise. Von Nordrhein-Westfalen könne er sagen, daß unsere Partei immer wieder eine ganz klare politische Haltung gezeigt habe. Es sei aber notwendig, diese klare Profilierung in der Gesamtpartei wieder zu erreichen."[62] Middelhauves notorischer Abwehrreflex gegenüber jeder noch so zurückhaltenden Anknüpfung an liberale Traditionen aus Weimarer Zeiten war eine Triebfeder seines innerparteilichen Wirkens.

Die FDP in Nordrhein-Westfalen entwickelte sich – auch dies ein Verdienst des umtriebigen Landesverbands- und Fraktionsvorsitzenden – zu einer enorm „fleißigen Partei"[63], nicht nur auf vergangenheitspolitischem Terrain. Bis 1952 erreichten die Bundespartei Programmentwürfe der NRW-Liberalen für die Felder der Kultur-, Sozial-, Wirtschafts- und Agrarpolitik, die in ihrem Kern jeweils auch übernommen wurden.[64] Die im nationalliberalen Lager perhorreszierte Koalition in Baden-Württemberg bot den willkommenen Anlass, mittels eines Grundsatzprogramms den Kurs der FDP eindeutig festzulegen. Der außerordentliche Landesparteitag im Mai 1952 sollte Middelhauve den nötigen verbandsinternen Rückhalt für eine entsprechende Initiative liefern. Das Kalkül ging auf. Nachdem Middelhauve die vermeintlichen Folgen des DVP-Kurses für die Gesamtpartei – „Die Koalition mit der SPD bedeute eine Gefährdung aller Grundsätze der FDP und müsse im Totalitarismus enden."[65] – aufgezeigt hatte, charakterisierte er die parteiinterne Frontstellung mit den Worten, dass es in der FDP „keinen rechten und linken Flügel, sondern eine fortschrittliche Richtung und eine im Alten verhaftete" gebe, wobei er die spezifische „Fortschrittlichkeit" an den vergangenheitspolitischen Leistungen seines Landesverbandes festmachte.[66] Das Echo der Delegierten auf Middelhauves Vortrag war erwartungsgemäß: „Wir lassen uns die FDP nicht durch die DVP zerschlagen."[67] Aus dieser Grundstimmung heraus wurde vielfach die Forderung nach klaren politischen Leitlinien erhoben, auf die Middelhauve in seinem Resümee mit der Ankündigung reagierte, eine Programmkommission des Landesverbandes werde dem ordentlichen Landesparteitag im Juli ein Programm in Leitsätzen vorlegen.

Aufmerksamkeit verdient auch eine weitere abschließende Bemerkung des Landesverbandsvorsitzenden: „Aber höher als Partei steht im Notfall politischer Glaube und innerste Überzeugung." War das bereits eine mehr oder minder flagrante Abspaltungs-Drohung im Falle einer Niederlage „seines" Kurses innerhalb der Bundespartei? Die berechtigte Vermutung, dass für Middelhauve die FDP lediglich ein Vehikel für seine über die Partei hinausgehenden Sammlungspläne war, wurde sowohl durch die Genese als auch durch den Inhalt des sogenannten Deutschen Programms untermauert.

---

[62] Protokoll über die Sitzung des Landesausschusses am 18.12.1948, HStAD, RWN 172/223, pag. 52–55.
[63] Vgl. Albertin, FDP.
[64] Vgl. Gutscher, Entwicklung, S. 101. Die „Leitsätze zur Kulturpolitik" von 1950 (Nr. 126), das Agrarprogramm von 1951 (Nr. 127) sowie das Sozialprogramm von 1952 (Nr. 128) sind abgedruckt in: Dokumente zur parteipolitischen Entwicklung, 2. Bd., 1. Teil, S. 295ff.
[65] Rede Middelhauves auf dem außerordentlichen Landesparteitag in Dortmund am 29.5.1952, ADL, Bestand FDP-LV NRW, Landesparteitag, 26713; daraus sind auch die nachfolgenden Zitate entnommen.
[66] Er verwies auf die Initiativen für die Beendigung der Entnazifizierung, gegen die Diffamierung von Soldaten, für eine Generalamnestie oder für das Deutschlandlied als Nationalhymne.
[67] So der Delegierte Jacobs vom Kreisverband Köln.

In der Beurteilung des von der Forschung zumeist nur in aller Kürze abgehandelten „Aufrufs zur Nationalen Sammlung" – so die Überschrift des Programms – herrscht weitgehende Einigkeit. Das schärfste Verdikt sprach Ulrich Herbert aus, indem er das Deutsche Programm als „eine klare Absage an den demokratischen Liberalismus"[68] bewertete. Nach Gerhard Papke zielte es „auf affektive Zustimmung, nicht auf inhaltliche Analyse durch seine Leser".[69] Weil es sich beim Deutschen Programm um das Manifest von Middelhauves Nationaler Sammlung handelte, ist es jedoch berechtigt und notwendig, zumindest durch den *heutigen* Leser auf mehreren Ebenen analysiert zu werden.

Vorlage und „Einstimmung" auf dem Bielefelder Landesparteitag

Auf eine „feierliche Eröffnung durch den Landesvorsitzenden" sollten der „Entwurf eines Parteiprogramms" sowie eine „Aussprache" folgen.[70] So zumindest war es der Tagesordnung des Landesparteitages zu entnehmen, die in einem Rundschreiben an den Bundes- und Landesvorstand, die nordrhein-westfälischen Bundestagsabgeordneten, die Landtagsfraktion, die Vorsitzenden der Sonderausschüsse sowie die Bezirks- und Kreisverbände verschickt wurde. In Middelhauves persönlicher Tagungsfolge stand hingegen geschrieben: „Aussprache und Verabschiedung des Programms"[71] – ein kleiner, aber entscheidender Unterschied, denn eine Verabschiedung auf dem Landesparteitag, zumal eine unangekündigte, hätte sowohl eine demokratische Willensbildung „von unten" auf Kreis- und Bezirksebene unterbunden als auch die eigentlich zuständigen Gremien wie Landesvorstand oder Landesausschuss komplett übergangen. Genau dies entsprach dem Kalkül der Urheber des Deutschen Programms. Eine langwierige, demokratischen Gepflogenheiten entsprechende Programmdiskussion sollte bewusst vermieden werden. Middelhauve setzte gezielt auf die Eigendynamik eines akklamatorischen Gremiums, das ihm treu ergeben war. So handelte es sich bei der Vorlage des Deutschen Programms auch nicht um einen Entwurf, sondern um eine – im wahrsten Sinne – druckfertige Fassung, wie Erich Mende in der Rückschau auf sehr anschauliche Weise schildert: „Zur allgemeinen Überraschung der Delegierten lagen auf den Plätzen, auf Büttenpapier gedruckt, schwarz-weiß-rot umrandet, einige hundert Exemplare eines ‚Deutschen Programms'."[72] Dass die Farbgebung keinesfalls Zufall, sondern Teil der Gesamtinszenierung war, wurde den Teilnehmern noch vor einer Lektüre des Programms deutlich, denn der gesamte Rahmen des Parteitages sollte eine Atmosphäre „affektiver Zustimmung" schaffen. Kurz bevor Middelhauve das Rednerpult betrat, lauschten die Delegierten den – Zitat Middelhauve – „herrlichen Klängen Franz Liszt's".[73] Gegen ein wenig klassische Musik war kaum etwas einzuwenden, doch mit der sinfonischen Dichtung „Les Préludes" ließ die Parteitagsregie[74] ausgerechnet ein

---

[68] Herbert, Best, S. 465.
[69] Papke, Ordnungskraft, S. 167.
[70] Vgl. Tagesordnung des Landesparteitages, verschickt im Rundschreiben Nr. A 20/52, ADL, Bestand FDP-LV NRW, Landesparteitag, 26714.
[71] Tagungsfolge, ebd.
[72] Mende, Freiheit, S. 246; vgl. auch Brauers, FDP, S. 579.
[73] Wortprotokoll des Landesparteitages, 25.7.1952, ADL, Bestand FDP-LV NRW, Landesparteitag, 26714.
[74] Vgl. Schreiben Alfred Riegers vom 8.7.1952 zur Vorbereitung des Landesparteitages, ADL, Bestand FDP-LV NRW, Landesparteitag, 26714. Rieger, ehemaliger NSDAP-Kreisleiter, war Stellvertreter und rechte Hand Wolfgang Dörings als Hauptgeschäftsführer.

Stück spielen, mit dessen Fanfarenstößen nach Beginn des Russlandfeldzuges im Rundfunk Sondermeldungen des Oberkommandos der Wehrmacht eingeleitet worden waren.[75] Auch in Wochenschauberichten hatte das Motiv Verwendung gefunden. Der Wiedererkennungswert dürfte enorm gewesen sein.

In seiner Parteitagsrede lud Middelhauve die Delegierten auf eine Tour d'Horizon durch die Weiten (bzw. Untiefen) der Nationalen Sammlung ein, deren programmatische Manifestation es noch am selben Tag zu beschließen galt.[76] Welche Gruppe sich von diesem „Mindestprogramm nationaler Notwendigkeiten" vornehmlich angesprochen fühlen sollte, wäre auch ohne Middelhauves Ausführungen klar gewesen, aber dennoch benannte er sie explizit. Unter den Nicht-Wählern müssten gerade jene „Kreise der aktiven, einsatzbereiten und idealistisch eingestellten Kräfte unseres Volkes" erreicht werden. „Diese große Gruppe ehemaliger Soldaten, früherer Angehöriger der NSDAP und vor allem früherer Mitglieder der Jugendorganisationen des ‚Dritten Reiches' waren zunächst gesetzlich daran verhindert, aktiv oder passiv am politischen Leben teilzunehmen." Wenn diese Personengruppen politisch mobilisiert bzw. enttäuschte Anhänger von Deutscher Partei und Sozialistischer Reichspartei für die Nationale Sammlung begeistert werden könnten, so wäre dies „ein starker Zuwachs von wertvollen Kräften". Angesichts dieser Klientel durften in der Parteitagsrede Tabula-rasa-Forderungen ebenso wenig fehlen wie Appelle an ein Entrechteten-Bewusstsein. So stellte es Middelhauve als ein „ehrenvolles Zeugnis für die Friedensliebe und Versöhnungsbereitschaft des deutschen Volkes" dar, „daß es die furchtbaren Jahre der Nachkriegszeit überstanden hat, ohne Schaden an seinem Verständigungswillen zu nehmen".[77] Das Verhältnis von nationalsozialistischer Kriegs- und Vernichtungspolitik auf der einen, den alliierten Versuchen zur Herbeiführung eines demokratischen Neuaufbaus auf der anderen Seite wurde hier geradezu pervertiert.

Doch nicht nur diejenigen, die vom Nationalsozialismus geprägt und überzeugt waren, sollten sich mit dem Deutschen Programm identifizieren können. Ziel des Middelhauveschen Konzeptes war schließlich, dass sich auch bereits bestehende politische Gruppierungen zur Mitarbeit in einer nationalen Sammlungsbewegung bereitfinden sollten. Hierzu zählte er „alle Parteien […], die marxistisches Denken und klerikale Bevormundung ablehnen, die den Totalitarismus und Radikalismus in jeder Form bekämpfen und die große Gefahr erkennen, die ein Wahlsieg der marxistischen Parteien im Jahr 1953 nicht nur für die nächsten Jahre, sondern für die ganze Zukunft unseres Volkes mit sich bringen würde". Auch eine traditionalistische, national-konservative Rechte sollte in der Nationalen Sammlung ihre künftige politische Heimat finden. Um auch diese Gruppe in ihren Bedürfnissen zu „bedienen", wollte Middelhauve den „Parteitag nicht vorübergehen" lassen, „ohne ausdrücklich zu betonen, daß wir die ethischen Werte echten Preußentums bei einem Neubau unseres Staates für unentbehrlich ansehen, daß wir die Sparsamkeit und Sauberkeit, den Stolz vor Königsthronen und die innere Sicherheit, die den preußischen Offizier und Beamten auszeichneten, auch den Staatsdienern der Zukunft wünschen". Vielleicht nicht sehr einfallsreich, doch äußerst geschickt verstand es Middelhauve in seiner Rede, das gesamte „nationale" Spektrum abzudecken und den weiten Bogen zu span-

---

[75] Vgl. Mende, Freiheit, S. 246.
[76] Nachfolgende Zitate sind der von Middelhauve am 25. 7. 1952 gehaltenen Rede entnommen, ADL, Bestand FDP-LV NRW, Landesparteitag, 26714.
[77] Weiter hieß es: „Wir, die Verfechter der ‚tabula rasa', würden uns selbst widerlegen, wenn wir nicht entschlossen wären, einen Schlußstrich unter das uns angetane Unrecht zu ziehen."

nen vom „deklassierten" Nationalsozialisten über den preußisch Konservativen bis zum nationalen Liberalen. Die diese Gruppen verbindenden Vorbehalte gegenüber einer parlamentarisch-parteienstaatlichen Demokratie wurden vom Landesverbandsvorsitzenden ebenfalls aufgenommen: Middelhauve forderte eine Präsidialdemokratie, die eine „straffe und dauerhafte Führung" gewährleisten solle.

Der Inhalt

Bevor der Inhalt umrissen wird, gilt es, das Augenmerk zunächst darauf zu richten, was *nicht* im Deutschen Programm zu finden ist. Dass es auf die Erwähnung des Wortes „liberal" verzichtete, ist zwar symptomatisch für den aus ihm sprechenden Geist. Angesichts der konsequenten und bewussten Meidung jenes Adjektivs in der Außendarstellung der damaligen FDP war diese Unterlassung jedoch keineswegs überraschend oder gar konfrontativ.[78] Auch in den *Syker Programmatischen Richtlinien*[79] des FDP-Zonenverbandes vom Februar 1946 oder in der *Heppenheimer Proklamation*[80] vom Dezember 1948 sucht man vergeblich einen Verweis auf den „Liberalismus". Wer allerdings selbstverständliche Schlüsselbegriffe wie „demokratisch/Demokratie" oder gar den eigenen Parteinamen erwartete, wurde ebenfalls enttäuscht. Versehentlich vergessen wurde der Name „FDP" keineswegs; schon in seiner einführenden Rede machte Middelhauve deutlich, dass die Initiatoren das Programm „nicht auf die FDP beschränkt wissen" wollten. Und mit nationalem Pathos fuhr er fort: „Es soll ein ‚Deutsches Programm' sein, denn es geht nicht um die FDP oder irgendeine andere Partei oder Gruppe, sondern es geht um Deutschland." Das Ziel, mit Hilfe des Deutschen Programms die bisherigen Parteigrenzen zu überwinden und die Nationale Sammlung herbeizuführen, wäre durch die Erwähnung einer Partei konterkariert worden.

Eingeleitet wird das Deutsche Programm[81] von einer Art Präambel, in der gleich zu Beginn das Bekenntnis „zum Deutschen Reich als der überlieferten Lebensform unseres Volkes und als der Verwirklichung seiner Einheit" abgelegt wird. Es ist dort auch von der „Erniedrigung" und dem „Leid" die Rede, die Deutschland in der Vergangenheit widerfahren seien – gemeint waren hier nicht etwa die Schrecken des Nationalsozialismus, sondern die Maßnahmen der Alliierten nach 1945. Den Bedürfnissen jener Gruppe der „Leidtragenden" wurde mit der ultimativen Forderung nach einer „Wiedergutmachung des Unrechts, das Nationalsozialismus, Siegerwillkür und Entnazifizierung schufen", entsprochen. Es ist überwiegend einer solch „primitiven Gleichsetzung"[82] von NS-Gewaltverbre-

---

[78] Vor allem in der Phase der Namensfindung kamen die Bedenken gegenüber dem Begriff „liberal" deutlich zum Ausdruck. Es wurde eine abschreckende Wirkung insbesondere auf die Arbeiterschaft und die katholische Bevölkerung vermutet, weshalb man sich letztlich auch für die Bezeichnung „FDP" entschieden hatte. Vgl. Aktennotiz über die Tagung der Demokraten in Opladen, 7.1.1946, in: Politischer Liberalismus, Nr. 8a, S. 35f.; Albertin, Einleitung, S. XVI; Gutscher, Entwicklung, S. 118; Mende, Freiheit, S. 34; Papke, Ordnungskraft, S. 19. Selbst Theodor Heuss stand „der Vokabel ‚liberal' mit Zurückhaltung gegenüber", da sie ihm „ein bißchen zu belastet worden ist mit reiner Wirtschaftstheorie und leicht die Färbung des Lässigen bekommen hat". Aus einem Brief an Fred Heining vom 27.12.1948, in: Heuss, Briefe 1945–1949, Nr. 172, S. 451.
[79] Programmatische Richtlinien der FDP der britischen Zone, beschlossen vom Vorstand am 4.2.1946 in Syke, in: Juling, Entwicklung, S. 70–72.
[80] Beschlossen vom Vorstand der Bundes-FDP am 12.12.1948, in: ebd., S. 86f.
[81] Programmtext abgedruckt ebd., S. 120–124.
[82] Jenke, Verschwörung, S. 156.

chen und alliierter Besatzungspolitik sowie einer ostentativ nationalistischen Phraseologie geschuldet, dass die Übereinstimmungen des Programms mit dezidiert *liberalen* Forderungen etwa auf wirtschafts- oder kulturpolitischem Gebiet in den Hintergrund traten.[83] Da das Programm „eine einheitliche Haltung aller Deutschen in grundsätzlichen Fragen erreichen" wollte, verzichtete es „bewußt auf die Regelung von Tagesproblemen". Dennoch oder gerade deshalb ist kein inhaltlicher „roter Faden" erkennbar; es wirkt – entsprechend seiner Zielsetzung – eher wie ein programmatisches Sammelsurium, das liberale Leerformeln und sozialpolitische Gemeinplätze mit konservativen Ordnungsvorstellungen verbindet. Josef Ungeheuer von der FDP-Bundesgeschäftsstelle brachte diese Unzulänglichkeiten in einer späteren Kritik auf den Punkt: „Die Wurzelechtheit unseres freiheitlichen Denkens und Wollens muss in unserem Programm authentischen Ausdruck finden [...]. Es geht nicht an, aus der Tendenz des Sammelns heraus das spezifisch Liberale ,nur durch die Blume' zu sagen oder gar einen Schnitt vom liberalen Wurzelstock zu vollziehen. [...] Ein synkretistischer Mischmasch wirkt fad gegenüber echt gewachsenen Überzeugungen."[84]

Der markanteste und zugleich altbackenste Programmpunkt ist derjenige zum „Aufbau des Staates". Die dort geforderten verfassungs- und ordnungspolitischen Änderungen sind nahezu vollständig dem Aufruf der Deutschen Aufbaupartei entnommen, der selbst lediglich auf nationalliberal-konservative Reformvorschläge aus der Endphase der Weimarer Republik rekurrierte. An der Spitze des Staates sollte demnach ein vom Volk gewählter Präsident stehen, ein „unparteiischer Repräsentant des ganzen deutschen Volkes" mit der Befugnis zur Auflösung des Parlaments sowie zur Ernennung und Entlassung der Regierung, die wiederum „zu Ihrer Amtsführung des Vertrauens des Parlaments bedarf". Einem traditionellen Unitarismus (bzw. Antiföderalismus) war die Forderung verpflichtet, das Deutsche Reich habe „als dezentralisierter Einheitsstaat den Stämmen und Landschaften als Selbstverwaltungskörperschaften die Möglichkeit zur Entfaltung ihrer Eigenart [zu] geben". Für „eine Vielzahl von Regierungen und Parlamenten" sei in diesem Konzept indes „kein Raum".[85] Auch das bereits 1945 von Middelhauve postulierte Zweikammersystem hatte Eingang in das Deutsche Programm gefunden, nun jedoch mit einer betont ständischen Präzisierung. In der zweiten Kammer sollten „Persönlichkeiten des kirchlichen, kulturellen, wirtschaftlichen und sozialen Bereichs und der landschaftlichen Selbstverwaltungen" versammelt sein, die eingeschränkte legislative Mitwirkungsrechte haben sollten. Nicht nur sinngemäß, sondern wörtlich findet sich die Forderung nach einer „Trennung der Staatsgewalt in Gesetzgebung, Verwaltung, Rechtsprechung" bereits im Gründungsauf-

---

[83] Im Punkt „Kulturpolitik" wird christlichen Befindlichkeiten sprachlich bewusst Rechnung getragen, inhaltlich liefen die Forderungen jedoch auf eine Ablehnung des vor allem von katholischer Seite geforderten Elternrechts hinaus. Auf wirtschaftspolitischem Gebiet bekennt sich das Deutsche Programm zur „sozialverpflichtete[n] Marktwirtschaft, die in Selbstverantwortung und Selbstverwaltung in einem lauteren Wettbewerb für alle in der Wirtschaft Tätigen ein Höchstmaß an wirtschaftlichem Nutzen, sozialer Gerechtigkeit und Sicherheit bietet". Dass sich im Programm „an keiner Stelle [...] ein Hinweis auf liberale Grundsätze" (Brauers, FDP, S. 579) finden ließe, trifft in dieser apodiktischen Form nicht zu.
[84] Aufzeichnung Ungeheuers vom 23.10.1952, HStAD, RWN 172/90, pag. 12f.
[85] Die grundsätzliche Beobachtung, dass „der Föderalismus als solcher bei der Gründung der Bundesrepublik nicht kontrovers war" (Ritter, Föderalismus, S. 86), lässt sich nicht auf Middelhauve übertragen. Er lehnte jenes essentielle Ordnungsprinzip im Deutschland der Nachkriegszeit grundsätzlich ab und forderte noch 1954, dass „der Föderalismus [...] mit Stumpf und Stiel ausgerottet werden" müsse (zit. n. Keinemann, Arnold, S. 48f.).

ruf der Deutschen Aufbaupartei, gleiches gilt für das Bekenntnis zu einem parteiunabhängigen Berufsbeamtentum.[86]

Das Deutsche Programm klingt schließlich mit einem Vers derjenigen Person aus, die sich wie wohl keine andere als Patron und Identifikationsfigur für eine Sammlung aller national gesinnten Deutschen instrumentalisieren ließ, nämlich Ernst Moritz Arndt: „Ein in Freiheit geeintes und in friedlicher Arbeit verbundenes Vaterland, das heute Deutschland und morgen Europa sein soll, ist ‚das edelste Gut, das ein guter Mensch auf Erden besitzt und zu besitzen begehrt'."[87]

Der „Weimar-Komplex"

„Als ob man aus Weimar nichts gelernt hat."[88] So lautete die konsternierte Reaktion von Wolfgang Schollwer nach der Lektüre des Deutschen Programms. Aus heutiger Sicht kann man dieser Einschätzung uneingeschränkt zustimmen, wurden hier doch die vom Parlamentarischen Rat gezogenen „Lehren aus Weimar" in ihr Gegenteil verkehrt: „Statt Parlament und Parteien zu stärken, sollten diese geschwächt werden."[89] Man würde Friedrich Middelhauve aber nicht gerecht, wollte man ihm absprechen, ebenfalls Lehren aus der Weimarer Zeit gezogen zu haben, nur waren sie eben nicht deckungsgleich mit denen, die letztlich zur politischen Stabilität in der Bundesrepublik beitrugen. Wie Sebastian Ullrich eindrucksvoll herausgearbeitet hat, war „Weimar" im politischen Diskurs der Nachkriegszeit „nahezu omnipräsent"[90], und von der Deutung und Interpretation des Scheiterns der ersten Republik hingen maßgeblich die äußerst disparaten Lösungsvorschläge für den staatlichen Neuaufbau nach 1945 ab. Überspitzt formuliert könnte man Friedrich Middelhauve als einen personifizierten „Weimar-Komplex" bezeichnen, denn seit Ende des Zweiten Weltkrieges dienten ihm seine Weimarer Erfahrungen und Deutungsmuster in partei- wie staatspolitischer Hinsicht als entscheidende Referenzgrößen für sein politisches Handeln und dessen Legitimierung. Es entbehrt dabei nicht einer gewissen Paradoxie, dass mit Middelhauve ausgerechnet ein ehemaliger Staatsparteiler wie kaum ein anderer gegen diese Partei wetterte. Aber die „Vehemenz der verbalen Abgrenzung von der Vergangenheit"[91] war auf dem rechten Parteiflügel der FDP auch deswegen so energisch, weil es im innerparteilichen Richtungskampf auch um die Deutungshoheit von Weimar ging.

Middelhauves nationale Sammlungspolitik erhielt ihre „historische" Rechtfertigung durch das nationalliberal-konservative Deutungsmuster, demzufolge die Republik an einem übertriebenen Parlamentarismus und der Unfähigkeit der (liberalen) Parteien gescheitert sei. Er versuchte nicht nur intern durch organisatorische und politische Weichenstellungen, sondern auch in der Außendarstellung jeden Eindruck zu vermeiden, als handele es sich bei der FDP um „eine Neuauflage jener müden Staatspartei […], die für das

---

[86] Vgl. Aufruf der Deutschen Aufbaupartei, in: Politischer Liberalismus, Punkte 6 und 7, Nr. 3, S. 8.
[87] Der Vers findet sich u. a. in dem 1914 „zur Beförderung der guten Sache" in zigtausendfacher Auflage neu aufgelegten Katechismus für den deutschen Kriegs- und Wehrmann. Es erscheint zumindest nicht unwahrscheinlich, dass die Idee zur Verwendung dieses Arndt-Zitats von dem literarisch hochgebildeten, jugendbewegten, borussisch geprägten „Weltkriegsteilnehmer" Middelhauve stammt, zumal den Co-Autoren (s. u., S. 113 ff.) eine solche Anleihe kaum zuzutrauen ist.
[88] Schollwer, Aufzeichnungen, Tagebucheintrag vom 28. 7. 1952, S. 55.
[89] Ullrich, Weimar-Komplex, S. 387.
[90] Ebd., S. 617.
[91] Grüner, Weimar, S. 230.

Ende der Weimarer Republik so große Verantwortung trägt".⁹² Hierin wusste er sich einig mit führenden Vertretern seines Landesverbandes, insbesondere mit dem Freiherrn von Rechenberg, der schon im Oktober 1947 in einer Analyse zur „Situation der FDP" seine persönliche, wenig verklausulierte Weimar-Deutung nebst künftiger Marschroute festhielt: „Klar sollten wir auch in die Kerbe hauen, die sich uns bietet, die Abneigung gegen Partei und gegen Parlamentarismus. [...] Alles was mit Weimar zusammenhängt, alles was mit Parteibetrieb zusammenhängt, ist dem deutschen Volk widerwärtig, nicht nur den Jungen, auch den Alten. Treiben wir klar eine Politik, die davon abrückt."⁹³ Die auch nach 1945 vielfach anzutreffende „Demokratie- und Pluralismusskepsis"⁹⁴ fand zunächst in Friedrich Middelhauve und seiner Deutschen Aufbaupartei, später in der nordrhein-westfälischen FDP prominente parteipolitische Exponenten. Noch bevor der Verfassungskonvent auf Herrenchiemsee seine Tagung begonnen hatte, erscholl vom Landesparteitag der NRW-FDP der von Middelhauve diktierte Ruf: „Gegen den absoluten Parlamentarismus, für die direktorale Form der Regierung in Reich und Ländern".⁹⁵

Dem nordrhein-westfälischen Selbstbewusstsein entsprechend, versuchten die dortigen Liberalen, auch die Haltung der FDP-Vertreter im Parlamentarischen Rat zu beeinflussen – jedoch mit wenig tauglichen Mitteln und Argumenten. Auf einer Landesausschusssitzung am 30. Oktober 1948 verlas (!) Middelhauve eine „Stellungnahme zur Arbeit der FDP-Fraktion im Parlamentarischen Rat"⁹⁶, die er sich absegnen ließ und am 3. November als „Entschließung des Landesausschusses" an Theodor Heuss sandte.⁹⁷ Die dort apodiktisch aufgestellten Vorschläge zur künftigen Staatsordnung fügten sich in eine Kontinuitätslinie ein, die vom Aufruf der Deutschen Aufbaupartei von 1945 bis zum Deutschen Programm von 1952 reichte und die Handschrift Middelhauves trug. Nach der kritischen Vorbemerkung, dass die verfassungspolitische Haltung der FDP-Fraktion im Parlamentarischen Rat „von weiten Kreisen der Parteifreunde in Nordrhein-Westfalen weder verstanden noch gebilligt wird", bekam Heuss in vier Punkten die unmissverständlichen Positionen seiner Düsseldorfer Parteifreunde mitgeteilt. Zunächst wurde der Verzicht der Bonner Liberalen auf die Bezeichnung „Deutsches Reich" als schmerzlicher Verlust bedauert. Kritik erntete auch das Vorhaben zur Schaffung eines Bundesrates als echtes Verfassungsorgan. Die Folge wäre eine „Erschwerung und Belastung der Gesetzgebung", es drohe dadurch, „eine dem Reich dienliche und unser Vaterland aufbauende Gesetzgebung" verhindert zu werden. Im dritten Punkt wurde die Volkswahl des Staatspräsidenten gefordert („Jeder andere Wahlmodus [...] würde zu unwürdigem Kuhhandel führen"), und viertens sprachen sich die nordrhein-westfälischen Liberalen „nachdrücklichst für die Regierungsform der konstanten Exekutive" aus, wobei wiederum Weimar als Begründung diente: „Die Regierungsform des absoluten Parlamentarismus, die die Mitschuld am Untergang der Weimarer Republik trug und in der Gegenwart Frankreich zerrüttet, verwerfen wir."

---

⁹² Artikel Middelhauves, in: Die Deutsche Zukunft, 19.7.1952, mit dem Titel „Klärung durch Klarheit".
⁹³ Aus einem Brief von Rechenbergs an Blücher als Vorsitzenden des Zonenverbandes der FDP vom 23.10.1947, in: Politischer Liberalismus, Nr. 41, S. 240.
⁹⁴ Conze, Suche, S. 151.
⁹⁵ Manuskript zur Rede auf dem Landesparteitag in Milspe am 31.7./1.8.1948, HStAD, RWN 172/325, pag. 16.
⁹⁶ Vgl. Protokoll über die Sitzung des Landesausschusses am 30.10.1948, in: Politischer Liberalismus, Nr. 51, S. 340.
⁹⁷ Brief Middelhauves mit angehängter Entschließung an Heuss vom 3.11.1948, BA, N 1221/88.

Weshalb sich die liberale Fraktion in Bonn die Forderungen der nordrhein-westfälischen FDP zu eigen machen sollte, war dem letzten Satz der Entschließung zu entnehmen. Demnach könne die Arbeit der liberalen Mitglieder des Parlamentarischen Rates „nur dann die volle Zustimmung unserer Parteifreunde finden [...], wenn sie diesen Auffassungen des stärksten Landesverbandes Rechnung trägt".

Theodor Heuss ließ es sich nicht nehmen, auf diesen anmaßenden Brief aus Düsseldorf eine mit zahlreichen politischen wie persönlichen Spitzen gespickte Retourkutsche vom überlegenen Standpunkt des verantwortungsbewussten liberalen Politikers zu verfassen.[98] Er sprach sein Bedauern darüber aus, dass es Middelhauve in den vergangenen Monaten nicht für nötig befunden habe, einen direkten Meinungsaustausch mit der Bonner Fraktion zu suchen – der Weg von Düsseldorf bzw. Opladen wäre in der Tat nicht sonderlich beschwerlich gewesen. Außerdem sei es bedauerlich, dass nicht einmal Hermann Höpker-Aschoff als nordrhein-westfälisches FDP-Mitglied des Parlamentarischen Rates zur Sitzung des Landesausschusses eingeladen oder wenigstens in Kenntnis gesetzt worden sei. An einer sachlichen Aussprache war man in der Landesverbandsführung jedoch nicht interessiert, denn das hätte potentiell die Möglichkeit verbaut, sich mit „ultimativ tönenden Resolutionen" an die Bonner FDP-Fraktion zu wenden, um sich so nach innen wie nach außen als nationales Gewissen der FDP zu profilieren.[99] Im Übrigen – so korrigierte Heuss – könne wohl nicht vom „stärksten" Landesverband gesprochen werden, sei doch im schlechten Abschneiden der NRW-FDP bei den jüngsten Kommunalwahlen der Grund dafür zu suchen, dass die Liberalen im Parlamentarischen Rat „seitdem für nicht mehr ganz so wichtig gehalten werden". Richtiger sei daher die Bezeichnung als Verband „in dem volksreichsten Lande".

Auch in Fragen der Verfassungsgeschichte wurde Middelhauve eine Lehrstunde erteilt. Eine Volkswahl des Bundespräsidenten wäre, so Heuss, zwangsläufig mit dessen machtpolitischer Aufwertung verbunden. „Das eben will heute niemand recht nach den zurückliegenden Erfahrungen und nach den offenkundigen Fehlkonstruktionen in der Weimarer Verfassung selber." Doch die Geschichte war und ist eben keine so unmissverständliche Lehrmeisterin des Lebens, wie es sich Heuss vielleicht gewünscht hätte. Auch und gerade für die Nachgeschichte von Weimar gilt, dass „eindeutige, klar objektivierbare Erfahrungen [...] in der Geschichte kaum jemals verfügbar"[100] sind. Obwohl Theodor Heuss und Friedrich Middelhauve (im Grunde seit 1930) der gleichen politischen Partei angehörten, spiegeln sich in ihnen – pars pro toto – zwei weitverbreitete Deutungsmuster der Vergangenheit: ein liberaldemokratisches, das auf die Weimarer Erfahrungen mit einer Stärkung des parteienstaatlichen Parlamentarismus reagierte, sowie ein national-konservatives, das in einer konstitutionalistisch-obrigkeitsstaatlichen Tradition eine starke Staatsautorität oberhalb der Parteien präferierte.

---

[98] Vgl. Heuss an Middelhauve, 9.11.1948, ebd.; abgedruckt in: Heuss, Briefe 1945–1949, Nr. 156, S. 421–425. Die nachfolgenden Zitate sind daraus entnommen.
[99] Hinter der Nicht-Einladung Höpker-Aschoffs kann durchaus eine bewusst betriebene Desinformationspolitik des Landesverbandes gegenüber der bundespolitischen Führungsspitze der FDP vermutet werden, die eine Praxis der vollendeten Tatsachen dem Dialog vorzog. So war es wohl auch kein Zufall, dass Franz Blücher als Mitglied des Bundesvorstandes mit Wohnsitz in NRW bis Ende 1953 nicht zu den Sitzungen des Landesvorstandes eingeladen wurde, obwohl dies laut Satzung vorgeschrieben war. Vgl. Middelhauve an Blücher, 16.11.1953, BA, N 1080/259, pag. 25.
[100] Wirsching, Konstruktion, S. 353.

Am letztgenannten Ordnungskonzept hielt Middelhauve seit 1945, sehr wahrscheinlich aber schon seit der Weimarer Zeit, unbeirrbar fest. Zumindest verbal radikalisierten sich sogar seine Forderungen nach einer „starken Führungsdemokratie".[101] Auf dem Bielefelder Parteitag bemängelte er die „für deutsche Begriffe" unerträgliche Situation, „daß die Rolle des Staatsoberhauptes zu einem Schattendasein verurteilt ist".[102] Eine Demokratie könne nach Middelhauves Lesart „nur dann von Bestand und gestaltender Kraft sein, wenn sie Führungskräfte nicht nur entwickelt und anerkennt, sondern sich diesen Führungskräften auch beugt".[103] Bei einem Ausblick auf das Jahr der Bundestagswahl verschmolzen schließlich konservative Ressentiments mit – positiv formuliert – alten liberalen Idealen einer Führungselite zu einer Sprache aus längst vergangen geglaubten Zeiten: „Denn dieses Jahr 1953 wird schwere Auseinandersetzungen bringen. In ihm wird für lange Zeit die Entscheidung darüber fallen, ob sich das deutsche Volk der schöpferischen Kraft der verantwortungsbewußten Einzelpersönlichkeiten oder der dumpfen Triebhaftigkeit einer von Funktionären gesteuerten Massenorganisation anvertraut."[104] Selbst ein solches Postulat ließe sich ideengeschichtlich zurückverfolgen, ohne dabei das Spektrum des Liberalismus verlassen zu müssen. Für zahlreiche Liberale der Weimarer Republik war „die angestrebte Demokratie keine ‚Massenherrschaft', sondern ‚Volksherrschaft' in dem Sinne einer Herrschaft der ‚Tüchtigsten', einer ‚Führerschaft der Besten'".[105]

In der Debatte um eine weitere Verwendung des Reichsbegriffs war eine Verständigung zwischen Heuss und Middelhauve ebenfalls ausgeschlossen, da offensichtlich zwei politische Welt- und Geschichtsbilder aufeinanderprallten. Obwohl „in der unmittelbaren Nachkriegszeit für Heuss der Reichsbegriff noch sehr lebendig war"[106], distanzierte er sich zunehmend von diesem. „Der historische und symbolische Begriff ‚Reich'", so die Antwort an Middelhauve, „ist mit der Geschichtslage, in der wir stehen und in die wir treten, nicht vereinbar." Auch später wies Heuss den Reichsbegriff als „geschichtlich etwas zu stilos"[107] zurück. Übertriebene Rücksichtnahme auf *political* bzw. *historical correctness* spielten in Middelhauves Meinungsäußerungen nach 1945 keine übergeordnete Rolle; der verbale wie ideelle Rekurs auf das „Reich" gehörte bei ihm und zahlreichen anderen Nationalliberalen und Konservativen zum festen Repertoire. Kritik daran, dass das Deutsche Reich keine Lebensform – wie im Deutschen Programm zu lesen –, sondern eine Staatsform gewesen sei, wies Middelhauve mit der Bemerkung zurück, dass dies „eine Frage der Anteilnahme, der inneren Leidenschaft" sei. Für ihn persönlich stellte „das Deutsche Reich eine Lebensform im politischen Raum unseres Vaterlandes"[108] dar. Middelhauves Reichsidee war offenbar stark vom protestantischen Borussianismus geprägt. Anders als es sich „im allgemeinen Sprachgebrauch" eingebürgert hatte, wurde der Reichsbegriff innerhalb des nationalen Sammlungskonzeptes keineswegs „entideologisiert"[109], sondern emotional aufgeladen. Die Beschwörung des Reiches erschien wie der verzweifelte Versuch, in Anknüpfung an den libe-

---

[101] Middelhauve auf einer Landesausschusssitzung am 21.8.1952, HStAD, RWN 172/233, pag. 32.
[102] ADL, Bestand FDP-LV NRW, Landesparteitag, 26714.
[103] Ebd.
[104] Rundschreiben Middelhauves an Parteifreunde vom 31.12.1952, BA, N 1080/259, pag. 171.
[105] Heß, Überlegungen, S. 294.
[106] Heß, Heuss, S. 101.
[107] Brief von Heuss an den Oberbürgermeister von Göttingen, Hermann Föge (FDP), vom 19.7.1949, in: Heuss, Briefe 1945–1949, Nr. 211, S. 516.
[108] Protokoll des Bielefelder Landesparteitages, ADL, Bestand FDP-LV NRW, Landesparteitag, 26714.
[109] Fehrenbach, Reich, S. 507.

ralen Erfolg vor 1870/71 eine neue Zukunftsvision zu entwerfen. Zusammen mit anderen nationalliberalen Gesinnungsfreunden gehörte Middelhauve nach Gründung der Bundesrepublik zu den „bedeutendsten Zeremonienmeister[n] in der geschichtspolitischen Darstellung der Reichsnation".[110] Dabei übersahen sie jedoch, dass ihre Reichsvision historisch obsolet und in ihrer nationalistischen Aufladung auch politisch diskreditiert war.

Für die Debatten um das „Reich" wie um „Weimar" gilt gleichermaßen, dass nicht allein um eine Deutungshoheit über die Vergangenheit gerungen wurde. Der „Weimar-Komplex", wie er sich in den Verlautbarungen der nordrhein-westfälischen FDP wiederfindet, belegt eindrücklich, dass sich beide Chiffren zu einer Kritik am gegenwärtigen System der Bundesrepublik eigneten. Wer sich für das Reich als zentralistischen Einheitsstaat aussprach, kritisierte die Bundes-Republik; wer den „absoluten Parlamentarismus" für das Scheitern von Weimar verantwortlich machte, delegitimierte den Kern der vom Grundgesetz normierten politischen Ordnung.[111] Entsprechend vehement fiel die Kritik Middelhauves an der Arbeit des Parlamentarischen Rates aus, dem es nicht gelungen sei, „eine zukunftsträchtige und moderne Verfassung zu schaffen".[112] Die – nach Meinung Middelhauves ohnehin überalterten – Mütter und Väter des Grundgesetzes hätten ignoriert, dass „Weimar [...] geradewegs ins Dritte Reich geführt"[113] habe. „Dort, wo man glaubte, Ursachen für das Weimarer Scheitern entdeckt zu haben, wurde an Symptomen herumkuriert, ohne die wirklichen Quellen des Scheiterns [...] zu verstopfen."[114] An Friedrich Middelhauve, der das Grundgesetz ohnehin nur als „Notlösung"[115] betrachtete, lässt sich beispielhaft jene „Kontinuität von antiparlamentarischen und antiparteienstaatlichen Denkhaltungen"[116] festmachen, die die Zäsur von 1945 vornehmlich in protestantisch-konservativen Kreisen überdauert hatten.

Autoren und Mitarbeiter

Wer formulierte das Deutsche Programm? Anders als noch vor dem Dortmunder Landesparteitag verkündet, wurde *keine* offizielle Programmkommission des Landesverbandes eingesetzt. Stattdessen scharte Middelhauve eine kleine Gruppe persönlicher Vertrauensleute um sich, die mit der Programmarbeit befasst wurde. Die Zusammensetzung dieses Kreises blieb streng geheim. Wilde Gerüchte rankten sich seither über die keineswegs unwichtige Frage, wer jenem arkanen Autorenzirkel angehört haben könnte. Auch in der Literatur finden sich unterschiedliche Vermutungen und Zuschreibungen.[117] Eines aber muss vorab betont werden: Wer Friedrich Middelhauve bei der Abfassung des Deutschen Programms, dem propagandistischen Herzstück seiner Nationalen Sammlung, nur eine

---

[110] Wolfrum, Geschichtspolitik, S. 130; zur „Idee des Reiches" innerhalb der Parteien vgl. Gabbe, Parteien, S. 79ff.
[111] Vgl. Ullrich, Weimar-Komplex, S. 620–622.
[112] Aus der Rede Middelhauves zum Grundgesetz vor dem Düsseldorfer Landtag vom 20.5.1949, HStAD, RWN 172/602, pag. 5.
[113] Ebd., pag. 6.
[114] Ebd.
[115] Aus der Rede Middelhauves zum Deutschen Programm auf dem Bielefelder Parteitag am 25.7.1952, ADL, Bestand FDP-LV NRW, Landesparteitag, 26714.
[116] Ullrich, Weimar-Komplex, S. 619; vgl. ebd., S. 377ff.
[117] Vgl. Bonacker, Fritzsche, S. 255; dort findet sich auf S. 255 in Anmerkung 742 eine beispielhafte Aufzählung der in der Forschung zu findenden Autoren-Zuschreibungen, die es jedoch allesamt zu korrigieren bzw. präzisieren gilt.

Statistenrolle zuweist, der übersieht die programmatischen Kontinuitätslinien und unterschätzt zugleich den Führungsanspruch des Landesverbandsvorsitzenden.[118]

Unbestritten ist, dass Middelhauve seinen Privatsekretär Wolfgang Diewerge mit der redaktionellen Ausarbeitung des Programms betraute; sowohl den Programmtext[119] als auch die Rede für den Bielefelder Landesparteitag legte dieser seinem Vorgesetzten im Entwurf vor.[120] Die dem Deutschen Programm inhärente Heterogenität ist darauf zurückzuführen, dass die einzelnen Punkte in eklektizistischer Manier zusammengefügt wurden. Auf die Übernahme der Forderungen zum Staatsaufbau aus dem Aufruf der Deutschen Aufbaupartei wurde bereits hingewiesen. Eine weitere unmittelbare Urheberschaft lässt sich auch im Programmpunkt „Wirtschaft" festmachen. Hier wurde auf die Expertise von Helmuth Jaekel, Referent für Soziales und Wirtschaft in der Düsseldorfer Landesgeschäftsstelle[121], vertraut, der an Diewerge „verabredungsgemäß [s]einen Beitrag zum Entwurf eines Deutschen Programmes" zur „redaktionelle[n] Überarbeitung" sandte.[122] Der geringe zeitliche Abstand zwischen der Versendung dieses Briefes (17. Juli) und der geplanten Verabschiedung des Deutschen Programms (25. Juli) zeigt, mit welch „heißer Nadel" gestrickt wurde. So dankte Middelhauve nach dem Parteitag einem weiteren Autor, Walter Brand, auch dafür, dass er mit seinen „umfangreichen Vorarbeiten wesentlich dazu beigetragen [habe], daß diese große Arbeit in verhältnismäßig kurzer Zeit mit einem positiven Ergebnis abgeschlossen werden konnte".[123] Ein ähnlicher Dankesbrief erging an Rudolf Stolle[124], ein ehemaliges Mitglied der DAF-Reichsleitung, das mittlerweile im „Propagandareferat" des Landesverbandes arbeitete.[125] Ebenso wie Brand und Stolle dankte Middelhauve auch Siegfried Zoglmann für dessen „unermüdliche Mitarbeit", mit der er „zum Gelingen dieses gemeinschaftlichen Werkes beigetragen"[126] habe. Zugleich umriss er die künftigen, gemeinsamen Aufgaben: „Es wird nun in den nächsten Monaten darauf ankommen, die Kräfte, die durch diesen Aufruf ausgelöst und in Bewegung gebracht sind, zusammenzufassen und auch organisatorisch in eine bestimmte Form zu bringen."

Ein weiteres Mitglied des inoffiziellen Programmausschusses war Wolfgang Döring, nach dessen Darstellung Middelhauve mit dem ersten Programmentwurf, der von „Jäkel [sic!], Stolle, Zoglmann, Brand, Döring und Diewerge fixiert" worden war, nicht sonderlich zufrieden gewesen sein soll[127] – ein weiteres Indiz dafür, dass sich Middelhauve in inhaltli-

---

[118] Nach Papke, Ordnungskraft, S. 166, könne „kein Zweifel daran bestehen, daß das ‚Deutsche Programm' aus der Feder Diewerges stammte und daß Middelhauve es allenfalls überarbeitete". Düding, Parlamentarismus, S. 299, übernimmt diese Feststellung.
[119] Exemplar mit handschriftlichen Randbemerkungen Middelhauves in: HStAD, RWN 172/567.
[120] Vgl. „Vorschläge für die Gestaltung einer Rede aus Anlaß der Verkündung eines ‚Deutschen Programms' auf dem Landesparteitag Nordrhein-Westfalen in Bielefeld 1952" (hier strich Middelhauve vor allem Passagen mit überscharfer Alliiertenkritik heraus), HStAD, RWN 172/242.
[121] Im Abschlussbericht der FDP-Untersuchungskommission, in dem nicht wenige Namen falsch geschrieben sind, ist angeführt, dass unter den hauptamtlichen Mitarbeitern auch der ehemalige Hauptgeschäftsführer in der Reichsarbeitskammer, Jäckel, zu finden sei. Die Wahrscheinlichkeit der personellen Identität ist nicht gerade gering, sie konnte vom Autor jedoch *nicht* endgültig belegt werden.
[122] Jaekel an Diewerge, 17. 7. 1952, HStAD, RWV 49/995, pag. 51 ff.
[123] Middelhauve an Brand, 4. 8. 1952, HStAD, RWN 172/90, pag. 145.
[124] Vgl. Middelhauve an Stolle, 4. 8. 1952, ebd., pag. 146.
[125] Vgl. Brief des Propagandareferenten in der FDP-Bundesgeschäftsstelle, Erik Rinné, an Blücher vom 10. 2. 1953, BA, N 1080/260, pag. 136f.
[126] Middelhauve an Zoglmann, 4. 8. 1952, HStAD, RWN 172/90, pag. 144.
[127] Vgl. Protokoll über die Sitzung des geschäftsführenden Landesvorstandes am 13. 12. 1952, ADL, Bestand FDP-LV NRW, Geschäftsführender Landesvorstand, 27034, S. 20. Die Vermutung von Brauers,

chen Fragen selbst von seinen Vertrauensleuten nicht hineinreden oder gar bevormunden ließ. Auch der „Rechtsberater" des Landesverbandes, Werner Best, wurde in die Bearbeitung des Programms einbezogen.[128] Trotz der geballten „Kompetenz" dieses illustren Kreises in Fragen nationaler Propaganda ließ man das Programm zusätzlich von weiteren Personen auf seine Außenwirkung und Werbewirksamkeit hin prüfen. Einer späteren Auskunft Dörings zufolge hatte man das Deutsche Programm „einer größeren Anzahl von Menschen aus allen Schichten des Volkes […] mit der Bitte vorgelegt […], sich zu äußern, ob dieses Programm sie anspricht".[129] Ein Arbeiter soll ebenso darunter gewesen sein wie ein Universitätsprofessor, Angestellte ebenso wie ehemalige Soldaten. Ob mit dem von Döring genannten Professor Friedrich Grimm gemeint war, lässt sich nicht feststellen; in jedem Fall war Grimm das Deutsche Programm von Wolfgang Diewerge zugeschickt worden.[130] Zwei prominente Mitglieder jenes *brain trusts* sind indes „aktenkundig": Hans Fritzsche und Werner Naumann.

Fritzsche, am 21. April 1900 in Bochum geboren, war schon in der Weimarer Republik journalistisch tätig gewesen und hatte seine Fähigkeiten seit 1933 (auch als NSDAP-Mitglied) in den Dienst des RMVP gestellt, wo er Ende Oktober 1942 gemeinsam mit Naumann zum Ministerialdirektor ernannt worden war.[131] Wenige Tage später trat er dort die Nachfolge von Wolfgang Diewerge als Leiter der Rundfunkabteilung an und wurde zugleich „Beauftragter für die politische Gestaltung des Großdeutschen Rundfunks". Fritzsche avancierte „zum wichtigsten deutschen Rundfunkkommentator"[132], dessen Name und Stimme einem Millionenpublikum durch seine regelmäßigen Sendungen („Es spricht Hans Fritzsche"[133]) bekannt waren. In seiner Arbeit war Fritzsche „kein reiner Nachrichtenfachmann und Techniker, sondern [er] agierte politisch im Sinne des Regimes".[134] Als „Stellvertreter seines einstigen Ministers"[135] und zumindest *prominenter* Exponent des RMVP fand sich Fritzsche auf der Anklagebank des Nürnberger Hauptkriegsverbrecherprozesses wieder, wurde dort aber freigesprochen. Bis zu seinem Tod am 27. September 1953 arbeitete er in Köln in der Wirtschaftswerbung und schrieb eine Darstellung des Nürnberger Prozesses aus seiner Sicht[136], die – wie kaum anders zu erwarten – parteiisch, verzerrt und verfälschend war.[137]

Über Wolfgang Diewerge bestand eine Querverbindung Fritzsches zum nordrhein-westfälischen Landesverband der FDP. An die unverdächtige Anschrift der Kölner Werbefirma „Ariston" erhielt er auf Veranlassung Diewerges den „Rednerschnellbrief", einen von diesem selbst maßgeblich mitbegründeten und -gestalteten Informationsdienst der Bundes-

---

FDP, S. 580, dass Döring in Bielefeld angesichts der Vorlage des Deutschen Programms „nicht überrascht gewesen sein" könne, kann somit bestätigt werden.
[128] Vgl. Protokoll (s. Anm. 127).
[129] Döring an C. W. Barnert, 18.2.1953, HStAD, RWV 49/852, pag. 204.
[130] Vgl. Nachfrage Diewerges in einem Brief an Grimm vom 31.7.1952. Im selben Schreiben erbittet Diewerge ein Treffen „zur Erörterung laufender Angelegenheiten". HStAD, RWN 172/111, pag. 18.
[131] Vgl. Goebbels-Tagebücher, Teil II, Bd. 6, Eintrag vom 30.10.1942, S. 210.
[132] Bonacker, Fritzsche, S. 63 f.
[133] Dies war der gebräuchliche Kurztitel für die „Politische Zeitungs- und Rundfunkschau" (PZUR).
[134] Bonacker, Fritzsche, S. 260.
[135] Ebd., S. 216.
[136] Vgl. Springer, Schwert. Wegen des Publikationsverbotes von Fritzsche musste das Buch unter dem Namen seiner Frau, Hildegard Springer, erscheinen.
[137] Urteile nach Bonacker, Fritzsche, S. 256.

FDP für den parteiinternen Gebrauch.[138] Das Deutsche Programm wurde dem „Werbefachmann" Fritzsche ebenfalls vorgelegt; davon erfuhr auch die Öffentlichkeit. Die *Westfälische Rundschau* berichtete bereits am 20. September 1952, dass das Deutsche Programm von Middelhauve „entworfen und von Hans Fritzsche formuliert" worden sei. Damit tat man ihm wohl zu viel der „Ehre", doch das Gerücht über eine Verbindung zwischen NRW-FDP und Fritzsche stand im Raum und wurde durch den stellvertretenden Vorsitzenden des Landesverbandes zusätzlich geschürt. Auf einer Pressekonferenz am 23. November 1952 antwortete von Rechenberg „mit hinterhältigem Lächeln"[139] auf die Frage nach einer Beteiligung Fritzsches am Deutschen Programm: „Ich habe Hans Fritzsche erst einmal gesehen, nun, er scheint mir ein sehr kluger Mann zu sein. Ich würde mich nicht scheuen, ihn, wenn alles mit ihm in Ordnung ist, als Mitarbeiter aufzunehmen." Middelhauve selbst bestritt bis Anfang Februar 1953 eine Hinzuziehung des früheren NS-Propagandisten, räumte dann jedoch unter zunehmendem öffentlichen Druck gegenüber der Presse ein, dass Fritzsche das Deutsche Programm auf seine „Werbekraft" geprüft habe.[140] In einem vertraulichen Gespräch präzisierte Middelhauve wenige Tage später die Mitarbeit Fritzsches dahin, dass er „redaktionelle Korrekturen"[141] vorgenommen habe.

An Stelle Hans Fritzsches hätte eigentlich Werner Naumann als ranghöchster noch lebender Vertreter des RMVP im Nürnberger Hauptkriegsverbrecherprozess angeklagt werden müssen, und angesichts einer wesentlich stärker belasteten politischen Vergangenheit wäre in diesem Falle ein Freispruch mehr als unwahrscheinlich gewesen. 1928 trat der damals 19-jährige Naumann sowohl der NSDAP als auch der SA bei, bereits ein Jahr später arbeitete er für Goebbels in der Propaganda-Abteilung der Gauleitung Groß-Berlin. Sein Studium der Rechts- und Staatswissenschaften beendete er 1936 mit einer Promotion an der Universität Breslau, wo er – neben seiner Tätigkeit als Gaupropagandaleiter in Schlesien – eine Assistenzstelle innehatte. Doch schon im Dezember 1937 berief ihn sein Mentor Goebbels zurück nach Berlin ins RMVP; dort stieg er zur rechten Hand des Propagandaministers auf. 1938 schlug ihn Goebbels zum Ministerialrat vor, 1941 zum Ministerialdirigenten, ein Jahr später zum Ministerialdirektor und 1944 schließlich zum Staatssekretär, womit Hitler „hundertprozentig einverstanden"[142] war. Dem Blitzkarrieristen Naumann gelang es innerhalb kürzester Zeit, „zur beherrschendsten und einflußreichsten Schlüsselfigur im Propagandaministerium aufzusteigen".[143] Nicht ohne Grund setzte sich Hitler bei

---

[138] Vgl. Diewerge an Blücher, 28.1.1953, HStAD, RWN 172/11, pag. 3f.
[139] Hier und nachfolgend: Süddeutsche Zeitung, 24.11.1952. Als der ebenfalls auf der Pressekonferenz anwesende Reinhold Maier Protest gegen dieses Kompliment an Fritzsche einlegte, rechtfertigte von Rechenberg seine Aussage mit einem höchst fragwürdigen Vergleich: „Ist Stalin kein kluger Mann? Ist Dr. [Adolf] Arndt kein kluger Mann? Ist Bundeskanzler Adenauer nicht ein enorm kluger Mann? [...] Indem ich sage, jemand sei ein sehr kluger Mann, bejahe ich doch nicht das, was er getan hat!" Pressekonferenz am 22.11.1952 im Anschluss an den Bundesparteitag von Bad Ems, ADL, Bestand Bundesparteitag, A1-32, pag. 83.
[140] Vgl. Artikel „Hans Fritzsche prüfte die ‚Werbekraft'", Der Mittag, 7.2.1953.
[141] Informationsbericht Robert Strobels vom 18.2.1953, IfZ-Archiv, ED 329/5.
[142] Goebbels-Tagebücher, Teil II, Bd. 12, Eintrag vom 18.4.1944, S. 133. In zahlreichen Tagebucheintragungen überschlägt sich Goebbels fast vor Lob für Naumann. Am 14.12.1940 notierte er z.B.: „Lange Aussprache mit Naumann, dem von vielen Seiten Angebote gemacht werden. Aber er will doch nicht weg von mir, und ich kann ihn augenblicklich auch garnicht [sic!] gehen lassen. Er ist ein großartiger Charakter und ein ganz unentbehrlicher Mitarbeiter. Mit ihm die Lage des Ministeriums und meine persönlichen Pläne besprochen. Wir gehen da vollkommen konform." Goebbels-Tagebücher, Teil I, Bd. 9, S. 52.
[143] Boelcke (Hrsg.), Kriegspropaganda, S. 54.

Goebbels dafür ein, dass er während der Kriegsendphase in Berlin bleiben solle.[144] Der inzwischen zum SS-Sturmbannführer ernannte Naumann wurde schließlich im Dezember 1944 als Kommandeur des Volkssturmbataillons „Wilhelmsplatz I"[145] vereidigt. Im Bewusstsein der nahenden Kriegsniederlage beschwor er „einen Partisanenkrieg unter dem Zeichen des *Werwolfs*"[146] und befand sich während der letzten Kampfhandlungen im „Führerbunker", wo ihn Hitler in seinem politischen Testament zum Nachfolger von Goebbels bestimmte.[147]

Nach Kriegsende entzog sich Naumann einer drohenden Bestrafung und flüchtete nach Süddeutschland in die Illegalität, wo er sich zunächst als Landarbeiter, später als Maurer verdingte.[148] Nach Erlass des ersten Straffreiheitsgesetzes bekannte sich Naumann Anfang 1950 wieder zu seinem Namen und fand umgehend bei einem alten Kollegen aus RMVP-Zeiten eine neue Anstellung in der deutsch-belgischen Import-Exportfirma Combinel. Deren Inhaber, Herbert Lucht, war Kulturreferent im Propagandaministerium gewesen und ist in dieser Eigenschaft im besetzten Paris eingesetzt worden.[149] Aus jener Zeit rührte auch dessen Bekanntschaft zu Ernst Achenbach, der nach dem Krieg Lucht und seine Firma anwaltlich vertrat. Naumann begann unmittelbar nach seinem „Auftauchen" damit, ein Netzwerk ehemals hochrangiger Nationalsozialisten aufzubauen, in dessen Zentrum er sich selbst positionierte.[150] Zu seinen Kontaktpersonen gehörten Hans Fritzsche und Wolfgang Diewerge, der seinen ehemaligen Vorgesetzten mit parteiinternen Informationen versorgte, wie ein abgehörtes Telefonat vom 19. Juni 1952 belegt[151]:

Naumann: [...] Ich bedanke mich auch herzlich für die vielfache Post.
Diewerge: Ja, war doch manches sehr bezeichnend?
Naumann: Nicht nur manches, sondern fast alles. Sie müssen denken, daß ich ja hier draußen ziemlich auf Eis liege und Ihre Informationen für mich doch außerordentlich wertvoll sind.
Diewerge: Den Pressespiegel [gemeint ist der „Rednerschnellbrief"; K.B.] wollen Sie doch nicht haben, nicht?
Naumann: Ja, warum nicht?
Diewerge: Ich meine, Herr Ariston [Deckname für Hans Fritzsche; K.B.] liest ihn mit größter Freude sogar. [...] Das ist eine künstliche propagandistische Lageschau mit Vorschlägen.
Naumann: Doch, das möchte ich gern haben. [...]
Diewerge: [...] der Entwurf eines ganz neuen Programms ist fertig, und ich will Ihnen mal einen Entwurf zuschicken. Der soll in Bielefeld verkündet werden, und zwar nicht bei dem Verein – dem alten Anglerverein [gemeint war die FDP; K.B.] – getrennt, sondern für alle, die sich für Fischwesen interessieren. Also, auf größerer Basis.
Naumann: Sehr gut.

Der abschätzige Tonfall, in dem Diewerge hier über die FDP sprach, war paradigmatisch für die Verachtung gegenüber „herkömmlichen" Parteien und lag zugleich ganz auf der

---

[144] Vgl. Goebbels-Tagebücher, Teil II, Bd. 14, Eintrag vom 5.3.1945, S. 425.
[145] Die Volkssturmbataillone „Wilhelmplatz I" und „Wilhelmplatz II" wurden von Goebbels geschaffen und setzten sich „aus den Mitarbeitern des RMVP und der Reichspropagandaabteilung der NSDAP" zusammen. Bonacker, Fritzsche, S. 192.
[146] Aus einer Rede Naumanns vom 23.3.1945 vor der NS-Führerschaft im Münchener Hofbräukeller, zit. n. Koop, Himmlers letztes Aufgebot, S. 72.
[147] Vgl. Ursachen und Folgen, Bd. 23, Nr. 3636, Hitlers letzter Wille, b) Das politische Testament, S. 196–199.
[148] Vgl. Aussage Naumanns beim Haftprüfungstermin vom 16.5.1953, in: Grimm, Unrecht, S. 76f.
[149] Vgl. Horne, Return, S. 166; Tauber, Eagle, Bd. 2, S. 1042, Anm. 56.
[150] Zum Naumann-Kreis und zu dessen Querverbindungen zur FDP s. u., S. 127ff.
[151] Zitiert in der Frankfurter Rundschau, 12.6.1953 (s. S. 63, Anm. 173).

Linie seines Arbeitgebers Middelhauve.[152] Werner Naumann kam also in den Besitz des Deutschen Programms, eine etwaige Mitarbeit lässt sich daraus jedoch nicht ableiten. Im Nachlass Franz Blüchers befindet sich allerdings noch ein vertraulicher und in seinem Inhalt hochbrisanter Aktenvermerk des FDP-Bundesgeschäftsführers Weirauch vom 15. Januar 1953, der eine Äußerung Diewerges paraphrasiert: „Den letzten Schliff hat das Deutsche Programm erst erhalten in einer Besprechung im kleinen Kreise. Teilnehmer: Dr. Middelhauve, Döring, Diewerge und Dr. Werner Naumann."[153] Sollte Diewerges Aussage der Wahrheit entsprechen, so wäre die vom nordrhein-westfälischen FDP-Landesverband nach Aufdeckung des Naumann-Kreises betriebene Verteidigungs- und Leugnungskampagne als Lügengebäude desavouiert. Da konspirative Zirkel – sehr zum Leidwesen der Historikerzunft – nicht dazu neigen, der Nachwelt Wortprotokolle ihrer Zusammenkünfte zu hinterlassen, und weil Middelhauve bis zuletzt jegliche Verbindung zu Werner Naumann bestritt, lässt sich die Aussage Diewerges nicht mittels einer „Primärquelle" verifizieren. Middelhauves Aussagen, das Deutsche Programm sei „von mehreren Komitees der Partei in vielen Sitzungen erarbeitet worden"[154], lässt zwar der Phantasie einigen Raum, trägt jedoch nicht zu einer Aufklärung der Genese des Deutschen Programms bei, dessen Urheberschaft von Middelhauve und seinen beteiligten Mitarbeitern wie ein Staatsgeheimnis behandelt wurde.[155]

Reaktionen

Von all den genannten Hintermännern wusste das Gros der Parteitagsdelegierten nichts. In einer frühen Fassung der Bielefelder Middelhauve-Rede stand noch geschrieben, dass der Vorstand den Entwurf des Deutschen Programms „vorbereitet" habe.[156] Da dies ganz offensichtlich nicht der Fall war, präzisierte Middelhauve die Urheberschaft in einem handschriftlichen Zusatz, ohne jedoch allzu sehr ins Detail zu gehen: Er selbst habe das Programm mit seinen „Mitarbeitern und einigen Freunden beraten und gebilligt". Mehr erfuhren die versammelten Delegierten nicht. Angesichts der unter Ausschluss der Parteiöffentlichkeit stattgefundenen Ausarbeitung und der ebenso unangekündigten Vorlage zur Verabschiedung klingen die letzten Worte des Landesverbandsvorsitzenden vor der Aussprache wie Hohn: „Ich verkünde es hiermit, indem ich es Ihnen zu freier, demokratischer Beschlussfassung unterbreite."[157] Erstaunlich waren die Reaktionen auf die Präsentation des Deutschen Programms, denn am Inhalt schien sich kaum jemand ernsthaft zu stören. Dafür stieß der „modus procedendi" auf erheblichen Widerstand.[158] Allen voran Erich Mende zeigte sich „einigermaßen erschüttert" über den Versuch, mit Hilfe eines

---

[152] Vgl. etwa Zitate auf S. 104, 107, 121.
[153] BA, N 1080/260, pag. 78.
[154] Informationsbericht Robert Strobels vom 18. 2. 1953, IfZ-Archiv, ED 329/5.
[155] Dass Franz Alfred Six einen Beitrag zum Deutschen Programm leistete (vgl. u. a. Frei, Vergangenheitspolitik, S. 366), ist wohl auszuschließen. Achenbach trug zwar zur Haftentlassung seines ehemaligen Förderers aus dem Landsberger Kriegsverbrechergefängnis bei, diese vollzog sich jedoch erst am 3. 11. 1952. Vgl. Hachmeister, Gegnerforscher, S. 294.
[156] Vorschläge für eine Rede zum Deutschen Programm, HStAD, RWN 172/171, pag. 34.
[157] Rede Middelhauves zum Deutschen Programm, ADL, Bestand FDP-LV NRW, Landesparteitag, 26714.
[158] Vgl. hierzu und zum Folgenden: Protokoll des ordentlichen Landesparteitages in Bielefeld vom 25.–27. 7. 1952, ADL, Bestand FDP-LV NRW, Landesparteitag, 26714.

"akustischen" und "visuellen" Blendwerkes ein Programm durchzusetzen, das weder von den Mitgliedern noch vom Landesvorstand eingehend diskutiert worden sei.[159] Er wies auf die Gefahr hin, dass eine "sofortige Entscheidung hierüber [...] unter Umständen die Einheit der Partei gefährden" könne und automatisch den Vorwurf nach sich ziehen würde, "daß wir zwar immer von der Einheit der Partei sprechen, aber ohne Absprache mit den anderen bereits definitive Entscheidungen fällen". Im anschließenden Schlagabtausch zwischen den bedingungslosen Befürwortern des Deutschen Programms, die darin gar eine "Magna Carta der deutschen Politik"[160] erblickten, und dem Kreis um Mende[161] setzte sich schließlich die letztgenannte Gruppe mit ihrer Forderung durch, das Programm bei grundsätzlicher Zustimmung durch den Landesparteitag zur Verabschiedung dem Landesvorstand bzw. Landesausschuss zu übergeben.

Unbeeindruckt von der auf dem Landesparteitag deutlich vernehmbaren Kritik am eigenmächtigen Vorgehen setzte Middelhauve seine Fait-accompli-Politik fort. Als das Deutsche Programm ohne nennenswerte inhaltliche Veränderungen am 21. August 1952 vom Landesausschuss verabschiedet wurde, lag es bereits längst in gedruckter Form den Außendienstgeschäftsführern zur Verteilung und Propagierung in ihren Kreisverbänden vor.[162] *Die Deutsche Zukunft* hatte am 2. August 1952 unter der Überschrift "Ein Ruf an alle: Das Deutsche Programm" die Ergebnisse des Bielefelder Landesparteitages dahingehend zusammengefasst, dass der "Ruf zur Sammlung [...] erneut und noch bestimmter erfolgt" sei.[163] Und Wolfgang Diewerge hatte schon Ende Juli mit den Vorbereitungen einer Rednertagung begonnen, bei der das Deutsche Programm "in den Mittelpunkt" gestellt werden sollte. Den teilnehmenden 30 Jungdemokraten wurde es daher zur Pflicht gemacht, "das Programm vorher durchzuarbeiten".[164] Zu einem späteren Rednerseminar lud Diewerge auch Paul Hausser als Mitdiskutanten ein.[165] Als ehemaliger SS-Oberstgruppenführer und Generaloberst der Waffen-SS war Hausser deren ranghöchster Überlebender und die tonangebende Instanz innerhalb der "Hilfsgemeinschaft auf Gegenseitigkeit der ehemaligen Waffen-SS" (HIAG)[166], um deren Gunst Middelhauve intensiv buhlte.[167] In einem Brief dankte der Landesverbandsvorsitzende dem von ihm verehrten Hausser für dessen Teilnahme an der Tagung und setzte ihm nochmals explizit die Intentionen des "Aufrufs

---

[159] Das Protokoll verzeichnet während und nach Mendes emotionalen Ausführungen sogar zweimal "Beifall" – die Gruppe derjenigen, die zumindest das undemokratische Vorgehen Middelhauves beanstandeten, war offensichtlich mehr als eine Quantité négligeable.
[160] So der Delegierte Schimpf aus dem Bezirksverband Ruhr.
[161] Die Delegierten Kirfel, Pauly und Klein schlossen sich in ihren Redebeiträgen der Meinung Mendes an.
[162] Vgl. Monatsbericht August 1952 des Außendienstgeschäftsführers Marks, BV Aachen, vom 7.9. 1952, HStAD, RWV 49/766, pag. 1; Dorn/Wiedner, Freiheit, S. 17.
[163] Die in den meisten Fällen wohl nicht grundlos politisch abseits Stehenden wurden auch hier explizit angesprochen: "Der oft aus schmerzlicher Erfahrung geborene Entschluß, sich nie wieder um Politik zu kümmern, nützt aber nur den Kräften, die aus der deutschen Niederlage Vorteil ziehen."
[164] Diewerge-Vermerk für Middelhauve vom 31.7.1952, HStAD, RWN 172/111, pag. 15.
[165] Vgl. Middelhauve an Hausser, 5.11.1952, HStAD, RWV 49/857, pag. 89.
[166] Vgl. Dudek/Jaschke, Entstehung, Bd. 1, S. 106ff.; Jenke, Verschwörung, S. 311ff.
[167] Schon im Vorjahr stand Middelhauve in engem Kontakt zu Hausser. Beide verband der Wunsch, im Art. 131 GG auch die ehemaligen Angehörigen der Waffen-SS in den Personenkreis der Profiteure aufzunehmen. Nach Middelhauves Einschätzung war der hochdekorierte Kriegsverbrecher Hausser "einer der saubersten, anständigsten und geradlinigsten Menschen, die ich kennengelernt habe, ein wahrhaft ritterlicher Mann" und "im Grunde genommen ein FDP-Mann". Middelhauve in einem Brief an Blücher vom 23.8.1951, BA, N 1080/114, pag. 63.

zur Nationalen Sammlung" auseinander: „Dieses Programm ist gerade deshalb als ‚Deutsches Programm' bezeichnet worden, weil es allen denen, die aus den verschiedensten Gründen eine parteipolitische Bindung nicht eingehen können und sich der Tagespolitik fernhalten müssen oder wollen, eine gemeinsame Grundlage für ihre politische Haltung geben kann."[168]

Angesichts der strikt antisozialistischen Stoßrichtung des Programms sowie der zunehmend intensiveren Sammlungsbemühungen war absehbar, von welcher Seite Kritik an Middelhauve und seinem Deutschen Programm laut werden würde. Der *Sozialdemokratische Pressedienst* vom 29. Juli 1952 machte in einem bissigen Kommentar den Vorschlag einer Umbenennung der FDP in „DNSAPD: Deutsch-Nationale Sammlungs-Partei Deutschlands". Das Deutsche Programm habe nichts mehr „mit der alten deutschen Staatspartei" zu tun. Auch wenn klar ist, was mit dieser Aussage gemeint war, trifft sie doch nicht den Kern, denn wie der diachrone Blick zeigt, lässt sich eine frappierende Deckungsgleichheit etwa in der Frage der angestrebten Staatsordnung zwischen der DStP und dem Deutschen Programm konstatieren.

Auch beim Bundeskanzler und CDU-Vorsitzenden Konrad Adenauer mussten die Alarmglocken schrillen. Er, der ohnehin von einer Skepsis gegenüber der Demokratiebegeisterung der Deutschen beseelt war und eine latente Anfälligkeit für dumpfe nationalistische Losungen befürchtete, konnte die Entwicklung in Nordrhein-Westfalen nicht kommentarlos hinnehmen. Nach der Lektüre des Deutschen Programms wandte sich Adenauer „als Leiter der jetzigen Regierungskoalition" in einem persönlichen Brief an Middelhauve und mahnte ihn, eine Spaltung innerhalb der FDP „unter allen Umständen" zu verhindern; „die Koalition muß erhalten bleiben".[169] Zudem würde „jede Zersplitterung der nichtsozialistischen Parteien dem Sozialismus" helfen – in ihrer strikten SPD-Gegnerschaft wussten sich beide einig. Dies traf *nicht* auf das offensichtliche Werben der NRW-FDP um ehemalige Nationalsozialisten zu; für unverbesserliche Ewiggestrige hatte Adenauer keinerlei Sympathie übrig. Auch in diesem Punkt versuchte er, Middelhauve ins Gewissen zu reden und ihn davon zu überzeugen, dass ein Fischen in braunen Gewässern keine Aussicht auf Erfolg haben würde und „das deutsche Volk vom Rechtsextremismus nichts wissen" wolle – natürlich war hier der Wunsch Vater des Gedankens.

Letztlich konnten weder Freund noch Feind Middelhauve vom einmal eingeschlagenen Kurs abbringen, aus der FDP den Kristallisationspunkt einer Nationalen Sammlung zu

---

[168] Middelhauve an Hausser, 5.11.1952, HStAD, RWV 49/857, pag. 89. Es sei noch erwähnt, dass Middelhauve sich im selben Brief „tief beeindruckt" zeigte von den Berichten des ersten großen Nachkriegstreffens von Angehörigen der ehemaligen Waffen-SS in Verden a. d. Aller vom 26.10.1952. Auf dieser Tagung sorgte der verurteilte Kriegsverbrecher (Hermann) Bernhard Ramcke für einen bundesweit wahrgenommenen Eklat, als er auf die selbst gestellte Frage „Wer sind denn wirklich die Kriegsverbrecher?" die Antwort gab: „Es sind die, die den unseligen Frieden gemacht haben, die ohne taktische Gründe ganze Städte zerstörten, die die Bomben auf Hiroshima warfen und neue Atombomben herstellen." Zit. n. Archiv der Gegenwart, 30.10.1952, S. 3718; vgl. Frei, Vergangenheitspolitik, S. 282f. Das „von Herrn Ramcke zerschlagene Porzellan" müsse – so Middelhauve im Brief weiter – wieder gekittet und der „Durchbruch zur Rehabilitierung der Waffen-SS" erreicht werden. Er richtete in diesem Sinne einen Appell an Hausser: „Als dienstältester Offizier der ehemaligen Waffen-SS sind Sie durch Ihre Persönlichkeit, Ihre Leistungen [!] und Ihr Alter in besonderem Maße berufen, die Öffentlichkeit darauf aufmerksam zu machen, daß die bisherige Wertung der Verdener Zusammenkunft am Kern der Dinge vorbeigegangen ist."

[169] Adenauer an Middelhauve, 30.7.1952, HStAD, RWV 49/857, pag. 8f., abgedruckt in: Adenauer, Briefe 1951–1953, Nr. 244, S. 257f.

machen. Das Deutsche Programm diente hierbei als Medium zur Popularisierung an der Parteibasis sowie in „interessierten" Bevölkerungskreisen. Auf der Führungsebene wurde die Nationale Sammlung ohnehin schon in Form von Fusionsverhandlungen vorbereitet.

3. Fusionsverhandlungen

Unverhohlen stellte Friedrich Middelhauve Ende Januar 1952 vor dem FDP-Landesausschuss klar, welcher Stellenwert der FDP innerhalb der Nationalen Sammlung zukam. Dazu heißt es im Protokoll: „Ihn interessiere die Partei als Sache nicht, ihn interessiere nur, daß wir aus einer richtigen politischen Konzeption ein leistungsfähiges Staatssystem entwickelten. Die Partei sei nicht Selbstzweck, sondern ausschließlich Mittel zum Zweck."[170] Vor den Kommunalwahlen im November 1952 und der Bundestagswahl im September des folgenden Jahres wuchs spätestens seit dem Frühjahr 1952 der Handlungsdruck rapide. Einerseits drohte die Koalition in Baden-Württemberg die Bildung eines dritten, rechtsnationalen Blockes zu durchkreuzen, andererseits zeichneten sich Fusionsbemühungen rechter Parteien unter Ausschluss der FDP ab – ausgerechnet die Fraktionskollegen der Nationalen Rechten schlossen unter dem Namen Vereinigte Rechte (VR) eine Arbeitsgemeinschaft mit der Deutschen Reichspartei.[171] Nur wenige Tage nach Bekanntwerden dieser „Hiobsbotschaft" konnte Middelhauve am 8. März 1952 im Landesvorstand jedoch von Gesprächen berichten, die er mit Vertretern der radikalnationalistischen Deutschen Gemeinschaft und der „überparteilichen" Deutschen Union geführt hatte[172], mit dem Ziel, die „positiven Kräfte dieser Gruppen zu politischen Aktivposten zu machen, um eine weitere parteipolitische Aufsplitterung in Deutschland zu vermeiden".[173]

Allein, für das Ziel eines umfassenden nationalen Blockes bedurfte es auch der Fühlungnahme mit größeren, bereits etablierten Rechtsparteien wie der Deutschen Partei, durch deren Reihen ein vergleichbar tiefer Graben verlief wie innerhalb der FDP. Während der Flügel um den Parteivorsitzenden Heinrich Hellwege für eine „konservative Erneuerung" eintrat und eine Fusion mit der FDP, „dieser in sich so überaus uneinheitlichen und mit den liberalistischen Eierschalen behafteten Partei"[174], sowie jegliches Sammlungsgebaren strikt ablehnte[175], strebte vor allem der nordrhein-westfälische Landesvorsitzende Ludwig

---

[170] Protokoll über die Sitzung des Landesausschusses am 30.1.1952, HStAD, RWN 172/223, S. 13.
[171] Vgl. Protokoll über die Sitzung der FDP-Landtagsfraktion am 3.3.1952, HStAD, RW 357/42, Bd. I, pag. 135; Papke, Ordnungskraft, S. 168. Im Laufe des Jahres trat die Reichspartei in Nordrhein-Westfalen schließlich gänzlich zur Nationalen Rechten/Vereinigten Rechten über.
[172] Vgl. Stöss, Deutsche Gemeinschaft; Jenke, Verschwörung, S. 261ff.
[173] Protokoll über die Sitzung des geschäftsführenden und erweiterten Landesvorstandes am 8.3.1952, ADL, Bestand FDP-LV NRW, Landesvorstand, 27072. Erich Mende befürwortete die Fusionsverhandlungen und bekräftigte seine „Überzeugung, daß die FDP eine Sammlungsbewegung werden solle". Ebd.
[174] Rechenschaftsbericht auf dem 4. Bundesparteitag der Deutschen Partei am 18.10.1952 in Goslar, in: Hellwege-Festschrift, S. 65.
[175] Ebd., S. 64f., zog Hellwege auch gegen „berufsmäßige Sammler" und „Konjunkturritter" zu Felde und erteilte jeglichen Fusionsbestrebungen eine Abfuhr: „Das Schlagwort von der ,nationalen Sammlung', der ,großen nationalen Rechten', der ,nationalen Opposition' geistert durch das deutsche Volk und auch durch unsere Reihen. [...] Wer aus taktischen Beweggründen oder aus persönlichen Motiven seine Selbstsicherheit aufgibt und innerlich der Vermanschung politischer Anschauungen zustimmt, wer statt einer Konzentration der Kräfte eine Fusion gegensätzlicher Parteien herbeiführen will, wer ,in schwankenden Zeiten auch schwankend gesinnt ist', handelt gerade gegen den Willen des Wählers."

Schwecht[176] ein Zusammengehen mit den Freien Demokraten zur Bildung einer „neuen starken Rechtspartei"[177] an. Schon im Umfeld des Bielefelder Landesparteitages der FDP fanden erste Kontaktaufnahmen von Middelhauve und Achenbach mit Vertretern der nordrhein-westfälischen DP statt[178], zu konkreten Weichenstellungen kam es dann bei einem Treffen am 28. August 1952.[179] Begleitet von einer Entourage (Döring, von Rechenberg, Wilke) verhandelte Middelhauve mit DP-Vertretern, darunter auch Schwecht, über eventuelle Listenverbindungen für die anstehenden Kommunalwahlen sowie vor allem über die „Frage einer Nationalen Sammlung auf der Grundlage des Deutschen Programms".[180] In einer streng vertraulichen Niederschrift heißt es zum Ergebnis der Zusammenkunft:

> „Ausgehend von einer Besprechung der allgemeinen Situation wurde die Notwendigkeit des Zusammenschlusses der rechts von der CDU stehenden Kräfte erörtert. Übereinstimmung wurde dahingehend erzielt, daß die Landesverbände in Nordrhein-Westfalen der FDP und DP sich unter Anschluß anderer Rechtsgruppen zu einer einheitlichen Organisation zusammenschließen, deren Name noch bestimmt wird."[181]

Die schwierigste Frage war ohne Zweifel die der praktischen Umsetzung einer solchen Dachorganisation[182], da auch parteienrechtliche wie wahlgesetzliche Bestimmungen berücksichtigt werden mussten. Die Vertreter von FDP und DP fassten daher den Plan zur Gründung eines Vereins, der seinen Sitz in Essen haben und dessen Zweck „die politische Betätigung, insbesondere die Sammlung aller nationalen Kreise"[183] sein sollte. Außerdem behielten es sich die von keinem offiziellen Parteigremium entsandten Verhandlungspartner vor, „ihren Vorständen so bald wie möglich zu berichten" und die Zustimmung für einen derartigen organisatorischen Zusammenschluss einzuholen. „In der Zwischenzeit", so hieß es weiter, „sollten getrennt Unterhaltungen mit den infragekommenden Gruppen gepflogen werden."[184]

Noch vor dem Plazet durch den Landesvorstand intensivierten Middelhauve, Döring und Wilke die Kontakte zur abtrünnigen Nationalen Rechten/Vereinigten Rechten. Die beiden Parteivorsitzenden, Middelhauve und Klingspor, standen in regelmäßigem Kontakt. Ihr Briefwechsel belegt die Deckungsgleichheit ihres politischen Wollens. Klingspor hielt „den Gedanken der ‚Nationalen Sammlung' als Zusammenfassung der heute eindeutig rechtsstehenden Kräfte [...] für sehr begrüßenswert und aussichtsreich"; für ihn stand außer Frage, dass angesichts der ungleichen Kräfteverhältnisse „der FDP die Aufgabe zufällt, den Anstoß dafür zu geben und den Kern einer solchen Sammlung zu bilden".[185] Auch in der Einschätzung seiner Partei teilte Klingspor Middelhauves Auffassung, dass

---

[176] Schwecht (1887–1960) saß von 1924 bis 1933 für die DNVP im Preußischen Landtag.
[177] Zit. n. Meyn, Deutsche Partei, S. 34.
[178] Vgl. Protokoll über die Sitzung des geschäftsführenden Landesvorstandes am 4. 9. 1952, ADL, Bestand FDP-LV NRW, Geschäftsführender Landesvorstand, 27034.
[179] Vgl. Brauers, FDP, S. 584.
[180] Protokoll über die Sitzung des geschäftsführenden Landesvorstandes am 4. 9. 1952, ADL, Bestand FDP-LV NRW, Geschäftsführender Landesvorstand, 27034.
[181] Von Wilke und Freytag-Schönwalde (DP) gezeichnetes Ergebnisprotokoll vom 28. 8. 1952, HStAD, RWN 172/90, pag. 142.
[182] Im FDP-Bundesvorstand verkündete Middelhauve am 6. 9. 1952 sein Ziel, „die nationale Sammlung in Form einer Holding-Gesellschaft zu schaffen". FDP-Bundesvorstand 1949–1952, Nr. 21, S. 467.
[183] Entwurf einer Satzung vom 29. 8. 1952, HStAD, RWN 172/90, pag. 139f. Zur Gründung eines solchen Vereins kam es nach Kenntnis des Autors nicht.
[184] Ergebnisprotokoll (s. Anm. 181).
[185] Klingspor an Middelhauve, 16. 8. 1952, HStAD, RWN 172/90, pag. 135.

„die Aufrechterhaltung einer selbständigen parteipolitischen Organisation nicht Selbstzweck, sondern nur ein Mittel ist, die Gesamtentwicklung im Sinne eines stärkeren und ständigeren ‚Zuges nach rechts' zu beeinflussen".[186] Einzig die großen Vorbehalte innerhalb der NR/VR gegenüber der Deutschen Partei waren ein ernsthaftes Hindernis. Vor allem für den konservativen DP-Flügel um Hans-Christoph Seebohm und Heinrich Hellwege hatte Klingspor nur Spott übrig – mit jener „weiß-gelben preußenfeindlichen Stammgruppe des Welfentums"[187] sei kein Staat zu machen. Unter Anerkennung eines „zweifelsfreien Führungsanspruch[s]" der FDP hätten die Vertreter der Nationalen Rechten in einer künftigen Nationalen Sammlung keinerlei „Vorzugsstellung"[188] der Deutschen Partei geduldet. „[U]ngeachtet inneren Zweifels an einer vollen Loyalität der DP"[189] stimmte Klingspor schließlich aber dem beabsichtigten Zusammenschluss mit der Deutschen Partei zu; ein sechsköpfiges Gremium mit Vertretern der drei Parteien wurde „beauftragt, den realen Hintergrund für eine künftige Verschmelzung zu schaffen".[190]

Bei ihrer geheimen Zusammenkunft am 28. August 1952 hatten die nordrhein-westfälischen Vertreter von FDP und DP vereinbart, ihre jeweiligen Parteifreunde in Hessen zu informieren, um die Möglichkeiten einer überregionalen Ausweitung des Bündnisses zu sondieren.[191] Während die hessische Deutsche Partei bereit war, „dieser Nationalen Sammlung zuzustimmen"[192], zeigte sich August Martin Euler gegenüber einer organisatorischen Verbindung deutlich zurückhaltender. Christoph Brauers fasst die Haltung des hessischen FDP-Vorsitzenden prägnant zusammen: „Zusammenarbeit und Wahlbündnisse mit anderen Rechtsgruppen: ja – Fusionen: nein."[193] Sicher spielten hier auch Fragen der innerparteilichen Hegemonie eine Rolle, welche die nordrhein-westfälische FDP mit ihren Initiativen zu beanspruchen versuchte. Doch letztlich war Friedrich Middelhauve der einzige Führungspolitiker der FDP, der seine Partei für den „höheren Zweck" einer Nationalen Sammlung zu opfern bereit war.[194]

---

[186] Klingspor an Middelhauve, 16.8.1952, ebd.
[187] Klingspor an Middelhauve, 1.9.1952, ebd., pag. 133.
[188] Klingspor an Middelhauve, 7.9.1952, ebd., pag. 116.
[189] Klingspor an Middelhauve, 23.9.1952, ebd., pag. 84. Vgl. auch Protokoll über die Sitzung des geschäftsführenden Landesvorstandes am 4.9.1952, ADL, Bestand FDP-LV NRW, Geschäftsführender Landesvorstand, 27034.
[190] Protokoll über die Sitzung der FDP-Landtagsfraktion am 6.10.1952, HStAD, RW 357/42, Bd. I, pag. 15.
[191] Vgl. Ergebnisprotokoll vom 28.8.1952, HStAD, RWN 172/90, pag. 142.
[192] Protokoll über die Sitzung des Landesvorstandes der NRW-FDP am 20.9.1952, ADL, Bestand FDP-LV NRW, Landesvorstand, 27072.
[193] Brauers, FDP, S. 584.
[194] Von dieser Bereitschaft legt auch ein Gespräch mit Otto Fürst von Bismarck, dem Enkel des „Eisernen Kanzlers", beredtes Zeugnis ab, das im Oktober 1952 in der Düsseldorfer Wohnung des ehemaligen NS-Diplomaten Vicco von Bülow-Schwante im Beisein von Wilke, Döring und von Rechenberg stattgefunden hatte. Bismarck wie von Bülow waren Mitglieder des von Achenbach geleiteten außenpolitischen Ausschusses der FDP. In diesem Kreise wurde offensichtlich auch über die Zukunft der FDP gesprochen; Middelhauve soll dort prophezeit haben: „Mit der FDP, wie sie bisher war, ist es zu Ende. Ein Landesverband nach dem anderen schließt sich mir an. Es ist selbstverständlich, daß Blücher in der Versenkung verschwindet, da er als Politiker nichts taugt." Zit. n. Abschlussbericht, HStAD, RWN 172/2, S. 12. Ludwig Schwecht wollte sich außerdem für die Aussage Middelhauves während einer der Verhandlungsrunden verbürgt haben, dass in der FDP „sehr viele ‚Lumpen' seien" und auch der Parteivorsitzende Blücher gegebenenfalls „über die Klinge springen" müsse. Informationsbericht Robert Strobels vom 23.1.1953, IfZ-Archiv, ED 329/5.

Im Spätsommer des Jahres 1952 nahm das anfangs noch so vage Konzept der Nationalen Sammlung also immer konkretere Züge an, wobei eine weitere „Fusionsbestrebung" Middelhauves dem Attribut *national* eine neue, gleichsam „großdeutsche" Qualität verlieh. Nach ersten Kontaktaufnahmen zu Beginn des Jahres standen spätestens seit dem August führende Vertreter der nordrhein-westfälischen FDP (Middelhauve, Döring, Wilke, von Rechenberg, Zoglmann) in enger Verbindung mit dem österreichischen Verband der Unabhängigen (VdU), einer 1949 gegründeten politischen Interessenvertretung, die in ihrer Frühphase durchaus Parallelen zur FDP – zumindest in ihrer nordrhein-westfälischen Prägung – hatte.[195] Middelhauve stellte jedenfalls eine „völlige Übereinstimmung"[196] in der Programmatik beider Parteien fest. Unter der Parole „Weder schwarz noch rot" wollte sich der VdU als „Drittes Lager" profilieren und strich daher besonders seinen strikten Antisozialismus und Antiklerikalismus heraus, was ihn anfangs auch für Liberale als Alternative zur Sozialistischen Partei Österreichs (SPÖ) und zur Österreichischen Volkspartei (ÖVP) attraktiv und wählbar machte. Mehr und mehr gewannen jedoch alte deutschnationale Kräfte sowie vor allem ehemalige Nationalsozialisten die Oberhand und prägten fortan das Bild des Verbandes.[197] Im Nachlass Friedrich Middelhauves befindet sich ein vertraulicher Informationsbericht über den VdU, in dem es heißt, „daß es ein grober Irrtum wäre, die österreichischen Unabhängigen als Liberale zu betrachten. In dem Gebrauch, den die Unabhängigen selbst von dem Worte ‚liberal' machen, ist es auswechselbar gegen das Wort ‚national' im Sinne von deutschnational."[198] Im Juni 1952 startete der VdU eine „Sammlungsbewegung"[199] und wurde hierbei von Vertretern der ehemaligen Jungen Front, einer halbpolitischen Interessenvertretung ehemaliger Wehrmachtssoldaten, unterstützt. Im Ausseer Programm von 1954 bekannte sich der VdU zum „deutschen Volkstum"; unter Punkt 2 heißt es: „Österreich ist ein deutscher Staat. Seine Politik muß dem gesamten deutschen Volk dienen und darf nie gegen einen anderen deutschen Staat gerichtet sein."[200] Die kurze Geschichte des VdU war von innerparteilichen Richtungskämpfen und persönlichen Intrigen geprägt, die auch auf die starken landsmannschaftlichen Unterschiede zurückzuführen sind. 1956 ging der Verband der Unabhängigen schließlich in der Freiheitlichen Partei Österreichs (FPÖ) auf.

Die Treffen zwischen den Vertretern der NRW-FDP und dem VdU in Düsseldorf, Altenberg (NRW), Salzburg und Innsbruck müssen in großer Harmonie und Herzlichkeit verlaufen sein; man liest in der Korrespondenz von überschwänglichem Dank für die jeweils genossene Gastfreundschaft, der erwartungsvollen Planung künftiger Treffen und der Freude über die neu entstandene, auch persönliche Freundschaft. Insbesondere im Salz-

---

[195] Da es der VdU – nach eigener Darstellung – ablehnte, „sich als Partei von den Alliierten ‚konzessionieren' zu lassen", trat er bei Wahlen unter der Bezeichnung „Wahlpartei der Unabhängigen" an. VdU-Bundesobmann Herbert Kraus, zit. n. Piringer, Chronologie, S. 25. Vgl. Höbelt, Partei.

[196] Zitat aus der Sitzung des Landesausschusses der NRW-FDP vom 6.1.1953, HStAD, RWN 172/162, pag. 29.

[197] Vgl. Autengruber, Kleinparteien, S. 17. Im Handbuch des österreichischen Rechtsextremismus, S. 358, wird der VdU gar als „Konglomerat von Altnazis, Neonazis, Deutschnationalen und einigen wenigen Liberalen" bezeichnet.

[198] Der nicht identifizierbare Verfasser war offensichtlich ein Mitglied der Liberalen Weltunion, deren deutscher Sektion Middelhauve angehörte. Ein Datum ist nicht vermerkt, Kontext dürfte aber das Bemühen Middelhauves um Aufnahme des VdU in die Liberale Weltunion sein. Vgl. HStAD, RWN 172/592, pag. 8ff.; vgl. auch Höbelt, Partei, S. 209.

[199] Zit. n. Piringer, Chronologie, S. 12.

[200] Ein Exemplar des Programms befindet sich im HStAD, RWN 172/594, pag. 4ff.

burger Rechtsanwalt und VdU-Mitbegründer Johann (Hans) Freyborn, einem ehemaligen Mitarbeiter des *Völkischen Beobachters*, schien Middelhauve einen Bruder im Geiste gefunden zu haben.[201] Ansonsten ist der rege Briefverkehr in einem auffällig geheimniskrämerischen Duktus gehalten, konkrete tagespolitische Fragen wurden bewusst nicht berührt. An einigen Stellen lässt sich allerdings erahnen, worüber sich die Beteiligten bei ihren Zusammenkünften unterhielten, etwa wenn Middelhauve voller Enthusiasmus von den „ungeahnten Möglichkeiten einer engen politischen Schicksals- und Kampfgemeinschaft"[202] schwärmt, wenn der „harmonische Gleichklang unseres Denkens und Wollens"[203] betont und das gemeinsame Ziel beschworen werden, die „herzliche Verbundenheit zu einem aktiven Instrument der Politik zu machen".[204] Und Fritz Stüber, *„der* absolute Promi des österreichischen Nachkriegs-Rechtsextremismus"[205], versicherte Middelhauve, den „schweren politischen Kampf jetzt noch härter und kompromißloser führen [zu] können, seit uns die Aussprache mit Ihnen so sehr gestärkt hat".[206]

Das Deutsche Programm wurde bei den Treffen ebenso besprochen und beraten wie das Problem der Generalamnestie. Besonders interessiert zeigten sich die österreichischen Unabhängigen an der *Deutschen Zukunft*. In mancherlei Hinsicht schien Middelhauve auch etwas sehnsuchtsvoll auf die österreichische Staatsordnung und die sich daraus ergebenden Möglichkeiten für eine Partei wie den VdU zu blicken. Im August 1952 verwies er im Landesausschuss bei der Schilderung seines Ideals einer „starken Führungsdemokratie" auf das Beispiel Österreichs, wo das Staatsoberhaupt „noch ähnlich wie in Weimarer Zeit direkt gewählt" wurde. Das habe dem VdU auch bei den Bundespräsidentenwahlen vom 6. Mai 1951 ermöglicht, zwei Jahre nach seiner Gründung einen eigenen Kandidaten aufzustellen, „der sofort, dank seiner Persönlichkeit und seines großen Ansehens, eine Stimmzahl auf sich vereinigen konnte, die erstaunlich gewesen ist".[207]

Die Kontakte zum Verband der Unabhängigen vollzogen sich zunächst im Geheimen. Erst als infolge zunehmender Gerüchte um eine nationalsozialistische Unterwanderung auch die Verbindungen nach Österreich publik wurden, sah sich Middelhauve veranlasst, in einer von Beifall unterbrochenen „Bekennerrede" das Tête-à-Tête mit dem VdU zu rechtfertigen:

„Sollen wir in Österreich Kontakt halten mit der Kommunistischen Partei? Sollen wir Kontakt aufnehmen mit der Sozialistischen Partei Österreichs? Sollen wir Kontakt aufnehmen mit der Österreichischen Volkspartei? Oder sollen wir Kontakt aufnehmen mit der dortigen liberalen Partei, dem Verband der Unabhängigen? (Zuruf: Selbstverständlich!) […]

---

[201] Der Briefwechsel ist einsehbar im HStAD, Nachlass Middelhauve, RWN 172/592/-593.
[202] Middelhauve an Freyborn, 20.8.1952, HStAD, RWN 172/592, pag. 178.
[203] Helfried Pfeifer an Middelhauve, 10.10.1952, HStAD, RWN 172/593, pag. 43.
[204] Freyborn an Middelhauve, 7.10.1952, HStAD, RWN 172/592, pag. 177.
[205] Purtscheller, Aufbruch, S. 82; Hervorhebung im Original. Stüber wurde im „Spiegel" (Nr. 10, 4.3.1953, S. 18) auch als „der ‚Middelhauve' der WdU" (Wahlpartei der Unabhängigen) bezeichnet.
[206] Stüber an Middelhauve, 6.10.1952, HStAD, RWN 172/593, pag. 140. Um einen atmosphärischen Einblick in jenen Kontakt zu geben, sei noch ein Satz aus diesem Schreiben zitiert: „Wir Deutsche in Österreich haben seit 1945 viel mitgemacht: jäh abgeschnitten vom gemeinsamen großen Vaterland mußten wir nicht nur einer jahrtausendealten Kultur- und Wirtschaftverbindung entbehren, sondern auch noch ohnmächtig zusehen, wie auf unserer Seite von einer nicht den wahren Volkswillen verkörpernden Regierung die volkliche und historische Gemeinschaft frech verleugnet und verletzt wurde."
[207] Middelhauve auf der Landesausschusssitzung am 21.8.1952, HStAD, RWN 172/233, pag. 32. Der VdU hatte den aufgrund seiner frühen NSDAP-Parteimitgliedschaft nicht unumstrittenen Chirurgen und Präsidenten des Österreichischen Roten Kreuzes, Burghard Breitner, aufgestellt, der gut 15% der Stimmen auf sich vereinigen konnte.

> Aber dieser VdU ist ein Verband, eine politische Partei, die auf dem Standpunkt steht, daß wir ein einziges großes Volk sind, das sich zusammenfinden muß; auf welchem politischen Wege, das spielt keine Rolle. Ich glaube, es ist unsere Pflicht als Deutsche, das Gefühl der tiefsten Verbundenheit zwischen Österreichern und Deutschen wachzuhalten."[208]

Der von der Forschung bislang nicht thematisierte Kontakt zwischen Vertretern der nordrhein-westfälischen FDP und des VdU vermag ein recht grelles Schlaglicht auf das politische und mentale Koordinatensystem Friedrich Middelhauves zu werfen – nicht mehr, aber auch nicht weniger. Einerseits wäre es ein Leichtes, angesichts der vollständigen Diskreditierung großdeutscher Phantasien nach 1945 den moralischen Zeigefinger zu erheben und Middelhauve einen unverbesserlichen Nationalisten zu nennen. Geht man jedoch davon aus, dass Middelhauves politische Ideenwelt maßgeblich in der Weimarer Republik geprägt wurde, so ließe sich auch in diesem Fall eine starke Kontinuitätslinie zum damaligen (National-)Liberalismus ziehen. Zumal im Zeichen des Kampfes gegen das „Schanddiktat" von Versailles einte DDP und DVP die Forderung nach einem Anschluss Deutschösterreichs.[209] Nach Ansicht des DDP-Vorsitzenden Koch-Weser war die deutsche Einheit erst dann vollendet, „wenn Deutsch-Österreich deutsches Reichsgebiet geworden ist".[210] Nach dem Fortfall der Dynastien – so Koch-Weser weiter – werde „fremder Wille Reichsdeutsche und Österreicher nicht für alle Zeiten hindern können, dafür zu sorgen, daß das, was deutsch ist, auch im Deutschen Reiche vereinigt wird".[211] Es müssten auch in diesem Punkt keine Brüche „konstruiert" werden, wollte man Middelhauves politisches Handeln nach 1945 in einen größeren zeitlichen Zusammenhang einordnen.

---

[208] Middelhauve auf der Landesausschusssitzung am 6.1.1953, HStAD, RWN 172/162, pag. 29f.
[209] Vgl. Langewiesche, Liberalismus, S. 254. Nach Langewiesche, ebd., S. 267, zählte „der Zusammenschluß mit Österreich zu einem ‚Großdeutschland' [...] für die meisten Liberalen zu den Fernzielen".
[210] Koch-Weser, Einheitsstaat, S. 53. Nach Papke, Politiker, S. 91, war der Anschluss Österreichs ein „Fixpunkt in der nationalstaatlichen Politik Koch-Wesers".
[211] Koch-Weser, Einheitsstaat, S. 54.

IV. Der Naumann-Kreis und die nordrhein-westfälische FDP

In einem Tagebucheintrag Werner Naumanns vom 26. August 1950 heißt es:
„Um den N.S. [Nationalsozialisten; K.B.] unter diesen Umständen trotzdem einen Einfluß auf das politische Geschehen zu ermöglichen, sollen sie in die F.d.P. eintreten, sie unterwandern und ihre Führung in die Hand nehmen. An Einzelbeispielen erläutert er, wie leicht das zu machen wäre. Mit nur 200 Mitgliedern können wir den ganzen Landesverband erben. Mich will er als Generalsekretär o. ä. engagieren!! Es ist ihm so ernst um sein Angebot, daß er zum Schluß bedeutet: entweder wir nehmen an und unterstützen ihn – oder er ziehe sich aus der Politik zurück."[1]

Diese geradezu ultimative Aufforderung zur Unterstützung einer nationalsozialistischen Unterwanderung des nordrhein-westfälischen FDP-Landesverbandes stammte von keinem Geringeren als Ernst Achenbach, den Naumann noch aus den Zeiten der NS-Diktatur kannte. Naumann hatte mittlerweile seine Frau und seine Kinder, die in Neuburg a. d. Donau lebten[2], verlassen und lebte in Büderich bei Düsseldorf in einer Wohnung des Ehepaares Lucht, wo auch das beschriebene Treffen stattfand. Nach Bekanntwerden dieser Eintragung infolge der Verhaftungsaktion gegen den Naumann-Kreis und der sich anschließenden innerparteilichen Untersuchung hatte Achenbach „auf das Entschiedenste" bestritten, „derartige Äußerungen in diesem Wortlaut oder auch in diesem Sinne getan zu haben".[3] Seine Zurückweisung stand jedoch auf tönernen Füßen; aus quellenkritischer Perspektive besteht kaum ein Anlass zum Zweifel an der inhaltlichen Authentizität der Eintragung. Achenbach musste bestätigen, dass alle übrigen von Naumann paraphrasierten Gesprächsinhalte durchaus korrekt wiedergegeben seien – etwa in Bezug auf die Entnazifizierung Naumanns oder die nordrhein-westfälische Regierungsbildung.[4] Er widerrief auch nicht seine Bewertung des FDP-Parteivorsitzenden Blücher, über den er gegenüber Naumann gesagt hatte, dass dieser „ein unmöglicher Mensch [sei], an dessen Zurechnungsfähigkeit er zweifele".[5] Einzig die Passage über die anzustrebende Unterwanderung der NRW-FDP sei von vorne bis hinten falsch, es sei höchstens ganz allgemein „die Frage der Heranziehung ehemaliger Nationalsozialisten an den Staat erörtert worden".[6]

Was hätte Naumann aber dazu bewegt haben können, ausgerechnet diesen Teil des Gespräches frei zu erfinden? Hätte er, der gerade erst aus Bayern nach Nordrhein-Westfalen gezogen war und kein besonders intimer Kenner der dortigen parteipolitischen Landschaft gewesen sein dürfte, ohne den „Input" eines Beteiligten in dieser Form schwadro-

---

[1] Ein Faksimile dieser sogenannten „Achenbachnotiz" ist abgedruckt im Anhang bei Grimm, Unrecht, S. 256–258. Das Zitat findet sich auch im Abschlussbericht, HStAD, RWN 172/2, S. 2f. Vgl. auch Frei, Vergangenheitspolitik, S. 379; Herbert, Best, S. 463.
[2] Nach einer vertraulichen Aussage von Thomas Dehler; vgl. Informationsbericht Robert Strobels vom 27.3.1953, IfZ-Archiv, ED 329/5.
[3] Achenbach am 20.6.1953 vor dem Landesehrenrat der nordrhein-westfälischen FDP, HStAD, RWN 172/115, pag. 54ff.
[4] Vgl. ebd. sowie Abschlussbericht, HStAD, RWN 172/2, S. 4f.
[5] Zit. n. Achenbachnotiz (s. Anm. 1).
[6] Achenbach bei einer Vernehmung in Karlsruhe am 6.5.1953, zit. n. Grimm, Unrecht, S. 203.

nieren können?⁷ Skepsis ist angebracht. Selbst Naumanns späterer Versuch einer Verteidigung Achenbachs trug nicht eben zu dessen Entlastung bei. Vor dem Karlsruher Untersuchungsrichter wusste er zunächst mit der Ansicht zu verblüffen, dass der Begriff Unterwanderung „ein Schlagwort und als solches mißverständlich"⁸ sei. Dann kam er auf Achenbach selbst zu sprechen: „Achenbach ist seiner ganzen Natur nach liberal eingestellt. [...] Er wollte keine neue Partei und versuchte deshalb mir klarzumachen, daß es in den bestehenden Parteien, insbesondere natürlich der FDP, genügend Betätigungsmöglichkeiten für mich und meinesgleichen geben würde. So ist auch die Bemerkung zu verstehen, daß er mich als Generalsekretär engagieren wolle. Er verstand das so, daß nach den parlamentarischen Spielregeln die Möglichkeit gegeben wäre, daß sogar ein Mann wie ich in einer der bestehenden Parteien Generalsekretär werden könnte."⁹

Hermann Schäfer hielt parteiintern fest, dass „den belastenden Notizen, die unmittelbar nach den Gesprächen angefertigt wurden, ein höherer Beweiswert beigemessen werden [müsse], als sehr viel späteren Darstellungen nach der Erinnerung".¹⁰ Die wohl derbste und frappierendste Form der Bestätigung für die Richtigkeit der Naumann-Niederschrift dürfte Achenbach indes selbst geliefert haben. Als Dehler ihn in seiner Funktion als führender Ermittler innerhalb der FDP erstmals mit den entsprechenden Passagen konfrontierte, soll Achenbach gesagt haben: „Wie, dieser Idiot hat das alles aufgeschrieben!"¹¹

Kurzum: Es spricht wenig dafür, der „Achenbachnotiz" ihren Schlüsseldokument-Charakter abzusprechen. Ernst Achenbach stand seit dem Sommer 1950 in Kontakt zu Naumann und betrachtete die nordrhein-westfälische FDP als geeignetes Infiltrationsobjekt für ehemalige Nationalsozialisten, die sich wieder aktiv in die Politik einbringen wollten. Warum er auf die Unterstützung Naumanns einen so großen Wert legte, ist offensichtlich: Es dürfte in der Bundesrepublik keinen zweiten ehemaligen Nationalsozialisten – dazu dieser „Größenordnung" – gegeben haben, der derart gut vernetzt war. Er soll „mit etwa 3000 Personen in ständiger Korrespondenz"¹² gestanden haben, wobei es sich überwiegend um „Ehemalige" handelte, die ihrer alten Gesinnung keineswegs abgeschworen hatten. Kristallisationspunkt des internationalen Kontaktnetzes Naumanns war ein „Stammtisch", der aus einem guten Dutzend z. T. wechselnder Mitglieder bestand und sich einmal im Monat – unter Pseudonymen – in Düsseldorfer Hotels zu mehrstündigen Aussprachen zusammenfand.¹³ Da der ehemalige Goebbels-Staatssekretär unbestritten der Kopf und Organisator dieser obskuren Runde war, sprach und spricht man auch vom Naumann-Kreis.¹⁴ „[G]anz nach dem Vorbild der Organisationsform der rechtsradikalen Intellektuellen der ‚konservativen Revolution'"¹⁵ traf sich dort die ehemalige Prominenz des Nationalsozialismus in recht lockerer, geheimer Verbindung, um ja der Gefahr zu entgehen, „doch die Aufmerksamkeit der deutschen Justiz oder gar der Alliierten auf sich zu ziehen

---

[7] Nach Naumanns Schilderung vor dem Bundesgerichtshof war er erst seit 1950 „überhaupt in der Lage, das politische Geschehen unserer Zeit zu verfolgen". Zit. n. Jenke, Verschwörung, S. 164.
[8] Zit. n. Grimm, Unrecht, S. 203.
[9] Ebd.
[10] Schäfer vor dem nordrhein-westfälischen Landesvorstand am 27.7.1953, ADL, Bestand FDP-LV NRW, Landesvorstand, 27073.
[11] Informationsbericht Robert Strobels vom 5.5.1953, IfZ-Archiv, ED 329/5.
[12] Vgl. Informationsbericht Robert Strobels vom 16.3.1953, ebd.
[13] Vgl. Ausführungen Naumanns über den „Stammtisch" bei Grimm, Unrecht, S. 217f.
[14] Vgl. Frei, Vergangenheitspolitik, S. 361 ff.; Herbert, Rückkehr; Jenke, Verschwörung, S. 161-169; Tauber, Eagle, Bd. 1, S. 132-146.
[15] Herbert, Rückkehr, S. 167.

und ein Interesse an ihrer politischen Vergangenheit hervorzurufen".[16] Bei den Zusammenkünften referierten einzelne Mitglieder über tagespolitische Fragen, wobei die Redemanuskripte Naumann im Voraus vorzulegen waren, damit dieser noch seine „besonderen Wünsche" unterbringen konnte.[17]

Auch wenn sich eine scharfe Trennlinie zwischen „richtigen" Mitgliedern des Naumann-Kreises und Personen, die „lediglich" in engem Kontakt zu ihm standen, nur sehr schwer ziehen lässt: Anders als gelegentlich zu lesen ist, befand sich unter den im Januar 1953 von britischen Besatzungsoffizieren Verhafteten *kein* Mitglied der FDP.[18] Auf die zunehmend konkreter werdenden Gerüchte über enge Verflechtungen zwischen dem Naumann-Kreis und Exponenten der nordrhein-westfälischen FDP reagierte Middelhauve am 22. Januar 1953 in der *Frankfurter Rundschau* mit einer Gegendarstellung, in der es unmissverständlich heißt: „Weder Dr. Naumann noch eine andere Persönlichkeit des verhafteten Personenkreises stand jeweils in irgendeiner politischen oder persönlichen Beziehung zur FDP oder mir. Insbesondere ist unrichtig, daß Dr. Naumann als politischer Berater direkt oder indirekt bei mir fungiert habe." Die brüske Zurückweisung jeglicher Art von Vorwürfen, die nach Aushebung des Naumann-Kreises erhoben wurden, war die Maxime der Landesverbandsleitung, die jedoch mit zunehmender Kenntnis von Details an Glaubwürdigkeit einbüßte. Als der Kontakt zwischen Naumann und Wolfgang Diewerge nicht mehr geleugnet werden konnte, hieß es Anfang Juni 1953 in einer Stellungnahme des nordrhein-westfälischen FDP-Landesvorstandes: „Die Behauptung der Engländer, es bestehe eine direkte Verbindung von Dr. Middelhauve zu Naumann, entbehrt jeder Grundlage. Selbst eine indirekte Verbindung konnte nicht festgestellt werden, da die Beziehungen zwischen Diewerge und Naumann im einzelnen nicht bekannt waren und hinter seinem Rücken unterhalten wurden. [...] Der Landesvorstand hat sich davon überzeugt, daß Diewerge ohne Wissen und unter bewußter Umgehung von Dr. Middelhauve persönliche Verbindung zu Naumann unterhalten hat."[19] Hat Middelhauve als führender Kopf der NRW-FDP tatsächlich von den Verbindungen Naumanns zu seinem Umfeld nichts gewusst? Oder hat er Öffentlichkeit und Parteifreunde schlichtweg belogen?

In Hinsicht auf die Kontakte Diewerges war ganz eindeutig Letzteres der Fall. Sobald Middelhauves Sekretär davon erfuhr, dass sein früherer Vorgesetzter aus dem RMVP noch lebte und zudem ganz in der Nähe wohnte, hielt er nach eigener Auskunft „ausdrücklich Rückfrage [...], ob Bedenken gegen eine persönliche Verbindungsaufnahme bestünden. Diese Anfragen wurden verneint. Einzelne spätere Gespräche habe ich sogar auf ausdrücklichen Wunsch von Mitgliedern der FDP geführt und darüber berichtet."[20] Mit jener Aussage konfrontiert, blieb Middelhauve nichts anderes übrig, als diese wohl etwas wirklichkeitsnähere Variante zu bestätigen. Nach eigenem Bekunden sah er „in dieser persönli-

---

[16] Herbert, Best, S. 462.
[17] Vgl. Freyborn an Naumann, 29.11.1952, BA, N 1080/272, pag. 204.
[18] Brunn, „Jungtürken", S. 127, schreibt etwa, dass „der britische Hochkommissar eine Anzahl hochstehender FDP-Politiker 1953 verhaften ließ"; auch bei Hamm-Brücher, Kämpfen, S. 78, ist von „Verhaftungen von FDP-Mitgliedern wegen ‚neonazistischer Umtriebe' und wegen ‚Unterwanderungsgefahr'" die Rede. Bei Mayer, Vergangenheit, S. 186, liest man ebenso wie bei Berghoff/Rauh-Kühne, Fritz K., S. 358, vom „FDP-Politiker Werner Naumann", und Nickel, Parteivorsitzende, S. 67, macht Naumann gar zum „persönlichen Referenten des Landesvorsitzenden Middelhauve".
[19] Stellungnahme des Landesverbandsvorstandes vom 6.6.1953, HStAD, RWN 172/9, pag. 4, 10.
[20] Dehler zitiert hier in einem Brief an Middelhauve vom 16.6.1953 eine Stellungnahme Diewerges vom 6.5.1953; HStAD, RWN 172/116, pag. 19.

chen Fühlungnahme Diewerges mit Naumann kein ungewöhnliches Begehren seines Mitarbeiters, zumal damals wohl niemandem bekannt war, daß Naumann konspiratorische Absichten hatte".[21] Diese Aussage ist jedoch nur schwer zu vereinbaren mit Middelhauves selbstverteidigender Darstellung seines ersten Aufeinandertreffens mit Naumann anlässlich des Grimm-Vortrages vor dem Industrie-Club.[22] Dazu führte er im FDP-Bundesvorstand aus: „Nach diesem Vortrag bat mich Grimm, mit einem alten Bekannten ein Glas Bier zu trinken. Da wurde ich mit Naumann bekannt gemacht. Ich habe vor Beginn des Vortrages gefragt: Wer ist der Mann? Man sagte, das ist Naumann. Ich fragte, wie kommt der hierher, der ist doch gefährlich. Es war mir von vornherein eine Warnung".[23] Sollte Middelhauve also Werner Naumann schon im Februar 1951 als „gefährlich" und „völlig unakzeptabel" eingeschätzt haben, so hätte er wohl etwas misstrauischer gegenüber dem regen Kontakt seines engsten Mitarbeiters mit eben jener Person sein müssen. Es sind Widersprüche wie diese, die Middelhauves gesamte apologetische Darstellung der Verwicklungen seines Landesverbandes mit dem Naumann-Kreis als in hohem Maße unglaubwürdig erscheinen lassen.

Wie sahen die wechselseitigen Beziehungen zwischen Angehörigen des Naumann-Kreises und des FDP-Landesverbandes konkret aus? Wolfgang Döring gestand nach anfänglicher Leugnung jedes Kontaktes[24] ein, dass Naumann ihn am 10. März 1952 sogar in der Landesgeschäftsstelle aufgesucht habe. Bei diesem Treffen war auch Walter Brand zugegen.[25] Es war hauptsächlich jener sparsame Umgang mit der Wahrheit, der Thomas Dehler als „Chefermittler" regelrecht zur Weißglut trieb: „Stundenlang habe ich diese Männer wie ein Kriminalrat verhört, und später stellte es sich heraus, daß sie mich nach Strich und Faden belogen haben. Diese Leute sind fern jeder Moral. Sie fühlen sich nun einmal als Verschwörer und gebrauchen die Mittel, die Verschwörer immer gebraucht haben."[26]

Im Fall Wolfgang Diewerges liegen die Verhältnisse wesentlich klarer. Middelhauves Privatsekretär versorgte nicht nur Naumann und den eng mit ihm verbundenen Fritzsche mit parteiinternem Informationsmaterial. Er veranlasste auch, dass Wilhelm Löbsack und Paul Zimmermann in die Empfängerliste des „Rednerschnellbriefes" aufgenommen wurden.[27] Der als „Goebbels von Danzig"[28] bekannte Löbsack hatte dort als Gauschulungsleiter quasi Tür an Tür mit dem Gaupropagandaleiter Diewerge gearbeitet.[29] Nach dem Krieg gehörte er dem 1951 in Hamburg gegründeten „Herrenklub" an, einem dem Naumann-Kreis vergleichbaren Zirkel ehemaliger Nationalsozialisten um Gustav Adolf Scheel.[30] Scheel – ehemaliger SS-Obergruppenführer, Reichsstudenten- und -dozentenführer, Gau-

---

[21] Middelhauve an Dehler, 18.6.1953, ebd., pag. 17f.
[22] S. o., S. 53.
[23] FDP-Bundesvorstand 1953/54, Nr. 30, 25.4.1953, S. 925.
[24] Vgl. Abschlussbericht, HStAD, RWN 172/2, S. 9. Dort wird aus einem Rundschreiben Dörings vom 9.2.1953 zitiert, in dem es u. a. heißt: „Ich erkläre hiermit persönlich und im Namen aller hauptamtlichen Geschäftsführer der Landesgeschäftsführung, daß diese Behauptung eine üble Diffamierung und Verleumdung darstellt."
[25] Vgl. Abschlussbericht, HStAD, RWN 172/2, S. 9f.; FDP-Bundesvorstand 1953/54, Nr. 30, 25.4.1953, S. 914ff.; ebd., Nr. 33, 7.6.1953, S. 1061, Anm. 27; Informationsbericht Robert Strobels vom 5.5.1953, IfZ-Archiv, ED 329/5; Frankfurter Rundschau, 13.6.1953.
[26] Informationsbericht Robert Strobels vom 17.6.1953, IfZ-Archiv, ED 329/5.
[27] Vgl. Diewerge an die FDP-Bundesgeschäftsstelle, 4.10.1952, BA, N 1080/260, pag. 150.
[28] Zit. n. Schenk, Hitlers Mann, S. 297, Anm. 11.
[29] Vgl. Diewerge, Reichsgau, S. 99.
[30] Vgl. Tauber, Eagle, Bd. 1, S. 132.

leiter von Salzburg und in Hitlers politischem Testament zum Reichskultusminister ernannt – stand ebenso wie Löbsack[31] in Kontakt zu Werner Naumann und wurde deshalb am 14./15. Januar 1953 von der britischen Besatzungsmacht inhaftiert. Dasselbe „Schicksal" widerfuhr dem früheren SS-Brigadeführer und Kriegsverwaltungschef im Wirtschaftsstab Ost, Paul Zimmermann, der regelmäßig an den „Stammtischen" Naumanns teilgenommen hatte. Als Pikanterie am Rande sei erwähnt, dass der Diplom-Ingenieur Zimmermann seit November 1951 auch zum erlauchten Kreis des Düsseldorfer Industrie-Clubs zählte; seine Mitgliedschaft wurde lediglich für den Zeitraum des schwebenden Verfahrens ausgesetzt.[32]

Über Diewerges mündliche Informationsdienste sind wir verständlicherweise noch weniger informiert, die wenigen vorhandenen Überlieferungen reichen jedoch für eine erste Einschätzung aus. Als Diewerge von der Bundesgeschäftsstelle ein Wagen für die Durchführung der Rednerseminare zur Verfügung gestellt wurde, berichtete er Naumann am 19. Juni 1952 erwartungsfroh, man könne sich nun „öfter sehen".[33] Diewerge weiter: „Wir wollen uns Anfang der nächsten Woche wieder treffen. Ich habe über den Meister [gemeint ist Middelhauve; K.B.] einige sehr interessante Informationen bekommen, ich will Ihnen diese Informationen geben."[34] Die von Thomas Dehler angesichts solch auffälliger Korrespondenz angestellte Vermutung, „daß ein dauernder Gedankenaustausch zwischen Naumann und Herrn Middelhauve über Diewerge stattgefunden hat"[35], erscheint zumindest nicht völlig abwegig. Eine sehr konkrete Verbindungslinie von Naumann über Diewerge zu Middelhauve ergibt sich über die Personalie Heinrich Lindner. Als Middelhauve nach einem zweiten persönlichen Assistenten suchte, schlug Naumann jenen ehemaligen NS-Landrat über Diewerge vor. Im erwähnten Gespräch vom 19. Juni konnte Diewerge vermelden, dass der „Oberchef [...] einen guten Eindruck" von Lindner gewonnen und ihn eingestellt habe. Naumann, der nun zwei engste Vertrauensleute in Middelhauves Opladener Büro hatte, zeigte sich begeistert: „Sie sind ja wundervoll! [...] Das haben Sie fein gemacht."[36]

Diewerge leistete Naumann auch wichtige Freundschaftsdienste in der Erweiterung von dessen NS-Netzwerk. So stellte er z. B. den nach dem Krieg abgerissenen Kontakt zu Gunter d'Alquen wieder her, worüber sich Naumann außerordentlich erfreut zeigte.[37] D'Alquen, geboren 1910 in Essen, war bereits 1927 der SA beigetreten, im Jahr darauf der NSDAP und 1931 schließlich der SS. Als Redakteur arbeitete er für den *Völkischen Beobachter* sowie für *Das Schwarze Korps*, das „Hausorgan" der SS. Im Krieg war er in der eigens zur Kriegsberichterstattung aufgestellten SS-Standarte *Kurt Eggers* aktiv; auch an der Organi-

---

[31] Vgl. ebd., S. 139.
[32] Vgl. Ackermann, Treffpunkt, S. 182–185.
[33] Abgehörtes Telefonat, wiedergegeben in der Frankfurter Rundschau vom 12.6.1953. Diewerge wird dort weiter zitiert: „Und dann habe ich auch einen Auftrag erhalten, der mich in sämtliche Gauhauptstädte führt. Und da könnte man manches absprechen, evtl. auch adressenmäßig." – Naumann: „Ja, eventuell auch gemeinsam mal hier und dort verhandeln."
[34] Zu den von Dehler im Bundesvorstand zitierten Passagen aus demselben Gespräch vgl. FDP-Bundesvorstand 1953/54, Nr. 30, 25.4.1953, S. 920.
[35] Ebd.
[36] Telefonat (s. Anm. 33).
[37] In einem Brief an d'Alquen vom 19.12.1952 schreibt Naumann, dass ihn „im vergangenen Jahr kaum ein Ereignis so freudig bewegt hat, wie die Mitteilung Diewerges, daß Du unverändert der alte geblieben seist und gesund und munter in allernächster Nähe von Düsseldorf Dein Tagewerk verbringst". BA, N 1080/272, pag. 189.

sation der NS-Untergrundbewegung Werwolf soll d'Alquen führend beteiligt gewesen sein.[38] Am 12. November 1952 schrieb er an Naumann, dass er „am kommenden Sonntag [...] wahrscheinlich mit Diewerge nach Gelsenkirchen"[39] fahren werde. Aus einem Brief Middelhauves an Paul Hausser erschließt sich, was an jenem Sonntag, dem 16. November 1952, stattfinden sollte. Die in NRW ansässigen, ehemaligen Angehörigen der Waffen-SS planten dort ein Treffen, und Middelhauve machte Hausser das Angebot, „bei der pressemäßigen Vorbereitung der Veranstaltung"[40] auf die erprobten Dienste Diewerges zurückzugreifen. Je genauer man hinsieht, desto zweifelhafter erscheint die zeitgenössisch wie in der Literatur oftmals zu findende Lesart, Middelhauve sei im Kontext der nationalsozialistischen Unterwanderungstendenzen der nordrhein-westfälischen FDP das naive Opfer seiner Mitarbeiter gewesen, die seine Vertrauensseligkeit ausgenutzt hätten.

In Hans Freyborn vom Verband der Unabhängigen hatten Naumann und Middelhauve außerdem einen gemeinsamen Freund. Aus der Korrespondenz zwischen Naumann und Freyborn lässt sich, wie leider allzu oft in diesen Fällen, wenig Konkretes oder Erhellendes ableiten, so neugierig manche Formulierungen auch machen mögen – etwa wenn man von Freyborns Freude liest, „daß vielleicht tatsächlich über diese Verbindung eine recht interessante wirtschaftliche Konstruktion entstehen kann, die auch im Interesse unserer gemeinsamen Bestrebungen liegen wird".[41] Festzuhalten bleibt, dass Freyborn zu den „richtigen" Mitgliedern des Naumann-Kreises zählte, der bei deren Düsseldorfer Treffen anwesend war und dort auch Vorträge hielt. Naumann scheint außerdem der entscheidende Vermittler des Kontaktes zwischen Freyborn als Vertreter des VdU und der NRW-FDP gewesen zu sein. Am 11. Januar 1952 telefonierte der ehemalige Goebbels-Staatssekretär Naumann mit dem ehemaligen Goebbels-Pressereferenten Drewitz, der mittlerweile in der Redaktion der *Deutschen Zukunft* beschäftigt war. In diesem Moment war Freyborn zu Besuch bei Naumann und bat ihn darum, ein Treffen mit Heinz Wilke oder Siegfried Zoglmann zu arrangieren, mit denen Freyborn in Kontakt treten und außerdem Grüße „von sehr alten Freunden" überbringen wollte.[42] Drewitz leistete dem Wunsch Folge. Auch in anderen Personalfragen wandte sich Naumann vertrauensvoll an ihn. Als innerhalb des FDP-Landesverbandes eine Stelle zu besetzen war, fragte Naumann nach, ob der gesuchte Mann ein ehemaliger Gaupropagandaleiter sein könne. „Ach, das kann er sowieso sein", lautete wie selbstverständlich die Antwort von Drewitz.[43] Als solche eindeutigen Offerten im Zuge der parteiinternen Aufklärungsarbeiten bekannt wurden, äußerte Hermann Schäfer die allzu verständliche Furcht vor der Schlagzeile: „Naumann Stellenvermittler der FDP".[44]

Werner Naumanns personeller Vermittlungsdienst sollte indes nicht den Blick dafür verstellen, dass dies lediglich eine Randerscheinung im „Gesamtkunstwerk" der Nationalen

---

[38] Vgl. Klee, Personenlexikon, S. 13; Tauber, Eagle, Bd. 1, S. 124, 272.
[39] BA, N 1080/272, pag. 218.
[40] Middelhauve an Hausser, 5. 11. 1952, HStAD, RWV 49/857, pag. 89.
[41] Freyborn an Naumann, 29. 11. 1952, BA, N 1080/272, pag. 204.
[42] Abgehörtes Telefonat, wiedergegeben in der Frankfurter Rundschau vom 11. 6. 1953.
[43] Telefonat vom 17. 1. 1952, ebd. Naumann bat Drewitz in demselben Gespräch darum, Zoglmann auszurichten, dass er ihm „auf diesem Gebiet [...] eine Unmenge hochqualifizierter Menschen nennen" könnte.
[44] FDP-Bundesvorstand 1953/54, Nr. 30, 25. 4. 1953, S. 930. Die sozialdemokratische Parteikorrespondenz „Sopade. Querschnitt durch Politik und Wirtschaft" ließ diese Befürchtung Schäfers im August 1953, Nr. 936, S. 36, Realität werden („Naumann als Stellenvermittler der FDP").

Sammlung war. Dass die ehemaligen NS-Kader untereinander despektierlich über den „großen Friedrich Middelhauve"[45] sprachen, ist ebenso nachrangig wie die (ohnehin wohl kaum mit letzter Gewissheit zu beantwortende) Frage, welche Ziele Naumann mit seinen Aktivitäten im Umkreis der FDP verfolgte. „Bedenken gegen die FDP" kamen bereits in der „Achenbachnotiz" zum Ausdruck, da diese nach Naumanns Ansicht „nie für die Arbeiter und die Jugend sprechen" könne und außerdem als „Partei des Besitzbürgertums" gelte.[46] Von Wilhelm Kiefer, einem weiteren „Spiritus Rector der rechten Szene"[47], wurde er in einem Brief vom 17. November 1952 sogar wegen seines Kontaktes zur NRW-FDP scharf gerügt:

> „Man sagt mir, daß Sie aufs engste mit der FDP in Rheinland-Westfalen liiert wären und über Herrn Frit[z]sche diese in ihren Bemühungen um die nationalen Kräfte sehr unterstützten. Auch das wäre mir nun freilich unverständlich. Ich kenne die schönen Theorien, die darauf hinaus laufen, daß man durch eine solche Unterstützung der Bemühungen Middelhauves dahin kommen müsse und auch kommen werde, die FDP zu unterlaufen und sie unseren Zwecken untertan zu machen. Ich versichere Ihnen, daß Sie das nie erreichen, dafür aber die nationale Opposition noch mehr zersplittern und schwächen werden."[48]

Naumann selbst bezweifelte ebenfalls die Möglichkeit, „eine liberale Partei am Ende in eine NS-Kampfgruppe umwandeln" zu können, aber er schien es immerhin „auf einen Versuch ankommen lassen"[49] zu wollen. Der durchaus intelligente Technokrat Naumann dürfte kaum naiven Phantasien eines „Marsches auf Bonn" an der Spitze der FDP nachgehangen haben. Aber die von Middelhauve in Theorie wie Praxis betriebene „liberale" Vergangenheitspolitik bot ihm und seinem Kreis „die Möglichkeit der effizientesten Umsetzung ihrer Interessen"[50] innerhalb einer etablierten, *nicht* mit dem Stigma des Rechtsradikalismus behafteten und somit (vermeintlich) auch *nicht* unter besonderer Beobachtung von Verfassungsschutz oder Geheimdiensten stehenden Partei.[51]

Intimen Einblick in das Innenleben des nordrhein-westfälischen Landesverbandes hatte noch ein weiterer Angehöriger sowohl des Naumann-Kreises als auch des Hamburger Zirkels um Gustav Adolf Scheel, nämlich Friedrich Karl Bornemann, der im „Dritten Reich" als HJ-Gebietsführer und unter Gauleiter Josef Grohé als Kulturreferent im Reichspropagandaamt Köln/Aachen tätig gewesen war.[52] Bornemann gab in der Bundesrepublik den Dienst Kommentare, Berichte und Informationen (KBI) heraus, für den – neben vielen anderen Alt-Nationalsozialisten – auch Werner Naumann Artikel geschrieben hat.[53] Aus der Gruppe der Autoren bildete sich, vertraulichen Informationen der *Süddeutschen Zei-*

---

[45] So Drewitz im Telefonat vom 11.1.1952 gegenüber Naumann (s. Anm. 42).
[46] Zit. n. Abschlussbericht, HStAD, RWN 172/2, S. 3.
[47] Kirchhof, Flügelkampf, S. 125.
[48] Kiefer an Naumann, 17.11.1952, BA, N 1080/272, pag. 214.
[49] Aus einer von Naumann am 18.11.1952 in Hamburg gehaltenen Rede, zit. n. Frei, Vergangenheitspolitik, S. 361.
[50] Schleimer, Demokratiegründung, S. 34.
[51] Im Falle der NRW-FDP war dies offensichtlich eine Fehlkalkulation, denn aufgrund der Kontakte zu ehemaligen Nationalsozialisten bzw. wegen deren Mitarbeit soll sie laut Buschfort, Hüter, S. 244, schon seit 1950 „Beobachtungsobjekt der Düsseldorfer Landesbehörde für Verfassungsschutz" gewesen sein.
[52] Vgl. Klee, Kulturlexikon, S. 63.
[53] Vgl. den aus britischen Geheimdienstquellen gespeisten, jedoch mit großer Vorsicht zu lesenden Bericht „Der Gauleiterkreis", Exemplare im BA, N 1080/272, pag. 149ff. sowie im HStAD, RWN 172/10, pag. 60ff. Selektive Auszüge sind abgedruckt bei Grimm, Unrecht, S. 205ff. Vgl. außerdem Frankfurter Rundschau, 11.6.1953.

tung zufolge, ein „Siebziger Kreis", dessen Aktivitäten dazu berechtigen würden, nicht so sehr von einem „Naumann-Kreis", sondern viel eher von einem „Bornemann-Kreis" zu sprechen.[54] In der nordrhein-westfälischen FDP hatte Bornemann zahlreiche Kontaktpersonen – zu ihnen gehörten Achenbach, Diewerge, Döring und vor allem Zoglmann.[55] Letzterer hatte Bornemann auch eine Einladung für den Münsteraner Landesparteitag der NRW-FDP im Juli 1951 zukommen lassen.[56] Ein knappes Jahr später erhielt er außerdem von einer DJD-Aktivistin den Auszug eines jungdemokratischen Rundbriefes, um ihm den Beweis zu erbringen, „daß es doch möglich war, hier zu infiltrieren".[57] Sowohl zeitliche wie inhaltliche Nähe lassen vermuten, dass es sich bei jenem Rundbrief um den bereits erwähnten „vertraulichen Informationsbericht" von Peter Tinschmann vom 5. Juni 1952 handelte.[58] Ohnehin schien die namentlich nicht bekannte „Liberale" Bornemann von den aussichtsreichen Möglichkeiten überzeugen zu wollen, die die FDP zu bieten habe:

> „Daß die FDP wenig Breitenwirkung hat, gebe ich zu, aber hinter den Kulissen ist der Einfluß doch größer, so daß es sich schon lohnt. Außerdem stehe ich auf dem Standpunkt, daß es im Grunde egal ist, in welche Partei man – massiert – eindringt; Hauptsache, man verliert die Fühlung untereinander nicht und betrachtet Parteien lediglich als untergeordnete Mittel zum Zweck. [...] Wir haben es auch gerade hier, wo wir ein Haufen von HJ-Führern, SS-Führern und Napola-Leuten sind, fertiggebracht, gegen die uralten 1862er Demokraten anti-bismarckischen Angedenkens einen 32jährigen ehemaligen HJ-Führer als ersten Vorsitzenden der FDP durchzudrücken und einen ehemaligen hauptamtlichen SA-Standartenführer als Geschäftsführer, Stadtrat und Fraktionsvorsitzenden".

So erschreckend sich ein solcher Vollzugsbericht anhören mag – die dort beschriebenen Mechanismen einer „Machtübernahme" unter Ausschaltung alter liberaler Kräfte vollzogen sich keineswegs ohne oder gar gegen den Willen der Landesverbandsführung. Gewiss sind die einzelnen Verbindungslinien, die sich zwischen der NRW-FDP und dem Naumann-Kreis ziehen lassen, aufschlussreich und entbehren auch nicht einiger Brisanz, doch in dem seit Jahren von oberster Stelle systematisch betriebenen Prozess der Integration ehemaliger aktiver Nationalsozialisten in Schlüsselpositionen des Landesverbandes kommt Werner Naumann und seiner Kamarilla allenfalls eine Nebenrolle zu.

---

[54] Vgl. Süddeutsche Zeitung, 14./15.3.1953.
[55] Vgl. Abschlussbericht, HStAD, RWN 172/2, S. 4, 7; FDP-Bundesvorstand 1953/54, Nr. 28, 24.1.1953, S. 801.
[56] Zoglmann an Bornemann, 18.7.1951, BA, N 1080/272, pag. 240.
[57] Brief einer namentlich nicht genannten Frau an Bornemann vom 17.6.1952, zitiert in der von Blücher erarbeiteten, streng vertraulichen Denkschrift „Der ‚Naumann-Kreis'. Eine Darstellung im Zusammenhang mit der Erörterung dieser Frage innerhalb der FDP" aus dem Mai 1953, BA, N 1080/225, pag. 60ff.
[58] S.o., S. 89.

V. Innerparteiliche Opposition gegen den „Middelhauve-Kurs"

Der nationale Sammlungskurs Friedrich Middelhauves war zu radikal, die FDP als liberale Parteineugründung in ihrer inneren Zusammensetzung zu heterogen, als dass sich nicht schon seit der frühen Nachkriegszeit Widerspruch zu einzelnen Aspekten der von ihm betriebenen Politik geregt hätte. Dass der Landesverbandsvorsitzende seine Vision der Nationalen Sammlung dennoch – wie bisher dargelegt – unbeirrt, konsequent und getragen von der übergroßen Mehrheit der nordrhein-westfälischen Liberalen in die Praxis umsetzen konnte, ist einerseits sowohl den organisatorischen Unterdrückungsmechanismen als auch der schwachen Verwurzelung (links-)liberaler Ideen bzw. der traditionell eher konservativen Ausrichtung des Liberalismus im industriell geprägten Westen Deutschlands geschuldet. Reinhold Maier hat dieses regionale FDP-Spezifikum recht treffend mit seiner Einschätzung beschrieben, die baden-württembergischen Liberalen würden, falls sie „mit dem Deutschen Programm Wahlkampf führen wollten, eine vernichtende Niederlage erleiden".[1]

Der *Erfolg* der Politik Middelhauves sollte jedoch nicht die Sicht auf dessen innerparteiliche Widersacher, Kritiker und Mahner verstellen, die sich natürlich besonders zahlreich in den gemäßigten und linksliberalen Landesverbänden, aber auch – trotz aller Anfechtungen – innerhalb der nordrhein-westfälischen FDP fanden. Hier sind es nicht allein die Unmutsäußerungen per se, die Aufmerksamkeit verdienen. Aufschlussreich sind vor allem die Reaktionen seitens der Landesverbandsführung auf solch „widerständiges Verhalten" sowie deren Gegenmaßnahmen zur Vermeidung zukünftiger oppositioneller Regungen, wie nachfolgend ausgewählte Fallbeispiele belegen sollen.

1. Vielgestaltige Unterdrückung einer vielschichtigen Kritik – die Opposition in Nordrhein-Westfalen

Ein Charakteristikum der innerhalb der nordrhein-westfälischen FDP laut gewordenen Kritik war ihre Vielschichtigkeit: Sie richtete sich keineswegs nur gegen die Reorganisation des Landesverbandes, sondern – entsprechend der umfassenden Anlage der Middelhauve-Politik – gegen nahezu alle Facetten der Nationalen Sammlung. Bemerkenswert, aber auch kaum verwunderlich war der hohe Grad der innerverbandlichen Polarisierung zwischen Befürwortern und Gegnern des Middelhauve-Kurses. Eine starke, zu mäßigender Einwirkung fähige Mitte existierte nicht. Den Typus eines Vermittlers zwischen beiden Lagern verkörperte am ehesten noch Erich Mende[2], der zwar Sympathien für ein nationales Sammlungskonzept hegte, doch dessen autoritäre Umsetzung durch Middelhauve scharf kritisierte. Diese ausgleichende Rolle übte Mende, der sich bewusst „einer Einordnung in das poli-

---

[1] Pressekonferenz am 22.11.1952 im Anschluss an den Bundesparteitag von Bad Ems, ADL, Bestand Bundesparteitag, A1-32, pag. 66.
[2] Vgl. Wengst, Einleitung zu: FDP-Bundesvorstand 1954–1960, S. XXIII.

tische Schema der FDP"³ zu entziehen versuchte, gerade in den Anfangsjahren indes nur zögerlich und mit bescheidenem Erfolg aus. Dem offensiven Vorpreschen Middelhauves, der es mit seinem parteiinternen wie öffentlichen Auftreten darauf anlegte, sich entweder Sympathisanten und Mitarbeiter oder aber Skeptiker und Gegner zu schaffen, vermochte kaum jemand Einhalt zu gebieten. Oftmals und nicht zufällig waren es vor allem ehemalige Mitglieder der Weimarer DDP bzw. DStP, welche die von Middelhauve beinahe schon zur Parteidoktrin erhobene liberale Selbstverleugnung nicht mitzugehen bereit waren.

Das Beispiel Carl Wirths', eines führenden „Oppositionellen" innerhalb des Landesverbandes, zeigt aufs Neue, dass sehr ähnliche (politische) Erfahrungen und Prägungen aus der Vergangenheit höchst unterschiedliche „Lehren" der beteiligten Akteure nach sich ziehen können. Der 1897, ein Jahr nach Middelhauve, in Elberfeld geborene Wirths war ebenfalls „jugendbewegt" und unternehmerisch tätig gewesen. Als Mitglied des Jungdeutschen Ordens war er schließlich zur Deutschen Staatspartei gestoßen. Nach 1945 hatte er sogar „einen Freundeskreis ehemaliger Jungdeutscher"[4] in die Wuppertaler *Demokratische Partei* (!) eingebracht, die sich jedoch unter seiner und der Führung des ehemaligen Deutschen Demokraten Julius Greßler[5] zu einer betont liberalen und darüber hinaus sehr erfolgreichen Neugründung entwickelte.[6] Trotz offensichtlicher Parallelen in ihren Biographien zogen Middelhauve und Wirths gänzlich unterschiedliche Konsequenzen aus der Vergangenheit. Während der eine davon sprach, „den Gedanken des Deutschseins in Zukunft mehr heraus[zu]stellen"[7], um die Jugend anzusprechen, warnte der andere davor, „sich in den nationalistischen Hexenkessel zu begeben, dabei wäre noch nie etwas Gutes herausgekommen".[8]

Auf welche Weise von Rechenberg diesen für jedermann offensichtlichen Widerspruch, der stellvertretend für den innerverbandlichen Flügelkampf stand, überwinden wollte, machte er einmal mehr in unmissverständlicher Sprache deutlich. Auf der Suche nach den Ursachen für ein vermeintlich zu unentschlossenes Auftreten der FDP war er fündig geworden und hatte auch gleich eine Lösung aus diesem Dilemma gefunden: „Der wahre Grund ist der latente Gegensatz zwischen den alten rosaroten Staatsparteilern und uns ehrlichen freien Demokraten, die ehrlich Anti-Sozialisten sind und deshalb als Reaktionäre beschimpft werden. Wenn es uns nicht gelingt, diesen Gegensatz in aller Kürze dadurch aus der Welt zu schaffen, daß die ganzen Rosaroten herausfliegen, können wir unsere Partei zumachen."[9] Drastische Aussagen wie diese waren weder der Einzelfall[10] noch standen sie der grundsätzlichen Haltung Middelhauves entgegen, der selbst dafür plädierte, dass diejenigen, die sein nationales Sammlungskonzept nicht mittragen wollten, „zwangsläufig abtreten"[11] müssten.

---

[3] Nickel, Parteivorsitzende, S. 240.
[4] Vgl. Hein, Milieupartei, S. 141.
[5] Greßler (1877–1946) saß von 1925 bis 1932 für die DDP/DStP im Preußischen Landtag.
[6] Sowohl 1949 wie auch 1953 wurde Wirths im Wuppertaler Wahlkreis I direkt in den Deutschen Bundestag gewählt.
[7] Protokoll über die Sitzung des Landesausschusses des Landesverbandes Nordrhein am 28.4.1947, in: Politischer Liberalismus, Nr. 29, S. 163.
[8] Ebd., S. 165.
[9] Aus einem Brief von Rechenbergs an Blücher als Vorsitzenden des Zonenverbandes der FDP vom 23.10.1947, in: Politischer Liberalismus, Nr. 41, S. 240f.
[10] Vgl. z.B. Protokoll einer Besprechung zwischen Middelhauve, Wilke, Döring, Zoglmann, von Rechenberg, Weyer und Diewerge in Opladen am 1.11.1951, HStAD, RWN 172/214, pag. 2.
[11] Protokoll über die Sitzung des Landesausschusses am 30.1.1952, HStAD, RWN 172/223, S. 13.

Diesen Gefallen taten ihm seine Kritiker freilich nicht oder nur zu einem geringen Teil, so dass Middelhauve sich immer wieder mit Klagen über die von ihm betriebene organisationspolitische Durchdringungspolitik konfrontiert sah. Da die Zentralisierung der Landesverbandsorganisation die politische Betätigungsfreiheit aller Kreisverbände erheblich einschränkte, kann es nicht verwundern, dass sie den heftigsten Widerstand provozierte. Allein, es mangelte an Einfluss, die Kritik zum Ausgangspunkt substantieller Veränderungen zu machen. Als sich ein Vertreter des Bezirksverbandes Aachen kurz nach Anlaufen der „Umstrukturierungsmaßnahmen" im Dezember 1950 über die Besetzung des Außengeschäftsführerpostens beschwerte, die entgegen einem einstimmigen Vorschlag aller Kreisverbände mit einem der Landesverbandsführung genehmen Kandidaten erfolgte, erwiderte Middelhauve lakonisch und zugleich vielsagend: „Wenn der Landesverbandsvorstand der Auffassung ist, der Mann sei nicht geeignet und der Bezirksverband anderer Ansicht ist, so soll er ihn bezahlen."[12] Da dieses Szenario schlechterdings undenkbar war, muss auch nicht die kontrafaktische Vermutung angestellt werden, mit welchen Mitteln ein solcher Kandidat von Seiten der Landesverbandsführung bzw. der Geschäftsstelle verhindert worden wäre.

Mit welcher Taktik der z. T. massiven Kritik an dem Heer von „bezahlten Partei-Angestellten"[13] in der Bundesgeschäftsstelle begegnet werden sollte, gab Middelhauve in einer Sitzung vor, die er am 1. November 1951 mit seinen engsten Vertrauten aus der operativen Parteiarbeit – Diewerge, Döring, von Rechenberg, Wilke und Zoglmann – abhielt und auf der die künftigen Aktivitäten abgestimmt wurden. Aufgrund der exponierten Stellung Dörings als Geschäftsführer sei – so Middelhauve – jede Kritik an einer politischen Betätigung von Angestellten der Partei „auf den Buckel des Vorstandes des Landesverbandes abzuwälzen".[14] Dem Landesvorstand war es schließlich möglich, sich in seinem politischen Handeln lediglich als Vollzugsorgan der (von ihm selbst mitorganisierten) Mehrheit des Landesverbandes bzw. von Landesparteitagsbeschlüssen zu gerieren. Doch nicht nur gegen das als Stoßtrupp der Landesverbandsführung agierende Geschäftsführerkorps regte sich Widerstand. Ob Fusionsbestrebungen[15], Vorlage des Deutschen Programms[16] oder ge-

---

[12] Protokoll über die Sitzung des Landesvorstandes am 2.12.1950, ADL, Bestand FDP-LV NRW, Landesvorstand, 27072, S. 20f.

[13] Aus dem Protokoll einer Besprechung zwischen Middelhauve, Diewerge, Wilke, Döring, Zoglmann, von Rechenberg, Weyer und Diewerge in Opladen am 1.11.1951, HStAD, RWN 172/214, pag. 3.

[14] Ebd. Insbesondere Gustav Altenhain hatte sich im Vorfeld dieser Besprechung besorgt darüber gezeigt, „daß durch die Dienststelle des Landesverbandes Politik betrieben würde". Zit. n. ebd.

[15] Auf dem Dortmunder Landesparteitag warnte der Godesberger Delegierte Meier davor, die „Linie Dr. Middelhauve führe zu weit nach rechts" (Protokoll in Stichworten vom 29.5.1952, ADL, Bestand FDP-LV NRW, Landesparteitage, 26713, S. 3); Landesvorstandsmitglied Motte, selbst Anhänger des Middelhauve-Kurses, äußerte infolge der Verhandlungen mit der DP und der Nationalen Rechten/ Vereinigten Rechten seine Befürchtung, „daß bei einer Fusion die FDP zu sehr ihr Gesicht verlieren würde". (Protokoll über die Sitzung des erweiterten Landesvorstandes am 20.9.1952, ADL, Bestand FDP-LV NRW, Landesvorstand, 27072, S. 3).

[16] Während es auf dem Bielefelder Landesparteitag bereits als ein „unmöglicher Zustand" kritisiert worden war, „daß ein solches schwerwiegendes Elaborat den Kreisverbänden und den Bezirksverbänden nicht vorher zugänglich gemacht worden" sei (Delegierter Pauly, ADL, Bestand FDP-LV NRW, Landesparteitag, 26714, S. 45), wandten sich in den nachfolgenden Besprechungen des Deutschen Programms innerhalb der Landesgremien neben Erich Mende noch weitere Mitglieder des Landesvorstandes gegen einzelne Aspekte des Programms. So konnte sich der Landes- und Bundesschatzmeister Hans Wolfgang Rubin des (berechtigten) Eindrucks nicht erwehren, „daß Redakteure daraus sprechen" (Stichwort-Protokoll über die Sitzung des erweiterten Landesvorstandes am 8.8.1952, ADL, Bestand FDP-LV NRW, Landesvorstand, 27072, S. 2), und Willi Weyer erhob, unterstützt von Mende, den Vorwurf, „daß kein Mitglied des Vorstandes zur Mitarbeit herangezogen worden wäre und auch

steuerte Auswahl von Delegierten für die Entsendung in einzelne Gremien[17] – Kritik war stets zu vernehmen, doch ging sie zumeist im Chor der Befürworter unter oder wurde schlichtweg übertönt.

Zu einer ersten *organisierten* Aktion der innerverbandlichen Opposition kam es am 14. Januar 1952, als sich im Fraktionszimmer des Düsseldorfer Landtages etwa 50 FDP-Angehörige einfanden. Um gar nicht erst in den Ruch der Konspiration zu geraten, luden die maßgeblichen Initiatoren, Gustav Altenhain und Carl Wirths, zur erhofften persönlichen und offenen Aussprache über die Entwicklung des Landesverbandes auch dessen Vorsitzenden ein.[18] Die dort geäußerte Kritik an der innerverbandlichen Entwicklung war so massiv, dass sich Middelhauve dazu veranlasst sah, eine Sitzung des Landesausschusses einzuberufen, um seine Widersacher „in die Parteiöffentlichkeit zu zwingen".[19] Die in diesem linientreuen Gremium vor allem von Mitarbeitern der Landesgeschäftsstelle geschaffene Atmosphäre war dazu prädestiniert, eine innerparteiliche Opposition lächerlich und mundtot zu machen. Schon im April 1951 hatte sich Heinrich (Heinz) Dohr, Vorsitzender des FDP-Kreisverbandes Lippstadt und seit 1950 MdL, bei Middelhauve über „skandalöse Zustände im Landesverband" beschwert und dabei auch die Praxis moniert, dass zu Landesausschusssitzungen Mitarbeiter der Landesgeschäftsstelle in Mannschaftsstärke „als sogenannte ‚Klatscher'" aufgefahren werden – „und dies alles auf Kosten des Landesverbandes".[20] Wie das Protokoll der zum 30. Januar einberufenen Landesausschusssitzung zeigt, hat sich diese mehr als zweifelhafte Praxis zu Lasten der innerparteilichen Demokratie eher noch radikalisiert. Bereits im Vorfeld jener Sitzung versuchte die Verbandsführung, die am 14. Januar laut gewordenen Vorwürfe in einer sehr bezeichnenden Stellungnahme apodiktischen Charakters zu entkräften:

Äußerung	Richtigstellung
Wirths: Im Landesverband werden nur Redner einer politischen Richtung eingesetzt.	Der Landesverband hat nur eine politische Richtung. […]
Der Landesverband gliche [sic!] einem Führerstaat.	Substantiierung wird erbeten.
Altenhain: Um in der Landesgeschäftsführung tätig sein zu können, müsse man den 100%igen Nachweis führen, daß man Amtsträger mit langjähriger Mitgliedschaft in der NSDAP gewesen sei.	Darstellung ist unrichtig. Die Frage nach der politischen Herkunft der einzelnen Mitarbeiter widerspricht der amtlichen Stellungnahme der FDP seit 1947, die eine Beendigung der Entnazifizierung des Fragebogenunwesens fordert.[21]

alle Vorschläge aus dem Kreise des Vorstandes keine Berücksichtigung gefunden hätten". (Protokoll über die Sitzung des geschäftsführenden Landesvorstandes am 13.12.1952, ADL, Bestand FDP-LV NRW, Geschäftsführender Landesvorstand, 27034, S. 20).
[17] Immerwährender Stein des Anstoßes war die von der Landesverbandsführung betriebene Praxis, Delegierte vielfach nicht von den Kreisverbänden wählen zu lassen, sondern sie durch die Bezirksgeschäftsführung oder gleich selbst zu ernennen, um auf diesem Wege ein möglichst „einheitliches" Auftreten der nordrhein-westfälischen Liberalen zu gewährleisten. Siehe dazu unten, S. 150ff.
[18] Vgl. Papke, Ordnungskraft, S. 164.
[19] Ebd., S. 165.
[20] Dohr an Middelhauve, 23.4.1951, HStAD, RWN 172/296, pag. 7.
[21] Auszüge aus der „Stellungnahme zu Vorwürfen, die in der Sonder-Besprechung am 14.1.1952 im Düsseldorfer Landtage erhoben wurden", ADL, Bestand FDP-LV NRW, Landesausschuss, 26898.

Als Middelhauve zu Beginn der Sitzung die Vorwürfe in eigenen Worten zusammenfasste, erzielte er damit die erwünschte Wirkung, nämlich Hohngelächter für die Opponenten.[22] In unbeeindruckter Offenheit und Standfestigkeit wiederholten diese jedoch ihre Kritik, die sich in vier Punkten zusammenfassen lässt. Ein „überspitzter Zentralismus"[23] habe zunächst dazu geführt, dass die einzelnen Kreisverbände (zumal die politisch „unliebsamen") konsequent aus dem politischen Meinungsbildungsprozess ausgeschaltet und „an die Wand gespielt"[24] würden. Nach Meinung Carl Wirths' breite sich zulasten der Selbstverwaltung der kleinsten kommunalen Parteieinheiten ein „hauptamtlicher Funktionärsapparat"[25] aus, der die dort betriebene Politik zu beeinflussen bzw. manipulieren versuche. Vor diesem Hintergrund charakterisierte er die nordrhein-westfälische FDP als „Führerpartei" bzw. „Führungspartei".[26] Mit diesen Wortschöpfungen dürfte der Wuppertaler Liberale den Kern der Sache ziemlich genau getroffen und Middelhauve zudem – ungewollt – geschmeichelt haben, denn der Landesverbandsvorsitzende praktizierte im Kleinen das, was er im Großen anstrebte: eine „Führungsdemokratie", in der sich die untergeordneten Glieder zu beugen und ihre Spitze anzuerkennen hatten.[27]

Mit diesem Punkt eng verbunden war – zweitens – der Vorwurf einer einseitigen Personalpolitik, die ohne Beteiligung, nicht einmal in Kenntnis der Kreisverbände betrieben werde. In bewusst übertriebener Toleranz erklärte Gustav Altenhain, „daß es ihm gleichgültig sei, wenn in der Exekutive der Partei nur frühere Nationalsozialisten arbeiteten, daß es ihm aber nicht gleichgültig sei, auf welchem Wege sie in diese Stellungen gekommen wären".[28] Karl Schneider, Mitglied der FDP-Landtagsfraktion und des Wuppertaler Kreisverbandsvorstandes, wollte die Vorgänge innerhalb des Landesverbandes auch eingeordnet wissen in den großen Rahmen von „Rechtsradikalismus" und „Neofaschismus"[29] – freilich ohne Resonanz. Dritter Stein des Anstoßes war der verächtliche, ehrabschneidende Umgang mit „Andersdenkenden" innerhalb des Landesverbandes, insbesondere mit solchen, die eine liberale Weimarer Vergangenheit hatten und diese auch nicht zu leugnen bereit waren.[30] So verwahrte sich Altenhain dagegen, dass „Anhänger der schwarz-rot-goldenen Fahne diffamiert"[31] würden, wie fortgesetzt durch von Rechenberg geschehen.

Das Zusammenspiel von Zentralisierungsbestrebungen und gezielter Positionierung ehemaliger Nationalsozialisten an Schlüsselpositionen des Parteiapparates zog einen vierten und letzten Kritikpunkt nach sich, den wiederum Schneider zusammenfasste: „Der taktische und organisatorische Erfolg des Nationalsozialismus dürfe uns nicht dazu verleiten, mit gleichen taktischen Methoden zu liebäugeln."[32] Auch hier wurde ein „wunder

---

[22] Das Protokoll der Landesausschusssitzung vom 30.1.1952 befindet sich mit einheitlicher Seitenzählung im ADL, Bestand FDP-LV NRW, Landesausschuss, 26898 sowie im HStAD, RWN 172/223; die nachfolgenden Zitate sind diesem Protokoll entnommen.
[23] Altenhain, ebd., S. 32.
[24] Wirths, ebd., S. 6.
[25] Wirths, ebd., S. 4.
[26] Ebd.
[27] Vgl. dazu auch Middelhauves Ausführungen zur Gestaltungsfreiheit eines Parteivorsitzenden innerhalb einer Präsidialdemokratie in einer Landesausschusssitzung vom 6.1.1953, ADL, Bestand FDP-LV NRW, Landesausschuss, 26899, S. 50.
[28] Protokoll vom 30.1.1952 (s. Anm. 22), S. 32.
[29] Schneider, ebd., S. 7.
[30] Vgl. Wirths, ebd., S. 5; Schneider, ebd., S. 6; Altenhain, ebd., S. 10.
[31] Altenhain, ebd., S. 10.
[32] Schneider, ebd., S. 8.

Punkt" der Middelhauveschen Gesamtkonzeption angesprochen. Es gibt keinerlei Grund, dem Landesverbandsvorsitzenden nationalsozialistisch-totalitäre Sympathien oder Phantasien zu unterstellen. Doch Middelhauve konnte sich auch rückblickend nicht einer gewissen Faszination für die Massendynamik der NS-Bewegung entziehen, die von einer Partei regelrecht organisiert und mittels moderner Agitationsmittel weiter geschürt worden war. Es soll hier nicht die allzu wohlfeile These vertreten werden, die NSDAP habe bei der Reorganisation des nordrhein-westfälischen FDP-Landesverbandes Pate gestanden. Doch Machtwille und Ehrgeiz scheinen die Landesverbandsführung um Middelhauve zunehmend dazu veranlasst zu haben, auf „erfolgreiche" Methoden zurückzugreifen, die historische Parallelen geradezu heraufbeschwören. Die zahlreichen entsprechenden Vergleiche damaliger Kritiker des Middelhauve-Kurses können eine solche Vermutung sicher nicht „beweisen". Sie legen aber Zeugnis ab von einer hilflosen Wut, sehenden Auges mithilfe eines Parteiapparates entmachtet zu werden. Wirths befand desillusioniert, dass „diese Führungspartei [...] nicht mehr auf dem liberalen Gedankengut aufbaue".[33] Weiter heißt es: „Er und seine Freunde wollen zwar nicht sagen, daß in Nordrhein-Westfalen eine nazistische Partei aufgezogen worden sei, aber in der jetzigen Konstellation liege zweifellos etwas, das zum Vergleich mit der NSDAP führe."[34] Auf beschämende Weise lieferte der Verlauf der Landesausschusssitzung die Bestätigung für eine solche Unterstellung. Keiner der Kritiker war in der Lage, seine Beanstandungen ohne erzwungene Unterbrechungen vorzubringen. Immer wieder verzeichnet das Protokoll „Protestrufe", „allgemeine Unruhe", „erregte Zwischenrufe" wie „Beweisen Sie das", „Unwahr", „unerhörte Behauptung" oder einfach „Gelächter".

> „Durch diese Zwischenrufe fühlte sich Herr Wirths zu der Frage veranlaßt, ob es möglich sei, daß die alten Freunde von 45 und 46, die seinerzeit die FDP gegründet hätten, hier niedergebrüllt werden sollten, oder ob eine Möglichkeit des Ausgleichs bestünde."[35]

Zu dem von Wirths bemängeltem „unechten Strukturwandel"[36] gehörte, dass die neu in die FDP geströmten Aktivisten mittels zutiefst undemokratischer Methoden die Meinungsführerschaft an sich zu reißen versuchten. Für den von der liberalen Opposition angestrebten Ausgleich gab es im Landesausschuss keinerlei Grundlage. Middelhauve wies die Anschuldigungen schroff zurück, betonte, „daß die FDP als Gegner der Entnazifizierung es unter ihrer Würde ansehe, Fragebogenschnüffelei in der eigenen Geschäftsstelle zu betreiben"[37], und nutzte schließlich noch die Gunst der Stunde für eine Machtdemonstration: Entgegen dem ausdrücklichen Wunsch seiner Kritiker und ohne jede Notwendigkeit stellte Middelhauve im Landesausschuss die Vertrauensfrage[38], die völlig erwartungsgemäß

---

[33] Wirths, ebd., S. 5.
[34] Ebd.
[35] Wirths, ebd., S. 6.
[36] Wirths, ebd., S. 4.
[37] Middelhauve, ebd., S. 32. Wiederum fügte er in „liberaler" Toleranz hinzu: „Der einzige Gesichtspunkt hinsichtlich der Bewertung eines Mitarbeiters sei der, was er heute bedeute, wo er politisch stehe und wie er sich einsetze."
[38] „Altenhain hält es dagegen nicht für richtig, die Vertrauensfrage zu stellen, da einmal von seiten der Teilnehmer der Januar-Besprechung nicht die Absicht bestanden habe, die Partei zu spalten und andererseits eine Anzahl Parteifreunde die heutige Sitzung bereits verlassen hätten. [...] Er sei nicht in der Lage, die gestellte Vertrauensfrage positiv zu beantworten. Es sei kein Mißtrauensantrag eingebracht worden und der Landesvorstand hat demzufolge die Pflicht, bis zum nächsten Parteitag zu amtieren. ‚Ich bitte Sie, die Dinge nicht auf die Spitze zu treiben.'" Ebd., S. 40.

mit einem deutlichen Vertrauensbeweis für die Arbeit der Landesverbandsführung beantwortet wurde. Mit 52 Stimmen gegen acht Enthaltungen wurde die von Middelhauve eingebrachte Formulierung angenommen: „Der Landesausschuß spricht dem Landesvorstand für seine Arbeit und politische Tätigkeit sein Vertrauen aus."[39] Einmal mehr hatte sich der Landesverbandsvorsitzende ein Plazet für seine Politik organisiert.

Die Einflussmöglichkeiten der innerverbandlichen Opposition auf den politischen Kurs der nordrhein-westfälischen FDP waren nicht nur gering, sondern quasi nicht existent. In der Landesführung war Middelhauve überwiegend von Personen umgeben, die – bei gelegentlichen Abweichungen in Fragen der methodischen Umsetzung – seine Politik der Nationalen Sammlung ohne Wenn und Aber mittrugen. In den turnusmäßig tagenden Gremien sorgten darüber hinaus Delegierte, die aufgrund ihrer selektiven Auswahl und ihres rüden Auftretens den Vergleich mit einem „Stoßtrupp"[40] provozierten, für ein „einheitliches", fast ist man geneigt zu sagen: gleichgeschaltetes Erscheinungsbild.

Am Ende des Jahres 1952 hatte sich die Situation für die Kritiker des nationalen Sammlungskurses in zweierlei Hinsicht zugespitzt. Einerseits versuchte der Middelhauve-Flügel auch auf Bundesebene an Einfluss zu gewinnen, um so das Deutsche Programm zur Grundlage des Bundestagswahlkampfes zu machen. Andererseits kursierten – von der deutschen Öffentlichkeit kaum wahrgenommen – seit November ganz konkrete Informationen über angebliche Querverbindungen zwischen dem Naumann-Kreis und Vertretern der nordrhein-westfälischen FDP. Ein vermutlich aus englischen Quellen gespeister Artikel der Stockholmer Zeitung *Dagens Nyheter*[41] vom 18. November 1952 sah den rechten Flügel der Liberalen bereits „auf dem Wege zu einer neuen ‚Harzburger Front' weit fortgeschritten" und bezeichnete Ernst Achenbach als den „Spiritus rector" dieser konspirativen Verbindungen.[42] Doch nicht allein der britische Geheimdienst hatte seit Anfang 1952 den Kreis um Werner Naumann ins Visier genommen und dessen „Telefon und Postverkehr überwacht".[43] Vertraulichen Informationen aus dem Bundesinnenministerium zufolge waren auch deutsche Behörden über die Geschehnisse innerhalb jenes Zirkels durch einen V-Mann im Bilde, der auch bei der Verhaftungsaktion „geschont" worden sei, „da man ihn brauche".[44] Der Verfassungsschutz in Nordrhein-Westfalen hatte außerdem seit Mai 1952 im Verborgenen gegen den Zirkel um Werner Naumann ermittelt. Sogar das Münchner Institut für Zeitgeschichte war von der Bundesregierung um Expertise gebeten worden,

---

[39] Ebd., S. 41 f.
[40] So Dehler, in: FDP-Bundesvorstand 1949–1952, Nr. 25a, 19. 11. 1952, S. 602.
[41] Vgl. FDP-Bundesvorstand 1953/54, Nr. 28, 24. 1. 1953, S. 803; Buschfort, Hüter, S. 253; Herbert, Best, S. 466; Frei, Vergangenheitspolitik, S. 364.
[42] Dagens-Nyheter-Artikel in einer dpa-Fassung vom 17. 12. 1952, zit. n. Grimm, Unrecht, S. 178 f.
[43] Brauers, FDP, S. 617.
[44] Diese durchaus brisanten Informationen stammen von Hans Egidi, Ministerialdirektor im BMI und dort Leiter der Abteilung für Öffentliche Sicherheit. Vgl. Informationsbericht Robert Strobels vom 20. 1. 1953, IfZ-Archiv, ED 329/5. Jener V-Mann „sei früher einmal ein schwer belasteter Nazi gewesen und genieße deshalb das Vertrauen jener Leute". Um Ernst Achenbach hat es sich hierbei wahrscheinlich nicht gehandelt. Nach einer vertraulichen Information aus britischen Regierungskreisen habe Achenbach jedoch (zu einem leider nicht feststellbaren Zeitpunkt) Otto John, dem Präsidenten des Bundesamtes für Verfassungsschutz, das Angebot unterbreitet, „als Spitzel unter den Leuten des Naumann-Kreises tätig zu sein". Wohl nicht nur die Briten zeigten sich davon „überzeugt, daß Achenbach dieses seltsame Angebot nur gemacht habe, um sich selbst eine Rückendeckung zu verschaffen". Vgl. Informationsbericht Robert Strobels vom 16. 4. 1953, IfZ-Archiv, ED 329/5; Frei, Vergangenheitspolitik, S. 384, Anm. 95.

um mehr über die Person Naumanns zu erfahren.[45] Über regierungsamtliche Stellen sind auch einige Vertreter der FDP über die potentielle Gefahr einer nationalsozialistischen Infiltration in Kenntnis gesetzt worden. So informierte der nordrhein-westfälische Innenminister Franz Meyers (CDU) sowohl die Middelhauve-Kritiker Mende, Wirths und Schneider (Anfang Dezember) als auch den FDP-Bundesvorsitzenden Franz Blücher (18. Dezember 1952) über die Verdachtsmomente personeller Verflechtungen.[46] Meyers seinerseits erhielt Besuch von dem einmal mehr bestens informierten Middelhauve, der – in Begleitung von Ernst Achenbach – die Vorwürfe einer nationalsozialistischen Unterwanderung als „unerhörte Unterstellung und Verleumdung"[47] zurückwies.

In dieser von Gerüchten und Verdächtigungen geprägten Atmosphäre veröffentlichte eine bewusst anonym bleibende „Gruppe fortschrittlicher Mitglieder der Freien Demokratischen Partei im Lande Nordrhein-Westfalen" mehrere Rundschreiben, die dem Ziel dienten, „zur Wiedereinführung demokratischer Methoden und zur Entlarvung undemokratischer Funktionäre des Landesverbandes beizutragen".[48] Im Zentrum ihrer Kritik stand die Überfremdung der FDP mit hochrangigen Kräften der NS-Zeit[49], „mit denen die Herren Dr. Middelhauve und von Rechenberg sich zu fast 100% umgeben".[50] Carl Wirths versicherte später, „weder Initiator noch Verfasser noch Verteiler der erwähnten anonymen Rundschreiben"[51] zu sein. Aber natürlich war er durch den autoritären Umgang mit innerverbandlicher Opposition sensibilisiert worden, so dass er zusammen mit Karl Schneider Kontakt mit dem FDP-Bundesvorsitzenden Blücher suchte, den sie zu einem vertraulichen Treffen von etwa 30 Kreisvertretern einluden, das am 3. Januar 1953 – dieses Mal unter Ausschluss des Landesverbandsvorsitzenden – in Köln stattfinden und auf dem die „ernste Besorgnis über den Zustrom rechtsradikaler Elemente"[52] diskutiert werden sollte. Gesprächsgrundlage war eine „Informationsmaterial in Stichworten" betitelte, offensichtlich aus gut unterrichteten Quellen stammende Sammlung von Kontaktpersonen Werner Naumanns sowie von hauptamtlichen Mitarbeitern der FDP samt ihrer NS-Vergangenheit.[53]

Zur Bestürzung aller Anwesenden erschien der weder eingeladene noch offiziell informierte Middelhauve in Begleitung von Wolfgang Döring bei der „geheimen" Kölner Zusammenkunft. Der Landesverbandsvorsitzende echauffierte sich dort über das an den Tag gelegte Misstrauen seiner Person gegenüber und verließ schließlich – provoziert von Missfallensbekundungen Carl Wirths'[54] – aufgebracht den Kreis seiner Kritiker. Was sich nun anschloss, ähnelte in frappierender Weise dem Vorgehen Middelhauves vom Januar 1952:

---

[45] Vgl. Anhang zur Aufzeichnung Wolfgang Glaessers vom Presse- und Informationsamt der Bundesregierung (Abteilung Inland) für Blücher, 7.1.1953, BA, N 1080/272, pag. 266.
[46] Vgl. Bericht Blüchers vom 28.5.1953, HStAD, RWN 220/2, pag. 138 (abgedruckt bei Grimm, Unrecht, S. 214ff.); Brauers, FDP, S. 619; Buschfort, Hüter, S. 253ff.; Paul, Debatten, S. 153.
[47] Protokoll über die Sitzung des Landesausschusses am 6.1.1953, ADL, Bestand FDP-LV NRW, Landesausschuss, 26899, S. 53.
[48] Rundschreiben vom Dezember 1952, ADL, Bestand Kurt Blankenburg, N9.
[49] Konkret wurden die Namen Diewerge, Zoglmann, Best und Naumann genannt.
[50] Rundschreiben von „Ende Dezember 1952", ADL, Bestand Kurt Blankenburg, N9.
[51] Protokoll über die Sitzung des Landesausschusses am 6.1.1953, ADL, Bestand FDP-LV NRW, Landesausschuss, 26899, S. 21.
[52] Vgl. Notiz aus dem Nachlass Dehler, zit. n. FDP-Bundesvorstand 1953/54, Nr. 28, 24.1.1953, S. 793, Anm. 2; vgl. auch Brauers, FDP, S. 618; Papke, Ordnungskraft, S. 169f.
[53] BA, N 1080/258, pag. 33–37. Von Döring erhielt Middelhauve am 9.1.1953 die Empfehlung, in der kommenden Bundesvorstandssitzung besser „nicht in eine detaillierte Diskussion über den Inhalt" jenes Informationsmaterials einzutreten; HStAD, RWN 172/163, pag. 19.
[54] Vgl. Gedächtnisprotokoll von Middelhauve und Döring, HStAD, RWN 172/163, pag. 33f.

Für den 6. Januar berief er eine Sitzung des Landesausschusses ein, die er erneut als Bühne zur Zurückweisung aller Vorwürfe und zur Kaltstellung der Oppositionellen nutzen wollte. Einmal mehr ging diese Rechnung auf. Jegliche Behauptung einer Beziehung zwischen Kreisen der nordrhein-westfälischen Liberalen „zu diesem NS-Führungsring" sei „eine unglaubliche Verlogenheit, der sich keiner unter uns schuldig machen sollte"[55], und der „Verdacht einer neo-faschistischen Unterwanderung, einer neo-faschistischen Durchsetzung unserer Partei" wäre „irgendwie ein übler Versuch, eine wachsende und sich stärkende Partei zu zerschlagen und ihre Stoßkraft zu lähmen".[56] Seinen anonymen Kritikern, die er auch als „Lumpen"[57] bezeichnete, hielt er „mit einer Dreistigkeit, die nur von seiner gleichzeitigen Heuchelei noch übertroffen wurde"[58], entgegen: „Ich habe immer gemeint, in unserer Partei herrsche soviel Zivilcourage und soviel Vertrauen zum anderen, daß man sich offen zu seiner Kritik bekennt und nicht diese Kritik so übt, wie es hier leider Gottes geschehen ist".[59] Aus dem Munde eines Parteiführers, der seine Kritiker wie in einem Schauprozess an den Pranger zu stellen bereit war, mussten Elogen auf die „Bedeutung der Diskussion, der Aussprache in der Demokratie"[60] wie Hohn klingen.

Die Erwiderungen der wenigen Oppositionellen waren inhaltlich schonungslos und begnügten sich keineswegs mit pauschalen Verdächtigungen, sondern fanden ihre Konkretisierung in einer Vielzahl von Beispielen[61], die in ihrer Addition unweigerlich den Eindruck erweckten, dass im Landesverband ein Prinzip am Wirken sei, „das sich zum Totalitarismus entwickelt".[62] Erstmals wurde auch explizit die Person des Landesverbandsvorsitzenden angegriffen, der in der Vergangenheit erbetene und zugesagte Aussprachen platzen sowie an ihn gerichtete Briefe und Eingaben unbeantwortet ließ.[63] Wiederum herrschte in jener Sitzung eine Atmosphäre der Einschüchterung, die mit Zurufen wie z. B. „Rausschmeißen!"[64] in Richtung von Carl Wirths geschaffen wurde. Unweigerlich fühlte sich Karl Schneider an die berüchtigte Landesausschusssitzung vom 30. Januar des Vorjahres erinnert, auf der gleichfalls „außer einigen wenigen niemand zu Wort gekommen ist".[65] Nicht ohne Berechtigung machte Paul Brinkmann, FDP-Kreisvorsitzender von Ennepe-Ruhr, den Landesverbandsvorsitzenden für diese kaum mehr erträglichen Zu-

---

[55] Protokoll über die Sitzung des Landesausschusses am 6.1.1953, ADL, Bestand FDP-LV NRW, Landesausschuss, 26899, S. 10.
[56] Ebd., S. 51.
[57] Vgl. Notizen zur Rede auf der Landesausschusssitzung am 6.1.1953, HStAD, RWN 172/572, pag. 6.
[58] Frei, Vergangenheitspolitik, S. 378. Freis Bewertung bezieht sich zwar auf eine andere Situation, sie charakterisiert Middelhauves Doppelzüngigkeit jedoch so treffend, dass sie auch hier zutrifft.
[59] Protokoll vom 6.1.1953 (s. Anm. 55), S. 12.
[60] Vgl. Notizen (s. Anm. 57), pag. 7. Schneider fasste seine Erfahrungen mit innerparteilichen Diskussionsgepflogenheiten dahingehend zusammen, „daß sich hier zwei sehr unterschiedliche Auffassungen über Demokratie und die Arbeit in der Demokratie gegenüberstehen". Protokoll vom 6.1.1953 (s. Anm. 55), S. 27.
[61] Vgl. Protokoll vom 6.1.1953 (s. Anm. 55), S. 21 ff.
[62] Schneider, ebd., S. 30.
[63] Vgl. ebd., S. 31 f. Paul Brinkmann klagte, es sei „seit anderthalb Jahren [...] nicht mehr möglich, an Herrn Middelhauve heranzukommen". Und direkt an Middelhauve gewandt: „Wir hatten Sie gebeten, doch in einem engeren Kreis zusammenzukommen und unsere berechtigten Sorgen einmal vorzutragen. Stattdessen gingen Sie den Weg der Landesausschuß-Sitzung. Herr Middelhauve, diese Touren kennen wir!" Ebd., S. 31.
[64] Ebd., S. 15.
[65] Ebd., S. 22.

stände verantwortlich: „Wenn wir heute diese Atmosphäre hier haben, so komme ich zu der Überzeugung, daß dieses die Frucht seines Tuns ist; und hiermit meine ich Herrn Dr. Middelhauve!"[66]

Es war jedoch erneut ein Kampf, den die innerverbandliche Opposition nicht gewinnen konnte. Im Grunde wurde ihr dort jede Existenzberechtigung abgesprochen: „Ist das Demokratie, daß eine kleine Minorität von Unruhestiftern immer wieder versucht, ihre Meinung durchzudrücken im Gegensatz zu der weitaus überwiegenden Mehrzahl der Parteifreunde auf den Landesparteitagen und den Landesausschußsitzungen? Wohin soll das kommen?"[67] Diese abschätzige Aussage kann als charakteristisch für den Umgang mit Kritik und Opposition angesehen werden; mit welchen Mitteln eine „Mehrzahl" in den besagten Gremien erreicht wurde, wie ungehobelt diese die Wortführerschaft an sich gerissen hatte – das wurde nicht hinterfragt. Wie schon im Januar 1952 bediente sich Middelhauve auch dieses Mal des effektvollen Mittels der Vertrauensfrage bzw. des fingierten Misstrauensantrags.[68] Zur Festigung seiner eigenen Position wies der bei drei Enthaltungen angenommene Antrag sogar eine personalisierte Erweiterung auf: „Der Landesausschuß spricht dem Landesvorstand, insbesondere dem Landesverbandsvorsitzenden das volle Vertrauen aus."[69] Allein bei diesem demonstrativen Gunstbeweis ließ es der Landesausschuss jedoch nicht bewenden. Auf Anregung Ernst Achenbachs[70] wurde gegen die Initiatoren des Kölner Treffens, Wirths und Schneider, ein ehrengerichtliches Verfahren wegen parteischädigenden Verhaltens eingeleitet, das unter Umständen mit ihrem Ausschluss aus der FDP enden konnte.[71]

Anhand der Sitzung des Landesausschusses lässt sich in nuce ablesen, wie prekär die Situation für innerverbandliche Kritiker des nationalen Sammlungskurses war. Frei nach dem von der Parteiführung diktierten Grundsatz „Der Landesverband hat nur eine politische Richtung" wurde Widerspruch oder Kritik – egal in welcher Form geäußert – nicht geduldet. Doch nicht nur innerhalb der nordrhein-westfälischen FDP war es Middelhauve bis zum Jahresbeginn 1953 gelungen, seine Kritiker mundtot zu machen, auch auf der Ebene der Bundespartei, genauer gesagt: auf dem Bundesparteitag von Bad Ems im November 1952, konnte „sein" Flügel gegen den erbitterten Widerstand vor allem der Parteilinken einen wichtigen Etappensieg erringen.

2. „Gefahr von rechts" vs. „Pflicht nach rechts" – Konflikte auf Bundesebene

„Ich verwahre mich dagegen, wir würden Verschwörungen machen. Es ist ein Unglück, daß zwei Richtungen in der Partei sind, das ist nun zum Ausdruck gekommen."[72]

---

[66] Brinkmann, ebd., S. 31.
[67] Seemann, Bezirksverband Westfalen-Süd, ebd., S. 70.
[68] Middelhauve an Carl Wirths gerichtet: „Ich lege Wert darauf, daß heute ein Mißtrauensantrag kommt – ich wäre dankbar, wenn Sie ihn herbeiführen –, damit Klarheit herrscht." Ebd., S. 17.
[69] Ebd., S. 91.
[70] Vgl. ebd., S. 55.
[71] Vgl. Papke, Ordnungskraft, S. 170. Papkes Feststellung, Wirths und Schneider seien „völlig isoliert" gewesen, trifft den Kern der Sache nicht recht. Einerseits wurden beide sehr wohl von anderen Delegierten (z.B. Altenhain und Brinkmann) unterstützt, andererseits trug die selbst aus dem Protokoll ersichtliche aggressive Stimmung den Kritikern gegenüber ohne Zweifel zu deren „Isolierung" und dem eindeutigen Votum bei.
[72] So Middelhauve, in: FDP-Bundesvorstand 1949–1952, Nr. 14d, 22.9.1951, S. 281.

Schon auf dem Münchner Bundesparteitag vom September 1951 musste sich Middelhauve von Kollegen des Bundesvorstandes den Vorwurf gefallen lassen, sein nordrhein-westfälischer Landesverband führe die Bundespartei an den Rand einer Spaltung. Ein mutwillig heraufbeschworener Eklat der Parteirechten war *ein* Stein des Anstoßes: Entgegen einer im Bundesvorstand getroffenen Absprache[73] wollte der rechte Flügel – allen voran die nordrhein-westfälische Geschäftsführerriege – bei einer öffentlichen Kundgebung im Augustinerkeller seinen ganz persönlichen Beitrag zum schwelenden „Hymnenstreit" leisten und intonierte nach Abschluss der offiziellen Reden das Deutschlandlied – in drei Strophen.[74] „,Aufstehen!', riefen sie befehlend, als Blücher sich bei den ersten beiden Strophen unschlüssig zeigte, ob er stehen oder sitzen solle. Und der Vizekanzler gehorchte, wenn auch widerstrebend und mit nicht ganz durchgestreckten Knien. Demonstrativ sitzen blieb bei der ersten und zweiten Strophe der Vizepräsident des Bundestages, Dr. Hermann Schäfer, jener vornehme, liberale Demokrat aus der Hansestadt Hamburg."[75] Dass eine solche „nationale Machtdemonstration" dazu in der Lage war, den gemeinschaftlichen Fortbestand der FDP infrage zu stellen, kann als Beleg für die verhärteten innerparteilichen Fronten betrachtet werden.[76] Die Empörung war immens: Dem rechten Parteiflügel wurde im Bundesvorstand Hetzerei (Ernst Mayer), ein „Vergewaltigen wollen" (Franz Blücher), eine „SA-ähnliche Geschichte"[77] (Eberhard Wildermuth) vorgeworfen. Ohnehin hatte sich in München der Eindruck eines Profilierungsversuches des nationalliberalen Flügels aufgedrängt – vom Generalamnestie-Antrag sowie dem „Saalschutz" in Form der Jungen Adler ist bereits die Rede gewesen. Der nordrhein-westfälische Rechtsaußen von Rechenberg trat, für die Mehrheit des Parteitages völlig unerwartet, in der Wahl um den Parteivorsitz gegen Franz Blücher an und konnte immerhin 91 Stimmen auf sich vereinigen, während der amtierende Parteivorsitzende mit 153 Stimmen wiedergewählt wurde.

Die realen Chancen auf den Vorsitz der Bundespartei für von Rechenberg waren zu diesem Zeitpunkt sehr gering, die Motive für seine Kandidatur müssen daher wohl an anderer Stelle gesucht werden. Am wahrscheinlichsten dürfte die kurz darauf von Middelhauve – er war bereits zwei Wochen vor dem Parteitag über das Vorhaben von Rechenbergs informiert worden – vor dem Landesausschuss gegebene Begründung sein, die Kandidatur sei als Demonstration zu verstehen, „daß Nordrhein-Westfalen als tragender Landesverband dieser Partei durchaus nicht immer einverstanden sei mit den Entscheidungen der Bundestagsfraktion und der Minister im Kabinett".[78] Jene Aktion sollte aber auch über die FDP hinaus Beachtung finden und „eine Warnung an die Adresse des Bundeskanzlers und der CDU darstellen, daß […] die FDP durchaus auch zu einem oppositionellen Kurs in der Außenpolitik imstande sein würde".[79] In Adenauers Reserviertheit gegenüber der Parole *Deutsche an einen Tisch* erblickten so manche Rechtsliberale eine günstige Möglichkeit, mit dem Drängen auf eine „stramme, auch vor Risiken und Fehldeutungen nicht zurückschreckende Wiedervereinigungspolitik"[80] (nationalprotestantische) Wählerkreise anzu-

---

[73] Vgl. ebd., Nr. 14a, 19.9.1951, S. 260ff.
[74] Vgl. Wengst, Dehler, S. 173.
[75] Süddeutsche Zeitung, 24.9.1951, zit. n. Brauers, FDP, S. 542.
[76] Vgl. FDP-Bundesvorstand 1949–1952, Nr. 14e, 22.9.1951, S. 282ff.
[77] Ebd., S. 283.
[78] Protokoll über die Sitzung des Landesausschusses am 20.10.1951, ADL, Bestand FDP-LV NRW, Landesausschuss, 26898.
[79] Rütten, Liberalismus, S. 235.
[80] Schwarz, Ära Adenauer, S. 306.

sprechen, deren Einheits- und Souveränitätssehnsüchte mit dem eher rational begründeten Kurs der Westintegration kaum zu befriedigen waren.

Von Rechenbergs Selbstverteidigung in Bezug auf das die Bundespartei brüskierende Vorgehen des rechten Parteiflügels fiel bemerkenswert aus: „Ich habe ein Recht für die Richtung, die ich vertrete, und man verurteilt mich hierfür. Wenn ich dieses Recht nicht hätte, hätten wir eine hitlerische Einheitspartei."[81] Zweifellos ein gewagter Vergleich für eine Person, die schon 1948 allen Mitgliedern, die „mehr oder weniger zur ‚linken Seite' tendierten", empfahl, „‚schnellstens' die Partei [zu] verlassen […], damit die FDP nicht in die Lage käme, eines Tages zwei Richtungen in der Partei zu haben".[82]

Allein die Uneinigkeit des zahlenmäßig überlegenen, nationalliberalen Flügels dürfte auf dem Münchner Bundesparteitag eine deutliche Verschiebung des Parteigefüges nach rechts verhindert haben.[83] In der Wahl zum stellvertretenden Parteivorsitzenden setzte sich mit Hermann Schäfer ein Exponent des linksliberalen Lagers gegen August Martin Euler durch. Auch die Wahlen zum geschäftsführenden Bundesvorstand gerieten zur Enttäuschung für Euler und Middelhauve, die mit 60 bzw. 55% der Delegiertenstimmen gewählt wurden. Artur Stegner, der anders als Middelhauve und Euler „weit eher dem Typus des dumpfen, eher grobschlächtigen Nationalisten"[84] entsprach, verpasste hingegen den Einzug in jenes Gremium, obwohl er als niedersächsischer Parteivorsitzender einen vergleichsweise großen und dezidiert nationalen Landesverband anführte.

Eine bedeutsame Folge dieses Parteitages dürfte die verstärkte Entfremdung des Parteivorsitzenden Blücher von „seinem" Landesverband gewesen sein. Wie Theo Rütten anhand einiger Dokumente aus dem Nachlass Blücher nachweisen konnte, wandten sich im Anschluss an den Münchner Bundesparteitag nicht nur Parteifreunde mit der Bitte an den Bundesvorsitzenden, seinen „ganzen Einfluß aufzubieten, um hier klare Verhältnisse zu schaffen und um eventuell eine Reinigung der Partei herbeizuführen"[85]. Blücher selbst zweifelte in einem Brief an seinen Stellvertreter Hermann Schäfer daran, ob sie noch einer Partei vorstehen könnten, „die in ihren lauten Äußerungen sehr wenig von der Haltung verrät, die die unsere ist".[86] Zugleich äußerte er den Wunsch nach einem gemeinsamen Treffen mit Vertretern des liberaldemokratischen Kurses, um so – Zitat Rütten – „die weiteren Schritte gegen das Vormachtstreben der Parteirechten beraten zu können".[87] Konsequenzen gleich welcher Art konnte eine solche Zusammenkunft indes nicht zeitigen, ließ doch das relative parteiinterne Mächtegleichgewicht keine entschiedenere Haltung der Bundesführung zu als die des permanenten Ausgleiches.

Während die Gemäßigten mit dem Schicksal und einer drohenden Spaltung der FDP haderten, bereiteten Middelhauve und seine Mitarbeiter hinter den Kulissen schon die

---

[81] FDP-Bundesvorstand 1949–1952, Nr. 14e, 22.9.1951, S. 283.
[82] Protokoll über die Sitzung des Landesausschusses am 30.10.1948, in: Politischer Liberalismus, Nr. 51, S. 340, Anm. 11.
[83] Vgl. Brauers, FDP, S. 536ff.
[84] Ebd., S. 531.
[85] Wolfgang Haußmann an Blücher, 27.10.1951, zit. n. Rütten, Liberalismus, S. 237.
[86] Blücher an Schäfer, 12.11.1951, zit. n. ebd., S. 236.
[87] Ebd., S. 238. Jene von Blücher genannten Personen waren Otto Bezold (Satzungsexperte der Partei und stellvertretender Vorsitzender der bayerischen FDP), Thomas Dehler, Hermann Höpker-Aschoff (seit September 1951 erster Präsident des Bundesverfassungsgerichtes), Ernst Mayer (Bundesvorstandsmitglied aus Baden-Württemberg), Willy Max Rademacher (Vorsitzender des Hamburger Landesverbandes) und Eberhard Wildermuth (Bundeswohnungsbauminister).

Mehrheitsbeschaffung für den nächsten Bundesparteitag vor, dessen Vorstandswahlen „eine grundsätzliche Änderung"[88] herbeiführen sollten. Eine neuerliche Schlappe des nationalliberalen Flügels konnte indes nur mit einer größeren Geschlossenheit seiner Exponenten verhindert werden. Willi Weyer, der feststellte, dass bei größerer Einigkeit der nordrhein-westfälischen Delegierten „Herr Blücher in diesem Jahre nicht gewählt worden wäre", schlug die naheliegendste aller Lösungen vor: „Bei der Wahl der Delegierten müsse mehr darauf geachtet werden, daß die Linie des L.V. eingehalten werde."[89] Wie noch zu zeigen ist, sollte diese Anregung im Vorfeld des Bundesparteitages von Bad Ems konsequent umgesetzt werden.

Doch nicht nur verbandsintern, auch länderübergreifend musste Vorsorge getroffen werden, dass das rechte Lager künftig geschlossener auftreten würde als bisher. Unmittelbar nach dem Münchner Parteitag hatte Middelhauve „mit Herrn Euler eingehende Unterredungen hierzu gepflogen". Zudem kam es seit Januar 1953 zwischen den führenden Liberalen aus Nordrhein-Westfalen, Hessen, Niedersachsen und Südwürttemberg-Hohenzollern zu wiederholten Treffen, die der Koordination des gemeinsamen Vorgehens dienen sollten.[90] Aus nachvollziehbaren Gründen wurden bei solcherlei Treffen keine ausführlichen Niederschriften angefertigt und „zu den Akten" gelegt. Ein Vermerk an Middelhauve enthält lediglich den Hinweis, dass die „erörterten Fragen [...] keiner Protokollierung" bedürfen bzw. „zweckmäßiger Weise nicht protokolliert werden" sollten.[91] In einem für Wolfgang Dörings Geschmack etwas zu offenen Brief an ihn ließ der niedersächsische Landtagsabgeordnete Reinhold Kreitmeyer jedoch durchblicken, dass dort über „Maßnahmen" gesprochen wurde, „die in Bad Ems ganz zweifellos getroffen werden müssen".[92]

Mit seinen Initiativen trug Middelhauve wesentlich dazu bei, die Reihen des rechten Flügels im Vorfeld des Bundesparteitages vom 20. bis 22. November 1952 in Bad Ems zu schließen. Verbandsintern benannte er das anzustrebende Ergebnis mit den klaren Worten, „daß Ems unvermeidlich den Standort der Partei klären müsse. Da der Bund bisher versagt habe, müsse Nordrhein-Westfalen auch dort wieder einmal in die Bresche springen, ausgehend von der Essener Entschließung bis zur Durchsetzung des ‚Deutschen Programms'. Bringe Ems dagegen eine Niederlage und setze sich das Konzept Maier durch,

---

[88] Middelhauve mit seinen engsten Mitarbeitern auf der Opladener Tagung am 1.11.1951, HStAD, RWN 172/214, pag. 5.
[89] Ebd.
[90] Vgl. Vermerk aus dem „Büro Middelhauve" vom 20.12.1951 zur Vorbereitung eines Treffens zwischen Middelhauve, von Rechenberg, Stegner und Euler am 7.1.1952 in Bad Godesberg, HStAD, RWN 172/278, pag. 19; Aktenvermerk über die Besprechung zwischen Middelhauve, Stegner, Döring, Huisgen und Wilke vom 8.4.1952, HStAD, RWV 49/858, pag. 125. Höhepunkt dieser Bemühungen war die „Wiesbadener Besprechung" vom 12.10.1952, an der u.a. Eduard Leuze vom liberalkonservativen Landesverband Südwürttemberg-Hohenzollern sowie Exponenten der DP teilnahmen, um Möglichkeiten für ein künftiges, gemeinsames Vorgehen auszuloten. Vgl. Papke, Ordnungskraft, S. 168.
[91] Aktenvermerk vom 9.4.1952, HStAD, RW 49/858, pag. 124.
[92] Kreitmeyer an Döring, 31.10.1952, HStAD, RWV 49/852, pag. 102. Kreitmeyer, der von Döring auf den neuesten Stand der Vorbereitungen für Bad Ems gebracht werden wollte, wurde von diesem in seiner Antwort belehrt, dass es nicht „zweckmäßig wäre, schriftlich über den Stand der Dinge zu berichten. Im übrigen wird, soweit ich durch Herrn Dr. Middelhauve unterrichtet bin, in den nächsten Tagen eine Besprechung zwischen Vertretern Ihres Landesverbandes, des Landesverbandes Hessen und unserem stattfinden, in deren Rahmen zweifelsohne auch die von Ihnen angeschnittenen Probleme behandelt werden. Anlässlich dieser Zusammenkunft werde ich Ihnen zweckmäßigerweise Einzelheiten mündlich berichten." Döring an Kreitmeyer, 5.11.1952, ebd., pag. 101.

dann sehe er, Dr. Middelhauve, keine Möglichkeit mehr, in der Partei weiter mitzuarbeiten."[93]

Die Zeichen vor dem Bundesparteitag standen auf Sturm und ließen eine Konfrontation der beiden Parteiflügel erwarten. Während die baden-württembergischen Liberalen durch ihre Koalition mit der SPD den parteioffiziellen Kurs nach links verlassen hatten, schickten sich die Nationalliberalen an, eine substanzverändernde Öffnung nach rechts auch in der Bundespartei durchzusetzen. Das einleitende politische Referat des Parteivorsitzenden Franz Blücher weckte mit seinem ambitionierten Titel – *Der politische Standort und die Ziele der Freien Demokratischen Partei* – hohe Erwartungen, die es freilich gar nicht erfüllen *konnte*. Nach Blüchers Vorstellung hatte der Parteitag „vor allem eine Aufgabe: Er soll zu einer Aussprache über die politische Grundhaltung, die politische Weltanschauung der Partei Gelegenheit geben."[94] Wie zu erwarten war, kam es in den beiden Folgetagen jedoch nicht zu einer klärenden Aussprache, sondern zu einer zwischen den Vertretern verschiedener Landesverbände erregt geführten Debatte, die überwiegend um das Für und Wider eines nationalen Sammlungskurses kreiste. Middelhauve schaffte es, dem Parteitag inhaltlich seinen Stempel aufzudrücken und seine innerparteilichen Widersacher zu provozieren. So entwarf der baden-württembergische Ministerpräsident Reinhold Maier die abschreckende Vision einer aus der FDP hervorgehenden Deutschnationalen Volkspartei[95] und erläuterte die in seinen Augen drohende „Gefahr nach rechts, von rechts":

> „Sie liegt nicht in dem Wiederaufleben des Nationalsozialismus Hitlerscher Prägung. Sie liegt nicht bei der SRP und ähnlichem. Sie liegt in der Möglichkeit, daß eine Nationale Rechte sich bildet, welche sich nicht radikal anti-demokratisch gebärdet, […] aber die Demokratie als schließlich doch zweitrangige Angelegenheit behandelt und eben schließlich in autoritäre Formen, ob sie will oder nicht, hineinstoßen wird."[96]

Angesichts einer zunehmenden Unterdrückung der innerparteilichen Demokratie, welche die nordrhein-westfälische FDP als Prototyp der Nationalen Sammlung in ihrem Einflusskreis bereits praktizierte, war eine derartige Warnung nicht unbegründet – sie traf ziemlich genau die drohende Gefahr.

Die Randbemerkungen des Parteitagsprotokolls geben zusätzlichen Aufschluss über die (landesverbandsspezifische) Blockbildung in der FDP: Während Maiers Ausführungen von Beifallsbekundungen der Landesverbände Baden-Württemberg, Bayern, Berlin und Hamburg begleitet wurden, erntete kurz darauf Euler mit seinem Postulat einer „Pflicht nach rechts für unsere Partei"[97] sowie seinem Eintreten für den Sammlungsgedanken „anhaltenden starken Beifall" vor allem von den Delegierten aus Nordrhein-Westfalen, Hessen, Niedersachsen und Schleswig-Holstein; Letztere begleiteten auch Middelhauves

---

[93] Protokoll über die Sitzung des geschäftsführenden Landesvorstandes am 24.10.1952, ADL, Bestand FDP-LV NRW, Geschäftsführender Landesvorstand, 27034; mehrfach wurde dort die Forderung erhoben, „in Ems sich auf alle Fälle durchzusetzen".

[94] Blücher-Rede: Der politische Standort und die Ziele der Freien Demokratischen Partei, 20.11.1952, ADL, Bestand Bundesparteitag, A1-30, pag. 1.

[95] Protokoll des Bundesparteitages, ADL, Bestand Bundesparteitag, A1-30, pag. 60.

[96] Ebd. Maier zitierte dort aus einer Rede, die er am 7.10.1952 vor Unternehmern gehalten und deren Presseecho „einigen Wirbel" ausgelöst hatte. Vgl. FDP-Bundesvorstand 1949–1952, Nr. 23, 26.10.1952, S. 553, Anm. 51.

[97] Protokoll des Bundesparteitages, ADL, Bestand Bundesparteitag, A1-30, pag. 80.

Grundsatzrede, in der er zum wiederholten Male für eine Politik der vorbehaltlos offenen Tore eintrat, mit frenetischem Applaus.

Eine Überwindung der Fronten war in Bad Ems ebenso wenig möglich wie eine fruchtbare, für das Profil der FDP dringend erforderliche Programmdebatte.[98] Zwar hatten die nordrhein-westfälischen Liberalen den Antrag an den Bundesparteitag gestellt, „sich zu den im Deutschen Programm niedergelegten Grundsätzen" zu bekennen und „sie zur Richtlinie ihrer politischen Arbeit"[99] zu machen, doch da jenes Programm a priori nicht als konstruktiver Beitrag für eine innerparteiliche Richtungsbestimmung angelegt, sondern eher ein Affront gegen jeden halbwegs gemäßigten Liberalen innerhalb der FDP war, konnte es kaum als Diskussionsgrundlage dienen.

Als Zeichen des guten Willens hatte der Bundesvorstand im Vorfeld sogar eine Kommission eingesetzt, die das Deutsche Programm überarbeiten sollte[100], doch mit dem Austritt von Willy Max Rademacher aus diesem Gremium am 16. Oktober 1952 kam die ohnehin aussichtslose Arbeit zum Erliegen.[101] Dem Hamburger Landesverbandsvorsitzenden drängte sich der Eindruck auf, dass „die Initiatoren des ‚Deutschen Programms' sich ein Ziel gesteckt" hätten, welches mit seiner „liberalen Auffassung nur noch wenig zu tun"[102] habe. Auf Veranlassung von Hermann Schäfer und Franz Blücher arbeitete unterdessen ein „Kreis der entschiedenen Liberalen"[103] an der Ausarbeitung eines Gegenprogramms unter dem bezeichnenden Titel „Liberales Manifest"[104], das neben dem Versuch einer allgemeingültigen Liberalismus-Definition und dem Bekenntnis zur parlamentarischen Demokratie u.a. die strikte Ablehnung eines „überspannten, in Machtgedanken verirrten Nationalismus" enthielt und zudem – anders als im Deutschen Programm – den Nationalsozialismus als das „entsetzlichste Unglück aller Zeiten" geißelte. Da beide Entwürfe lediglich die Fortsetzung des innerparteilichen Richtungsstreits in programmatisch manifestierter Form waren, fand in Bad Ems bewusst keine Programmdebatte statt. Nach einem für die Liberalen der Nachkriegszeit typischen Deeskalationsmuster, das von Zeit zu Zeit dilatorische Züge trug, wurden Deutsches Programm und Liberales Manifest einem Ausschuss zur Überarbeitung und eventuellen Synthetisierung übergeben.[105]

Einer weiteren altbekannten Strategie entsprechend, strebte der rechte Parteiflügel – gewissermaßen als Surrogat – über den Umweg der Vorstandswahlen eine richtungsweisende Entscheidung zu seinen Gunsten an. Der hessische Landesverband stellte zu diesem Zweck den satzungsändernden Antrag, dem Parteivorsitzenden einen zweiten Stellvertre-

---

[98] Eine Allensbacher Meinungsumfrage vom Juli 1953 unterstreicht das mangelnde Profil der FDP in der öffentlichen Wahrnehmung: Auf die Frage, ob die FDP „eine Partei der Mitte, eine Rechtspartei oder eine Linkspartei" sei, wussten 35% der Befragten hierauf keine Antworten zu geben, 33% hielten die Freien Demokraten für eine Rechtspartei, 28% für eine Partei der Mitte und 4% für eine Linkspartei. Vgl. Noelle/Neumann (Hrsg.), Jahrbuch, S. 266.
[99] Anträge des Landesverbandes Nordrhein-Westfalen, ADL, Bestand Bundesparteitag, A1-27, pag. 30. Bereits auf dem Bielefelder Landesparteitag hatte Middelhauve mit Entschiedenheit verkündet: „Der Landesverband Nordrhein-Westfalen hat das Kultur- und das Sozialprogramm durchgesetzt und wird auch das Deutsche Programm durchsetzen." Protokoll des Landesparteitages, ADL, Bestand FDP-LV NRW, Landesparteitag, 26714.
[100] Vgl. Brauers, FDP, S. 599f.; Wengst, Einleitung zu: FDP-Bundesvorstand 1949–1952, S. XLI.
[101] Vgl. ebd., S. XLIf.
[102] Rademacher an Bundesgeschäftsstelle, 16.10.1952, ADL, Bestand Bundesparteitag, A1-29.
[103] So Brauers, FDP, S. 597.
[104] Abgedruckt bei Juling, Entwicklung, S. 124–128.
[105] Vgl. ADL, Bestand Bundesparteitag, A1-28; Mende, Freiheit, S. 247.

ter zur Seite zu stellen.[106] Für dieses neu geschaffene Amt sollte Friedrich Middelhauve nominiert werden.[107]

Dass dieser ohnehin brisanten Personalie eine geradezu parteispaltende Sprengkraft zukam, ist nicht zuletzt auf ein hausgemachtes Versäumnis zurückzuführen. Das Problem der Entsendung von Bundesparteitagsdelegierten aus den Landesverbänden harrte seit dem Heppenheimer Gründungsparteitag, wo es auch schon zu „Ungelegenheiten"[108] gekommen war, seiner Lösung.[109] Da satzungsgemäß der Antrag für eine Mitgliedschaft „an die unterste Gliederung"[110] der Partei zu richten war, existierte weder auf Landes- noch auf Bundesebene eine zentrale Mitgliederkartei; zuverlässige Angaben über die Mitgliederstärke in den Landesverbänden, die ausschlaggebend für die Anzahl der zu entsendenden Delegierten war, konnten folglich nicht gemacht werden.[111] Wer skrupellos genug war, für den boten sich ungeahnte Manipulationsmöglichkeiten, denn ein Landesverband konnte der Bundespartei nahezu utopische Zahlen nennen, ohne dass deren Nachprüfbarkeit möglich gewesen wäre. So meldete der nordrhein-westfälische Landesverband im Juli 1950 einen Bestand von 11 700 bis 11 800 Mitgliedern. Acht Monate später soll sich dieser auf 28 242 weit mehr als verdoppelt haben. Für die Bundesparteitage von Essen und Bad Ems wurde schließlich sogar eine Zahl von 29 789 Mitgliedern zugrunde gelegt.[112]

Da die Form der Delegierung ein ständiger Quell des Misstrauens und der gegenseitigen Vorwürfe war[113], sollte eine seit September 1951 geplante Satzungsänderung Abhilfe schaffen. Doch der erst am 9. November 1952 vom Bundeshauptausschuss verabschiedete Beschluss, fortan nicht mehr die Mitgliederzahlen, sondern das Wahlergebnis des jeweiligen Landesverbandes zur Grundlage der Delegierten-Berechnung zu machen[114], kam für den Bad Emser Bundesparteitag zu spät, so dass es in Verbindung mit den Initiativen zur Umbildung des Bundesvorstandes zur bis dahin heftigsten Auseinandersetzung innerhalb der ohnehin nie spannungsfreien FDP kam. Neben dem fast schon obligaten Vorwurf überhöhter Mitgliederangaben[115], kritisierten Middelhauves Kollegen im Bundesvorstand insbesondere die ihrer Auffassung nach undemokratische und zudem nach politischen Kriterien vorgenommene *Benennung* der Delegierten in Nordrhein-Westfalen anstatt der

---

[106] Vgl. ADL, Bestand Bundesparteitag, A1-27; A1-32, pag. 9.
[107] Vgl. ebd., A1-32, pag. 21.
[108] Vgl. FDP-Bundesvorstand 1949–1952, Nr. 5c, 10. 6. 1949, S. 57.
[109] Zur Delegiertenproblematik vgl. Wengst, Einleitung zu: FDP-Bundesvorstand 1949–1952, S. L–LVI.
[110] Vgl. § 2a, 1, in: FDP-Bundesvorstand 1949–1952, Nr. 21, 5. 9. 1952, S. 427.
[111] Vgl. Brauers, FDP, S. 600f.; Hein, Milieupartei, S. 216ff.; Schleimer, Demokratiegründung, S. 15.
[112] Vgl. Gutscher, Entwicklung, S. 138ff.
[113] Dazu Blücher am 26. 10. 1952 im Bundesvorstand: „Seit zwei Jahren liegt wie ein Schatten über den Parteitagen der Zweifel an der Glaubwürdigkeit aller Abstimmungsergebnisse, weil man nicht weiß, ob die Vertreterzahlen richtig sind." FDP-Bundesvorstand 1949–1952, Nr. 23, S. 534.
[114] Vgl. ebd., Nr. 25a, 19. 11. 1952, S. 590, Anm. 4. Auf den ersten Blick mag es verwundern, dass diese Neufassung von Anträgen der Landesverbände Hessen und Nordrhein-Westfalen beruhte (vgl. FDP-Bundesvorstand 1949–1952, Nr. 19, 6. 7. 1952, S. 363, Anm. 11), die bislang wegen überhöhter Mitgliederangaben zu den Profiteuren der bisherigen Praxis zählten. Eine gewisse Folgerichtigkeit erhält die Initiative der beiden nationalliberalen Landesverbände jedoch dadurch, dass die Mitgliederverwaltung ein relatives Machtmittel in Händen der Kreisverbände war, das diese angesichts der sonstigen Zentralisierungsbemühungen nicht aufzugeben gedachten (vgl. Papke, Ziel, S. 84). Außerdem war es ja gerade das Kalkül dieser Landesverbände, mit der angestrebten Nationalen Sammlung einen enormen Stimmenzuwachs bei Landtags- und Bundestagswahlen zu erreichen, der sich somit auch in der künftigen Zusammensetzung der Bundesparteitage niederschlagen würde.
[115] Vgl. FDP-Bundesvorstand 1949–1952, Nr. 25a, 19. 11. 1952, S. 597.

eigentlich vorgeschriebenen *Wahl* durch die Kreisverbände.[116] Willy Max Rademacher und Thomas Dehler bemängelten, dass viele „alte" Freunde „bewußt nicht wiedergewählt und delegiert"[117] bzw. „Minderheiten [...] unter den Tisch gebügelt" und „kaltgestellt"[118] worden seien. Dass diese Vorwürfe nur zu berechtigt waren, zeigt ein Blick auf die in Nordrhein-Westfalen unternommenen Anstrengungen zur „Vereinheitlichung" ihrer Delegation, wie sie bereits im November 1951 anvisiert worden war. Ende September waren die Bezirksverbände von Wolfgang Döring aufgefordert worden, doppelt so viele Kandidaten zu benennen wie Delegiertenplätze vorhanden waren, um dem Landesvorstand „eine Wahl zu ermöglichen".[119] Der Begriff „Selektion" käme dem angestrebten Ziel wohl wesentlich näher. Doch damit nicht genug der Manipulationsmöglichkeiten. Selbst die Nennung von zwei Kandidaten war keine Garantie dafür, dass wenigstens einer davon delegiert wurde.[120] Auch der von der Geschäftsstelle festgelegte Delegiertenschlüssel weckte Misstrauen. Während der Bezirksverband Bergisch-Land mit seinen „renitenten" Kreisverbänden Wuppertal und Remscheid lediglich sechs Delegierte stellen durfte, konnten die „linientreuen" Verbände Ruhr und Düsseldorf jeweils deutlich mehr Vertreter nach Bad Ems entsenden.[121] Schließlich nahm sich Middelhauve höchstselbst auf der Landesvorstandssitzung am 27. Oktober 1952 das Recht heraus, gleich zehn (!) Kandidaten vorzuschlagen, die natürlich auch „gewählt" wurden – unter ihnen befanden sich Willi Weyer, Wolfgang Döring, Wolfram Dorn, Hasso von Manteuffel und Siegfried Zoglmann.[122]

Middelhauves Beteuerung vor dem Bundesvorstand, die nordrhein-westfälischen Delegierten seien „nicht einseitig ausgewählt worden"[123], entsprach nicht den Tatsachen. Der vielfach geäußerte Verdacht, die Nationalliberalen wollten aufgrund ihrer irregulären zahlenmäßigen Mehrheit eine „Machtentscheidung"[124] dadurch herbeiführen, dass sie „den Vorstand im Sinne einer bestimmten Richtung ganz einseitig besetzen"[125], wurde genährt durch die Weigerung Middelhauves und Eulers, die Vorstandswahlen auf den nächsten Bundesparteitag im Frühjahr 1953 zu verschieben. Obwohl sich eine Vielzahl von Bundesvorstandsmitgliedern – darunter Dehler, Bezold, Rademacher, Maier, Haußmann, Schwennicke – unter dem Eindruck der „Gefahr der Spaltung"[126] für eine Bestätigung des bestehenden Parteivorstands in Bad Ems und eine Neuwahl auf dem nachfolgenden Parteitag ausspracht, da sie dort auf eine „saubere Art"[127], also auf der Grundlage der neuen Satzung

---

[116] Vgl. ebd., S. 586–607.
[117] Ebd., Nr. 25c, 21.11.1952, S. 644.
[118] Ebd., Nr. 25a, 19.11.1952, S. 602. Zu jener Kontroverse vgl. auch Wengst, Dehler, S. 171f., 174f.
[119] Rundschreiben Nr. B 52/52, 29.9.1952, HStAD, RWN 172/162, pag. 89.
[120] Wie Carl Wirths und Cläre Blaeser 1953 versicherten, könne „an einzelnen Beispielen belegt werden, daß von den Kreis- bzw. Bezirksverbänden gemeldete Delegierte vom Landesvorstand nicht bestätigt, sondern an ihrer Stelle andere, überhaupt nicht benannte Personen gewählt worden sind". Undatierte Abschrift einer von Wirths und Blaeser verfassten Aufzählung von Missständen im nordrhein-westfälischen Landesverband der FDP, BA, N 1080/256, pag. 226.
[121] Vgl. Rundschreiben Nr. B 52/52, 29.9.1952, HStAD, RWN 172/162, pag. 89. Auch dieser Punkt erregte den Unmut von Wirths und Blaeser; vgl. Anm. 120.
[122] Vgl. Auszug auf dem Ergebnisprotokoll über die Sitzung des Landesvorstandes am 27.10.1952, HStAD, RWN 172/162, pag. 100.
[123] FDP-Bundesvorstand 1949–1952, Nr. 25c, 21.11.1952, S. 642.
[124] So Dehler, in: ebd., Nr. 25a, 19.11.1952, S. 601.
[125] So Ernst Mayer, in: ebd., S. 595.
[126] Ebd.
[127] So Bezold, in: ebd., S. 608.

würde erfolgen können, beharrte der rechte Parteiflügel auf seinem Vorhaben. In einer äußerst dramatischen Marathonsitzung des Bundesvorstandes (21.11.1952: 18:00 Uhr bis 3:00 Uhr), die am nächsten Morgen noch fortgesetzt wurde, entschied sich – so viel lässt sich retrospektiv wohl festhalten – nicht nur der geregelte Abschluss des Parteitages, sondern der Fortbestand der gesamten FDP. Gegen den Widerstand der Landesverbände Baden-Württemberg, Bayern, Berlin und Hamburg[128] einigte sich der Bundesvorstand letztlich darauf, dem Antrag Hessens zuzustimmen und Middelhauve zur Wahl des zweiten stellvertretenden Bundesvorsitzenden neben Hermann Schäfer aufzustellen. Einmal mehr hatte die Parteiräson gesiegt und aus Rücksicht auf die Einheit der FDP die gemäßigten, liberaldemokratischen Landesverbände zum Stillhalten und Dulden des nationalliberalen Offensivdranges verurteilt.[129]

In einer turbulenten Wahlsitzung am Abschlusstag der Bad Emser Zusammenkunft, die beinahe noch in einem Eklat geendet hätte[130], wurden der Parteivorsitzende und seine beiden Stellvertreter schließlich „beschlussgemäß" gewählt, doch das Wahlergebnis ließ einigen Interpretationsspielraum zu: Während der ohne Gegenkandidat angetretene Franz Blücher lediglich 180 von 273 abgegebenen Stimmen erhalten hatte (enthalten: 87, ungültig: 6), was einer Abstrafung seines kontur- und richtungslos erscheinenden Führungsstils gleichkam, konnten Schäfer 174 und Middelhauve 184 Stimmen auf sich vereinigen.[131] Da Middelhauve und Schäfer als „Flügelexponenten"[132] gleichsam personalisiert für die hinter ihnen stehende, voneinander abweichende Ausrichtung des Liberalismus innerhalb der FDP standen, kann ihr Wahlergebnis als Indiz für das relative innerparteiliche Kräftegleichgewicht gewertet werden. Entgegen der – fast schon autosuggestive Züge tragenden – Beschwörung Blüchers zu Beginn des Bundesparteitages, dass Kennzeichnungen wie *rechts* oder *links* „für die Bestimmung des politischen Standortes einer oder jedenfalls unserer Partei"[133] ungeeignet seien, führte der Ausgang von Bad Ems auch in der

---

[128] Vgl. ebd., S. 655 sowie Nr. 25d, 22.11.1952, S. 670ff. Zwischenzeitlich gab es aus diesen Reihen personelle Gegenvorschläge zur Wahl Middelhauves oder die Androhung eines Boykotts bzw. einer Anfechtung der Vorstandswahlen.

[129] Neben weiteren, im Lichte einer erdrückenden Quellenlage für den Autor nicht nachvollziehbaren Einschätzungen sieht Jansen, Dritte Kraft, S. 207, die Wahl Middelhauves nicht etwa als machtpolitische Manifestation seines zunehmenden Einflusses innerhalb der FDP, sondern als eine von der Mutterpartei gönnerhaft gebaute „goldene Brücke [...], die ihm und seinem gewichtigen Landesverband den Weg zurück in die politische Mitte der Partei ermöglichen sollte [...], zumal sie [die Wahl; K.B.] erst am Ende des Parteitags und nach Abschluß aller anderen Streitfragen erfolgte". Die oben beschriebenen, dramatischen Gründe dafür, dass die Vorstandswahl erst in letzter Sekunde vollzogen werden konnte, blieben bei dieser Beurteilung offenkundig unberücksichtigt. Weiterhin wäre interessant zu erfahren, wie Jansen zu der Einschätzung gelangte, die nordrhein-westfälischen Liberalen hätten weder im Bundesvorstand noch in Bad Ems den Versuch unternommen, „das Deutsche Programm auf die Tagesordnung zu setzen" und Middelhauve sei mit dem Ziel, „seinen Kurs in der Bundes-FDP durchzusetzen, mehr als zaghaft" gewesen. Leider werden diese steilen Thesen nicht mit Quellenangaben gestützt.

[130] Entgegen dem Bundesvorstandsbeschluss wurde aus den Reihen Baden-Württembergs erneut die Wahl des Berliners Carl Hubert Schwennicke zum zweiten Stellvertreter gefordert, was eine fatale Kampfabstimmung zur Folge gehabt hätte. Vgl. ADL, Bestand Bundesparteitag, A1-32, pag. 23f.

[131] Vgl. ebd., pag. 25f.

[132] Dittberner, Freie Demokratische Partei, S. 1321. Dazu auch Mende, FDP, S. 82: „Der eine gewissermaßen als Symbol des Deutschen Programms und der Rechten in der FDP, und der andere als Anwalt des Liberalen Manifestes und Exponent der Linken unter den Liberalen."

[133] Blücher-Rede: Der politische Standort und die Ziele der Freien Demokratischen Partei, 20.11.1952, ADL, Bestand Bundesparteitag, A1-30, pag. 2.

veröffentlichten Meinung zu dem einhelligen Urteil eines Sieges der Parteirechten. „Die Liberalen haben eine Schlacht verloren" oder „Rechter Flügel setzt sich in der FDP durch" titelte beispielsweise die *Süddeutsche Zeitung* am 24. November 1952.[134] Die Fakten sprechen eindeutig für diese Lesart. Das im Jahresverlauf geschmiedete Bündnis zwischen den Landesverbänden von Nordrhein-Westfalen, Hessen, Niedersachen und Südwürttemberg-Hohenzollern hatte sich eindrucksvoll bewährt: Middelhauve war in das (eigens geschaffene) zweithöchste Parteiamt aufgestiegen, Stegner rückte für ihn als Beisitzer in den geschäftsführenden Vorstand nach, Euler verblieb im Bundesvorstand, und Eduard Leuze wurde für den Beitritt seines Landesverbandes in den baden-württembergischen der FDP/DVP mit einem Sitz im Bundesvorstand entschädigt.

Insbesondere die eigentlichen Gegner der Middelhauve-Wahl hatten ihr Plazet an die Bedingung geknüpft, dass „keine Seite […] aus dem personellen Ergebnis in der Presse, auch nicht in der eigenen, einen politischen Erfolg konstruieren und demonstrieren" solle.[135] Gemäß dieses *gentlemen's agreements* gelobte Middelhauve wenige Tage nach dem Bundesparteitag im offiziellen Presseorgan der FDP: „Nichts liegt mir […] ferner, als nunmehr einen Triumph der einen Seite über die andere Seite zu verkünden. Ein solches Triumphgeschrei wäre nichts anderes als eine große Torheit, die man mir nicht zutrauen sollte."[136] Dass auch diese Aussage nicht mehr als ein Lippenbekenntnis war, bewies ein Artikel Middelhauves in der *Deutschen Zukunft* vom 29. November 1952 über den „Standort der FDP nach Bad Ems": „In Bad Ems stand das für die Zukunft des deutschen Volkes bedeutsame Problem zur Debatte, ob es gelingen werde, neben SPD und CDU eine große dritte politische Kraft zu stellen. Hier ist eine Entscheidung gefallen. Der Parteitag hat der Entwicklung der FDP zu einer großen politischen Kraft den Weg freigegeben." Es sei weiterhin unzweifelhaft, „daß der Parteitag den lebendigen, aktiven und fortschrittlichen Kräften innerhalb der FDP die Möglichkeit gegeben hat, sich auch auf Bundesebene zur Geltung zu bringen und sich durchzusetzen". Im selben Artikel ätzte Middelhauve auch gegen die Autoren des Liberalen Manifestes, denen er vorwarf, „in der überlebten Geisteswelt des manchesterlichen Liberalismus beheimatet" zu sein. Angesichts des für ihren Flügel so erfolgreichen Verlaufes des Bundesparteitages fühlte sich Middelhauve auch verpflichtet, seinen Mitstreitern Euler, Stegner und Leuze für die gute Zusammenarbeit und den gemeinsamen „Erfolg" zu danken.[137] Middelhauve zeigte sich zuversichtlich, „daß die kommenden Bundestagswahlen ein sehr klares Werturteil über die politische Auffassung und Tätigkeit der einzelnen Exponenten unserer Partei fällen werden. Ich zweifle nicht daran,

---

[134] Die Westdeutsche Allgemeine Zeitung brachte am 27.11.1952 die Meldung „Dr. Middelhauve: der Sieger von Bad Ems" und versuchte sich an einer persönlichen Bewertung Middelhauves: „Ihm ermangelt sowohl die rednerische Brillanz Thomas Dehlers wie die Pathetik Blüchers; er hat nicht die volkstümliche Wirkung Reinhold Maiers und wenig von dem ungehemmten Agitationstalent August Martin Eulers. Der zäh erkämpfte Aufstieg im Apparat der Partei scheint die oft geäußerte Meinung zu widerlegen, daß er geschoben wird." Wesentlich dramatischer kommentierten Presseorgane des Auslands die Entwicklung innerhalb der FDP: So sah die Neue Zürcher Zeitung die Freien Demokraten in einem „Umwandlungsprozeß, von dem man noch nicht weiß, wie weit er sie vom Liberalismus Naumanns zum Nationalsozialismus Hugenbergscher Prägung führen wird" (Artikel vom 25.11.1952, zit. n. Grimm, Unrecht, S. 181), und auch Le Monde erblickte in der FDP zunehmend eine „nationalistische und reaktionäre Bewegung der äußersten Rechten" (zit. n. Herbert, Best, S. 466). Die markante Bewertung von Fritz René Allemann ist bereits zu Beginn der Arbeit zitiert worden.
[135] So Rademacher, in: FDP-Bundesvorstand 1949–1952, Nr. 25c, 21.11.1952, S. 660.
[136] freie demokratische korrespondenz, 25.11.1952.
[137] Vgl. Diewerge an Döring, 25.11.1952, HStAD, RWV 49/858, pag. 108.

daß dieses Werturteil zu unseren Gunsten ausfallen wird."[138] Für Middelhauves Optimismus gab es durchaus Anlass. Bei den Kommunalwahlen vom 9. November 1952 hatte der nordrhein-westfälische Landesverband unter den Parolen „Das deutsche Programm ruft alle zur nationalen Sammlung!" oder „FDP ruft zur nationalen Sammlung!" sein bislang bestes Ergebnis erzielt (bei den Gemeindewahlen 10,2%, bei den Kreiswahlen gar 12,6%), wodurch sich auch die CDU vor die Notwendigkeit gestellt sah, „zu untersuchen, auf welche Weise sie an den großen Block der politisch heimatlos Gewordenen herankommt, ohne, wie die FDP in Nordrhein-Westfalen, ihr Gesicht zu verlieren".[139] Doch stellt sich die Frage, ob Middelhauve die jüngsten Erfolge zu sehr zu Kopfe gestiegen waren, denn mit seinem triumphierenden Gebaren nach Bad Ems provozierte der Landesverbandsvorsitzende selbst bei loyalen Mitgliedern des Landesvorstandes wie dem Schatzmeister Hans Wolfgang Rubin oder Willi Weyer Kritik, da sie die Parteieinheit zunehmend gefährdet sahen.[140]

Zum Zustand der FDP am Ende des Jahres 1952 lassen sich drei Kernaussagen festhalten: 1. Die FDP war eine nicht nur zerstrittene, sondern in sich zutiefst gespaltene Partei, was seinen symbolhaften Ausdruck in der schwarz-weiß-rot-goldenen Ausschmückung des Bad Emser Tagungssaales fand.[141] Spätestens in diesen Tagen ist für jedermann – auch für die politisch interessierte Öffentlichkeit – offensichtlich geworden, dass das Erbübel des deutschen Liberalismus, nämlich seine langjährige Spaltung, allenfalls organisatorisch unter dem noch sehr dünnen, enorme Freiräume gewährenden Dach der FDP überwunden war. 2. Der monatelang schwelende und teilweise auch offen ausgetragene Konflikt um die politische Ausrichtung war keineswegs ein produktiver Selbstfindungsprozess, da es aus Furcht vor einer Verfestigung der innerparteilichen Grenzlinien oder gar einer Spaltung zu keiner dialogischen Programmdebatte kam. Wie die Protokolle von Bundesvorstand

---

[138] Middelhauve an Euler, 25.11.1952, HStAD, RWV 49/857, pag. 59.

[139] Das Zitat stammt vom nordrhein-westfälischen Innenminister Franz Meyers, der am 26.1.1953 im CDU-Bundesvorstand einen ausführlichen Bericht über die Kommunalwahlen vortrug. Die Erfolge der NRW-FDP führte Meyers darauf zurück, „daß sie ihren Wahlkampf gemäß den Ideen des nordrhein-westfälischen Landesvorsitzenden Dr. Middelhauve vorwiegend unter dem Gesichtspunkt der ‚nationalen Sammlung' geführt hat. Schwarz-weiß-rote Wahlplakate, Marschkonzerte vor den Versammlungen, die Ankündigung von Wahlrednern als ehemalige Ritterkreuzträger und Frontsoldaten und anderes mehr kennzeichneten diese Einstellung der FDP in Nordrhein-Westfalen." CDU-Bundesvorstand 1950–1953, Nr. 18, 26.1.1953, S. 336.

[140] Vgl. Papke, Ziel, S. 92f. Die zahlreichen überschwänglichen Gratulationsschreiben, die Middelhauve nach Bad Ems erhalten hatte, dürften seinem Ego zusätzlich geschmeichelt haben. Seine österreichischen Freunde vom VdU gratulierten ihm z.B. zu seinem „persönlichen Siege", aber auch zu dem „Sieg des von Ihnen geführten nationalen Flügels". Stüber an Middelhauve, 26.11.1952, HStAD, RWN 172/593, pag. 139. Vgl. auch Brief Freyborns an Middelhauve vom 24.11.1952, HStAD, RWN 172/592, pag. 172.

[141] Auch Presse und politische Publizistik kommentierten den „schwarz-weiß-rot-goldenen Kompromißcharakter" (Allemann, Parteiensystem, S. 380) der damaligen Freien Demokraten. „Der Spiegel" überschrieb in der Ausgabe vom 26.11.1952 seinen Artikel zum Bundesparteitag: „Schwarz-weiß-rot-gold". In der „Bremer Plattform" von 1949 hatte die FDP auch ein „Memorandum zur Flaggenfrage" verabschiedet, in dem der schwarz-weiß-rot-goldene Kompromiss bzw. Konflikt bereits zum Ausdruck kam. Es heißt dort u. a.: „Der Parlamentarische Rat hat sich nahezu einstimmig für schwarz-rot-gold als die Farben der Bundesrepublik Deutschland entschieden. Diese Entscheidung verpflichtet alle politischen Gruppen, dem deutschen Volke eine Entzweiung wegen der Flaggenfrage unter allen Umständen zu ersparen. Die Freie Demokratische Partei erkennt die Flagge schwarz-rot-gold als die Fahne des neuen Deutschland an. Der schwarz-weiß-roten Fahne wird sie immer ein ehrfurchtsvolles Gedenken bewahren." In: Dokumente zur parteipolitischen Entwicklung, 2. Bd., 1. Teil, Nr. 125, S. 281.

und Bundesparteitag eindrücklich belegen, fanden inhaltliche Diskussionen über die eigentlichen Probleme der Tagespolitik so gut wie nicht statt. Die parteiinterne Auseinandersetzung lähmte vielmehr die politische Aktionsfähigkeit der Freien Demokraten und beschädigte ihr öffentliches Ansehen. 3. Zwar ist in dem relativ „ausgeglichenen Mehrheitsverhältnis der Parteiflügel"[142] ein Hauptgrund für die in letzter Konsequenz nicht vollzogene Parteispaltung zu suchen, allerdings herrschte – wie das Beispiel des Bundesparteitages vom November 1952 zeigte – zwischen beiden Lagern ein merkliches Ungleichgewicht hinsichtlich der Anspruchshaltung und des Auftretens. Der nationalliberale Flügel versuchte mit zweifelhaften Methoden, den unliebsamen „Parteifreund" durch eine Politik der Stärke zum Nachgeben zu zwingen. Bad Ems muss hier als ein beachtlicher Etappenerfolg gewertet werden, denn die linksliberalen und gemäßigten Parteimitglieder hatten nie eine Möglichkeit gefunden, sich aus der Position der Defensive und des Reagierens herauszumanövrieren, was in der widerwillig hingenommenen Wahl Middelhauves in die Führungsspitze der Partei gipfelte.

---

[142] Papke, Ziel, S. 92.

VI. Die Naumann-Affäre – Fanal des Kurswechsels?

Quo vadis, FDP? Diese Frage dürften sich zum Jahreswechsel 1952/53 wohl viele politisch interessierte Zeitgenossen gestellt haben – ohne Aussicht auf eine halbwegs gesicherte Antwort. Die Koinzidenz der Ergebnisse des FDP-Bundesparteitages mit den Gerüchten bzw. Berichten über potentielle Kontakte zwischen nordrhein-westfälischen Freien Demokraten und ehemaligen NS-Funktionären ließ allerdings unweigerlich die Frage nach den „wahren" Hintermännern Middelhauves aufkommen[1], die hinter vorgehaltener Hand bereits beantwortet wurde: „Hinter Middelhauve", so notierte der von Journalisten informierte Chef des Bundeskanzleramtes, Otto Lenz, in sein Tagebuch, „ständen radikal-nationalsozialistische Kreise, die die derzeitige FDP-Leitung völlig ausschalten möchten."[2] Wie ein „Blitz aus bewölktem Himmel"[3] schlug in dieser Situation die Verhaftungsaktion der britischen Besatzungsmacht ein. Auf Veranlassung des Hohen Kommissars Ivone Kirkpatrick nahmen Public-Safety-Einheiten in der Nacht vom 14. auf den 15. Januar 1953 sechs ehemalige ranghohe Nationalsozialisten in der britischen Besatzungszone gefangen. Ihnen wurde zur Last gelegt, sich „mit Plänen zur Wiederergreifung der Macht in Westdeutschland" befasst und zudem „die Verbreitung antiwestlicher Anschauungen und Richtlinien"[4] betrieben zu haben. Unter den Inhaftierten befanden sich Werner Naumann, Gustav Adolf Scheel und Paul Zimmermann. Hinzu kamen Heinrich Haselmayer (Teilnehmer des Hitlerputsches, der mit einem „Beitrag zur Sterilisationsfrage Schwachsinniger" promoviert wurde), Heinz Siepen (NSDAP-Ortsgruppenleiter und Landrat), Karl Scharping (Stellvertreter Hans Fritzsches in der Rundfunkabteilung des RMVP) sowie der einen Tag später festgenommene Karl Kaufmann (Gauleiter und Reichsstatthalter in Hamburg). Der ebenfalls gesuchte, jedoch rechtzeitig in die amerikanische Besatzungszone geflüchtete Friedrich Karl Bornemann stellte sich Anfang April freiwillig, als Haftbefehl gegen ihn erlassen wurde.

Nicht zuletzt wegen der großen zu sichtenden Aktenfülle konnte einer ungeduldig bis gereizt wartenden deutschen Öffentlichkeit von britischer Seite lange Zeit keine Aufklärung über Art und Ausmaß der vermuteten Verschwörung gegeben werden. Klarheit bestand indes über die rechtliche Grundlage der britischen Intervention, auf die sich Kirkpatrick von Beginn an berief und die auch im offiziellen Kommuniqué des britischen Außenministeriums Erwähnung fand: Artikel 2 des revidierten Besatzungsstatuts regelte unmissverständlich die Vorbehaltsrechte der drei in der Bundesrepublik ansässigen Hohen Kommissare u. a. für den Fall der Bedrohung ihrer Streitkräfte; dies war gemeinhin bekannt und auch nolens volens akzeptiert. Ein Blick auf die veröffentlichte Meinung zeigt jedoch, dass die allgemeine Bereitschaft, eine solche Gefährdung im Fall des relativ kleinen Naumann-Kreises zu unterstellen, äußerst gering war. Vielmehr fragte man sich,

---

[1] Vgl. Süddeutsche Zeitung, 24.11.1952; Die Zeit, 4.12.1952.
[2] Lenz, Tagebuch, Eintrag vom 1.12.1952, S. 482.
[3] Süddeutsche Zeitung, 16.1.1953.
[4] Zit. n. dem offiziellen Kommuniqué des britischen Außenministeriums, in deutscher Übersetzung abgedruckt im Archiv der Gegenwart, 15.1.1953, S. 3824.

wie „ein Dutzend Abenteurer"[5] eine Bedrohung für die „Sicherheit der zwanzig in Westdeutschland stehenden alliierten Divisionen"[6] darstellen solle und warum der Zugriff nicht durch die eigentlich für verfassungsfeindliche Umtriebe zuständigen deutschen Behörden erfolgt sei.[7] Ohnehin zog die Aufdeckung jenes Kreises in der In- und Auslandspresse eine Flut von Artikeln nach sich, wobei der überwiegende Teil der deutschen Presse – vielleicht mit Ausnahme der *Frankfurter Rundschau*[8] – ihren Fokus weniger auf den konspirativen Zirkel ehemaliger Nationalsozialisten als vielmehr auf das nach rechtsstaatlichen Maßstäben sicherlich fragwürdige Vorgehen der britischen Besatzungsmacht richtete.[9] Folge dieser dem Bewusstsein der verletzten (Schein-)Souveränität geschuldeten Perspektive waren zum Teil heftige Ausfälle gegenüber der Politik des britischen Hochkommissars[10] sowie eine intensive Suche nach den „eigentlichen" Motiven der Intervention, die mitunter tolldreiste Züge annahm.[11]

Obwohl die Verhaftungsaktion und der nachfolgende publizistische Schlagabtausch in Großbritannien ein „erhöhtes Mißtrauen gegenüber Deutschland"[12] nach sich zogen, kam es zu keiner Krise auf diplomatischer Ebene zwischen beiden Staaten. Dies war hauptsächlich der unaufgeregten Zusammenarbeit zwischen Bundeskanzler Adenauer und dem britischen Hohen Kommissar Kirkpatrick zu verdanken.[13] Adenauer war frühzeitig darüber

---

[5] Süddeutsche Zeitung, 22. 1. 1953.
[6] Frankfurter Allgemeine Zeitung, 19. 1. 1953.
[7] Vgl. Süddeutsche Zeitung, 16. 1. 1953; Frankfurter Allgemeine Zeitung, 22. 1. 1953.
[8] Vgl. Buschke, Presse, S. 256 ff.
[9] Nicht allein der „präventive" Charakter der Verhaftungsaktion, auch die anfängliche Verweigerung eines Rechtsbeistandes sowie die Behandlung der Inhaftierten im britischen Militärgefängnis in Werl stießen in der Bundesrepublik auf Kritik.
[10] Insbesondere die Frankfurter Allgemeine Zeitung begleitete die Entwicklung der Naumann-Affäre über Wochen hinweg mit Argusaugen. Allein bis Ende Februar 1953 sind über 50 Beiträge erschienen, genannt seien hier wegen der „sprechenden" Überschriften: „Keine deutsche Zustimmung zu den Verhaftungen" (17. 1.), „Was wollen sie?", „Kein Gegenstand für Rätselraten" (beide 20. 1.), „Wir warten noch auf Antwort" (22. 1.), „Britische Pressekampagne gegen Bonn" (24. 1.), „Ein gefährliches Spiel" (27. 1.), „Wie weit reicht die Macht des Oberkommissars?" (26. 2.). Vgl. auch Horne, Return, S. 163.
[11] Vor allem die Gleichzeitigkeit von Aufsehen erregenden Prozessen gegen NS-Verbrecher (u. a. „Oradour-Prozess" gegen Angehörige der SS-Division *Das Reich*), Verhandlungen über eine intensivierte Westintegration mit zunehmenden Souveränitätsrechten der Bundesrepublik (EVG und Generalvertrag/Deutschlandvertrag) sowie der unabgesprochenen und bis dato unüblichen (Teil-)Veröffentlichung einer von der amerikanischen Hohen Kommission in Auftrag gegebenen Meinungsumfrage, nach der sich der Nationalsozialismus in Deutschland wieder zunehmender Wertschätzung erfreue, nährte den Verdacht, dass hinter der britischen Intervention eventuelle „deutschfeindliche" Motive stecken würden. So kommentierte die Frankfurter Allgemeine Zeitung am 20. 1. 1953: „Besteht die ‚Verschwörung' nicht vielleicht auf der Gegenseite? Sind Kräfte nach vorn gedrungen, denen der wahrlich mühsame Weg der Bundesrepublik zur Gleichberechtigung schon zu schnell ging? Möchten diese Kräfte gerne eine Wendung in der Haltung der Westmächte gegenüber Deutschland zum Schlechteren herbeiführen?" „Der Spiegel" vermutete in seiner Ausgabe vom 28. 1. 1953 gar, dass handelspolitische Motive den Ausschlag für das britische Eingreifen gegeben hätten, da die vermeintlichen „mohammedanischen Beziehungen" einiger Mitglieder des Naumann-Kreises den Briten ein Dorn im Auge gewesen seien (Artikel: „Der Mufti läßt grüßen").
[12] Vortragender Legationsrat Rosen, London, an das Auswärtige Amt, 21. 1. 1953, in: Akten zur Auswärtigen Politik der Bundesrepublik Deutschland 1953, Bd. I, Dok. 31, S. 93.
[13] Nach einer Darstellung Adenauers sei Kirkpatrick Ende 1952 mit der Bitte an ihn herangetreten, Naumann möglichst bald zu inhaftieren, wozu der Kanzler jedoch „keine Handhabe" sah. Vgl. CDU-Bundesvorstand 1950–1953, Nr. 16, 15. 12. 1952, S. 175. Angesichts der Aussichtslosigkeit einer Verurteilung der Inhaftierten nach den Kriterien des Besatzungsstatuts kam Kirkpatrick am 17. 3. 1953

im Bilde, welch hoher Stellenwert der Observation bzw. Gefangennahme des Zirkels um Werner Naumann von Seiten der Briten beigemessen wurde.[14] Auf ein scharfes Wort der Kritik an eine britische Adresse warteten viele vergeblich, denn einerseits hielt der Bundeskanzler eine politisch motivierte Maßnahme der Engländer „für völlig ausgeschlossen"[15], andererseits stand er unbelehrbaren Nationalsozialisten, die sich unter bruchloser Beibehaltung ihrer Gesinnung wieder ans politische Licht der Öffentlichkeit wagten, mit bedingungsloser Ablehnung gegenüber. Nach ersten Einblicken in die beschlagnahmten Akten war Adenauer so sehr von der Schuld Naumanns überzeugt, dass er im CDU-Bundesvorstand unmissverständlich zu verstehen gab: „Ich gehe sogar soweit, zu sagen, [...] ich würde als deutscher Richter aufgrund dieser Dokumente Herrn Naumann wegen Hochverrats verurteilen."[16] Dass es zu keiner Verurteilung kam – weder durch britische Gerichte noch durch den ab Ende März 1953 für den „Fall Naumann" zuständigen Bundesgerichtshof –, war 1. von der britischen Hohen Kommission von vornherein als ein mögliches (wenn nicht gar wahrscheinliches) Ergebnis der Ermittlungen einkalkuliert worden und tat 2. der Signalwirkung für alle ehemaligen Nationalsozialisten mit Ambitionen auf neuerliche Befriedigung ihres politischen Ehrgeizes keinerlei Abbruch.[17]

Im Fadenkreuz der britischen Aktion standen jedoch nicht allein arkane „NS-Stammtische" wie der Naumann-Kreis, die den Alliierten nach der Beseitigung des institutionalisierten Rest-Nationalsozialismus in Form des SRP-Verbots vom Herbst 1952 zunehmend Sorge bereiteten.[18] Schon lange vor den Verhaftungen hatte Kirkpatrick mit Middelhauve selbst über eine mögliche Intervention sowie die eventuellen Folgen für die Liberalen gesprochen, doch seine „Warnung hatte keinen Erfolg".[19] Nach späteren Informationen von Justizminister Dehler soll sich Middelhauve in diesem Gespräch sogar „für die politische Loyalität Naumanns eingesetzt"[20] haben. In jedem Fall besaß Middelhauve die Chuzpe, dem britischen Hohen Kommissar die Empfehlung auszusprechen, Naumann doch einmal „zu sich kommen zu lassen".[21] Aus nachvollziehbaren Gründen folgte Kirkpatrick diesem höchst fragwürdigen Ratschlag nicht. Stattdessen ließ er auch gegenüber Otto Lenz in einer Unterredung am 3. Dezember 1952 keinerlei Zweifel daran, „Maßnahmen zu ergreifen und gewisse Zusammenhänge zu enthüllen, durch die die FDP sehr belastet wäre".[22]

---

außerdem umgehend der Bitte Adenauers nach, „die Untersuchung und die Strafverfolgung gegen Naumann und die anderen Mitverhafteten den deutschen Behörden zu überlassen". Adenauer, Briefe 1951–1953, Nr. 355, 13. 3. 1953, S. 349.

[14] Nach einer vertraulichen Mitteilung von Otto Lenz hatte Kirkpatrick bereits „vor mehreren Monaten" Adenauer von den Ermittlungen des britischen Geheimdienstes in Kenntnis gesetzt. Aufgrund der sehr kurzfristigen, am Vorabend der Verhaftungen erfolgten Mitteilung Kirkpatricks über die unmittelbar bevorstehende Intervention soll der Kanzler aber „sehr verstimmt" gewesen sein. Nach außen habe er jedoch den „Eindruck vermeiden wollen, als ob zwischen ihm und Kirkpatrick eine Verstimmung eingetreten sei". Vgl. Informationsbericht Robert Strobels vom 23. 1. 1953, IfZ-Archiv, ED 329/5.

[15] Adenauer, Teegespräche 1950–1954, Nr. 39, 19. 1. 1953, S. 404.

[16] CDU-Bundesvorstand 1950–1953, Nr. 18, 26. 1. 1953, S. 309.

[17] Vgl. Frei, Vergangenheitspolitik, S. 361 ff.

[18] Vgl. Kirkpatrick, Circle, S. 252 f.; Herbert, Best, S. 461 ff.

[19] Kirkpatrick, Kreis, S. 210. Kirkpatrick nennt Middelhauve dort nicht namentlich. Er schreibt lediglich, er habe „mit einem der FDP-Führer" gesprochen. Der nachfolgend zitierte Briefwechsel sorgt hier für Aufklärung.

[20] Dehler an Middelhauve, 30. 4. 1953, HStAD, RWN 172/116, pag. 23.

[21] Middelhauve an Dehler, 4. 6. 1953, ebd., pag. 21.

[22] Lenz, Tagebuch, S. 484 f.

Auch wenn weder Döring (wie von ihm selbst befürchtet[23]) noch Achenbach (wie von Adenauer gern gesehen[24]) von den Briten abgeführt wurden und keiner der festgenommenen ehemaligen Nationalsozialisten Mitglied der FDP war, sollte sich die Prophezeiung Kirkpatricks als zutreffend erweisen. Vor dem Hintergrund der spannungsgeladenen Atmosphäre innerhalb der FDP verspricht ein Blick auf den internen Umgang mit der Naumann-Affäre besonders erhellend zu sein, da sich der bis dahin so dominant auftretende nordrhein-westfälische Landesverband über Nacht auf der Anklagebank wiederfand.

1. Die parteiinterne Aufklärungsarbeit – Middelhauves Machtprobe im Bundesvorstand

„Ich hoffe, daß wir, die wir aus unglückseligen Umständen nunmehr seit zehn Monaten andauernd nicht mehr politische Dinge in unseren Vorstandssitzungen besprechen, nach der heutigen Sitzung möglichst aus diesem Zustande herauskommen."[25]

Angesichts einer enervierend langen Phase der Selbstbeschäftigung und der erst zehn Tage zurückliegenden britischen Verhaftungsaktion erscheint diese Hoffnung des Parteivorsitzenden Blücher als ebenso nachvollziehbar wie naiv. Eine schnelle Überwindung der untragbaren Situation war schon deshalb kaum möglich, da zu diesem Zeitpunkt der Umfang personeller Vernetzungen zwischen Parteiangehörigen und Naumann-Kreis noch gar nicht feststand und sich außerdem bereits frühzeitig abzeichnete, dass die Bewertungen der Affäre innerhalb der FDP und die Schlüsse, die daraus gezogen wurden, stark voneinander abwichen.[26] So mangelte es nicht an Versuchen von Vertretern des nationalliberalen Lagers, vom eigentlichen Thema, nämlich der behaupteten Unterwanderung der FDP durch Nationalsozialisten, abzulenken. Einerseits waren Middelhauve, Euler und Co. fast schon verzweifelt darum bemüht, das innerparteiliche Fadenkreuz wiederum auf die Linksliberalen um Reinhold Maier zu richten, da die Ratifizierung des EVG-Vertrages im Bundesrat an dessen Veto zu scheitern drohte.[27] Auf der anderen Seite gab es immer wieder Versuche, die Aufmerksamkeit auf die – wie es Euler formulierte – „Aktion Kirkpatrick"[28] und die möglichen Motive des englischen Eingreifens zu lenken: Die Briten hätten lediglich einen „Nazischreck" gebraucht, „um bestimmte Ziele der Außenpolitik zu verfolgen".[29] Gegen diese „Verschwörung von Gruppen mit deutschfeindlichem Gepräge"[30] müsse der

---

[23] Vgl. Buschfort, Hüter, S. 254f.
[24] Vgl. CDU-Bundesvorstand 1950–1953, Nr. 23, 22. 5. 1953, S. 528f.
[25] FDP-Bundesvorstand 1953/54, Nr. 28, 24. 1. 1953, S. 791.
[26] Vgl. Wengst, Einleitung zu: FDP-Bundesvorstand 1949–1952, S. LX.
[27] „Der Fall Maier ist für die Partei das dringendste Anliegen, alles andere ist sekundär." So die beispielhafte Meinung des stellvertretenden hessischen Landesvorsitzenden Oswald Kohut, in: FDP-Bundesvorstand 1953/54, Nr. 30, 25. 4. 1953, S. 911. Middelhauve empfand es „als eine schwere und kaum wieder gut zu machende Unterlassung, daß der Bundesvorstand seit nahezu einem Jahr versäumt hat, in der Angelegenheit Reinhold Maier eine wirklich klare Stellung zu beziehen. Hier liegt ein echtes politisches Problem vor, das geklärt und gelöst werden muß, wenn überhaupt Anspruch auf politische Führerschaft erhoben werden soll." Middelhauve an Blücher, 20. 2. 1953, ADL, Bestand Franz Blücher, A3-78.
[28] FDP-Bundesvorstand 1953/54, Nr. 28, 24. 1. 1953, S. 807.
[29] Ebd., Nr. 29, 28. 2. 1953, S. 873.
[30] Ebd., Nr. 28, 24. 1. 1953, S. 804.

FDP-Vorstand entschieden vorgehen.³¹ Diese vom hessischen Landesverbandsvorsitzenden stammende Steilvorlage nahm Middelhauve dankbar auf. Er sprach sich ebenfalls dafür aus, „nach dem Eulerschen Vorschlag klar Stellung zu nehmen. Gleichgültig, um wen es sich handelt, es sind deutsche Staatsbürger. Nur deshalb schließe ich mich Eulers Vorschlag an, nicht etwa, weil ich irgendwelche Sympathien für die Leute hätte, sondern weil es sich hier um die Grundlagen des deutschen Rechtsstaates handelt."³² Obwohl durch so manche meinungsbildende Zeitung ein Klima der Verdächtigungen gegenüber Kirkpatrick und der britischen Regierung geschaffen wurde, sorgten nicht zuletzt entschiedene Interventionen namhafter Liberaler dafür, dass sich der Bundesvorstand nicht zu einem solch plumpen Gegenangriff bewegen ließ: „Das Schwergewicht sollten wir auf die parteiinterne Situation legen".³³

Der Drahtseilakt für die FDP bestand in der Folgezeit darin, nach außen hin unter allen Umständen den Verdacht einer nationalsozialistisch unterwanderten Partei zu dementieren und gleichzeitig parteiintern dem Wahrheitsgehalt jener in der Öffentlichkeit vielfach kolportierten Vermutung nachzuspüren, Naumann habe über Mittelsmänner in der nordrhein-westfälischen FDP versucht, diesen Landesverband mit ehemaligen Nationalsozialisten zu infiltrieren und ihn zum Ausgangspunkt einer erneuerten nationalsozialistischen Bewegung zu machen. Um in dieser unübersichtlichen Situation ein substanzielles Fundament für die weitere innerparteiliche Diskussion sowie für die zu ziehenden Konsequenzen zu erhalten, setzte der Bundesvorstand eine dreiköpfige Untersuchungskommission ein, die den Vorwürfen nachgehen und die Verhältnisse innerhalb des nordrhein-westfälischen Landesverbandes eingehend untersuchen sollte. Auf Blüchers Vorschlag übernahmen der amtierende Bundeswohnungsbauminister Fritz Neumayer, Bundesjustizminister Thomas Dehler sowie der stellvertretende Vorsitzende des niedersächsischen Landesverbandes, Alfred Onnen, die Ermittlungen des sogenannten Dreier-Ausschusses.³⁴

In der Öffentlichkeit wie auch innerhalb der FDP fielen die Namen von Wolfgang Diewerge und Ernst Achenbach am häufigsten im Kontext der mutmaßlichen konspirativen

---

³¹ Vom gleichen Geiste getragen, allerdings in noch deutlichere Worte gefasst, formulierte Kohut seinen Standpunkt: „Ich vertrete die Auffassung, daß wir als eine Partei, die von außen angegriffen wird, eigentlich geschlossen in der Abwehr zusammenstehen müßten. Wir erschöpfen uns aber darin, Sündenböcke zu suchen und innerhalb der Partei einen Meinungskampf auszutragen. [...] Wir sollten uns auf die Tatsache konzentrieren, daß von außen durch alliierte Stellen ein Eingreifen erfolgt ist, und das sollten wir abwehren." Ebd., S. 834.
³² Ebd., S. 824. Auch gegenüber der Presse zeigte sich Middelhauve angesichts der britischen Intervention in seinem demokratisch-rechtsstaatlichen Empfinden zutiefst gekränkt: „Es erfüllt mich mit großer Sorge, daß in die Rechtssphäre eines Staates eingegriffen wurde, von dem die Besatzungsmacht wollte, daß er sich in der Demokratie wohlfühle." Frankfurter Allgemeine Zeitung, 21.1.1953.
³³ FDP-Bundesvorstand 1953/54, Nr. 28, 24.1.1953, S. 811. Neben Rademacher (obiges Zitat) sprachen sich u.a. auch Otto Bezold (ebd., S. 814) und Wolfgang Haußmann dafür aus, „in unserem eigenen Haus nach dem Rechten [zu] sehen" (ebd., S. 817).
³⁴ Vgl. ebd., S. 846. Zu Beginn des Abschlussberichtes, HStAD, RWN 172/2, S. 1, skizzierten Neumayer, Dehler und Onnen die Vorwürfe, denen nachzugehen ihre Aufgabe war. Es heißt dort u.a.: „Gegen den Vorstand des Landesverbandes Nordrhein-Westfalen ist der Vorwurf erhoben worden, er habe durch sachliche und personelle Mißstände das Ansehen und darüberhinaus den Bestand der Gesamtpartei gefährdet; es sei versucht worden, die FDP durch fragwürdige Zielsetzung und unter Anwendung undemokratischer Methoden ideologisch und in ihrem Führungsstab umzustülpen, aus einer echt demokratischen Partei mit liberaler, fortschrittlicher Grundrichtung eine sogenannte nationale Sammelbewegung mit verkapptem autoritären Prinzip und unklarer politischer Zielsetzung zu machen und sich dabei auf bedenkenlose Opportunisten und unbelehrte frühere Nationalsozialisten zu stützen".

Beziehungen zu Werner Naumann – vor allem das Verhalten des Essener Rechtsanwaltes war nicht dazu geeignet, die immer konkreteren Verdachtsmomente zu zerstreuen. Noch am selben Tag nach der nächtlichen Verhaftungsaktion hatte sich Achenbach zur Bestürzung zahlreicher Parteifreunde bereit erklärt, die Verteidigung Werner Naumanns zu übernehmen; ihm zur Seite stand Friedrich Grimm, der für Paul Zimmermann als Verteidiger eintrat.[35] Spätestens diese Entscheidung Achenbachs machte aus der Naumann-Affäre eine FDP-Affäre und sabotierte die dringenden Bemühungen der Parteiführung, von den Aktivitäten des Naumann-Kreises abzurücken. Einer glaubwürdigen Distanzierung stand zudem der nordrhein-westfälische Landesverband, allen voran dessen Vorsitzender, im Wege. Middelhauve echauffierte sich nicht nur über all die „Verzerrungen, Verleumdungen, Lügen"[36], die über seinen Landesverband verbreitet würden, und versicherte im Bundesvorstand, dass „irgendeine Beziehung zu diesen Leuten, irgendeine politische Beziehung zu den Leuten in keiner Weise besteht, zu niemand".[37] Er verweigerte zudem jegliche personelle Konsequenz auch gegenüber offensichtlich belasteten Mitarbeitern, sorgte durch öffentliche Stellungnahmen und Auftritte fortgesetzt für Provokationen[38] und versuchte systematisch, die Aufklärungsarbeit des „Dreier-Ausschusses" innerhalb seines Verbandes zu behindern – sehr zum Ärger vor allem von Thomas Dehler, der sich mehrfach über die „mangelnde Unterstützung"[39] beklagte und im Laufe der Naumann-Affäre zu einem politischen wie persönlichen Gegner Middelhauves wurde.

Gemäß einem im Bundesvorstand gefassten Beschluss bat Dehler Middelhauve um eine Aufstellung über die im nordrhein-westfälischen Landesverband hauptberuflich tätigen Personen nebst einem Personalbogen, der u. a. Angaben über deren politische Vergangenheit enthalten sollte.[40] Middelhauve legte dieses Schreiben sowohl im geschäftsführenden als auch im erweiterten Landesvorstand von Nordrhein-Westfalen vor. In beiden Gremien gab es die einstimmige Entschließung, dass „keinesfalls eine Überprüfung der hauptamtlichen Mitarbeiter des Landesverbandes unter Vorlage neuer Personalbogen infrage"[41] komme. Mit Verweis auf jene Vorstandsbeschlüsse verweigerte Middelhauve die Zusendung von Personalbogen mit einer bezeichnenden Begründung: „Eine solche Überprüfung der politischen Herkunft der einzelnen Parteimitglieder steht im Gegensatz zu der offiziellen Haltung der Partei, die schon seit Jahren den Abschluß der Entnazifizierung fordert und in Nordrhein-Westfalen sogar die Vernichtung der Entnazifizierungsakten of-

---

[35] Vgl. Grimm, Unrecht, S. 17f.
[36] Eine Stellungnahme Middelhauves, die unter dem Titel „Es gibt keine Unterwanderung in der FDP" am 7.2.1953 im „Industrie-Kurier" erschien, wurde in einem Rundschreiben vom 12.2.1953 an alle Kreisverbände verschickt; HStAD, RWN 172/165, pag. 105.
[37] FDP-Bundesvorstand 1953/54, Nr. 28, 24.1.1953, S. 801.
[38] Ein Beispiel unter vielen ist die von ihm auf einer Pressekonferenz am 20.1.1953 ausgesprochene und später in Briefform erfolgte Einladung an die Mitglieder des britischen Unterhauses und des amerikanischen Senats, sich vor Ort in Nordrhein-Westfalen davon zu überzeugen, „that no danger infiltration our party [sic!] with Nazi ideologies exists". HStAD, RWN 172/12, pag. 8f. Bei dieser Aktion stellt sich in der Tat die Frage nach Naivität und/oder Verblendung: Ging Middelhauve ernsthaft davon aus, dass vorhandene Zweifel an der demokratischen Integrität seines Landesverbandes durch einen inszenierten Besuch ausländischer Abgeordneter auszuräumen seien? Reaktionen auf die Einladung sind nicht bekannt.
[39] FDP-Bundesvorstand 1953/54, Nr. 32, 28.5.1953, S. 1028.
[40] Vgl. Dehler an Middelhauve, 25.1.1953, HStAD, RWN 172/11, pag. 1.
[41] Vgl. Protokoll über die Sitzung des erweiterten Landesvorstandes am 7.2.1953, ADL, Bestand FDP-LV NRW, Landesvorstand, 27072.

fiziell im Landtag beantragt hat." Angesichts dieser grundsätzlichen politischen Haltung sei es „unmöglich, einem erneuten Entnazifizierungsverfahren durch den Bundesvorstand zuzustimmen".[42]

Kernproblem der innerparteilichen Auseinandersetzung um die Naumann-Affäre war der Umstand, dass die infolge der Ermittlungen angeklagten Angehörigen des nordrhein-westfälischen Landesverbandes keineswegs unliebsame Fremdkörper innerhalb der NRW-FDP waren. Vielmehr hatten sie in der Konzeption der Nationalen Sammlung Schlüsselfunktionen inne, und Middelhauve war nicht geneigt, sich widerstandslos von diesen für ihn so wichtigen Exponenten mit nationalsozialistischer Vergangenheit zu trennen – ein Machtkampf im Bundesvorstand war unter solchen Vorzeichen vorprogrammiert. Anhand von zwei Fallbeispielen soll dieser Konflikt veranschaulicht werden.

Der „Fall Diewerge" und die „zweckentsprechende" Unterwanderung der FDP

Mit einer unscheinbaren Bemerkung vor der Auslandspresse wollte Middelhauve die informationshungrigen und erhitzten Gemüter beruhigen: „Herr Diewerge sitzt bei mir im Büro nebenan. Er schreibt keine Zeile, die ich nicht lese, er spricht kein Wort, das ich nicht kenne, er tut nichts, das ich nicht kenne."[43] Sollte diese Aussage der Realität entsprochen haben, so hätte sich Middelhauve ungewollt selbst entlarvt und den besten Grund für einen sofortigen Rücktritt geliefert. Doch Anfang Februar 1953 war die breite Öffentlichkeit noch nicht im Detail über die Rolle Diewerges als Schnittstelle zwischen Naumann-Kreis und NRW-FDP informiert, so dass sich sein Chef weiterhin schützend vor ihn stellen konnte. Zu einem Verzicht auf die Person Diewerges aus politischen wie moralischen Gründen wurde Middelhauve bereits seit geraumer Zeit aufgefordert. Im September 1952 hatte er sich im Organisationsausschuss der FDP dafür eingesetzt, Diewerge – aus recht durchsichtigen Motiven – in die Bundesgeschäftsstelle zu schleusen und ihn auch bundesweit mit der Rednerschulung zu betrauen.[44] Über dessen Redner- und Autorentätigkeiten während der NS-Zeit waren die Ausschussmitglieder von Middelhauve freilich nicht aufgeklärt worden, so dass sowohl Hermann Schäfer als auch Thomas Dehler dem Vorschlag zustimmten. Diese Haltung änderte sich jedoch, nachdem Schäfer sich die Mühe gemacht hatte, etwas mehr über Diewerges Vergangenheit und die von ihm verfassten Pamphlete zu erfahren. Schon Anfang Oktober wandte er sich mit der Frage an Middelhauve, „ob wir nicht unseren eigenen Abstand zu verwerflichen Handlungen und Funktionen innerhalb der deutschen Geschichtskatastrophe verwischen, wenn wir Exponenten ihres Unheils mit

---

[42] Middelhauve an Neumayer, 10.2.1953, HStAD, RWN 172/11, pag. 11f. Aus Gründen persönlicher Animositäten hatte Middelhauve den Brief bewusst nicht an Dehler, sondern an Neumayer geschickt, der nominell den Vorsitz des „Dreier-Ausschusses" innehatte. Auf eine spätere Auskunftsanfrage Dehlers reagierte Middelhauve geradezu entrüstet: Er lehne es zukünftig ab, „über private Gespräche Rechenschaft abzugeben. Es ist für mich entwürdigend, immer stärker den Eindruck zu gewinnen, als stände ich politisch unter Kuratel." Brief Middelhauves an Dehler vom 4.6.1953, HStAD, RWN 172/116, pag. 22.
[43] Aussage Middelhauves, zit. n. Der Spiegel, Nr. 5, 6.5.1953, S. 7. Dort wird auf ein länger zurückliegendes Informationsgespräch zwischen Middelhauve und der Bonner Auslandspresse hingewiesen. Ein solches fand nachweislich am 6.2.1953 statt. Vgl. Der Mittag, 7.2.1953. Auch vor dem FDP-Bundesvorstand gab Middelhauve zu verstehen, dass er „keinen anderen Mitarbeiter so unter Kontrolle habe wie [s]einen politischen Sekretär". FDP-Bundesvorstand 1953/54, Nr. 28, 24.1.1953, S. 825.
[44] Vgl. Brauers, FDP, S. 613.

öffentlichen Leitungsaufgaben innerhalb einer demokratischen Partei betrauen".[45] Da diese Sorge vom Adressaten nicht geteilt wurde, blieb das Schreiben ohne Konsequenzen für Middelhauves Haltung zu seinem engsten Mitarbeiter; ein damaliges Rücktrittsangebot Diewerges hatte der Landesverbandsvorsitzende sogar „nachdrücklich abgelehnt", weil im „Opladener Pflichtenkreis" nur eine mehrjährige, kontinuierliche Mitarbeit von Nutzen sei.[46] In dieser Personalie zeigten sich die linksliberalen und gemäßigten Kräfte jedoch (ausnahmsweise) handlungsfähig, indem sie auf einer Bundesvorstandssitzung am 6. Dezember 1952 in Abwesenheit und sehr zum Entsetzen von Middelhauve beschlossen, von einer weiteren Beschäftigung Diewerges im Rahmen der Rednerschulung sowie der Mitgestaltung des Rednerschnellbriefes abzusehen.[47]

Kritik an Wolfgang Diewerge, die immer auch Kritik an dessen Förderer Middelhauve war, war also schon vor dem 14./15. Januar 1953 laut geworden, sie entzündete sich nachfolgend jedoch nicht „nur" an dessen NS-Vergangenheit, sondern vor allem an dem nunmehr erst bekannt gewordenen regelmäßigen Kontakt mit Werner Naumann. Diewerge wurde hierdurch so schwer belastet, dass er zu einer untragbaren Person wurde – zumal für die Bundes-FDP, die sich permanent und intensiv um Distanz zu den zwielichtigen Gestalten des Naumann-Kreises bemühte. Entsprechend vehement fielen im Bundesvorstand die Forderungen nach einer unverzüglichen Trennung von Diewerge aus.[48] Middelhauve sah jedoch trotz der erdrückenden Beweislast und des unleugbaren Schadens für das Ansehen der Partei „keinen ausreichenden Grund, ihn in diesem Augenblick abzustoßen".[49] Nach seiner Ansicht war Diewerge „ein so wertvolles Glied im politischen Leben seines Kreises geworden, daß es töricht wäre, wenn man auf ihn verzichten wollte".[50] Als handele es sich bei der Versendung vertraulicher Parteiinformationen an Mitglieder des Naumann-Kreises durch Diewerge um einen Lausbubenstreich, ergriff der Landesverbandsvorsitzende von sich aus keinerlei disziplinarische oder arbeitsrechtliche Konsequenzen, sondern versprach lediglich, seinen Sekretär wegen jener „riesenhafte[n] Dummheit"[51] zur Rede zu stellen. Aufgrund dieses provozierend nachsichtigen Verhaltens geriet Middelhauve selbst zunehmend ins Schussfeld der Kritik zahlreicher, zwischen Bestürzung und Fassungslosigkeit schwankender Bundesvorstandsmitglieder.[52]

Auch Middelhauves Initiative, ausgerechnet Diewerge in der Rednerschulung der Gesamtpartei zu installieren, erschien angesichts immer weiterer Enthüllungen in einem neuen Licht. Der Bagatellisierungsversuch, es handele sich lediglich um eine „technische

---

[45] Schäfer an Middelhauve, 3.10.1952, ADL, Bestand Thomas Dehler, N1-831. Nach der Lektüre einer Diewerge-Hetzschrift kam Schäfer auch zu dem Schluss, dass dessen Autor „zu den Hauptträgern der antisemitischen Aktivität der nationalsozialistischen Gewaltherrschaft" zu zählen sei.
[46] Vgl. Diewerge an Middelhauve, 30.1.1953, ebd.
[47] Vgl. FDP-Bundesvorstand 1949–1952, Nr. 26, 6.12.1952, S. 742, Anm. 64. In diesem Vorgehen erblickte Middelhauve „eine unverkennbare Absicht und Illoyalität" sowie „Ungeheuerlichkeit", die nicht hinzunehmen bereit war. Middelhauve an Schäfer/Blücher, 9.12.1952, HStAD, RWN 172/110, pag. 19 sowie BA, N 1080/259, pag. 178f.
[48] Vgl. Forderungen von Schwennicke, Hans Erbe (Bremen), Rademacher, Haußmann, Hans Wellhausen, in: FDP-Bundesvorstand 1953/54, Nr. 28, 24.1.1953, S. 806, 811f., 819f.
[49] Ebd., S. 826.
[50] Vgl. Informationsbericht Robert Strobels vom 18.2.1953, IfZ-Archiv, ED 329/5.
[51] FDP-Bundesvorstand 1953/54, Nr. 28, 24.1.1953, S. 801.
[52] „Vielleicht sieht man bei Ihnen die Gefahr nicht oder will sie nicht sehen, daß man diese Fragen mit einer solchen Milde behandelt." So z.B. Otto Bezold im Bundesvorstand, in: ebd., S. 814.

und nicht politische Rednerschulung"⁵³, wurde durch seine Wiederholung keineswegs glaubhafter.⁵⁴ Seit 1947 war es im Sinne der angestrebten „Vereinheitlichung" des Landesverbandes das erklärte Ziel Middelhauves, eine Rednerschulung zu institutionalisieren, die „nicht nur eine rhetorische, sondern auch eine programmatische Schulung sein müsse"⁵⁵, und auch im Zusammenhang mit der von ihm betriebenen Einstellung Diewerges hatte er sich erhofft, mit Hilfe einer Rednerschulung „in den einzelnen Landesverbänden eine übereinstimmende Vertretung unserer Grundsätze zu ermöglichen".⁵⁶ Eine rein technische Schulung des Rednernachwuchses hatte Middelhauve nie im Sinn gehabt, sie wäre seinem Konzept der bundesweiten Vorbereitung einer Nationalen Sammlung völlig zuwidergelaufen.

Bemerkenswert sind in diesem Zusammenhang Diewerges Selbstverteidigungsversuche, die dazu angetan waren, sich selbst wie auch seinen Vorgesetzten zusätzlich zu diskreditieren. Einerseits warb er – mit noch immer unverkennbar antisemitischem Unterton – um Verständnis für seine eigene politische Vergangenheit und erhob sogar noch gegenüber dem FDP-Bundesvorstand den moralischen Zeigefinger:

> „Wenn mir jetzt Zitate entgegengehalten werden, die vor 15–20 Jahren unter ganz anderen Voraussetzungen in amtlichem Auftrag verfaßt wurden, so bin ich der letzte, der nicht empfinden würde, wie solche Auslassungen und Gedankengänge heute wirken müssen, vor allem ohne Erwähnung der Zusammenhänge. Aber in dem Vorstand einer Partei, die die Versöhnung mit den gutwilligen Kräften der Vergangenheit als politisches Ziel verkündet hat, hätte man Verständnis dafür zeigen können, daß sich vor 20 Jahren ein junger Assessor voller Tatendrang und Ehrgeiz auf seinen ersten, großen Auftrag stürzte. [...] Die Polemik entzündete sich auch an der Haltung der Gegenseite, die die Täter verherrlichte."⁵⁷

Andererseits versuchte Diewerge, seine Aktivitäten zu rechtfertigen, indem er sie bzw. ihre Bewertung in entlarvender Hellsichtigkeit in den Kontext der Naumann-Affäre einordnete. Er beteuerte, dass von ihm „kein illoyaler Versuch der Überfremdung der FDP gemacht wurde, sondern daß angesichts der plötzlichen Veränderung der politischen Situation durch die Aktion des britischen Hochkommissars ein Verhalten negativ erschien, das bei normaler Weiterentwicklung als unbedenklich, wenn nicht sogar als zweckentsprechend angesehen worden wäre".⁵⁸

Trotz aller Lamenti musste Diewerge schließlich dem auf ihm lastenden Druck nachgeben. Am 30. Januar 1953 bat er seinen Chef, ihn „mit Wirkung zum 1.3.1953 bez. 1.4.

---

⁵³ Ebd., Nr. 33, 7.6.1953, S. 1055. Siehe auch ebd., Nr. 28, 24.1.1953, S. 825.
⁵⁴ Sowohl Bezold („Lehren ist keine technische Funktion.", ebd., S. 825) als auch Marie-Elisabeth Lüders wollten diese fadenscheinige Verteidigung nicht unkommentiert lassen: „Sie haben vorhin gesagt, Herr Diewerge hätte die technische Rednerschulung gehabt. Was heißt das? Haben Sie vielleicht als Redner auch Leute wie Stotterer und solche mit Hasenscharten? Es wurde doch dem Publikum nicht das Einmaleins vorgelesen, sondern politische Mitteilungen gemacht, sonst haben Sie das hierfür aufgebrachte Geld verschleudert." Ebd., Nr. 33, 7.6.1953, S. 1060.
⁵⁵ Protokoll über die Sitzung des Landesausschusses des Landesverbandes Nordrhein am 28.4.1947, in: Politischer Liberalismus, Nr. 29, S. 163.
⁵⁶ Stichworte für die Begründung der Anträge Middelhauves auf dem außerordentlichen Bundesparteitag in Essen am 12./13.7.1952, HStAD, RWN 172/170, pag. 44.
⁵⁷ Diewerge an Dehler, 14.2.1953, HStAD, RWN 172/11, pag. 18f. Ebenso fassungslos liest man in einem Diewerge-Vermerk vom 19.12.1952 die apologetische Behauptung, dass „alle Träger nationalsozialistischer Ämter in gleicher Weise zu einer bestimmten Haltung in der Judenfrage verpflichtet [waren]. Ich habe widerlegt, daß ich auf diesem Gebiet besondere Aktivität entfaltet hätte." HStAD, RWN 172/110, pag. 27.
⁵⁸ Diewerge an Dehler, 14.2.1953, HStAD, RWN 172/11, pag. 21.

1953"[59] von seinen Pflichten zu entbinden. Vier Wochen später setzte Middelhauve den Bundesvorstand von diesem Schreiben in Kenntnis und äußerte die Hoffnung, „daß damit die Diskussion über den Fall Diewerge ausgestanden ist".[60] Die innerparteilichen Kritiker Middelhauves konnten dessen zähes Festhalten an seinem untragbaren Mitarbeiter jedoch auch deswegen nicht einfach vergessen, weil längst ein zweiter personalpolitischer Streitfall die FDP vor eine Zerreißprobe zu stellen drohte. Dieses Mal stand jedoch ein Exponent der Nationalen Sammlung im Mittelpunkt, der im nordrhein-westfälischen Landesverband über eine wesentlich größere Hausmacht verfügte als Wolfgang Diewerge.

Der „Fall Achenbach" und die Nibelungentreue Middelhauves

Ernst Achenbach hätte gute Gründe gehabt, sich nach der spektakulären Verhaftungsaktion vom Januar 1953 Zurückhaltung aufzuerlegen, schließlich wussten sowohl er selbst als auch seine Partei die kritischen Augen der Öffentlichkeit im In- und Ausland auf sich gerichtet. Doch auch seine eigenen Erfahrungen bei den Nürnberger Nachfolgeprozessen schienen ihn nicht gelehrt zu haben, dass ein belasteter Anwalt lieber keine Verteidigung übernehmen sollte. Die Aussicht auf Beifall im rechten Lager sowie die persönliche Nähe zu Werner Naumann, den er seit 1950 regelmäßig besucht hatte[61], dürften Achenbach dazu bewogen haben, die Verteidigung des Hauptverdächtigen zu übernehmen. Überraschend war die Entscheidung des Essener Rechtsanwaltes angesichts seines bisherigen, unermüdlichen Einsatzes für angeklagte ehemalige Nationalsozialisten nicht. Außerdem hatte Achenbach, getragen von einem fast schon kämpferischen Pathos, eine gute Woche vor der Verhaftung Naumanns sein späteres Handeln quasi angekündigt: „Und wenn ein anständiger Nationalsozialist zu mir kommt und sagt ,ich werde verfolgt, und die rechtsstaatlichen Prinzipien werden auf mich nicht angewandt', dann sorge ich dafür, daß diese rechtsstaatlichen Prinzipien angewandt werden, und zwar gegen jeden und gegen alles, wenn es sein muß."[62]

Das Bekenntnis eines überregional bekannten FDP-Politikers zu Werner Naumann bei gleichzeitiger Kritik an einer vermeintlichen alliierten Willkürjustiz brachte die Bundespartei zusätzlich in Erklärungsnot und Handlungszwang, da Achenbach als Vorsitzender des außenpolitischen Ausschusses der FDP und wegen seiner früheren Tätigkeit an der deutschen Botschaft im besetzten Paris ohnehin unter verschärfter Beobachtung v. a. französischer Politiker stand.[63] Die anfängliche Bestürzung zahlreicher Bundesvorstandsmitglieder über Achenbachs bereitwillige Unterstützung Naumanns wich schnell der vielfach geäußerten Forderung nach einem sofortigen Rücktritt vom Vorsitz des außenpolitischen Ausschusses.[64] Middelhauve sah sich indes nicht in der Lage, einem solchen Antrag zuzustimmen, da die FDP „als eine liberale Partei nicht in die Gewissenssphäre und in das

---

[59] Diewerge an Middelhauve, 30.1.1953, ADL, Bestand Thomas Dehler, N1-831.
[60] „Also, die Bitte ist enthalten, daß Diewerge sich zum 1.4. von mir trennt und ich ihn aus der Zusammenarbeit mit mir entlasse." FDP-Bundesvorstand 1953/54, Nr. 29, 28.2.1953, S. 889. Die Möglichkeit einer Trennung bereits zum 1.3.1953 scheint Middelhauve bewusst verschwiegen zu haben.
[61] Vgl. Informationsbericht Robert Strobels vom 16.3.1953, IfZ-Archiv, ED 329/5; FDP-Bundesvorstand 1953/54, Nr. 30, 25.4.1953, S. 916.
[62] Protokoll über die Sitzung des Landesausschusses am 6.1.1953, ADL, Bestand FDP-LV NRW, Landesausschuss, 26899, S. 56.
[63] Vgl. FDP-Bundesvorstand 1953/54, Nr. 28, 24.1.1953, S. 837; Nr. 29, 28.2.1953, S. 878.
[64] Vgl. ebd., Nr. 28, 24.1.1953, S. 812, 814, 819f., 830.

Berufsethos eingreifen dürfe, wenn er Anwalt des Rechts ist".[65] Zum wiederholten Male führte Middelhauve *seinen* funktionalisierten Liberalismus als Kampfmittel ins Feld. Ohnehin besaß Achenbach im nordrhein-westfälischen Landesvorsitzenden einen einflussreichen Fürsprecher in Landes- und Bundesvorstand, der konsequent jede Form der Distanzierung ablehnte oder systematisch blockierte. („Er ist ein absolut anständiger Mann, und es wird niemand etwas Gegenteiliges über ihn zu sagen vermögen."[66]) Middelhauve trug mithin entscheidend dazu bei, dass sich die FDP über Monate hinweg mit einem „Fall Achenbach"[67] zu beschäftigen hatte.

Auf Vorschlag des Bundesvorsitzenden und als Konzession an die Achenbach-Befürworter[68] einigte sich der Bundesvorstand darauf, dass sowohl Blücher als auch Dehler ein Gespräch mit Achenbach führen sollten, um ihm „den Inhalt der Beratungen des Vorstandes und dessen einmütige Ansicht in der Sache mitzuteilen".[69] Doch der Naumann-Verteidiger legte – anders als Wolfgang Diewerge – zum Schaden der FDP eine enorme Druck-Resistenz an den Tag und war nicht bereit, auch nur von *einem* der miteinander unvereinbaren Ämter zurückzutreten.[70] Unterstützung fand Achenbach in seinem Landesverband[71], dessen Führungsgremien am 2. Februar (geschäftsführender Landesvorstand) bzw. 7. Februar (erweiterter Landesvorstand) den einstimmigen Beschluss fassten, „daß zur Zeit keine aktiven Schritte gegen Dr. Achenbach unternommen werden sollen".[72] Allein, der Landesverband beließ es keineswegs bei einer nur passiven Haltung. Die „aktiven Schritte" zielten allerdings ab auf eine Rehabilitierung, ja sogar Auszeichnung Achenbachs für seine politischen Tätigkeiten. Wegen des Misserfolgs der ersten Kontaktaufnahme wurde Middelhauve vom Bundesvorstand am 28. Februar damit beauftragt, „sehr eindringlich"[73] mit Achenbach zu sprechen und ihm die notwendigen Konsequenzen seines Handelns nahezulegen.

Da der Landesverbandsvorsitzende jedoch fernab des Bundesvorstandes keinerlei Anlass für eine solche Zurechtweisung sah, bat er Achenbach nicht zum Rapport, sondern

---

[65] Ebd., S. 825. In Variation wurde dieses Argument immer wieder von allen Achenbach-Befürwortern ins Feld geführt. Beispielhaft sei eine Äußerung von Otto Graf Lambsdorff während einer Sitzung des erweiterten Landesvorstandes vom 27.7.1953 zitiert: „Das Mandat N[aumann] habe A[chenbach] als Anwalt und nicht als Vors[itzender] des Außenpol[itischen] Ausschusses übernommen und zwar durchaus berechtigt. N[aumann] habe eben einen Anwalt gewählt, der außerdem politisch versiert sei. Darin könne ein parteischädigendes Verhalten nicht erblickt werden." HStAD, RWN 172/201, pag. 8.
[66] FDP-Bundesvorstand 1953/54, Nr. 28, 24.1.1953, S. 824.
[67] Die Welt, 30.1.1953, Artikel: „Achenbach weigert sich".
[68] Da Euler ohnehin in der britischen Besatzungsmacht und nicht im Naumann-Kreis die eigentliche Gefahr sah, genoss Achenbach dessen uneingeschränkte Sympathie: „Achenbach vertritt als Verteidiger ein fundamentales Interesse, das wir als Nation haben gegenüber der Besatzungsmacht. Es wird in breitesten Bevölkerungsschichten als notwendig erkannt, daß – gleichgültig wie man zu Naumann steht – dieses Vorgehen bekämpft werden muß." FDP-Bundesvorstand 1953/54, Nr. 29, 28.2.1953, S. 873. Der württembergische Liberale Otto Gönnenwein betonte daraufhin, dass es entscheidend sei, „wer der Protagonist der rechtsstaatlichen Idee ist. [...] Wer den totalitären Gedanken so wie er vertreten hat, ist nicht geeignet, die Engländer auf rechtsstaatliches Denken aufmerksam zu machen." Ebd., S. 877f.
[69] Ebd., Nr. 28, 24.1.1953, S. 840.
[70] Vgl. ebd., Nr. 29, 28.2.1952, S. 871f.
[71] Dehler berichtet über seinen Besuch „vor Ort": „Unsere Freunde in Nordrhein-Westfalen haben die Meinung vertreten, die Tätigkeit Achenbachs habe der Partei genützt. Jemand, der zu uns gehört, ist zum Hort rechtsstaatlicher Verteidigung geworden." Ebd., S. 873.
[72] Protokoll über die Sitzung des erweiterten Landesvorstandes am 7.2.1953, ADL, Bestand FDP-LV NRW, Landesvorstand, 27072.
[73] FDP-Bundesvorstand 1953/54, Nr. 29, 28.2.1952, S. 884.

bot ihm wenige Tage später auf einem außerordentlichen Landesparteitag in Dortmund die geeignete Bühne, „zum Zweck einer gewissen Aufklärung von Vorwürfen, die ihn betreffen, hier Stellung nehmen zu können".[74] Achenbach nutzte diese Gelegenheit, indem er die britische Besatzungsmacht für ihr Vorgehen kritisierte, einen politischen Kontakt mit Naumann vehement bestritt und sein Eintreten für Naumann als Verteidiger begründete.[75] Doch damit nicht genug. Obwohl mit Franz Blücher und Hermann Schäfer die Bundesführung der FDP quasi als Aufpasser vor Ort war, gerieten die Beschlüsse zu einem regelrechten Affront des nordrhein-westfälischen Landesverbandes gegen die Bundespartei. Trotz des „dringenden Appell[s]" des Parteivorsitzenden, „sowohl von einer negativen wie auch positiven Adresse an Middelhauve Abstand zu nehmen"[76], brachte Otto Graf Lambsdorff, der damals 26-jährige Vorsitzende des FDP-Bezirksverbandes Aachen, den Antrag ein, der Landesparteitag möge dem Landesverbandsvorsitzenden „für seine klare und entschiedene Politik [...] Dank und Vertrauen"[77] aussprechen. 14 Delegierte befolgten den Rat Blüchers und enthielten sich, immerhin 52 stimmten gegen den Antrag, aber die große Mehrheit von 231 Delegierten stärkte der Landesverbandsführung den Rücken. „1:0 für Middelhauve", so brachte *Die Welt* am 9. März das Ergebnis des Dortmunder Landesparteitages auf den Punkt. Die nordrhein-westfälische Machtdemonstration war damit aber noch nicht beendet. Auf Antrag des Bezirksverbandes Ruhr wurde der bundespolitisch völlig im Abseits stehende Ernst Achenbach mit 206 von 291 abgegebenen Stimmen in den geschäftsführenden Landesvorstand gewählt.[78] Deutlicher hätte der Antagonismus von nationalliberalem Middelhauve-Flügel und der „Restpartei" kaum ausfallen können. Das Signal von Dortmund wurde im Bundesvorstand als ein „Schlag ins Gesicht empfunden"[79], der die verabredete Parteilinie einer Distanzierung zu Achenbach unverhohlen konterkarierte. Ernüchtert hielt Wolfgang Schollwer in seinem Tagebuch fest, dass sich die zuvor gehegte „Hoffnung auf eine Abrechnung mit den Nazis [...] leider nicht erfüllt" habe. „Man muss sich allmählich schämen, Mitglied dieser Partei zu sein, zumindest aber dieses Landesverbandes..."[80]

Die Sitzung des Bundesvorstandes vom 25./26. April 1953 bildete den vorläufigen Höhepunkt einer sich zunehmend verschärfenden innerparteilichen Auseinandersetzung. Nachdem Thomas Dehler einen längeren Zwischenbericht über die Ermittlungen des „Dreier-Ausschusses" gegeben hatte, der die Anschuldigungen u. a. gegen Diewerge,

---

[74] Stenographische Niederschrift des außerordentlichen Landesparteitages vom 7. 3. 1953, ADL, Bestand FDP-LV NRW, Geschäftsführender Landesvorstand, 27034 (zum Zeitpunkt der Einsichtnahme versehentlich in diesem Bestand eingeordnet), S. 26.
[75] „Wenn ich diesen Auftrag übernommen habe, dann habe ich hier in meiner Eigenschaft als Anwalt gehandelt. Die freie Anwaltschaft ist eine unerläßliche Säule des Rechtsstaates." Das Protokoll verzeichnet an dieser Stelle „Sehr richtig!-Rufe". Ebd., S. 27.
[76] Süddeutsche Zeitung, 9. 3. 1953.
[77] Stenographische Niederschrift (s. Anm. 74), S. 101.
[78] Vgl. ebd., S. 117. Erich Mende hatte Middelhauve vor einer solchen Wahl sogar noch gewarnt, da sie als „eine Provokation" wahrgenommen werden würde; vgl. FDP-Bundesvorstand 1953/54, Nr. 30, 26. 4. 1953, S. 947. So zeigte sich Mende auch gegenüber Robert Strobel vom Ergebnis des Landesparteitages „sehr wenig befriedigt". In seinem vertraulichen Informationsbericht vom 10. 3. 1953 hielt der Journalist fest: „Sehr scharf kritisierte Mende die Wahl Achenbachs zum Mitglied des geschäftsführenden Vorstandes. Mende habe sich in Dortmund gegen diese Wahl ausgesprochen. Achenbachs Name sei nun einmal nicht nur in Deutschland sondern v. a. auch im Ausland für viele ‚das rote Tuch'. [...] Aber Middelhauve habe nun einmal an Achenbach ‚einen Narren gefressen'." IfZ-Archiv, ED 329/5.
[79] So Schwennicke, in: FDP-Bundesvorstand 1953/54, Nr. 30, 26. 4. 1953, S. 944.
[80] Schollwer, Aufzeichnungen, Tagebucheintrag vom 8. 3. 1953, S. 76.

Achenbach, Zoglmann, Drewitz, Döring und Middelhauve zusammenfasste[81], sah sich der Letztgenannte einer massiven Kritik ausgesetzt, da sich spätestens zu diesem Zeitpunkt, Mosaiksteinen gleich, die zahlreichen einzelnen Vorwürfe gegen den nordrhein-westfälischen Landesverband oder einzelne seiner Angehörigen zu einem wahrhaften Horrorszenario zusammenfügten. Der stellvertretende Parteivorsitzende Hermann Schäfer brachte die Empörung deutlich zum Ausdruck:

> „Wir haben die Geschichte ,Deutsches Programm' erlebt, ,nationale Sammlung': Wir sind darüber vorher nie gefragt worden. Das ist alles an uns vorbeigemacht worden. Und wenn wir heute von den Hintergründen erfahren, dann bin ich nicht mehr in der Lage, diese Dinge zu vertreten. Nicht vor der Öffentlichkeit, nicht hier. Sie mögen entscheiden, ob ich aus diesem Vorstand herausgehen soll. Ich bin nicht in der Lage, ein Wort der Bagatellisierung dieser Dinge zu sagen. Ich muß mir vorbehalten, die heftigste Auseinandersetzung zu führen."[82]

Viele Liberale waren der gleichen Meinung wie Schäfer und sprachen Middelhauve ihr Misstrauen aus.[83] Bei Thomas Dehler, der die Verhältnisse in Nordrhein-Westfalen infolge seiner Ermittlungen sicherlich am besten kannte und durch Middelhauves konsequente Kooperationsverweigerung sowie persönliche Angriffe Achenbachs permanent provoziert wurde, brach sich in dieser Vorstandsdebatte sein Temperament Bahn:

> „Aber wer ist schuld, daß Achenbach etwas bedeutet? Nur Sie, Herr Middelhauve! Ich habe restloses Vertrauen zu Mende, Weyer und anderen Vorstandsmitgliedern von Nordrhein-Westfalen, ich habe es aber nicht zu Ihnen, Herr Middelhauve. Sie sitzen hier und schreiben und schreiben. Sind Sie ein Mann, der uns in die Augen sehen kann? [...] Ich breite das Material hier aus, was ist die Art Ihrer Reaktion? Zu den ganzen schweren politischen Vorwürfen, die Sie bedrücken müßten, kein echtes Wort! [...] Diewerge hatte intimste Beziehungen zu Naumann. Ihr nächster Ratgeber, Herr Middelhauve, der Mann, dem Sie völlig vertraut haben, den Sie verteidigt haben, ein Werkzeug Naumanns war! Es steht fest, daß Diewerge auf Ihren Rat hin als Redner bei der Rednerschulung eingesetzt wurde, er, der unsere Jugend nur vergiften konnte, der sein Gift im ganzen Land verspritzen konnte. [...] Wenn das nicht genügt, Sie politisch zu töten, ist es hoffnungslos."[84]

Einen Grund dafür, dass Middelhauve *nicht* auf das politische Schafott geführt wurde, nannte Dehler in seiner Philippika selbst: Die anderen nordrhein-westfälischen Bundesvorstandsmitglieder waren sichtlich um einen Ausgleich bemüht und trugen so zu einer Entschärfung der Auseinandersetzung bei.[85] Immerhin votierte der gesamte Bundesvorstand – bis auf Middelhauve und ein weiteres Mitglied – für die Abberufung Achenbachs vom Vorsitz des außenpolitischen Ausschusses.[86] Die *Süddeutsche Zeitung* schrieb diesen „Abwurf von Ballast" mit Recht „dem Bundesvorstand, nicht aber Middelhauve als Verdienst"[87] zu. Da Achenbach zudem am 1. Mai aufgrund einer aus seiner Sicht „systematisch geführten internationalen Pressecampagne"[88] gegen seine Person von der Verteidigung Naumanns zurücktrat, schien der Weg bereitet, den „Fall Achenbach" ad acta zu legen. Doch der Abschlussbericht des Dreier-Ausschusses stellte den Essener Rechtsanwalt

---

[81] Vgl. FDP-Bundesvorstand 1953/54, Nr. 30, 25. 4. 1953, S. 912–921.
[82] Ebd., S. 931.
[83] So z. B. Rademacher im Namen des Hamburgischen Landesverbandes (ebd., S. 930) oder Schwennicke für den Berliner Landesverband (ebd., 26. 4. 1953, S. 943).
[84] Ebd., 26. 4. 1953, S. 951 f.
[85] Siehe dazu auch unten, S. 177 ff.
[86] Vgl. FDP-Bundesvorstand 1953/54, Nr. 30, 26. 4. 1953, S. 965.
[87] Süddeutsche Zeitung, 28. 4. 1953, Artikel: „Einkehr bei der FDP".
[88] Erklärung Achenbachs, zit. n. Grimm, Unrecht, S. 70.

als Schlüsselfigur der nationalsozialistischen Infiltrationsbestrebungen heraus, der Naumann dazu ermutigt habe, „den Versuch zur Unterwanderung des Landesverbandes Nordrhein-Westfalen zu machen".[89] In der Schlussfolgerung hieß es entsprechend unzweideutig: „Herr Dr. Achenbach hat der Gesamtpartei durch sein Verhalten schwer geschadet. Er hat nach seiner Grundhaltung niemals zu uns gehört. Sein Ausscheiden aus der FDP ist unabweislich."[90]

Ohne Zweifel wäre die Trennung von Achenbach eine politische Notwendigkeit für die FDP gewesen, doch die Satzung versagte der Bundespartei die für einen Ausschluss erforderlichen Machtmittel, der Vorstand konnte ihn lediglich beim jeweiligen Landesverband beantragen.[91] Der Rückhalt für den Middelhauve-Kurs in Nordrhein-Westfalen und der Vertrauensbeweis für Achenbach auf dem zurückliegenden Landesparteitag konnten allerdings schon als Menetekel für die Erfolgsaussichten eines solchen Ausschlussantrages gelten, der den Landesverband am 18. Juni „mit der Bitte um beschleunigte Durchführung"[92] erreichte. Ausgerechnet in dieser Phase der fast schon verzweifelt anmutenden Versuche der Bundesführung, Achenbach aus der Partei zu entfernen, sorgte Middelhauve für einen neuerlichen Eklat, als er auf einer Jungdemokraten-Versammlung in Limburg an der Lahn am 13. Juni ein Bekenntnis zu Ernst Achenbach abgab: „Ich werde meinen ganzen Einfluß geltend machen, und ich werde mich schützend vor Achenbach stellen, daß er nicht diffamiert wird."[93] Nicht nur im Bundesvorstand zogen die Aussagen Middelhauves helle Empörung und neuerliche Misstrauensanträge nach sich.[94] Auch im nordrhein-westfälischen Landesvorstand sorgten sie etwa bei Hans Wolfgang Rubin oder Erich Mende für „Erschütterung"[95], da Middelhauves Auftreten einen Ausgleich mit der Bundespartei nahezu unmöglich machte und den gesamten Landesverband in Verruf zu bringen drohte.[96]

Dass das Ausschlussverfahren gegen Ernst Achenbach „wie das Hornberger Schießen"[97] ausging, ist hauptsächlich auf einen Verfahrenskniff der nordrhein-westfälischen Parteiführung zurückzuführen. Obwohl sich der FDP-Landesvorstand durch eine Satzungsänderung selbst das Recht gegeben hatte, in erster Instanz über Fragen der Parteischädigung zu entscheiden, wurde der Landesehrenrat mit dem (auf Parteischädigung lautenden) Ausschlussantrag gegen Achenbach betraut. Jenes Gremium durfte allerdings nur noch „Fälle des ehrenrührigen oder unwürdigen Verhaltens"[98] verhandeln. Entsprechend „untersuchte" der Landesehrenrat die Anschuldigungen gegen Achenbach lediglich auf das Motiv der Ehrenrührigkeit hin, die er in seiner Sitzung vom 20. Juni als „nicht hinreichend bewiesen"[99] zurückwies. Ein Blick auf die Liste der gehörten Zeugen ließ kein anderes

---

[89] Abschlussbericht, HStAD, RWN 172/2, S. 6.
[90] Ebd., S. 19. Hierbei handelt es sich um die ursprüngliche Formulierung von Neumayer, Dehler und Onnen. Zur Diskussion im Bundesvorstand auch über jenen Passus vgl. FDP-Bundesvorstand 1953/54, Nr. 33, 7. 6. 1953, S. 1045, 1066.
[91] Der entsprechende Passus der Parteisatzung ist abgedruckt in: ebd., S. 1032, Anm. 20.
[92] ADL, Bestand Thomas Dehler, N1-839.
[93] Auszug aus der Rede Middelhauves, HStAD, RWN 172/115, pag. 72.
[94] Vgl. FDP-Bundesvorstand 1953/54, Nr. 34, 27. 6. 1953, S. 1085 ff.
[95] Protokoll über die Sitzung des geschäftsführenden Landesvorstandes am 15. 6. 1953, ADL, Bestand FDP-LV NRW, Geschäftsführender Landesvorstand, 27934, S. 2.
[96] Rubin, ebd., S. 4: „Das ist selbstmörderisch für den Landesverband."
[97] Mende, Freiheit, S. 259.
[98] Senger, Vorsitzender des Landesehrenrates, an Blücher, 7. 7. 1953, BA, N 1080/259, pag. 51.
[99] Protokoll über die Sitzung des Landesehrenrates am 20. 6. 1953, ADL, Bestand Thomas Dehler, N1-839, S. 12; Abschrift in: BA, N 1080/267.

Urteil erwarten: Friedrich Grimm, Heinz Schmidt, der Achenbach aus seiner Zeit als Hilfsarbeiter an der deutschen Botschaft in Paris kannte, sowie Fritz Krüger, der mittlerweile die Verteidigung Werner Naumanns übernommen hatte, versicherten die Unbescholtenheit Achenbachs – ein sicherlich mehr als fragwürdiges Fundament für eine neutrale Urteilsfindung, zumal wegen der nicht fristgemäßen Einladung zur Ehrenratssitzung kein Vertreter des Bundesvorstandes als „Korrektiv" anwesend war.

Gestärkt durch diese Entscheidung, setzte Achenbach, wiederum unterstützt von Middelhauve, sogleich zur nächsten Machtprobe mit der Bundespartei an: Die Mitgliederversammlung seines Essener Kreisverbandes wählte die bundespolitische Persona non grata am 6. Juli zum Direktkandidaten für die im September anstehende Bundestagswahl. Auch der Bundeskanzler hielt die Aufstellung Achenbachs „für sehr unglücklich" und für „eine reine Demonstration". Er bat daher den ihm wohlgesonnenen August Martin Euler darum, „irgendwie, sei es direkt, sei es durch Middelhauve, Achenbach dazu [zu] bringen […], freiwillig von dieser aussichtslosen Kandidatur Abstand zu nehmen".[100] Aber alle Versuche, Middelhauve im Bundesvorstand zu einem Einschreiten gegen diesen Akt der Provokation zu bewegen, blieben ohne Erfolg. Im erweiterten Landesvorstand hatte er bereits den Beschluss durchgesetzt, dass eine Einflussnahme auf die Kandidatur Achenbachs als „unzulässig"[101] angesehen werde. Auch im Bundesvorstand argumentierte er auf der Grundlage eines fadenscheinigen Satzungslegalismus: Der Kreisverband wähle seinen Kandidaten, eine Intervention widerspräche daher demokratischen Gepflogenheiten.[102] „Die Satzungen sind nun einmal da, sie sind rechtskräftig".[103] Wie das Beispiel der Delegiertenbenennung gezeigt hat, unterlag die Rechtskraft von Satzungen ganz offensichtlich der utilitaristischen Auslegung Middelhauves.

Da von Middelhauve kein Entgegenkommen zu erwarten war, warfen Vizekanzler Franz Blücher sowie Bundesjustizminister Dehler als Ultima Ratio ihr ganzes politisches Gewicht in die Waagschale und kündigten ihren Verzicht auf ein Bundestagsmandat an, falls Achenbach kandidiere.[104] Der einmal mehr an der ‚Eigenlebigkeit'[105] der Landesverbände verzweifelnde Parteivorsitzende beendete – hier durchaus Führungsstärke beweisend – die enervierende Debatte rigoros: „Ich darf wohl als einstimmige Ansicht feststellen, daß der Vorstand eine Kandidatur des Herrn Achenbach auf der Landesliste von Nordrhein-Westfalen [für] nicht vereinbar mit den Interessen der Partei hält."[106]

Achenbach zeigte sich auch von diesem Beschluss unbeeindruckt und hielt an seiner Kandidatur fest[107], er wurde jedoch bei der Verabschiedung der nordrhein-westfälischen FDP-Landesliste nicht berücksichtigt.[108] Damit schien nach knapp sieben Monaten fort-

---

[100] Adenauer an Euler, 10.7.1953, in: Adenauer, Briefe 1951–1953, Nr. 413, S. 406f.
[101] Protokoll über die Sitzung des erweiterten Landesvorstandes am 27.7.1953, ADL, Bestand FDP-LV NRW, Landesvorstand, 27073.
[102] Vgl. FDP-Bundesvorstand 1953/54, Nr. 35, 30.7.1953, S. 1101.
[103] Ebd., S. 1113.
[104] Vgl. ebd., S. 1088, 1103ff.; Wengst, Dehler, S. 180f.
[105] Vgl. FDP-Bundesvorstand 1953/54, Nr. 35, 30.7.1953, S. 1114.
[106] Ebd., S. 1119. Bei der folgenden Abstimmung mit Handzeichen gab es 19 Ja-Stimmen bei 3 Enthaltungen.
[107] Vgl. Protokoll über die Sitzung des erweiterten Landesvorstandes am 5.8.1953, ADL, Bestand FDP-LV NRW, Landesvorstand, 27073.
[108] Mehrere Vorstandsmitglieder beschworen das Schreckensszenario einer Spaltung der FDP, falls Achenbach aufgestellt würde (vgl. ebd.) und setzten sich schließlich mit ihrem Standpunkt durch. Vgl. auch FDP-Bundesvorstand 1953/54, S. 1120, Anm. 14.

dauernder innerparteilicher Auseinandersetzungen die Naumann-Affäre für die FDP abgeschlossen zu sein, doch gerade der „Fall Achenbach" legt die Frage nach den Gründen für die Nibelungentreue des Landesverbandsvorsitzenden nahe. Selbst wenn Middelhauve nur in Kenntnis eines Bruchteils von Achenbachs vielfältigen Kontakten zu ehemaligen Nationalsozialisten gewesen sein sollte, so steht dennoch außer Zweifel, dass der Landesvorsitzende ihm eine Schlüsselrolle innerhalb seines nationalen Sammlungskonzeptes zuerkannt hatte. Seine Karriere während des „Dritten Reiches" sowie seine Tätigkeit als Anwalt ehemaliger Nationalsozialisten prädestinierten Achenbach als Integrationsfigur für all jene, denen der Gedanke an ein großes nationalistisches Sammelbecken noch immer nicht abschreckend erschien.

Wie verheerend sich innerparteiliche Kritik an Achenbach auf die Glaubwürdigkeit der mit Verve betriebenen Politik der „offenen Tore" auswirkte, hatte sich für Middelhauve bereits nach den Landtagswahlen vom Juni 1950 gezeigt. In Koalitionsverhandlungen mit der CDU Karl Arnolds schlug er nicht nur sich selbst, sondern auch Ernst Achenbach für einen Ministerposten vor.[109] Auf inoffizielles Drängen der französischen Hohen Kommission[110] traten damals Erich Mende und Hermann Höpker-Aschoff vertraulich mit der Bitte an Middelhauve heran, von einer Nominierung Achenbachs abzusehen. Der Landesvorsitzende wählte aber einmal mehr den Weg in die Parteiöffentlichkeit: „Diesen Brief las Dr. Middelhauve der versammelten Landtagsfraktion in Düsseldorf vor. Das Ergebnis war helle Empörung bei Ernst Achenbach und seinen Freunden, die sich diese Einmischung aus der Bundestagsfraktion in Bonn entschieden verbaten."[111] Doch abgesehen von der Entrüstung über diesen Interventionsversuch regte sich auch Kritik bei der von Middelhauve anvisierten Klientel. In einem Schreiben vom 19. August 1950 teilte ihm der ehemalige SS-Obersturmführer Wilhelm Classen seine Erbitterung über die „Auslassungen von Mende und Höpker-Aschoff"[112] mit. Nationalkonservative bzw. rechtsextreme Vereinigungen wie die Deutsche Gemeinschaft oder die Deutsche Aktion hätten bei der zurückliegenden Landtagswahl eine Wahlentscheidung für die FDP abgegeben, da sie „Persönlichkeiten wie Dr. Achenbach, der vielen unserer Freunde bekannt war, in die Spitzengruppe der Kandidaten rückte". Aufgrund der innerhalb der FDP laut gewordenen Vorbehalte sehe Classen „kaum noch eine Möglichkeit oder einen Anlaß, die bei uns vorhandenen Kräfte, die ohnehin von Mißtrauen gegen die überlieferten Parteien erfüllt sind, zu einer auch nur fallweisen Unterstützung der Politik der FDP in NRW aufzurufen".

Die Middelhauvesche Nationale Sammlung bedurfte für ihren Erfolg nicht nur einer zielgruppenorientierten Politik, angesichts ihrer speziellen Klientel war sie in gesteigertem Maße auf „überzeugende" Exponenten angewiesen. Eine Distanzierung von einzelnen Handlungsträgern bedeutete in dieser Hinsicht einen akuten Verlust an politischer „Glaubwürdigkeit". Dessen war sich Middelhauve auch 1953 bewusst, wie ein bemerkenswertes Zitat vom 13. Juli bestätigt: Es dürften seiner Meinung nach auch in diesem Fall „keine

---

[109] Da Arnold letztlich eine „Kleinstkoalition" zusammen mit dem Zentrum einging, erübrigte sich die Personalie Achenbach. Zur Regierungsbildung von 1950 vgl. Hüttenberger, Nordrhein-Westfalen, S. 480 ff.; Keinemann, Arnold, S. 11 ff.
[110] Ein französischer Botschaftsrat hatte Mende ein Memorandum über die Tätigkeit Achenbachs während seiner Pariser Zeit übergeben und teilte ihm mit, dass die Ernennung „eine schwere Belastung des deutsch-französischen Verhältnisses bedeuten würde". Mende, Freiheit, S. 167 f. Vgl. auch Brauers, Deutschlandpolitik, S. 63.
[111] Mende, Freiheit, S. 168.
[112] Classen an Middelhauve, 19.8.1950, HStAD, RWN 220/1, pag. 86f.

Konzessionen an die Unanständigkeit" gemacht werden. „Die Gefahr, daß eine Eliminierung Achenbachs als Aufgabe der bisherigen Linie der FDP in Nordrhein-Westfalen gewertet werden könne, sei schlimmer als der etwaige Verlust von 100 000 Stimmen."[113] Die „bisherige Linie" war die der Nationalen Sammlung, von deren Richtigkeit und Notwendigkeit Middelhauve noch immer vollkommen überzeugt war; das FDP-Motto für die Bundestagswahlen von 1953 lautete in Nordrhein-Westfalen nicht zufällig: „Rechts ran! Wählt Middelhauve".[114] Allein das infolge der Naumann-Affäre veränderte innerparteiliche Machtgefüge sollte ihn an einer weiteren Umsetzung oder gar Ausweitung dieser Politik hindern.

2. Folgen der Naumann-Affäre für die FDP

Die öffentliche und parteiinterne Kritik am Vorgehen der britischen Besatzungsmacht war – zum Leidwesen Middelhauves – keineswegs so umfassend, dass sie von den aufgedeckten Machenschaften ehemaliger Nationalsozialisten im nordrhein-westfälischen Landesverband der FDP hätte ablenken können. So herrscht auch in der Forschung die nahezu einhellige Auffassung, dass die Naumann-Affäre den entscheidenden Beitrag zur irreversiblen Diskreditierung der nationalen Sammlungsambitionen Middelhauves leistete.[115] Um es jedoch nicht bei diesem summarischen Urteil bewenden zu lassen, sollen die Konsequenzen sowohl auf Landes- als auch auf Bundesebene genauer betrachtet werden.

Auswirkungen in Nordrhein-Westfalen

> „Es sind Fehler gemacht worden. Wo werden sie nicht gemacht? Wo gehobelt wird, fallen Späne. Und der Landesverband Nordrhein-Westfalen, nicht zuletzt sein Vorsitzender, hat in den letzten Jahren erheblich gearbeitet und gehobelt."[116]

Mit diesen Worten reagierte Middelhauve am 6. Juni 1953 auf einen Brief Gustav Altenhains, der ihn angesichts der Naumann-Affäre dazu aufgefordert hatte, „unter Rückstellung aller persönlichen Interessen ein Opfer für die Partei zu bringen" und samt dem Landesvorstand zurückzutreten.[117] Auf diese Forderung ging Middelhauve in seinem Antwortbrief nicht ein. Er versicherte vielmehr, „daß ich nach minutiöser Prüfung auch heute noch der Auffassung bin, daß meine Leistung und meine Erfolge für unsere Partei seit den Tagen der Gründung turmhoch über den taktischen Fehlern stehen, die ich gemacht habe". Eine umfassende Manöverkritik des bisherigen politischen Kurses oder gar ein Gesinnungswandel waren vom Landesverbandsvorsitzenden nicht zu erwarten. Nach wie vor versprach – oder besser: drohte – er, „an unserer Zielsetzung einer dritten großen Partei

---

[113] Protokoll über die Sitzung des Landesvorstandes am 13.7.1953, ADL, Bestand FDP-LV NRW, Landesvorstand, 27073.
[114] Siehe Abbildung auf dem Buchcover.
[115] Vgl. Gabbe, Parteien, S. 78; Gutscher, Entwicklung, S. 151, 159; Herbert, Best, S. 469f.; Papke, Ordnungskraft, S. 173. Schon in einem Artikel vom 14./15.3.1953 hatte die Süddeutsche Zeitung eine gleichlautende Einschätzung abgegeben. Überschrift des Artikels: „Schon vor der ersten Schlacht geschlagen. Die ‚Nationale Sammlung' ist gescheitert / Naumann-Affäre durchkreuzt Fusionspläne der Rechtsparteien".
[116] Middelhauve an Altenhain, 6.6.1953, HStAD, RWN 172/165, pag. 24.
[117] Altenhain an Middelhauve, 22.5.1953, ebd., pag. 43ff.

fest[zu]halten".[118] Auch der Weg dorthin sollte der gleiche bleiben: „Wenn man die Tore der FDP weit aufmache [...], dann könne der Wahlkampf gewonnen werden."[119]

Die an Überheblichkeit grenzende Selbstsicherheit Middelhauves war angesichts der Entwicklungen seit Ende 1952 verwunderlich. Nahezu in Permanenz sah er sich in der Presse, von Seiten anderer Parteien[120] und Verbände, aber auch parteiintern heftiger Kritik ausgesetzt. So sprachen die Kreisverbände Lippstadt (5. Februar)[121], Bonn-Stadt (18. Februar)[122] und Wuppertal (28. Februar)[123] dem Landesverbandsvorsitzenden ihr Misstrauen aus. Zahlreiche Ergebenheitsadressen anderer Kreisverbände nivellierten jedoch den Effekt dieser Misstrauenskundgebungen, sie verkehrten ihn sogar in sein Gegenteil und manifestierten die breite Abwehrfront eines Landesverbandes, der sich unberechtigt angeklagt fühlte.[124]

Von den erfolglosen Versuchen einiger „renitenter" Kreisverbände abgesehen, hatte Middelhauve von der Parteibasis keinen größeren Widerstand zu erwarten – seine seit Jahren betriebene Reorganisation des Landesverbandes trug auch in dieser Hinsicht Früchte. Über die Außendienstgeschäftsführer ließ er sich minutiös informieren, welche Personen

---

[118] Protokoll über die Sitzung des Landesvorstandes am 1.6.1953, ADL, Bestand FDP-LV NRW, Landesvorstand, 27073.

[119] Protokoll über die Sitzung des Landesvorstandes am 20.6.1953, ebd.

[120] Während sich die CDU in öffentlichen Äußerungen gegenüber dem koalitionären Juniorpartner zurückhielt, nutzte die SPD die Naumann-Affäre als Gelegenheit zu einer umfassenden Kritik an der Bundesregierung insgesamt (vgl. Vorstandsbeschluss vom 30./31.1.1953, abgedruckt in: Sopade, Nr. 930, Februar 1953). In Bezug auf die FDP verfolgte sie den Rechtskurs einzelner Landesverbände schon seit 1950 mit Argwohn, warnte vor einer neuen „Harzburger Front" (Sozialdemokratischer Pressedienst, 9.6.1950, Artikel: „FDP am Scheideweg") und machte vor allem den nordrhein-westfälischen Landesverband mit Middelhauve frühzeitig als Speerspitze dieser Entwicklung aus. Vgl. dazu die Artikel im Sozialdemokratischen Pressedienst „Die FDP vor der Entscheidung – Die Sammler um Herrn Middelhauve – Das ‚deutsche' Programm der FDP" (29.7.1952), „Schillernde FDP in NRW. Von der Partei zur Bewegung?" (27.10.1952), „Rechtsruck in der FDP" (24.11.1952), „Die Mohrenwäsche des Herrn Middelhauve" (20.1.1953).

[121] Resolution des Kreisverbandes Lippstadt vom 5.2.1953, HStAD, RWN 172/166, pag. 79. Auszug: „Der Kreisverband Lippstadt der FDP nimmt mit Befremden und Entrüstung von den Vorgängen in Düsseldorf in der Landesgeschäftsstelle und deren Querverbindungen zum Naumannkreis Kenntnis. [...] Wir verlangen deshalb die unverzügliche Einberufung eines außerordentlichen Landesparteitages, dessen Delegierte von den Kreisverbänden und nicht von der Landesgeschäftsstelle oder den Bezirksverbänden gewählt oder ernannt werden, mit dem Ziel der demokratischen Neuwahl eines neuen Landesverbandsvorstandes, sowie völlige Neubesetzung der gesamten Landesgeschäftsstelle."

[122] Entschließung des Kreisverbandes Bonn-Stadt vom 18.2.1953 in einer Abschrift vom 23.2.1953, HStAD, RWN 220/2, pag. 17. Auszug: „Der Vorsitzende des Kreisverbandes Bonn-Stadt der FDP wird beauftragt, dem Vorsitzenden des Landesverbandes Nordrhein-Westfalen der FDP, Herrn Dr. Friedrich Middelhauve, mitzuteilen, daß er nicht mehr das Vertrauen des KV Bonn-Stadt besitzt. Es ist die Auffassung der Mehrheit der Mitglieder, a) daß die politische Linie der FDP nicht von einem Landesverband allein festgelegt und verkündet werden kann, b) daß dies vielmehr Aufgabe des gesamten Bundesvorstandes der FDP ist."

[123] Entschließung des Kreisverbandes Wuppertal vom 28.2.1953, HStAD, RWN 172/166, pag. 82. Auszug: „Der Kreisausschuß des Kreisverbandes Wuppertal der FDP und die Deutschen Jungdemokraten Wuppertal erklären, daß sie nicht mehr in der Lage sind, der vom Landesverbands-Vorsitzenden Dr. Middelhauve vertretenen Politik ihre Zustimmung zu geben. Der Kreisverband Wuppertal und die DJD Wuppertal sprechen daher dem Landesverbands-Vorsitzenden ihr schärfstes Mißtrauen aus."

[124] Allein im Ruhrbezirk wandten sich die Kreisverbände Wanne-Eickel, Bochum, Recklinghausen, Witten, Hamm, Gladbeck, Dortmund und Wattenscheid in Resolutionen gegen die „Pamphlete" der drei oben genannten Kreisverbände; vgl. Monatsbericht Februar 1953, Ruhrbezirk, HStAD, RWV 49/770, pag. 126.

2. Folgen der Naumann-Affäre für die FDP

in den Kreisverbänden für und welche gegen ihn waren. Auf Anforderung Middelhauves berichtete etwa Außengeschäftsführer Walter Mundolf ausführlich von der Mitgliederversammlung des Kreisverbandes Bonn-Stadt, auf der der Misstrauensantrag gegen Middelhauve (s. o.) verabschiedet wurde. Aufgrund dieser Zuträgerdienste war der Verbandsvorsitzende stets über seine innerparteilichen Gegner im Bilde und wusste andererseits, auf wen er sich vor Ort verlassen konnte.[125] Der Erfolg der langjährigen Personal- und Organisationspolitik lässt sich auch am Dortmunder Landesparteitag vom März 1953 ablesen – und zwar nicht nur an den getroffenen Beschlüssen. Einmal mehr herrschte in jenem Gremium – nach den Worten Erich Mendes – „Bürgerbräustimmung".[126] Gegner des nationalen Sammlungskurses wurden dort als „Saboteure" und „Querulanten" beschimpft.[127] Mit Mende, der auch bei den „Nationalen" gut beleumundet war, wurde immerhin ein Kritiker Middelhauves zu dessen Stellvertreter im Landesvorsitz gewählt.[128] Dennoch fiel sein Fazit der Veranstaltung ernüchternd aus: „Hier drängten sich altbekannte Typen in den Vordergrund, und es habe sich in Dortmund gezeigt, daß die gekauften Leute des Apparates sich gegenüber den unabhängigen Delegierten durchsetzen konnten."[129]

Friedrich Middelhauve bewegte sich in einem hochgradig selbstreferentiellen Kommunikationsraum, den er geschaffen hatte und der seine Eigenwahrnehmung maßgeblich geprägt haben dürfte. Wenn er innerparteiliche Kritik an der Unterdrückung jeglicher Opposition mit dem Verweis zu entkräften suchte, ihm würde „von einem nicht unbeträchtlichen Teil der Parteifreunde seit langem der Vorwurf gemacht, [...] bei der Leitung unserer Diskussionen eine zu große Geduld bewiesen"[130] zu haben, so ist dies nicht einmal anzuzweifeln. In den Berichten der Außengeschäftsführer zur Bewertung des Landesparteitages in den Kreisverbänden fand sich etwa der Kritikpunkt, dass in Dortmund der „Opposition [...] ein zu breiter Raum in der Diskussion überlassen worden" sei.[131] Ohnehin waren jene Berichte prädestiniert, die Landesverbandsführung in ihrem bisherigen Kurs zu bestärken[132] und zu weiteren Maßnahmen gegen die „Spalter"[133] und deren „Pamphlete"[134] zu ermuntern.

An Zuspruch mangelte es Middelhauve ohnehin nicht. Von seinen österreichischen Freunden aus dem VdU wurde er regelmäßig gebeten, auf seinem „geraden und richtigen

---

[125] Vgl. Mundolf an Middelhauve, 23.2.1953, HStAD, RWN 172/162, pag. 82–85.
[126] Informationsbericht Robert Strobels vom 10.3.1953, IfZ-Archiv, ED 329/5.
[127] Vgl. Abendpost, 9.3.1953; Süddeutsche Zeitung, 14./15.3.1953.
[128] In diesem Amt folgte er von Rechenberg nach, der am 19.1.1953 an den Folgen eines Unfalls gestorben war. Vor dem Hintergrund des Unfalltodes von Heinz Wilke im November 1952 sowie des ebenso unerwarteten Todes von Ernst Mayer im Dezember 1952 kam Schleimer, Demokratiegründung, S. 30, zu der Einschätzung, dass die innerparteiliche „Konfliktsituation [...] zwar nicht von der Sache her entschärft, doch [...] durch den Tod wichtiger Exponenten der jeweiligen Konfliktparteien etwas gedämpft" worden sei.
[129] Informationsbericht Robert Strobels vom 10.3.1953, IfZ-Archiv, ED 329/5.
[130] Middelhauve an Luchtenberg, 12.3.1953, HStAD, RWV 49/857, pag. 144.
[131] Monatsbericht März 1953 von Kraas, HStAD, RWV 49/770, pag. 80.
[132] Im Monatsbericht Februar 1953 von Sieger heißt es z.B.: „Die in den letzten Jahren zu uns gestoßenen Parteifreunde fühlten sich persönlich angesprochen und ließen ihre lange geübte Zurückhaltung fallen. [...] Der Bezirksverband Ostwestfalen-Lippe stand zu keiner Zeit klarer und bewußter auf dem Boden des Deutschen Programms als heute." HStAD, RWV 49/770, pag. 116.
[133] Monatsbericht Januar 1953 von Finzel, ebd., pag. 179; mit jener oftmals benutzten Vokabel waren in diesem Falle Carl Wirths und Karl Schneider gemeint.
[134] Monatsbericht Februar 1953 von Prager, ebd., pag. 126; als „Pamphlete" hatte Prager die Misstrauensanträge der Kreisverbände Lippstadt, Bonn-Stadt und Wuppertal bezeichnet.

Weg fortzuschreiten und sich durch kurzlebige Querschüsse dieser Art [gemeint ist die britische Verhaftungsaktion; K.B.] nicht hemmen zu lassen".[135] Wahrscheinlich hätte es solcher Aufforderungen gar nicht bedurft. Einerseits kultivierte Middelhauve angesichts der öffentlichen Vorwürfe gegen ihn und seinen Landesverband eine Wagenburgmentalität[136], andererseits hielt er unbeirrbar an seiner Sammlungspolitik fest. An Hans Freyborn vom VdU, dessen „kameradschaftlicher Zuspruch" ihm „besonders wertvoll" war, richtete Middelhauve Anfang Februar ein von Entschlossenheit geprägtes Antwortschreiben:

> „Sie können sich darauf verlassen, daß ich die im Interesse einer echten demokratischen Entwicklung für richtig gehaltene Linie nicht verlassen und die Auseinandersetzungen nicht mit einem faulen Kompromiß beenden werde. Sie werden meinen bisherigen Erklärungen bereits entnommen haben, daß ich mich [...] nach wie vor für eine großzügige und allein von rechtsstaatlichem Denken beeinflußte Haltung in der Frage der Aufnahme und Mitarbeit früherer Angehöriger der NSDAP einsetzen werde. [...] Ich bin nach wie vor fest entschlossen, an den Zielen festzuhalten, über die wir uns bei den Treffen in Salzburg, Innsbruck und auch in Deutschland einig waren. Das, was notwendig ist, muß auch erreicht werden. Die Überzeugung, zusammenzukommen, ist bei uns so groß und stark, daß wir uns darin von niemanden irremachen lassen."[137]

„Irremachen" ließen sich auch die nordrhein-westfälischen Deutschen Jungdemokraten nicht. Ihre Verlautbarungen während der Krisenzeit des Jahres 1953 zeugen davon, dass der von oberster Stelle organisierte Versuch, einen auf Linie getrimmten Nachwuchs heranzuzüchten, geglückt war. Die DJD erwiesen sich als die treuesten „Parteigänger" der Nationalen Sammlung und ihres Initiators. Sie wiesen den FDP-Bundesvorstand mit fast schon drohender Geste darauf hin, „daß Parteispitzen nur solange Macht und Einfluß besitzen, wie ein echtes Vertrauensverhältnis sie mit der Plattform der Kreise und der Mitglieder verbindet".[138] Nach der Versicherung, dass sie zu Middelhauve eben jenes Vertrauensverhältnis hätten, bekräftigten sie nochmals ihr Bekenntnis zu den vergangenheitspolitischen Maximen der Nationalen Sammlung, dass nämlich „niemand wegen politischen Irrtums bestraft oder als Staatsbürger minderen Rechts angesehen werden" dürfe; diese Auffassung sei „zur Grundlage der Politik überhaupt zu machen". Und um auch letzte Zweifel an einem Gleichklang ihrer politischen Ziele mit denen Middelhauves auszuräumen, versicherten die Jungdemokraten, „daß sie nur so lange den Weg der FDP bejahen können, wie sie klar erkennen, daß dieser Weg nicht in die Richtung der ehemaligen Staatspartei, sondern zukunftsträchtig nach dem Gesetz der Zahl zu einer echten Volkspartei führt".

Von überzeugten nationalen Sammlern war ein Gesinnungswandel nicht zu erwarten. Die Beharrungskraft etablierter Strukturen sprach ebenso gegen eine schlagartige Änderung der politischen Ausrichtung des nordrhein-westfälischen Landesverbandes. Dennoch blieben die Geschehnisse rund um die Naumann-Affäre nicht ohne Folgen für die innerverbandliche Entwicklung. Middelhauve und Co. hatten fortan mit einer nicht nur parteiinternen, sondern auch medialen Anteilnahme an den weiteren Vorgängen innerhalb ih-

---

[135] Freyborn an Middelhauve, 16.1.1953, HStAD, RWN 172/592, pag. 167.
[136] Schon auf der Landesausschusssitzung am 6.1.1953 gab Middelhauve – frei nach Goethe – das Motto für die einzunehmende Haltung gegenüber den grassierenden Verdächtigungen aus: „Trockenen Kot und Wirbelwind / laß sie drehn und stäuben!" ADL, Bestand FDP-LV NRW, Landesausschuss, 26899, S. 51.
[137] Middelhauve an Freyborn (mit Durchschlägen an Stüber, Schmidt und Döring), 6.2.1953, HStAD, RWN 172/592, pag. 165 f.
[138] Aus einer von Landesleitung und Landesrat der DJD befassten Entschließung vom 19.6.1953, HStAD, RWN 172/162, pag. 69; auch die nachfolgenden Zitate sind daraus entnommen.

res Wirkungskreises zu rechnen. Eine weitere Expansion der Nationalen Sammlung „nach dem Gesetz der Zahl" war in der ursprünglich beabsichtigten Form nicht mehr möglich.

Dies traf etwa für die geplante enge Kooperation mit der Wiking-Jugend zu. Jene rechtsextreme Jugendorganisation, die sich als legitime Nachfolgerin der Hitler-Jugend verstand, war im Dezember 1952 in Wilhelmshaven gegründet worden. Als erster „Bundesführer" der Wiking-Jugend fungierte Walter Matthaei, ein ehemaliger Referent im Reichsministerium für die besetzten Ostgebiete, der zuvor bereits als „Reichsjugendführer" in der Sozialistischen Reichspartei den Aufbau einer parteinahen Nachwuchsorganisation („Reichsjugend") vorangetrieben hatte.[139] Matthaei zeigte sich dem nordrhein-westfälischen Landesverband der FDP eng verbunden. Er trat „sehr häufig in FDP-Versammlungen als Diskussionsredner"[140] auf und war auch als Gast für den Bielefelder Landesparteitag sowie den Bad Emser Bundesparteitag eingeladen worden.[141] Matthaei stand schon mit Wolfgang Döring in Verhandlungen über „eine Möglichkeit der Zusammenarbeit" – und der nordrhein-westfälische FDP-Hauptgeschäftsführer hatte vom „Bundesführer" der Wiking-Jugend „einen außerordentlich positiven Eindruck".[142] Auf Kreisebene kam es auch bereits zu einer engen Zusammenarbeit zwischen Vertretern beider „Organisationen", doch an eine offizielle Kooperation oder gar einen Zusammenschluss war nach den Ereignissen vom Januar 1953 kaum mehr zu denken. Ein verbindlicher Beschluss der Landesverbandsführung konnte – so Döring – nicht gefällt werden, „solange das derzeitige Kesseltreiben gegen den Landesverband im Gange ist, […] da diese Entscheidung zweifelsohne wieder als ein erneuter Beweis unserer zum Radikalismus neigenden Tendenzen propagiert würde".[143] Dies wäre wohl ohne Zweifel und nicht ohne Grund so eingetreten.

Es kam jedoch nicht nur zu taktisch motivierten Konzessionen an die veränderte Gesamtsituation. Insbesondere die jüngeren nordrhein-westfälischen Mitglieder des Landes- und Bundesvorstandes – Mende, Rubin, Weyer – vermieden es zunehmend, den Eindruck zu erwecken, als seien sie gewissermaßen Middelhauveianer „sans phrase". Nicht so sehr die Naumann-Affäre und die aus ihr erwachsenen Vorwürfe, sondern der fortgesetzte Konfrontationskurs Middelhauves drohte, das Ansehen des gesamten Landesverbandes und seiner Führung unwiderruflich zu ruinieren – ein Szenario, das sich für Middelhauves nordrheinwestfälische Vorstandskollegen umso alarmierender darstellte, da sie alle ihre politische Zukunft noch vor sich hatten bzw. die Aussicht auf eine solche bewahren und nicht leichtfertig aufs Spiel setzen wollten. Die Konsequenz war eine spürbare Distanzierung von „ihrem" Vorsitzenden.[144] Erich Mende strich im Bundesvorstand die Bedeutung der britischen Intervention für das weitere Vorgehen im Landesverband heraus und kündigte eine „Trennung der Spreu vom Weizen"[145] an. Auch Willi Weyer[146] und Hans Wolfgang Rubin[147] ver-

---

[139] Vgl. Hansen, SRP, S. 93f.
[140] Döring an Hans Mosel (FDP-KV Minden), 10. 2. 1953, HStAD, RWV 49/852, pag. 112.
[141] Vgl. Mosel an Döring, 11. 1. 1953, ebd., pag. 114.
[142] Döring an Mosel, 10. 2. 1953, ebd., pag. 112.
[143] Ebd.
[144] Vgl. Papke, Ordnungskraft, S. 171f.; ders., Ziel, S. 103f.
[145] FDP-Bundesvorstand 1953/54, Nr. 30, 26. 4. 1953, S. 947.
[146] Weyer: „Die Abgrenzung nach rechts haben wir systematisch oder programmatisch noch nicht vollzogen; es ist wesentlich, daß das geschieht." Ebd., Nr. 28, 24. 1. 1953, S. 831.
[147] Rubin: „In Nordrhein-Westfalen werde nunmehr nicht mehr so vertrauensvoll gegenüber manchen Leuten gehandelt wie in der Vergangenheit." Ebd., Nr. 32, 28. 5. 1953, S. 1025; vgl. Redebeitrag ebd., Nr. 30, 26. 4. 1953, S. 939ff.

mittelten ihren Parteifreunden im Bundesvorstand das Gefühl, dass trotz der Unnachgiebigkeit des Landesvorsitzenden ein Kompromiss mit Nordrhein-Westfalen möglich sei. Ein Kernpunkt bzw. eine Voraussetzung für eine Wiederannäherung war die Institutionalisierung eines sogenannten „Minderheitenschutzes" innerhalb des Landesverbandes, der vom außerordentlichen Landesparteitag am 21. Juni 1953 verankert wurde.[148] Demnach erfuhr z. B. der geschäftsführende Landesvorstand eine Erweiterung um drei Vertreter der bisherigen Opposition (darunter Gustav Altenhain), den Kreisverbänden wurden feste Delegationsrechte zugestanden, und die allwöchentlichen Tagungen der Landesgeschäftsführer sollten von mindestens einem Mitglied des Landesvorstandes beaufsichtigt werden. Nicht nur das Ergebnis, auch das Zustandekommen dieser Beschlüsse bezeugt die geschwächte Stellung des Vorsitzenden innerhalb seines Landesverbandes: Es waren ausschließlich Kritiker bzw. schroffe Gegner des bisherigen politischen Kurses, die „unter weitgehender Ausklammerung Middelhauves"[149] den Minderheitenschutz im Vorfeld des Landesparteitages verhandelt hatten.

Die Emanzipationstendenzen der nordrhein-westfälischen Vorstandsmitglieder und der mit ihnen einhergehende Einflussverlust Middelhauves lassen sich zudem an mehreren kleineren Episoden aus dem Gremienleben der FDP veranschaulichen. Während in Bad Ems die nordrhein-westfälischen Bundesvorstandsmitglieder (bis auf Rubin) wegen der Kritik an der Delegiertenbenennung noch in geschlossener Empörung die Vorstandssitzung verlassen hatten[150], „begleiteten" Middelhauve im Juni 1953 lediglich seine niedersächsischen Gesinnungsfreunde Artur Stegner und Alfred Onnen aus dem Sitzungszimmer, als ihm von Marie-Elisabeth Lüders vorgehalten wurde, dass für sie „das Wort ‚liberal' in Verbindung mit Ihrer Person, nach dem, was geschehen ist, […] eine Unmöglichkeit"[151] und Middelhauve ein „Schmutzfleck"[152] für die FDP sei. Während sich Middelhauve bisher stets mit Erfolg des eindrucksvollen Mittels der Vertrauensfrage bedient hatte, um die innerparteiliche Opposition mundtot zu machen, scheiterte im Juni 1953 sein diesbezüglicher Versuch, den bevorstehenden Landesparteitag für diese Zwecke zu missbrauchen.[153] Während Middelhauve es bisher gewohnt war, unter Missachtung der satzungsmäßig dafür vorgesehenen Gremien Einfluss auf die Zusammenstellung der Landeslisten nehmen zu können, misslang sein (im Übrigen von Ernst Achenbach unterstütztes) Vorhaben vom August 1953, eine – Zitat Middelhauve – „Korrektur der Landesliste"[154] vorzunehmen und Lothar Steuer von der Nationalen Rechten als Bundestagskandidaten für die nordrhein-westfälischen Liberalen aufzustellen.

Im Hinblick auf die nach der Naumann-Affäre gezogenen personellen Konsequenzen muss die Verschleppungs- und Verweigerungstaktik Middelhauves jedoch als (fragwürdiger) Erfolg gewertet werden; von einer Selbstreinigung kann jedenfalls nicht die Rede sein. Wie bereits erwähnt, bat Diewerge von sich aus um eine Auflösung des Dienstverhält-

---

[148] Vgl. ebd., Nr. 34, 27. 6. 1953, S. 1082, Anm. 3; stenographische Niederschrift über den Landesparteitag, ADL, Bestand FDP-LV NRW, Landesparteitag, 26716/1.
[149] Papke, Ordnungskraft, S. 177.
[150] Vgl. FDP-Bundesvorstand 1949–1952, Nr. 25c, 21. 11. 1952, S. 648.
[151] FDP-Bundesvorstand 1953/54, Nr. 34, 27. 6. 1953, S. 1092.
[152] Middelhauve an Blücher, 30. 6. 1953, BA, N 1080/259, pag. 55. Auf die Wiedergabe dieser Beleidigung wurde im offiziellen Bundesvorstandsprotokoll offensichtlich verzichtet.
[153] Vgl. Protokoll über die Sitzung des geschäftsführenden Landesvorstandes am 15. 6. 1953, ADL, Bestand FDP-LV NRW, Geschäftsführender Landesvorstand, 27034.
[154] Protokoll über die Sitzung des Landesvorstandes am 11. 8. 1953, HStAD, RWN 172/204, pag. 7f.

nisses. Dem ehemaligen Henlein-Vertrauten Walter Brand wurde ebenfalls nicht gekündigt; wie Diewerge verließ er den Landesverband wegen der „ehrverletzenden Vorwürfe" aus eigenem Antrieb.[155] Middelhauve bedauerte „das Ausscheiden von Dr. Brand aufrichtig, weil Brand ein qualifizierter Mitarbeiter und ein anständiger Mensch sei".[156] Lediglich von Carl Albert Drewitz und Johannes Mertens trennte sich der Landesverband wegen der ihnen vorgeworfenen Kontakte zu Werner Naumann – auch wenn der Vorstand betonte, dass er Drewitz lediglich „mangelnde Wahrheitsliebe, nicht aber echte politische Belastung unterstellt"[157] habe.

Auch der Ausschluss von Wolfgang Döring wurde von verschiedener Seite gefordert. Ihm wurden nicht nur seine Kontakte zu Angehörigen des Naumann-Kreises sowie seine Mitverantwortung für die einseitige Personal- und Organisationspolitik vorgehalten. Am schwersten belastete ihn eine Aussage, die er „einige Monate nach der Übernahme der Landesgeschäftsführung" während einer Sitzung des FDP-Kreisausschusses in Düsseldorf gemacht haben soll. Dort hatte er offenbar Dehlers Abschied aus der FDP gefordert und dies damit begründet, dass er „eine Jüdin zur Frau" habe.[158] Döring bestritt den Vorwurf. Daher – Zitat Erich Mende – „hat man eben so getan, als ob man ihm glaubte".[159] Auch Döring durfte in seinem Amt verbleiben. Gleiches gilt für den Hauptverantwortlichen jener fundamentalen Parteikrise, Friedrich Middelhauve, der weiterhin dem Landesverband ebenso wie der Landtagsfraktion vorstand. An dieser ohnehin nie unumstrittenen Personalunion entzündete sich in der Fraktion heftige Kritik.[160] Die Forderung nach einem Rücktritt Middelhauves vom Fraktionsvorsitz stand zwar im Raum, doch letztlich war allen Beteiligten klar, „daß die Abwahl Middelhauves als Zeichen der Parteispaltung interpretiert"[161] worden wäre, die es unter allen Umständen zu verhindern galt, da ihre Folgen unabsehbar waren. Friedrich Middelhauve blieb also der „erste Mann" der FDP in Nordrhein-Westfalen, doch sein umfassender Führungsanspruch war nicht mehr aufrechtzuerhalten bzw. wurde durch den Entzug der Gefolgschaftstreue ehemaliger Mitstreiter unterminiert.

Noch am 31. Dezember 1952 hatte Wolfgang Döring seinem „väterlichen Freund"[162] Middelhauve in einem sehr persönlichen Brief für dessen Vertrauen im zurückliegenden Jahr gedankt und die zuversichtliche Einschätzung geäußert, „daß es nichts gegeben hat und kaum geben wird, das dieses Vertrauen zu erschüttern in der Lage sein wird". Vermutlich hätten beide im Jahr 1953 die Nationale Sammlung weiterhin Hand in Hand organisatorisch und propagandistisch vorangetrieben. Angesichts der britischen Verhaftungsaktion und der zunehmenden innerparteilichen Isolierung Middelhauves hätte allerdings eine zu große Loyalität gegenüber dem Landesvorsitzenden für Döring die Gefahr heraufbeschworen, schon mit 33 Jahren auf das politische Abstellgleis zu fahren bzw. dorthin

---

[155] Stellungnahme des Landesverbandsvorstandes von Nordrhein-Westfalen zu den im Zusammenhang mit dem Naumann-Kreis erhobenen Vorwürfen gegen Mitglieder des Landesverbandsvorstandes und Angehörige der Landesgeschäftsführung, HStAD, RWN 172/9, pag. 9.
[156] Protokoll über die Sitzung des Landesvorstandes am 1.6.1953, ADL, Bestand FDP-LV NRW, Landesvorstand, 27073, S. 12.
[157] Vgl. Stellungnahme (s. Anm. 155).
[158] Abschlussbericht, HStAD, RWN 172/2, S. 14; FDP-Bundesvorstand 1953/54, Nr. 33, 7.6.1953, S. 1061, Anm. 25.
[159] Informationsbericht Robert Strobels vom 10.3.1953, IfZ-Archiv, ED 329/5.
[160] Vgl. Papke, Ordnungskraft, S. 175ff.
[161] Ebd., S. 176.
[162] Döring an Middelhauve, HStAD, RWV 49/858, pag. 107.

geschoben zu werden. Döring und mit ihm im Grunde alle jüngeren Führungskräfte, die sich einstmals unter Middelhauves Fittichen befanden, besaßen so viel politischen Instinkt, sich rechtzeitig von ihrem Ziehvater abzunabeln[163], so dass sich dieser (mit einiger Berechtigung) zunehmend übergangen fühlte.[164]

Und dennoch: Ein umfassendes Revirement fand im Landesverband nicht statt. Brand, Diewerge, Drewitz und Mertens mussten und sollten als Sündenböcke bzw. Bauernopfer herhalten. Doch ob Middelhauve oder Döring, Achenbach oder Zoglmann – die eigentlich verantwortlichen Akteure für jenen schleichenden Prozess einer Entliberalisierung der NRW-FDP gehörten weiterhin zu den politischen Protagonisten.

In diesem Zusammenhang verdient noch eine besondere Strategie Middelhauves Beachtung, die Geschehnisse rund um die Naumann-Affäre einer „Klärung"[165] zuzuführen: Anstatt den Abschlussbericht des „Dreier-Ausschusses" zur Grundlage der (personellen) Konsequenzen zu machen, schlug er dem außerordentlichen Landesparteitag vom Juni 1953 vor, „einen echten Schlußstrich zu ziehen und uns nicht in einer Auseinandersetzung zu erhitzen". Es solle darauf verzichtet werden, „gleichgültig, um wen es sich hier in diesem Raum handelt, heute noch in den Einzelheiten der Vergangenheit danach zu suchen, wer Recht und wer Unrecht hatte, wo Recht oder Unrecht dem einen oder anderen geschehen ist". Die von Middelhauve seit Jahren nachhaltig mitgeprägte Schlussstrich-Mentalität versuchte er hier, zu seinen Gunsten zu instrumentalisieren. Diese durchsichtige Taktik wurde zwar durchschaut und kritisiert – „Wir machen doch keinen Parteitag, um einfach zu sagen: Wir sprechen über nichts mehr!" –, ging aber dennoch auf. Auch der Parteivorsitzende Blücher war angesichts der nahenden Bundestagswahlen und einer akut spaltungsbedrohten Partei daran interessiert, eine langwierige „Mohrenwäsche" zu vermeiden.

Um einen Schlussstrich bemühte sich Middelhauve auch in Bezug auf das Ehrenratsverfahren gegen die innerverbandlichen Oppositionellen Wirths und Schneider. Nach Monaten der bewussten Verfahrensverschleppung[166] machte er seinen innerparteilichen Wider-

---

[163] Dies gilt auch für Erich Mende, dessen damalige Taktik nicht eben frei war von Opportunismus und Attentismus. Dazu auch Nickel, Parteivorsitzende, S. 240f.: „Mende schlug sich erst dann auf eine Seite, wenn er sich sicher war, er unterstütze eine dauerhafte Mehrheitsposition oder er distanziere sich von einem endgültig im Abseits befindlichen Politiker. Solange er Middelhauves Unterstützung für seinen Aufstieg benötigte, stand er zu seinem Förderer und war bereit zu verzichten. Erst als Middelhauve 1953 diskreditiert war, distanzierte er sich."
[164] Vgl. Middelhauve an Döring, 10.7.1953, HStAD, RWV 49/858, pag. 95; Middelhauve an Döring, 26.11.1953, ebd., pag. 251. Das Verhältnis zwischen Döring und Middelhauve schien vorläufig jedoch so weit intakt geblieben zu sein, dass der Hauptgeschäftsführer dem Landesvorsitzenden im Mai 1954 in einem persönlichen Brief für die neu zu besetzende Stelle in Middelhauves Opladener Büro *ausgerechnet* einen ehemaligen ranghohen Nationalsozialisten vorschlug. Dörings Kandidat, Alfred Trenker, war seit 1931 Mitglied der NSDAP und während des Krieges Chef der SD-Kommandostelle in Budapest gewesen. Dass Trenker eine NS-Vergangenheit hatte, sei zwar „unangenehm", aber Döring selbst hielt ihn dennoch „für einen ausgezeichneten Mann" und fügte hinzu: „[...] rein typmäßig würde er sicher auch Sie, sehr geehrter Herr Dr. Middelhauve, ansprechen." Döring an Middelhauve, 4.5.1954, HStAD, RWV 49/858, pag. 240. Zu Trenker vgl. Durucz, Ungarn, S. 177.
[165] Hier und nachfolgend: Stenographische Niederschrift über den Landesparteitag am 21.6.1953, ADL, Bestand FDP-LV NRW, Landesparteitag, 26716/1.
[166] Bereits im April 1953 hatte sich Thomas Dehler an den nordrhein-westfälischen Landesehrenrat mit der Bitte um eine Einstellung des fragwürdigen Verfahrens gegen Wirths und Schneider gewandt. Dem Vorsitzenden Senger schrieb er: „Es will mir als eine Umkehrung der Dinge erscheinen, die aus ehrlicher Sorge um den Bestand unserer Partei von den Herren Wirths und Schneider unternommenen Schritte als Schädigung der Partei qualifizieren zu wollen." Dehler an Senger, 29.4.1953, HStAD,

sachern am 15. November 1953 das generöse Angebot, „auch unter alle Schwierigkeiten, Zwistigkeiten und Gegensätzlichkeiten in der Vergangenheit nach dem von uns im politischen Raum immer wieder geforderten Tabula rasa-Prinzip einen Schlußstrich [zu] ziehen und auch in dieser Hinsicht reinen Tisch [zu] machen".[167] Wer sich zum tabula-rasa-Prinzip bekannte, negierte zugleich den ehernen Grundsatz der (politischen) Verantwortlichkeit für das eigene Tun. Nach der Logik des von Middelhauve auf die Spitze getriebenen Amnestie- und Amnesiegedankens bliebe jede noch so verwerfliche Handlung, die nicht strafrechtlich relevant wäre, ohne Konsequenzen – frei nach dem Motto: vergeben und vergessen.

Die politische Konkurrenz spielte jedoch nicht mit. Im Landtagswahlkampf 1954 wurden die Freien Demokraten noch immer mit den Geschehnissen rund um die Naumann-Affäre und den (nicht gezogenen) Konsequenzen konfrontiert. Allen voran Artur Sträter (CDU), amtierender Wirtschafts- und Verkehrsminister und zugleich Stellvertreter des Ministerpräsidenten Karl Arnold, attackierte die Liberalen und warnte vor einer „nicht mehr zu zügelnde[n] radikale[n] Entwicklung in der nordrhein-westfälischen FDP".[168] Wer sich für die Freien Demokraten entscheide, der wähle „zwangsläufig radikale Elemente wie Achenbach und Zoglmann, da sie an absolut sicherer Stelle kandidieren".[169] Hiermit hatte Sträter unbestritten recht. Der von Middelhauve und Döring geschaffene „Apparat" hatte das Jahr 1953 in seinem Kern überdauert, so dass die „Steuerungsmöglichkeiten bei der Listenaufstellung [...] für die Parteiführung nahezu vollkommen" waren und auch „zielstrebig genutzt"[170] wurden. Als Leiter der Hauptgeschäftsstelle avancierten Döring und sein Stellvertreter, Alfred Rieger, zu den Schlüsselfiguren bei der Auswahl der Kandidaten, die wiederum „in der Regel über gute bis enge Kontakte"[171] zur Geschäftsstelle verfügen mussten.

Bei der Sondierung und Auswahl konnten Döring und Rieger weiterhin auf die bewährten Dienste ihrer Angestellten in den Kreisen und Bezirken zurückgreifen: „Die Außendienstgeschäftsführer griffen [...] gezielt in die Willensbildung vor Ort ein und versuchten, den von der Sternstraße unterstützten Kandidaten bei der Nominierung durch die jeweiligen Parteiuntergliederungen hilfreich zur Seite zu stehen."[172] Resultat jener selektiven Kandidatenauswahl war einerseits eine Verjüngung, andererseits eine „Homogenisierung" der FDP-Liste, die den Eindruck erwecken konnte, als habe es die Landesverbandsführung geschafft, sich der „innerverbandlichen Opponenten politisch zu entledigen und alte Rechnungen aus der ‚Naumann-Affäre' zu begleichen".[173] Gustav Altenhain, bei den Landtagswahlen von 1950 noch unmittelbar nach Middelhauve an Position zwei gelistet, wurde auf einen alles andere als sicheren 21. Platz abgeschoben. Vor ihm fanden sich altvertraute Persönlichkeiten wie Achenbach (Platz 5, 1950 noch auf Platz 10), Dorn (Platz

---

RWN 172/3, pag. 27. Middelhauve hatte mit äußerstem Befremden" auf diesen „Eingriff in ein schwebendes Verfahren" reagiert, bei dem es sich um eine vom Landesausschuss bereits am 6.1.1953 „mit überwältigender Mehrheit beschlossene Maßnahme" handeln würde. Middelhauve an Dehler, 8.5.1953, ebd., pag. 23.
[167] Wortlaut seiner damaligen Erklärung, abgedruckt in einem Brief Middelhauves an Wirths und Schneider vom 10.2.1954, HStAD, RWN 172/3, pag. 5f.
[168] Sträter in der Westfalenpost, 19.6.1954, zit. n. Düding, Parlamentarismus, S. 310.
[169] Zit. n. ebd.
[170] Papke, Ziel, S. 113.
[171] Ebd. (identisch in: ders., Ordnungskraft, S. 183).
[172] Ebd.
[173] Papke, Ordnungskraft, S. 185.

18), Zoglmann (Platz 16) und Döring (Platz 17), der nunmehr entgegen früherer Absichten und zum Unmut seiner Kritiker höhere parteipolitische Ambitionen hegte. Auf Listenplatz 25 wurde auch noch Heinz Lange platziert.[174] Es dürften Namen wie diese gewesen sein, die beim Parteivorsitzenden Blücher nach Durchsicht der Kandidatenliste „Entsetzen"[175] auslösten.

Bei den Landtagswahlen vom 27. Juni 1954 erzielte die FDP einen Achtungserfolg: Die Liberalen konnten insgesamt 793 736 Stimmen auf sich vereinigen, was einem Zuwachs von knapp 45 000 Wählern gegenüber den Landtagswahlen von 1950 entsprach.[176] Aufgrund der gestiegenen Wahlbeteiligung verschlechterte sich das Ergebnis jedoch von 12,1 auf 11,5%. Seit dem letzten Urnengang hatte sich das Profil der parteipolitischen Konkurrenz drastisch verändert. Bereits am 22. Februar 1953 war der nordrhein-westfälische Landesverband der Deutschen Partei vom Direktorium der DP aufgelöst worden. Die Parteiführung um Heinrich Hellwege und Hans-Christoph Seebohm erteilte damit den nationalen Sammlungsambitionen von Ludwig Schwecht eine deutliche Absage und war bemüht, jene drakonische Maßnahme als einen „völlig belanglosen, parteiinternen Akt"[177] herunterzuspielen. Doch die Vorwürfe gegen die nordrhein-westfälische Führung der DP konnten auch Friedrich Middelhauve und dessen Nationale Sammlung zusätzlich in Verruf zu bringen. Nach Angabe Hellweges sollte der DP-Landesverband „an eine andere Partei verschachert werden"[178], womit die NRW-FDP gemeint war. Angeblich sei der Führung der DP in Nordrhein-Westfalen ein Betrag von monatlich 40 000 DM angeboten worden, sofern sie eine den nationalen Sammlungsambitionen der FDP entgegenkommende Politik betriebe.[179]

Eine parteipolitische Selbstauflösung zugunsten der FDP vollzog am 24. Januar 1954 die Nationale Rechte, die ihren Mitgliedern einen Übertritt zu den NRW-Liberalen empfahl.[180] Für Lothar Steuer begann von dort an ein steiler, durch seinen Tod im Mai 1957 jedoch jäh beendeter Aufstieg innerhalb der FDP-Fraktion. Auf einer sicheren zwölften Stelle der FDP-Liste platziert, zog Steuer ungefährdet in den Landtag ein und amtierte dort als stellvertretender Fraktionsvorsitzender. In der Wahl zum Landtagsvizepräsidenten setzte er sich „deutlich gegen den bisherigen Amtsinhaber Altenhain"[181] durch.

Durch den offiziellen Wegfall der NR sowie den faktischen Ausfall der DP[182] hatte die FDP zwar zwei potentielle Konkurrenten um ähnliche Wählergruppen politisch überlebt,

---

[174] Alle Angaben über die jeweiligen Listenplatzierungen sind dem Online-Angebot des nordrhein-westfälischen Landtages entnommen, das auch eine Suche nach ehemaligen Abgeordneten ermöglicht: http://www.landtag.nrw.de/portal/WWW/Webmaster/GB_I/I.1/Abgeordnete/Ehemalige_Abgeordnete/suche.jsp (Zugriff am 1.6.2010).
[175] Blücher in einem Telefonat gegenüber Dehler, zit. n. Papke, Ordnungskraft, S. 185.
[176] Vgl. Schachtner, Nachkriegswahlen, S. 52f.
[177] Seebohm, zit. n. Frankfurter Allgemeine Zeitung, 23.2.1953; vgl. auch Süddeutsche Zeitung, 23.2.1953.
[178] Zit. n. Die Zeit, 5.3.1953; vgl. Brauers, FDP, S. 631f.
[179] Angesichts jener Vorkommnisse innerhalb des DP-Landesverbandes betrachtete es „Die Zeit" am 5.3.1953 als „feststehende Tatsache", dass „die FDP um eine Kur, wahrscheinlich sogar um eine Roßkur, nicht herumkommt". Aufgrund eines gänzlich anders gearteten innerparteilichen Machtgefüges wäre innerhalb der FDP jedoch eine vergleichbare Maßnahme wie im Falle der DP schlichtweg undenkbar gewesen.
[180] Vgl. Buschfort, Hüter, S. 244; Papke, Ordnungskraft, S. 181; Schmollinger, DKP-DRP, S. 1011f.
[181] Papke, Ordnungskraft, S. 190.
[182] Die DP erhielt bei den Landtagswahlen 1954 in ganz Nordrhein-Westfalen nicht einmal 2 000 Stimmen.

doch erstmals bei nordrhein-westfälischen Landtagswahlen trat nun auch der BHE an, der eine Klientel in seinem Parteinamen führte, auf deren Vertretung die NRW-FDP bis dahin quasi einen Monopolanspruch erhoben hatte, nämlich die „Entrechteten". Unter den gut 320 000 BHE-Wählern (4,6%) befanden sich vermutlich zahlreiche potentielle Sympathisanten der nationalen Liberalen von Rhein und Ruhr.

Trotz dieses neuen politischen Rivalen erreichte die FDP ein wesentliches Wahlziel: Die amtierende Koalition aus CDU (41,3%) und Zentrum (4,0%) verlor ihre parlamentarische Mehrheit, eine neue Regierungskoalition musste gebildet werden. Auch wenn das Verhältnis zwischen der NRW-CDU um den Ministerpräsidenten Karl Arnold und der FDP nicht frei von Spannungen war, begriff Middelhauve diese Situation sehr schnell als Chance und begann noch vor Konstituierung der Fraktion mit ersten Verhandlungen, zu denen er von Konrad Adenauer ermutigt worden war, der wiederum unter allen Umständen die Bildung einer Großen Koalition verhindern wollte.[183] Auch der FDP-Bundesvorstand kam zu dem Schluss, „daß von seiten der FDP aus, aus grundsätzlichen Erwägungen heraus eine Koalition mit der CDU sehr erwünscht sei".[184] Rein rechnerisch wäre sogar eine sozialliberale Koalition denkbar gewesen, doch diese Möglichkeit war in Middelhauves politischem Koordinatensystem nicht vorgesehen – sehr zum Ärger vieler jüngerer Fraktionskollegen, die anders als der Landesvorsitzende „keine prinzipiellen Vorbehalte gegenüber der SPD"[185] hatten und sich zumindest Sondierungsgespräche mit den Sozialdemokraten wünschten. Doch „die Handlungsinitiative bei der Koalitionsbildung [lag] von vornherein beim FDP-Landesvorstand und nicht bei der Landtagsfraktion"[186], so dass es Middelhauve gelang, die FDP nach sieben Jahren auf der Oppositionsbank wieder in die Regierungsverantwortung zu führen. Im dritten Kabinett Arnold amtierte Middelhauve als Wirtschafts- und Verkehrsminister und fungierte zugleich als Stellvertreter des Ministerpräsidenten. Mit dem Wiederaufbauministerium übernahm Willi Weyer das zweite der FDP zugedachte Ressort. Auch das Zentrum wurde in die Koalition aufgenommen; Rudolf Amelunxen verblieb im Amt des Justizministers.

Die Regierungsbildung des Jahres 1954 zeigte, dass Friedrich Middelhauve ungeachtet aller zurückliegenden Geschehnisse als ministrabel galt. Kritik an jener Personalie regte sich nur vereinzelt. Geradezu entsetzt reagierte jedoch das American Jewish Committee (AJC). United Press brachte am 11. August 1954 eine Stellungnahme des AJC, in der Middelhauve des Neo-Nazismus und – unter Hinweis auf Wolfgang Diewerge – des Antisemitismus bezichtigt wurde.[187] In einer ausführlichen Erklärung für das AJC wies Middelhauve beide Vorwürfe als haltlos zurück.[188] Auch gegenüber der deutschen Presse sah er sich zu einer Gegendarstellung veranlasst.[189] Die Bestürzung Middelhauves über solcherlei Vorwürfe ist nachvollziehbar. Im Laufe seiner politischen Karriere hatte der

---

[183] Vgl. Düding, Parlamentarismus, S. 311ff.; Schwarz, Adenauer, Bd. 2, S. 136f. In einem Brief an Karl Arnold vom 9.7.1954 betonte der Bundeskanzler, „daß eine Aufnahme der Sozialdemokratie in Ihr Kabinett […] eine erhebliche Beeinträchtigung unserer Außenpolitik zur Folge haben würde". Adenauer, Briefe 1953–1955, Nr. 104, S. 117.
[184] FDP-Bundesvorstand 1954–1960, Nr. 3, 10.7.1954, S. 83.
[185] Papke, Ordnungskraft, S. 192.
[186] Ebd., S. 194.
[187] HStAD, RWN 172/648, pag. 116.
[188] Vgl. Stellungnahme Middelhauves vom 16.8.1954, ebd., pag. 109–115.
[189] Der Mittag, 23.8.1954, Artikelüberschrift: „Dr. Middelhauve an die Spätausgabe: Ich war nie Nazi. Antwort an das amerikanische Juden-Komitee".

Landesverbandsvorsitzende ausreichend Angriffsfläche für Kritik geboten, aber ein Antisemit oder (Neo-)Nationalsozialist war Middelhauve sicher nicht. Diese Episode ist jedoch ein anschauliches Beispiel dafür, dass er immer wieder von seiner umstrittenen Vergangenheit als Denker und Lenker einer rechtsnationalen Sammlungsbewegung unter Einbeziehung ehemaliger Nationalsozialisten eingeholt wurde. Die von Middelhauve eingeforderte Bereitschaft, auch unter das zurückliegende Kapitel der Nationalen Sammlung einen Schlussstrich zu ziehen und Tabula rasa zu machen, war keineswegs überall anzutreffen.

Auswirkungen auf Bundesebene

Auch im FDP-Bundesvorstand wurden von Vertretern des rechten Parteiflügels Vorschläge gemacht, einen „Schleier der Vergessenheit"[190] über das in der Vergangenheit Vorgefallene zu werfen, doch trafen sie in diesem Gremium auf weitaus weniger empfängliche Ohren als in Nordrhein-Westfalen. „Es kann nicht immer nur von unserer Seite das Entgegenkommen erwartet werden, und letzten Endes können nicht immer wir diejenigen sein, die im Interesse der Einigkeit nachgeben."[191] Dieses Zitat des Hamburger Liberalen Rademacher liefert ein getreues Abbild der Stimmungslage unter den Vertretern des liberaldemokratischen FDP-Lagers. Die Provokationen des Münchner Bundesparteitages 1951 hatten sie über sich ergehen lassen, sie hatten dort „geschwiegen, aber nur im Interesse der Einheit der Partei geschwiegen".[192] Auf dem Bad Emser Bundesparteitag vom November 1952 war es wiederum der liberale Flügel gewesen, der dem aggressiven Auftreten der Parteirechten nachgegeben und mit Middelhauve sogar einen Mann im zweithöchsten Parteiamt akzeptiert hatte, dessen erklärtes Ziel es war, die Freie Demokratische Partei in eine Nationale Sammlung zu überführen. Infolge der Naumann-Affäre war die Bereitschaft zu Zugeständnissen, die an Selbstverleugnung grenzten, endgültig ausgereizt. Bei der nachfolgenden Auseinandersetzung, insbesondere im FDP-Bundesvorstand, ging es – und dies sei ausdrücklich betont – nicht allein um die Frage, ob einzelne Angehörige des Landesverbandes Nordrhein-Westfalen sich einmal mit Werner Naumann getroffen hatten. Erst die parteiinternen Ermittlungen nach der britischen Verhaftungsaktion hatten die Hintergründe bzw. (nationalsozialistischen) Hintermänner der schon immer misstrauisch beäugten „liberalen" Politik an Rhein und Ruhr einer breiten Parteiöffentlichkeit vor Augen geführt.[193] In diesem Sinne betonte auch Hermann Schäfer die Bedeutung der Naumann-Affäre für den Verlauf der innerparteilichen Auseinandersetzung: „Man habe erlebt, daß alle politischen Manöver gemacht worden seien, ohne den Vorstand zu fragen.

---

[190] So Kohut, in: FDP-Bundesvorstand 1953/54, Nr. 34, 27.6.1953, S. 1091. Auf den taktisch motivierten Vorschlag von Bernhard Leverenz (Schleswig-Holstein), „das Problem Achenbach tot[zu]schweigen", entgegnete Middelhauve erwartungsgemäß: „Der Weg von Leverenz scheint mir der einzig gangbare zu sein." Ebd., Nr. 35, 30.7.1953, S. 1118.
[191] FDP-Bundesvorstand 1953/54, Nr. 34, 27.6.1953, S. 1087.
[192] So Haußmann, in: FDP-Bundesvorstand 1949–1952, Nr. 14d, 22.9.1951, S. 282.
[193] Dazu der Berliner Alfred Günzel, in: FDP-Bundesvorstand 1953/54, Nr. 30, 25.4.1953, S. 934: „Wir sind doch seit langem in der Sorge bezüglich der Entwicklung des Landesverbandes und bezüglich der politischen Richtung. Wir haben doch seit Jahr und Tag ein ungutes Gefühl hinsichtlich der Kräfte, die ganz offensichtlich bei Ihnen, mindestens auf Geschäftsführerebene, nicht im liberalen und demokratischen Sinne tätig sind." Bereits im Januar sah Hans Erbe (Bremen) „mit einem gewissen Unbehagen die Verlängerung eines Weges […], den der Landesverband Nordrhein-Westfalen schon immer etwas zu stark beschritten hatte". Ebd., Nr. 28, 24.1.1953, S. 811.

Dann sei zufällig die Sache Naumann hineingekommen, und da erst habe man mit Entsetzen gemerkt, daß hinter diesen Vorgängen irgendwo ein Seuchenherd stecke."[194]

Von entscheidender Bedeutung war nun die parteioffizielle Beantwortung der Frage, wer für diesen „Seuchenherd" verantwortlich war. Intern waren sich die Kritiker Middelhauves in der Bewertung der Vorgänge weitgehend einig. Carl Hubert Schwennicke kam im FDP-Bundesvorstand schon damals zu einer Einschätzung, die zwar nach allem bisher Dargelegten kaum bezweifelt werden kann, dennoch von weiten Teilen der Forschung nicht übernommen wurde: „Es würde", so meinte der Berliner Liberale, „töricht sein, wenn wir Herrn Middelhauve unterstellen wollten, daß er so töricht sei, daß er die Dinge nicht gewußt hätte".[195] In der Tat käme dies einer groben Unterschätzung Middelhauves gleich, der gemeinhin als „begabter Organisator und leidenschaftlos kühler Rechner galt".[196] Auch Thomas Dehler hatte im Vorfeld der britischen Intervention dazu geneigt, nicht in Middelhauve, dem er weder die „Intentionen" noch das „Format"[197] eines Alfred Hugenberg zutraute, sondern in dessen Hintermännern die eigentliche Gefahr zu sehen.[198] Diese Haltung schlug proportional zu seinem zunehmenden Kenntnisstand der innerverbandlichen Verhältnisse in ihr Gegenteil um. Im April 1953 kam er „langsam zu der Auffassung, daß auch Middelhauve in der Naumann-Affäre nicht unschuldig sei. Er habe bewußt in der Richtung gearbeitet, die Ziele der Naumann-Gruppe, nämlich die Unterwanderung der FDP mit ehemaligen Nazis, zu unterstützen."[199] Im Juni zeigte er sich sogar „fest davon überzeugt, daß Middelhauve nicht von Parteifreunden düpiert worden sei, sondern daß er genau um das Spiel, das getrieben wurde, gewußt habe".[200]

Das Dilemma bestand für die Bundespartei darin, intern die Missstände innerhalb des nordrhein-westfälischen Landesverbandes schonungslos aufzudecken und zu benennen, die Ergebnisse aber nach außen derart zu verkaufen, dass die Einheit der Partei gewahrt blieb. Das Reizwort hieß in diesem Zusammenhang „Unterwanderung". Im FDP-Bundesvorstand wurde wochenlang darüber gestritten, inwiefern die NRW-FDP als nationalsozialistisch unterwandert gelten könne bzw. ob ein solcher Tatbestand auch öffentlich benannt werden dürfe. Für Friedrich Middelhauve war die Sache klar: „Der Landesverband Nordrhein-Westfalen ist nicht unterwandert, und wenn Sie es zehnmal behaupten."[201] Da sich andere nordrhein-westfälische Vorstandsmitglieder wesentlich kooperativer zeigten und somit weniger Zweifel an ihrer politischen Integrität provozierten, fiel das Urteil Thomas Dehlers eindeutig und differenziert zugleich aus: „Unterwandert ist Middelhauve, nicht unterwandert sind Mende, Weyer, Luchtenberg."[202]

Dass die Beantwortung der Frage nach einer Unterwanderung der NRW-FDP durch ehemalige Nationalsozialisten schwerer fällt, als vielleicht auf den ersten Blick zu vermuten wäre, verdeutlicht eine „verräterische" Aussage Hans Wolfgang Rubins: „Ich darf für mich und für einen großen Teil meiner Kollegen abstellen, daß wir uns über die Gefahr des Kurses, der verfolgt wurde, klar waren. Wir fühlen uns nicht unterwandert und haben

---

[194] Ebd., Nr. 32, 28.5.1953, S.1027.
[195] Ebd., Nr. 30, 26.4.1953, S.943.
[196] Süddeutsche Zeitung, 24.11.1952.
[197] Informationsbericht Robert Strobels vom 25.11.1952, IfZ-Archiv, ED 329/4.
[198] Vgl. ebd.
[199] Informationsbericht Robert Strobels vom 16.4.1953, IfZ-Archiv, ED 329/5.
[200] Informationsbericht Robert Strobels vom 11.6.1953, ebd.
[201] FDP-Bundesvorstand 1953/54, Nr. 30, 26.4.1953, S.955.
[202] Ebd., S.959.

den Eindruck, daß wir die Dinge noch immer in der Hand haben."[203] Setzt man voraus, dass der Tatbestand der Unterwanderung die Unkenntnis des Unterwanderten – in diesem Falle also der Landesverbandsführung – impliziert, so kann davon in der Tat nicht die Rede sein. In einem Artikel im *Industriekurier* mit der Überschrift „Es gibt keine Unterwanderung in der FDP"[204] wies Middelhauve Spekulationen zurück, dass die zahlreichen ehemaligen Nationalsozialisten ohne sein Wissen in die NRW-FDP eingedrungen seien oder es sich bei der von ihm betriebenen Integrationspolitik um eine „unbekümmerte Leichtfertigkeit" gehandelt habe. Vielmehr entspringe die Praxis der offenen Tore einer „aus tiefster Sorge heraus zur Pflicht gewordene[n] Einsicht, die [...] nicht im Lichte persönlicher Ressentiments gesehen werden darf, sondern der echten Toleranz wahrhafter Demokraten entspricht". Middelhauve wusste außerdem zu berichten, dass „in den Kreisen und Bezirken der FDP schon tausende frühere Nationalsozialisten gleichberechtigt und freudig" mitarbeiteten. Seiner eigenen Überzeugung sowie den politischen Neigungen der potentiellen *Industriekurier*-Leserschaft entsprechend, begründete Middelhauve die gezielte Personalpolitik zudem mit den „von Osten" her drohenden Gefahren:

> „Eine große, schweigende Armee der Zurückgestoßenen, der Verbitterten und der politisch Uninteressierten ist ein besserer Nährboden für Moskau, als ein offenes Ringen um die Gestaltung eines neuen Denkens, einer zukunftsfreudigen Politik jemals werden könnte. Ich scheue jedenfalls diese geistigen Auseinandersetzungen nicht und fühle mich stark genug dazu, um jeden Versuch einer ‚Unterwanderung' rechtzeitig zu verhindern. Ohne Risiko gibt es keine Politik, und noch selten barg ein Risiko so positive Möglichkeiten in sich wie dieses. [...] Nur auf diese Weise können wir dem vorstürmenden Kollektivismus des Ostens, dessen Gefährlichkeit sehr zu Unrecht bei diesen Alarmrufen über den ‚Neofaschismus' zeitweise in den Hintergrund getreten ist, eine geschlossene Phalanx freiheitlich gesinnter deutscher Frauen und Männer entgegensetzen".

Friedrich Middelhauve war sich zu jedem Zeitpunkt des Risikos seines Weges bewusst. Da er von dessen Richtigkeit und nationaler Notwendigkeit zutiefst überzeugt war, konnte er ihn auch nicht einfach verlassen. Ein Gewährsmann Robert Strobels fragte Middelhauve in einem mehrstündigen Gespräch Mitte Februar, „[o]b er nicht Ballast abwerfen wolle. Middelhauve verneinte und begründete dies damit, daß er sich damit selbst schuldig spräche."[205]

„Statt eines Ausschlußverfahrens", so mutmaßte Middelhauve in jenem vertraulichen Gespräch weiter, „werde man vielleicht einmal eine Dankadresse auf einem Bundesparteitag für ihn beantragen".[206] Dazu passte sein uneinsichtiges Verhalten. Er trennte sich freiwillig weder von belasteten Mitarbeitern noch von seiner politischen Maxime einer „Pflicht nach rechts"[207] für die FDP. Auch vor einer parteiinternen Schmutzkampagne, insbesondere gegen den Parteivorsitzenden, schreckte Middelhauve nicht zurück. Schon im Vorfeld des Emser Parteitages hatte er versucht, Blücher zu diskreditieren und ihn „aus seiner leitenden Funktion zu entfernen", indem er eine anrüchige Episode einer Amerika-Reise des Vizekanzlers hervorkramte, die in politisch informierten Kreisen Bonns ein offenes Geheimnis war, jedoch unausgesprochen in „der Kiste sorgfältig verwahrter Erinnerungen"

---

[203] Ebd., S. 941.
[204] Artikel vom 7.2.1953, abgedruckt in einem Rundschreiben an alle nordrhein-westfälischen FDP-Kreisverbände vom 12.2.1953, HStAD, RWN 172/165, pag. 105. Die nachfolgenden Zitate sind daraus entnommen.
[205] Informationsbericht Robert Strobels vom 18.2.1953, IfZ-Archiv, ED 329/5.
[206] Ebd.
[207] Zitat aus einer Middelhauve-Rede vom 14.3.1953 (!) auf dem Bezirksparteitag in Aachen, HStAD, RWN 172/568, pag. 18.

verblieb.[208] Im Kontext der Verhaftungsaktion wurde dann mittels einer „Flüsterpropaganda"[209] versucht, dem Parteivorsitzenden ein Paktieren mit der britischen Besatzungsmacht sowie eine gezielte Desinformationspolitik gegenüber der nordrhein-westfälischen Landesverbandsführung zu unterstellen. Und teilweise wurde es regelrecht unappetitlich. Im Juni 1953 vertraute Dehler, der sich selbst als „Opfer einer Agitationskampagne"[210] fühlte, Robert Strobel an, dass Middelhauve „einige Männer vorgeschickt [habe], die damit gedroht hätten, sie seien in der Lage, ‚Material' gegen Blücher und Schäfer vorzuweisen, das diese beiden führenden FDP-Politiker für alle Zeiten politisch unmöglich machen würde".[211] Blüchers „Besuche in gewissen Lokalitäten" in Paris sollen hier eine Rolle gespielt haben. Der nordrhein-westfälische Landesverband soll entsprechendes belastendes Material – u. a. Magnetophonbänder – für 10 000 DM aufgekauft haben. Strobel berichtete weiter: „Dehler gab zu, daß diese parteiinternen Auseinandersetzungen ein Stadium erreicht hätten, das die Grenzen jedes Takts und jeder Rücksichtnahme weit hinter sich gelassen hat. Soviel Schmutz könne man auch bei gesunden Nerven nicht mehr ertragen. Er beließ es bei diesen Andeutungen." Der Wahrheitsgehalt solcher Geschichten wird sich wohl nicht klären lassen. Episoden wie diese vermögen jedoch atmosphärische Einblicke zu gewähren in das völlig vergiftete Innenleben der FDP im Jahre 1953. Ob Middelhauve die „Welt der politischen Intrige" wirklich „weitgehend fremd"[212] war, darf jedenfalls grundsätzlich bezweifelt werden.

Folge seiner fortgesetzten Obstruktion und Provokation war eine regelrechte Flut an Misstrauensvoten und Rücktrittsforderungen, denen sich Middelhauve in gebündelter Form im Bundesvorstand ausgesetzt sah.[213] Nach Meinung Dehlers hing sogar „das Schicksal der Freien Demokratischen Partei in der Bundesrepublik" wesentlich von der Frage ab, ob „Middelhauve weiterhin eine führende Stellung in ihr bekleiden kann".[214] Er legte es dem nordrhein-westfälischen Parteivorsitzenden zur Last, dass der Landesverband „in den letzten Jahren eine Entwicklung genommen hat, die mit der Grundlinie der Gesamtpartei nicht mehr übereinstimmt, ja sich in Gegensatz zu ihr stellt". Daher erwarte er, dass „Middelhauve aus eigenem Entschluß die Ämter in der Gesamtpartei, in seinem Landesverband und in seiner Fraktion niederlegt. Wenn er sich dazu nicht entschließen kann, müssen die zuständigen Gremien ihn seiner Ämter entheben."

Wo sind nun die Gründe dafür zu suchen, dass Middelhauve alle seine Parteiämter auch weiterhin ausüben durfte? Die Antwort dürfte in der besonderen Bedeutung seines Landesverbandes zu suchen sein. Als Repräsentanten aus dem mit großem Abstand bevölkerungsreichsten Bundesland kam – und kommt bis zum heutigen Tage – parteiübergreifend den nordrhein-westfälischen Landesvertretungen innerhalb der Mutterparteien

---

[208] Blücher soll weibliche Angestellte des State Departement „in einer Bar in peinlicher Weise belästigt haben. Als die Damen daraufhin eine Entschuldigung verlangten, soll dies Blücher schroff abgelehnt haben". Informationsbericht Robert Strobels vom 17. 10. 1952, IfZ-Archiv, ED 329/4.
[209] Informationsbericht Robert Strobels vom 13. 2. 1953, IfZ-Archiv, ED 329/5.
[210] Wengst, Dehler, S. 180.
[211] Informationsbericht Robert Strobels vom 17. 6. 1953, IfZ-Archiv, ED 329/5.
[212] Henning, Middelhauve, S. 172.
[213] Vgl. FDP-Bundesvorstand 1953/54, Nr. 30, 26. 4. 1953, S. 943 ff., 953 f., 962; Nr. 33, 7. 6. 1953, S. 1047 ff.; s. auch: Misstrauensanträge der Landesverbände Berlin (angenommene Anträge des außerordentlichen Parteitages des Landesverbandes Berlin am 8. 3. 1953, ADL, Bestand Bundesparteitag, A1-45) und Hamburg (15. 6. 1953, FDP-Bundesvorstand 1953/54, Nr. 34, 27. 6. 1953, S. 1086, Anm. 8).
[214] Dehler vertraulich an den Bundesvorstand, den nordrhein-westfälischen Landesvorstand sowie die Landtagsfraktion, 27. 5. 1953, ADL, Bestand Thomas Dehler, N1-834.

ein erhebliches politisches Gewicht zu. Außerdem hatte es Middelhauve seit 1945 durch die kontinuierliche Arbeit in den entscheidenden Führungsämtern geschafft, dem Landesverband *seine* Handschrift zu verleihen und eine beträchtliche Anhängerschar hinter sich zu versammeln. Eine Absetzung des Vorsitzenden hätte unvorhersehbare Folgen für den Bestand des gesamten Landesverbandes gehabt, dessen waren sich auch die Gegner Middelhauves im Bundesvorstand bewusst. In einem Vier-Augen-Gespräch mit Robert Strobel gab der stellvertretende Bundesvorsitzende Hermann Schäfer aufschlussreiche Hinweise darauf, welche Gründe einer radikalen Trennung von Middelhauve und seiner Entourage entgegenstanden.[215] Demnach hatten die Liberalen zwar „mit der Möglichkeit der Parteispaltung" gerechnet. „Man wehrt sich aber noch dagegen, Middelhauve und die anderen Parteifunktionäre dieser Richtung auszuschließen. Middelhauve hat einen starken finanziellen Einfluß in der Partei, der ihm möglich machte, den Parteiapparat in Nordrhein-Westfalen so sehr in seine Hand zu bekommen, daß er viele Anhänger mitzöge, wenn er die Partei verließe."

Diese innerverbandlichen (Abhängigkeits-)Verhältnisse[216] waren bei den von der Parteiführung angestellten Planspielen insofern von eminenter Bedeutung, als die Abspaltung eines Middelhauve/Achenbach-Flügels die gesamte FDP in ihrer Existenz gefährdet hätte – und zwar aus rein finanziellen Gründen. Nach Satzung der FDP waren die Landesverbände als „Schuldner der Gesamtpartei"[217] verpflichtet, deren Aufwendungen durch Mitgliedsbeiträge, Spendengelder etc. zu decken.[218] Grundsätzlich ist mit Dieter Hein festzuhalten, „daß über die Rolle des Geldes in den Parteien vieles vermutet, manches glaubhaft gemacht und nur weniges sicher belegt werden kann".[219] In den allermeisten Fällen verbleiben „die Herkunft der Spenden und damit die Rolle einzelner großer Geldgeber im Dunkeln".[220] Auch im Falle des nordrhein-westfälischen Landesverbandes liegen die Finanzierungspraktiken alles andere als offen zu Tage. Dennoch ist es möglich, auf der Basis der quantitativ recht wenigen, qualitativ jedoch überaus erhellenden Belege ein paar Schlaglichter in jenes Dunkel zu werfen.

Die Voraussetzungen für eine umfassende Einwerbung von Parteispenden waren im hochindustrialisierten Westen Deutschlands für die FDP besonders günstig, zumal die nordrhein-westfälische CDU unter Karl Arnold mit Sozialisierungsideen sympathisierte, was ihre Anziehungskraft insbesondere für Unternehmer der Montanindustrie erheblich schmälerte. Aufgrund des traditionellen Unvermögens liberaler Parteien, ihre Aufwendungen durch Mitgliedsbeiträge zu decken, bemühten sich die Freien Demokraten frühzeitig darum, Spendengelder aus der Wirtschaft zu akquirieren; insbesondere Friedrich Middelhauve wies von Beginn an auf die Bedeutung einer solchen „Flüssigmachung von Geldern"[221] hin. Kehrseite dieser kostbaren Medaille war – das hatte das Beispiel der west-

---

[215] Vgl. Informationsbericht Robert Strobels vom 30.1.1953, IfZ-Archiv, ED 329/5.
[216] Zur finanziellen Abhängigkeit der in der FDP-Landesgeschäftsstelle angestellten Parteifunktionäre s. o., S. 80.
[217] So Heuss, in: FDP-Bundesvorstand 1949–1952, Nr. 1, 12.2.1949, S. 9.
[218] Vgl. Wengst, Einleitung zu: FDP-Bundesvorstand 1949–1952, S. XXVIIff. Zur Diskussion um die Parteifinanzierung s. auch Hein, Milieupartei, S. 246ff.
[219] Hein, Milieupartei, S. 228; zur Finanzierung vgl. auch ebd., S. 227–251.
[220] Ebd., S. 228.
[221] Niederschrift über die Sitzung des Zonenvorstandes am 19.10.1946, in: Politischer Liberalismus, Nr. 21a, S. 94. Da Middelhauves konkrete Ausführungen zur Parteifinanzierung als nicht überlieferungswürdig angesehen wurden, wurde jene Passage offiziell aus dem Protokoll gestrichen; vgl. ebd., S. 94, Anm. 10.

deutschen Nationalliberalen vor 1933 gelehrt – die Gefahr der politischen Abhängigkeit, vor der Blücher schon 1946 gewarnt hatte[222] und welche die FDP während der gesamten 1950er Jahre begleitete.[223] Dass diese Sorge keineswegs unberechtigt war, sollte die weitere Entwicklung des nordrhein-westfälischen Landesverbandes zeigen. Vor allem Ernst Achenbach wurde über den Kontakt zu seinem Freund und Mandanten Hugo Stinnes jr. zum unentbehrlichen Mittelsmann zwischen Schwerindustrie und FDP.[224] Nach Einschätzung von Ralph Schleimer muss „Stinnes' materieller Einfluß auf die nordrhein-westfälische FDP und somit auch auf den Bundesverband [...] erheblich gewesen sein, was sich zwar nicht exakt quantifizieren läßt, aber aufgrund verschiedener Aussagen deutlich wird".[225] Auf eine solche Aussage ist z. B. Ulrich Herbert in Aktenbeständen der FDP-Landtagsfraktion gestoßen. In seiner Best-Biographie zitiert er ein Schreiben des Fraktionsgeschäftsführers Heinz Wilke an Stinnes vom 29. August 1952: „Sie haben mir im November des vorigen Jahres gesagt, daß es unsere Aufgabe sein müsse, eine Sammlung aller Kräfte rechts der CDU durchzuführen".[226] In der politischen Zielsetzung ging Stinnes mit der Landesverbandsspitze um Middelhauve völlig konform, und er war auch bereit, seinen persönlichen Beitrag zur Umsetzung dieser Vision zu leisten. Nicht nur an der Finanzierung der *Deutschen Zukunft* soll Stinnes führend beteiligt gewesen sein.[227] Auch die Dienste von Wilke, Diewerge und Fritz Niebel, Fraktionsgeschäftsführer der FDP im Bundestag[228], scheinen Stinnes so viel wert gewesen zu sein, dass er sie dafür entlohnte.[229]

Zeitgenössischen Schätzungen zufolge entstammten insgesamt etwa 10% der Einnahmen des nordrhein-westfälischen FDP-Landesverbandes dem Vermögen des Mülheimer Industriellen.[230] In seinen zahlreichen Gesprächen mit führenden Politikern der FDP erfuhr Robert Strobel immer mehr Details über die industriellen Hintermänner der NRW-FDP, was ihn zur Bemerkung veranlasste, „daß diese Leute ja schon immer zum politisch Dümmsten im Planetensystem gehört hätten".[231] In diesem Zusammenhang stellte er Thomas Dehler Mitte Juni die nachvollziehbare Frage, „ob Stinnes nicht hätte daran gelegen sein müssen, daß der liberale Flügel der Partei gestützt werde und nicht ausgerechnet der

---

[222] Vgl. Hüttenberger, Nordrhein-Westfalen, S. 132f.
[223] Vgl. Wengst, Einleitung zu: FDP-Bundesvorstand 1954–1960, S. XXXVff.
[224] Vgl. Herbert, Best, S. 463f.
[225] Schleimer, Demokratiegründung, S. 23.
[226] Herbert, Best, S. 635, Anm. 192.
[227] Vgl. ebd., S. 464.
[228] Nach Informationen, die Robert Strobel aus Führungskreisen der FDP erhalten hatte, war Niebel „seinerzeit auf mehrmalige Empfehlung von Middelhauve eingestellt" worden; vgl. Informationsbericht vom 5.5.1953, IfZ-Archiv, ED 329/5. Auf dessen Wunsch ging es auch zurück, dass Niebel durch Diewerge über den – ansonsten geheim gehaltenen – Fortgang der Nationalen Sammlung etwa hinsichtlich der Fusionsbemühungen unterrichtet wurde; vgl. z. B. Diewerge-Vermerk vom 15.12.1952, HStAD, RWN 172/120, pag. 2f. Auch in Niebels politischer Vergangenheit soll sich „ein dunkler Punkt" befunden haben: „Man glaubte, daß er seinerzeit in Jugoslawien eine Schuld auf sich geladen hätte, die er zu verbergen suche." Gerüchte über eine Verbindung Niebels mit dem Naumann-Kreis hielten sich ebenfalls hartnäckig. Nach Einschätzung Erich Mendes sei Niebel lediglich ein „‚Spitzel' Middelhauves in der Bundestagsfraktion". Zitate entstammen dem oben genannten Informationsbericht Robert Strobels. Vgl. auch Schleimer, Demokratiegründung, S. 23, Anm. 96.
[229] Vgl. ebd., S. 23. Im Nachlass Middelhauve finden sich in einer Akte mit Quittungen viele Einzahlungsbelege von Hugo Stinnes zu Gunsten von Heinz Wilke in Höhe von oftmals über 2000 DM; HStAD, RWN 172/606.
[230] Vgl. u. a. Münchner Merkur, 19.2.1953.
[231] Informationsbericht Robert Strobels vom 23.6.1953, IfZ-Archiv, ED 329/5.

konservativ-ständisch-nationalistische".²³² Dehler erwiderte daraufhin, „auch er verstehe diese Neigung der Großindustrie nicht. Vermutlich habe aber Rechtsanwalt Dr. Grimm, Essen, seine Hand im Spiele, der in der Industrie als seriös gelte und der den Wirtschaftsführern, besonders soweit sie Wehrwirtschaftsführer gewesen seien, viel Vertrauen einflöße."

Natürlich gab es in der Frühzeit der Bundesrepublik nicht *die* eine Ruhrindustrie, deren Ziel es war, einem diffusen neoliberalen Nationalismus – wie ihn die NRW-FDP bisweilen vertrat – zum Durchbruch zu verhelfen. Die Unterstützung durch Hugo Stinnes jr., einem der ganz wenigen namentlich bekannten unter mehreren industriellen Förderern, zeugt jedoch von einer in der Geschichte des (National-)Liberalismus keineswegs beispiellosen Gefahr, aufgrund finanzieller Abhängigkeiten in Zwangslagen zu geraten, in denen Entscheidungen der politischen Vernunft solchen der wirtschaftlichen „Logik" geopfert werden.

Angesichts einer solchen Zwangslage war eine Trennung von Middelhauve, Achenbach und anderen belasteten Akteuren kaum möglich. Obwohl der Bundesvorstand „von der Mitschuld Middelhauves überzeugt" war, habe man laut Dehler „in dieser schwierigen Situation […] nicht weiter gehen zu können geglaubt". Gegenüber Strobel bekannte der Bundesjustizminister freimütig, dass jene Zurückhaltung auch der finanziellen Abhängigkeit der Bundespartei von den Spendengeldern der westdeutschen Industrie geschuldet sei.²³³ Ein Blick auf den Anteil der Landesverbände an der Finanzierung der Bundespartei lässt dieses Kalkül als nur zu berechtigt erscheinen. Auf dem Bad Emser Bundesparteitag präsentierte Hans Wolfgang Rubin als Bundesschatzmeister Zahlen, die Misstrauen und Besorgnis wecken mussten: Im Rechnungsjahr 1951/1952 entstammten 73,2% (!) der Parteigelder dem Landesverband Nordrhein-Westfalen; es folgte Baden-Württemberg mit 7%.²³⁴ Ein brüskierender Schlag gegen die westdeutschen Liberalen hätte die FDP ihrer finanziellen Grundlage beraubt.

Ernst Achenbach bekam es zu spüren, wie sensibel die im Normalfall anonymen Spender auf Schlagzeilen reagierten – zumal auf solch negative, wie er sie im Jahr 1953 am Fließband produzierte. „Man nahm Achenbach offenbar übel, daß durch ihn auch die Namen von Stinnes und anderen Industriellen in der politischen Öffentlichkeit in Zusammenhang mit Naumann und anderen Nazi-Größen gebracht worden waren."²³⁵ Der Verlust zweier hoch dotierter Aufsichtsratsposten im Zuge der Naumann-Affäre traf Achenbach schwer.²³⁶ Doch der finanzielle Liebesentzug währte nicht lange. Im Vorfeld der Landtagswahlen vom Juni 1954 hatte Achenbach „in der westdeutschen Industrie die für die Zeit durchaus erhebliche Summe von 35 000,- DM an Spendengeldern für die Partei gesammelt, welche jedoch mit Auflagen versehen waren: Allein er selbst hatte über die Verwendung der Gelder zu bestimmen."²³⁷ Dieser Umstand machte Achenbach für die FDP wieder äußerst attraktiv, und die weitere Parteikarriere²³⁸ des Essener Rechtsanwalts zeigt, dass es möglich war, sich seine Rehabilitation regelrecht zu erkaufen.

---

²³² Informationsbericht Robert Strobels vom 17.6.1953, ebd.
²³³ Vgl. Wengst, Dehler, S. 180; Informationsberichte Robert Strobels vom 11., 17. und 23.6.1953, IfZ-Archiv, ED 329/5.
²³⁴ Vgl. Kassenbericht vom 20.11.1952, ADL, Bestand Bundesparteitag, A1-32.
²³⁵ Vgl. Herbert, Best, S. 470f.
²³⁶ Vgl. ebd. sowie Informationsberichte Robert Strobels vom 3. und 4.8.1953, IfZ-Archiv, ED 329/5.
²³⁷ Herbert, Best, S. 471.
²³⁸ Siehe dazu unten, S. 200ff.

Dass bei der einer Güterabwägung gleichenden Beratung des FDP-Bundesvorstandes über die Konsequenzen aus der Naumann-Affäre nicht allein finanztaktische Überlegungen eine Rolle spielten, wurde bereits erwähnt. Die Bundestagswahl vom 9. September 1953 warf ihre Schatten voraus. Daher warnte Mende Ende Mai im Bundesvorstand: „Die harte Lösung [also eine Trennung u. a. von Middelhauve; K.B.] berge die Gefahr einer Separation und Zerschlagung der Partei in sich. Die weiche Lösung scheine im Hinblick auf die Wahl die glücklichere zu sein, wenn sie auch vielleicht eine Vertagung der Krisenerscheinungen mit sich bringe."[239] Insbesondere die nordrhein-westfälischen Bundesvorstandsmitglieder wiesen immer wieder auf die Gefahren einer Parteispaltung hin.[240] Da Mende ebenso wie Rubin und Weyer gleichzeitig dem nordrhein-westfälischen Landesvorstand angehörten, waren sie sicherlich auch aus persönlichen Motiven daran interessiert, dass es in der abschließenden Stellungnahme der FDP zur Naumann-Affäre zu keiner pauschalen Verurteilung ihres Landesverbandes kam.[241] Es ist letztlich der Vermittlungstätigkeit und Verständigungsbereitschaft der drei genannten Politiker geschuldet, dass die Entschließungen und parteioffiziellen Erklärungen im internen Formulierungsprozess erheblich an Schärfe einbüßten.[242] Die am 7. Juni auf Basis der Ergebnisse des Ermittlungsausschusses vom Bundesvorstand verabschiedete Erklärung war das Resultat eines langen Ringens um einzelne Worte, Bewertungen und Konsequenzen. Nach einer der unfreiwilligen Komik oftmals nicht entbehrenden Debatte[243] fiel die Entscheidung auf eine „weiche Lösung". Am Ende der Erklärung hieß es:

„Die FDP ist nicht unterwandert. Die vereinzelt festgestellten Versuche sind gescheitert.
1) Der Landesvorsitzende und der Landesvorstand von Nordrhein-Westfalen sind in ihrer Bereitschaft, ehemalige Nationalsozialisten zur Mitarbeit im demokratischen Rechtsstaat heranzuziehen, durch untreue Kräfte in einigen Fällen getäuscht und in einem Falle schwer mißbraucht worden. Dadurch sind Gefahren für das politische Ansehen der Partei entstanden. Eine scharfe Wahrnehmung der Aufsicht wird dem Landesvorstand von Nordrhein-Westfalen durch den Bundesvorstand zur Pflicht gemacht."[244]

Nach dieser Lesart war der nordrhein-westfälische Landesverband ein gutgläubiges, von skrupellosen Kräften missbrauchtes Opfer seiner eigenen Politik. Auch Middelhauve selbst blieb eine vom „Dreier-Ausschuss" ursprünglich vorgesehene Schuldzuweisung er-

---

[239] FDP-Bundesvorstand 1953/54, Nr. 32, 28. 5. 1953, S. 1027.
[240] Vgl. ebd., Nr. 30, 26. 4. 1953, S. 947; Nr. 33, 7. 6. 1953, S. 1061.
[241] Vgl. Rubin, in: ebd., Nr. 30, 26. 4. 1953, S. 941.
[242] Vgl. die Genese der Abschlusserklärung vom 7. 6. 1953, ebd., Nr. 33, 7. 6. 1953, S. 1044–1075; vgl. auch Wengst, Dehler, S. 178f.
[243] Beispielhaft sei der Standpunkt des hessischen Landesvorsitzenden August Martin Euler zitiert: „Bezüglich der Präambel bin ich der Ansicht, daß wir im Interesse der Partei verpflichtet sind festzustellen, daß wir nicht in einem größeren Umfang, als festgestellt wurde, unterwandert sind." FDP-Bundesvorstand 1953/54, Nr. 33, 7. 6. 1953, S. 1053.
[244] Die weiteren Schlussfolgerungen lauteten: „2) Herr Dr. Achenbach hat der Gesamtpartei durch sein Verhalten schwer geschadet. Das Verfahren auf Ausschluß ist durch den Bundesvorstand gegen ihn beschlossen worden. 3) Es besteht der Verdacht, daß der Hauptgeschäftsführer Döring es an der erforderlichen Loyalität gegenüber dem Landesvorstand und an Aufrichtigkeit in seinen Angaben hat fehlen lassen. Es ist Sache des Landesvorstandes Nordrhein-Westfalen, sein Verhalten zu würdigen. [Punkt 3 blieb unveröffentlicht; K.B.] 4) Die gegen Diewerge, Drewitz, Brand und Mertens erhobenen Vorwürfe haben zu ihrem Ausscheiden aus den Diensten des Landesverbandes Nordrhein-Westfalen geführt. Ihr Verhalten ist mit einer Zugehörigkeit zur Partei unvereinbar." HStAD, RWN 172/2, S. 18. Eine veröffentlichte Fassung jener Schlussfolgerung ist abgedruckt im Archiv der Gegenwart, 7. 6. 1953, S. 4024.

spart.²⁴⁵ Angesichts der Milde des Urteils kann die offene Enttäuschung einiger Liberaler nicht verwundern, die sich laut Hermann Schäfer eine „straffere Entscheidung" gewünscht hätten: „Wir hätten sagen sollen, die Partei wird verraten, die Partei wird verkauft."²⁴⁶ Doch einmal mehr hatte die Parteiräson gesiegt.

Ist also die Annahme berechtigt, dass Middelhauve all die Geschehnisse im Zusammenhang mit der Naumann-Affäre „kaum geschadet"²⁴⁷ hätten, ja, dass er sogar „erheblich [...] gestärkt aus den Auseinandersetzungen hervorgegangen"²⁴⁸ sei? Mitnichten. Auf Bundesebene müssen die Auswirkungen der Affäre jedoch an anderer Stelle gesucht werden. So lässt sich beispielsweise festhalten, dass die in Bad Ems erfolgte Wahl Middelhauves zum stellvertretenden Bundesvorsitzenden mit keinem Gewinn an Einflussmöglichkeiten verbunden war. Middelhauve beklagte beim Bundesvorsitzenden das „absichtliche Fernhalten" seiner Person „von der praktischen Parteiführung"²⁴⁹, was dieser wiederum auf die „übermäßige Selbstständigkeit"²⁵⁰ des Landesverbandes und dessen fortgesetzte Politik der vollendeten Tatsachen zurückführte, mit der die Ausrichtung der Bundes-FDP beeinflusst werden solle.

Da Bundesparteitage nicht nur politische Bühnen der Selbstdarstellung, sondern auch instruktive Gradmesser für das parteiinterne Kräfteverhältnis sind, lohnt es sich, den Ablauf des außerordentlichen Parteitages von Lübeck (26. bis 28. Juni 1953) in den Blick zu nehmen.²⁵¹ Nach der Verabschiedung der offiziellen Abschlusserklärung zur Naumann-Affäre durch den Bundesvorstand herrschte dort – nicht nur bei Middelhauve – der Wille, einen „Parteitag des Ausgleichs" zu begehen, auf dem „zu dem Thema der Spannungen der letzten Monate nicht gesprochen werden sollte".²⁵² Streit entbrannte jedoch über der Frage, welchen Beitrag Middelhauve zu diesem Ausgleich leisten sollte. Für Thomas Dehler war die Antwort klar: „Der Parteitag von Lübeck darf keine Spannungen zeigen. Es ist z.B. ausgeschlossen, daß Middelhauve mit einem Referat in Erscheinung tritt."²⁵³

Auch wenn Rademacher und Blücher ebenfalls auf eine entsprechende „noble Geste"²⁵⁴ Middelhauves hofften, wollte dieser die Abwertung seiner Person nicht hinnehmen. Erich Mende und Willi Weyer opponierten ebenfalls gegen ein „Redeverbot für Middelhauve"²⁵⁵, das sie als eine „Brüskierung"²⁵⁶ ihres Landesverbandes empfunden hätten. Nach hartem Ringen wurde dem stellvertretenden Bundesvorsitzenden schließlich ein Referat gestattet, in dem er über die Arbeit der Deutschen Sektion der Liberalen Weltunion berichten durf-

---

²⁴⁵ Der Vorschlag enthielt u.a. die Schlussfolgerung: „Herr Dr. Middelhauve hat durch sein Verhalten eine Gefahr für den Bestand und das Ansehen unserer Partei gesetzt." FDP-Bundesvorstand 1953/54, Nr. 33, 7.6.1953, S. 1036, Anm. 2.
²⁴⁶ Ebd., Nr. 34, 27.6.1953, S. 1093.
²⁴⁷ Buschfort, Hüter, S. 261.
²⁴⁸ Dorn/Wiedner, Freiheit, S. 24.
²⁴⁹ Middelhauve an Blücher, 20.2.1953, ADL, Bestand Franz Blücher, A3-78. Middelhauve verwies dabei auf die „Verantwortung", die ihm „durch das auf dem Bundesparteitag übertragene Amt auferlegt worden" sei.
²⁵⁰ Blücher an Middelhauve, 22.2.1953, ebd.
²⁵¹ Zum Lübecker Parteitag vgl. Brauers, FDP, S. 645f.; Gutscher, Entwicklung, S. 164ff.; Wengst, Einleitung zu: FDP-Bundesvorstand 1949–1952, S. LVIff.; Wolfrum, Geschichtspolitik, S. 94f.
²⁵² FDP-Bundesvorstand 1953/54, Nr. 34, 27.6.1953, S. 1085.
²⁵³ So Dehler, in: ebd., Nr. 33, 7.6.1953, S. 1042; vgl. auch die gleichlautende Äußerung von Lüders, in: ebd., Nr. 34, 27.6.1953, S. 1083.
²⁵⁴ So Blücher, in: ebd., S. 1088; Rademacher, in: ebd., S. 1087.
²⁵⁵ Wengst, Einleitung zu: FDP-Bundesvorstand 1949–1952, S. LVIII.
²⁵⁶ FDP-Bundesvorstand 1953/54, Nr. 34, 27.6.1953, S. 1093.

te, deren Exekutivkomitee er angehörte – es blieb sein einziger Redebeitrag während des gesamten Parteitages.[257] Ohnehin fällt beim Blick auf die Referatsliste auf, dass die Schlüsselthemen überwiegend von Vertretern der liberalen Mitte behandelt wurden: Blücher hielt selbstverständlich das politische Grundsatzreferat, Hermann Schäfer referierte über die Themen „Nationale Einheit – Europäische Einigung – Frieden in Einheit", Carl Hubert Schwennicke befasste sich unter dem Titel „Gespaltenes Volk" mit den Gefahren und Konsequenzen der deutschen Teilung, während das Thema „Der Rechtsstaat als demokratische Aufgabe" dem Bundesjustizminister Dehler vorbehalten blieb. Middelhauves einstiger geistiger Waffenbruder Euler sprach hingegen über den „Gesunden Mittelstand".[258] Insgesamt wurden in Lübeck vierzehn Referate gehalten, auf deren Grundlage der anstehende Bundestagswahlkampf bestritten werden sollte.[259] Das Deutsche Programm, von Middelhauve wenige Monate zuvor noch als künftige politische Basis u. a. der Freien Demokraten propagiert, stand nicht einmal mehr auf der Tagesordnung, während das Liberale Manifest „zur Weiterbehandlung an den Bundesvorstand"[260] überwiesen wurde.

Dass Lübeck retrospektiv als ein „farbloser Parteitag"[261] betrachtet wurde, kann jedenfalls nicht auf das äußere Gepräge zurückgeführt werden, denn die Parteitagsregie hatte größten Wert auf zahlreiche symbolische Inszenierungen gelegt, die dem rechten Parteiflügel schmeicheln sollten. Bei der Lektüre von Teilen des „Einsatzplans des Propagandareferates"[262] aus der Feder von Erik Rinné würde der heutige Leser jedenfalls kaum vermuten, dass es sich hier um die Rahmengestaltung einer liberalen Parteiveranstaltung zu Zeiten der Bundesrepublik gehandelt hat: Soldatenkundgebung, Fahneneinmarsch, Fackelzug, feierliche Totenehrung, Kranzniederlegung sowie zum Ausklang ein Großer Zapfenstreich. Hinzu kam noch die mitternächtliche „Reichstreuekundgebung der Jugend" am Zonenübergang, die ganz im Zeichen des erst wenige Tage zurückliegenden Volksaufstandes vom 17. Juni stand.[263]

Jene „Aufbruch- und Hochstimmung"[264], von der Erich Mende rückblickend schwärmte, war jedoch zu punktuell und vielleicht auch zu gewollt inszeniert, als dass sie das in den zurückliegenden Monaten erzeugte Bild einer heillos zerstrittenen Partei hätte übertünchen können. Der Bundestagswahlkampf von 1953 geriet für die FDP jedenfalls zu einem „Spießrutenlauf"[265], der am 6. September mit einem regelrechten Schock endete: Nach 11,9% bei den Wahlen zum ersten Bundestag fielen die Liberalen auf 9,5% zurück.[266] Die FDP war zwar nominell drittstärkste Partei, doch vom ursprünglichen, flügelübergreifenden Ziel, den Liberalismus zur dritten politischen Kraft im deutschen Parteiensystem zu machen, war sie weit entfernt. Wie bei jeder ernstzunehmenden Wahlanalyse ist ein monokausaler Erklärungsansatz fehl am Platze, zumal die Liberalen in Nordrhein-Westfalen so-

---

[257] Bemerkenswert an Middelhauves Referat war die betonte Freundlichkeit im Ton, was u. a. die auffällige und bislang ungekannte Häufung der Anrede „Meine Freunde" bzw. „Meine Parteifreunde" widerspiegelt; ADL, Bestand Bundesparteitag, A1-55.
[258] Vgl. Wortprotokolle vom 26./27. 6. 1953, ADL, Bestand Bundesparteitag, A1-53, A1-54.
[259] Vgl. FDP-Bundesvorstand 1953/54, Nr. 34, 27. 6. 1953, S. 1091, Anm. 12.
[260] Papke, Ziel, S. 105.
[261] So Günzel, in: FDP-Bundesvorstand 1953/54, Nr. 37, 23. 10. 1953, S. 1180.
[262] ADL, Bestand Bundesparteitag, A1-45.
[263] Vgl. Wolfrum, Geschichtspolitik, S. 94f.
[264] Mende, Freiheit, S. 274.
[265] Ebd., S. 260.
[266] Zur Bundestagswahl und zu deren Folgen vgl. Jansen, Weg, S. 38ff.; Wengst, Einleitung zu: FDP-Bundesvorstand 1949–1952, S. XCVIff.

gar über 100 000 Stimmen gegenüber den Bundestagswahlen von 1949 hinzugewinnen konnten. Allein aufgrund der gestiegenen Wahlbeteiligung verschlechterte sich ihr Ergebnis im Vergleich zu 1949 von 8,4 auf 8,3%. Nicht ohne Stolz verwies Friedrich Middelhauve darauf, dass sein Landesverband „als einziger in der Bundesrepublik"[267] in den neuen Bundestag zwei Kandidaten mehr entsenden durfte als noch 1949.[268] Ohnehin fühlte sich der nordrhein-westfälische Landesvorsitzende durch das Wahlergebnis in seinem Kurs bestätigt. Er gestand zwar ein, aus wahltaktischen Gründen bewusst „abgeschmackte Begriffe"[269] verwendet zu haben, doch alles in allem habe sich die von ihm „verfolgte Politik […] als richtig erwiesen und sollte unbeirrt fortgesetzt werden".[270]

Auf Bundesebene stand Middelhauve mit dieser Einschätzung auf verlorenem Posten. Es liegt die Vermutung nahe, dass eine der Ursachen für die drastischen Stimmenverluste der FDP insbesondere in ihren liberalen Traditionsgebieten „in dem politischen Zwielicht" zu suchen ist, „in das sie ihr nordrhein-westfälischer Landesverband gebracht hatte".[271] Die Naumann-Affäre bedeutete nicht nur einen Ansehensverlust der FDP; die monatelange Selbstbeschäftigung hatte auch die für eine produktive Parteiarbeit notwendigen Kräfte absorbiert und nach außen den Eindruck einer zerstrittenen, paralysierten Partei suggeriert. Doch dies war nur *ein* Grund für das schlechte Abschneiden. Die liberale Regierungspartei hatte es unter ihrem stets verbindlich auftretenden Vorsitzenden nicht vermocht, sich neben der CDU, insbesondere neben Adenauer, zu profilieren. Blücher warf man „vorbehaltlose Bundesgenossenschaft mit dem CDU-Kanzler und mangelnden Selbstbehauptungswillen gegenüber dem stärkeren Koalitionspartner"[272] vor. Die Erfolge der Bundesregierung wurden gemeinhin nicht dem liberalen Juniorpartner zugeschrieben. Dies wurde insbesondere auf dem Gebiet der Wirtschaft als besonders schmerzlich und auch ungerecht empfunden, denn in der öffentlichen Wahrnehmung avancierte mit Ludwig Erhard ein Unionsvertreter mehr und mehr zum Vater der sozialen Marktwirtschaft und Garanten des wirtschaftlichen Erfolgs, den die Liberalen im Grunde politisch „zu den ihren rechnete[n]"[273], schließlich war 1948 der damals parteilose Erhard „auf Betreiben der FDP […] zum Direktor des Wirtschaftsressorts"[274] im Wirtschaftsrat der Bizone gewählt worden.

Als Hauptverantwortlicher für das konturlose Erscheinungsbild der FDP wurde schnell der Parteivorsitzende Blücher ausgemacht, der im Laufe der zurückliegenden Monate „den Mißmut fast aller Landesverbände auf sich gezogen"[275] hatte. Insbesondere nach der Bundestagswahl wurden die alten Vorwürfe wieder laut, Blücher sei „in der Parteiführung zu schwach" und er habe in der Vergangenheit „zu oft Interessen der FDP hinter die der Koalition und der Bundesregierung gestellt".[276] So ungerechtfertigt die Kritik im Einzel-

---

[267] Undatierter Entwurf eines Rundschreibens an alle Bezirks- und Kreisverbände, HStAD, RWN 172/98, pag. 109.
[268] Auch Middelhauve selbst zog ins Parlament ein, schied jedoch ebenso wie Willi Weyer aufgrund seines nordrhein-westfälischen Ministeramtes im September 1954 wieder aus dem Bundestag aus.
[269] Entwurf (s. Anm. 267), pag. 110.
[270] Ebd., pag. 111.
[271] Winkler, Weg, 2. Bd., S. 168.
[272] Schollwer, Führungspersonen, S. 154. Vgl. Nickel, Parteivorsitzende, S. 67ff., der von einer „Personifizierung des Adenauersogs" schreibt.
[273] Benz, Gründung, S. 87.
[274] Ebd.
[275] Mende, Freiheit, S. 304.
[276] Informationsbericht Robert Strobels vom 22. 10. 1953, IfZ-Archiv, ED 329/5.

fall sein mochte – ein solch „personalisierte[s] Vorgehen hatte immerhin den Vorteil, dass man die kaum vernarbten Wunden der vergangenen Streitereien nicht wieder aufreißen musste, für die Blücher kaum Verantwortung zu tragen hatte".[277] Robert Strobel attestierte dem FDP-Vorsitzenden zwar „einen mitunter peinlichen Mangel an Selbstkritik"[278], doch scheiterte Blücher letztlich wohl weniger an sich selbst als vielmehr an den inneren Strukturen einer Partei, die sich während seiner Amtszeit in einem „Prozeß der ‚nachgeholten Parteigründung'" befand, „der die politische Handlungsfähigkeit der Liberalen erheblich beeinträchtigte und ihre Gestaltungs- und Wirkungsmöglichkeiten entsprechend beschnitt".[279] Auf dem Höhepunkt der innerparteilichen Auseinandersetzungen gestand Blücher im Bundesvorstand offen seine Macht- und Hilflosigkeit ein: „Ich spreche hier als der unglückselige Vorsitzende. Jeder von Ihnen ist bereit, nach der Hilfe des Vorstandes zu schreien, kein Landesverband ist aber bereit, entsprechend etwas an Macht abzugeben und dem Vorsitzenden eine Exekutive zu geben, größere Gegensätzlichkeiten zu vermeiden."[280] Da die Machtstellung der Landesverbände durch die Parteisatzung quasi offiziell sanktioniert war und deren Schwanken zwischen liberaler Milieupartei und nationaler Sammlungsbewegung (Dieter Hein) „von oben" kein Einhalt geboten werden konnte, stand die Führung der FDP vor einem strukturellen Problem, das Fritz René Allemann pointiert zusammenfasste:

> „Wollte sie ihren Einfluß bewahren, so blieb der Partei nichts übrig, als der Entscheidung auszuweichen und in ihrer Balancestellung zu verharren, mit einem Fuß in der demokratisch-kleinbürgerlich-süddeutschen, mit dem andern in der preußisch-großbürgerlich-deutschnationalen Tradition stehen zu bleiben und beide nicht sowohl zu vereinigen als ihnen vielmehr innerhalb des weitherzigen Partei-Föderalismus mehr oder minder freien Lauf zu lassen."[281]

In jener Situation erschien Thomas Dehler, der sich zunehmend von Adenauer entfremdete, als prädestinierter Kandidat für die erhoffte Profilschärfung der FDP. Der „fränkische Feuerkopf"[282] eignete sich auch deshalb für eine Abgrenzung von der CDU/CSU, weil er im zweiten Kabinett Adenauer aufgrund persönlicher Differenzen keinen Ministerposten mehr bekleidete. In realistischer Einschätzung seiner Erfolgsaussichten kandidierte Franz Blücher auf dem Bundesparteitag Anfang März 1954 in Wiesbaden nicht mehr für den Parteivorsitz und bescherte Dehler damit ein für FDP-Verhältnisse überwältigendes Wahlergebnis: Mit 228 von 242 Stimmen wurde der Vorsitzende des innerparteilich „relativ unbedeutenden bayerischen Landesverbandes"[283] am 6. März zum neuen Bundesvorsitzenden der FDP gewählt.[284] Auf den Schultern von Thomas Dehler ruhten bzw. lasteten nun die Hoffnungen der ganzen Partei, zumal ihm zu Beginn der zweiten Legislaturperiode auch das Amt des Vorsitzenden der FDP-Bundestagsfraktion übertragen worden war. Im Übrigen wurde in Wiesbaden auf eine pompöse Inszenierung bewusst verzichtet. Der Parteitag präsentierte sich in den Farben schwarz-rot-gold „ohne Rinnéschen Rahmen".[285] Zudem ist die dort beschlossene neue Satzung als unmittelbare Reaktion auf

---

[277] Jansen, Weg, S. 40.
[278] Informationsbericht Robert Strobels vom 9.9.1953, IfZ-Archiv, ED 329/5.
[279] Wengst, Einleitung zu: FDP-Bundesvorstand 1949–1952, S. IX.
[280] FDP-Bundesvorstand 1953/54, Nr. 31, 3.5.1953, S. 996.
[281] Allemann, Bonn, S. 283.
[282] Wengst, Dehler, S. 181.
[283] Ebd., S. 169.
[284] Vgl. ebd., S. 236ff.; Gutscher, Entwicklung, S. 167f.
[285] So Lüders, in: FDP-Bundesvorstand 1953/54, Nr. 41a, 13.2.1954, S. 1385.

die vorangegangenen innerparteilichen Querelen zu verstehen: Die Bundespartei erhielt gegenüber ihren Landesverbänden erweiterte Eingriffsrechte, und durch die exakte Bestimmung des Delegierungsverfahrens wurde ein ständig schwelender Konfliktherd endgültig gelöscht.[286]

Neben Dehlers Wiesbadener Wahlergebnis kam die Wiederwahl Middelhauves im Amt des stellvertretenden Vorsitzenden einer Abstrafung gleich – lediglich 149 Stimmen konnte er auf sich vereinigen.[287] Der offensichtliche Verlust an Vertrauen und Hausmacht hatte sich bereits im September 1953 im Vorfeld der Koalitionsverhandlungen angedeutet. Middelhauve bewarb sich um einen Sitz in einer vorbereitenden Verhandlungskommission, doch der stellvertretende FDP-Bundesvorsitzende konnte in einer geheimen Abstimmung keine ausreichende Anzahl an Stimmen seiner Vorstandskollegen auf sich vereinigen.[288] Nicht nur das Konzept der Nationalen Sammlung, auch der einstige bundespolitische Mitgestaltungsanspruch seines geistigen Vaters fielen dem „Fall Naumann", der sich für die FDP zunehmend zu einem „Fall Middelhauve" entwickelt hatte, zum Opfer.

---

[286] Zur Parteisatzung und zu ihren in Wiesbaden beschlossenen Veränderungen vgl. Wengst, Einleitung zu: FDP-Bundesvorstand 1949–1952, S. XXIIIff.; Schleimer, Demokratiegründung, S. 36. Die Wiesbadener Satzung von 1954 ist abgedruckt in: Dokumente zur parteipolitischen Entwicklung, 1. Bd., Nr. 66, S. 308ff.
[287] Vgl. Wengst, Einleitung zu: FDP-Bundesvorstand 1949–1952, S. XXI.
[288] Vgl. FDP-Bundesvorstand 1953/54, Nr. 36, 11. 9. 1953, S. 1169ff.

VII. Von Kontinuitäten und Brüchen – Biographische Schlaglichter

1. Protagonisten des Naumann-Kreises (Naumann, Grimm, Diewerge, Achenbach)

Den politischen Ambitionen Werner Naumanns hatte die Verhaftung durch britische Besatzungskräfte keinerlei Abbruch getan. Da der Bundesgerichtshof – zum großen Verdruss von Bundeskanzler Adenauer und Bundesjustizminister Dehler – das Beweismaterial gegen die Angeklagten als nicht ausreichend ansah, wurde Werner Naumann am 28. Juli 1953 auf freien Fuß gesetzt.[1] Bereits wenige Tage später betrat Naumann wieder die öffentliche Bühne. In Göttingen kündigte er eine Buchveröffentlichung an, in der er seine Sicht der Affäre publik machen wollte.[2] Diese Schrift wurde bereits Mitte August im Göttinger Plesse Verlag herausgegeben[3], der sich in rechtsradikalen Kreisen bereits profiliert hatte, wie auch ein Blick auf die Autorenliste zeigt – auf ihr finden sich Namen wie Hans Grimm, Hans-Ulrich Rudel, Paul Hausser oder Maurice Bardèche. Verlagsinhaber war der ehemalige DAF-Gaureferent und SS-Hauptsturmführer (Karl) Waldemar Schütz, der bereits mit dem Naumann-Kreis in Verbindung gestanden haben soll.[4] Zudem war Schütz Mitglied der rechtsextremen Deutschen Reichspartei (DRP), die ihre Hochburg in Niedersachsen hatte. Der Kontakt zu Schütz ermöglichte Naumann nicht nur ein publizistisches, sondern auch politisches Comeback. Die DRP-Führung setzte Werner Naumann an die Spitze ihrer Landesliste für die Bundestagswahlen; außerdem wollte er in der Grafschaft Diepholz, wo die inzwischen verbotene SRP bei den Landtagswahlen 1951 mit 32,9% zur stärksten Partei gewählt worden war, direkt kandidieren.[5] „Naumann ging für die DRP auf Wahlreisen, und es schien, als habe die Partei nun die Garantie für den Einzug in den zweiten Bundestag."[6]

Vom Beifall aus dem braunen Lager abgesehen, war die allgemeine Empörung über diesen Akt der Kaltschnäuzigkeit groß. Entsprechend prompt reagierte die Politik, die sich

---

[1] Kurz darauf wurde auch der Haftbefehl gegen Friedrich Karl Bornemann, den letzten noch in Haft befindlichen Angeklagten, aufgehoben. In der Urteilsbegründung zum Fall Naumann hieß es: „Dem Angeschuldigten liegt nach dem Haftbefehl ein Verbrechen der in verfassungsfeindlicher Absicht begangenen Geheimbündelei (§§ 128, 94 StGB) in Tateinheit mit einem Vergehen der Gründung einer verfassungsfeindlichen Vereinigung (§ 90a StGB) zur Last. Bei dem gegenwärtigen Stand der Voruntersuchung besteht nach Auffassung des Senats kein dringender Verdacht mehr dafür, daß eine solche strafbare Verbindung oder Vereinigung bestanden hat." Zit. n. Grimm, Unrecht, S. 115. Zum Justizfall Naumann in deutscher Zuständigkeit und dem „von der Bundesregierung unleugbar auf Karlsruhe ausgeübten Druck" vgl. Frei, Vergangenheitspolitik, S. 382ff.; Zitat: S. 387. Vgl. auch Informationsbericht Robert Strobels vom 11.8.1953, IfZ-Archiv, ED 329/5. In einem Gespräch mit Strobel gab Dehler zu verstehen, dass ihm das BGH-Urteil „völlig unverständlich" sei.
[2] Vgl. Süddeutsche Zeitung, 7.8.1953.
[3] Naumann, Nau Nau gefährdet das Empire?
[4] Vgl. Klee, Personenlexikon, S. 564; Sarkowicz, Publizistik, S. 73ff.; Tauber, Eagle, Bd. 1, S. 547 und Bd. 2, S. 1324, Anm. 53.
[5] Vgl. Dudek/Jaschke, Entstehung, Bd. 1, S. 204–243; Frei, Vergangenheitspolitik, S. 390; zum SRP-Wahlerfolg vgl. Hansen, SRP, S. 166f.
[6] Jenke, Verschwörung, S. 241.

diesen Affront nicht gefallen lassen wollte. Neben der Androhung eines DRP-Verbotsverfahrens durch die Bundesregierung bekam auch Naumann selbst die Handlungsfähigkeit einer wehrhaften Demokratie zu spüren. In einem Ad-hoc-Verfahren hatte der britische Hohe Kommissar Kirkpatrick den deutschen Länderregierungen der britischen Besatzungszone die Vollmacht übertragen, künftig selbst Entnazifizierungsverfahren gegen Hauptschuldige (Kategorie I) sowie Belastete (Kategorie II) durchzuführen. Die Anregung dazu kam offensichtlich von Hans Globke, der sich beim nordrhein-westfälischen Ministerpräsidenten rückversichert hatte, „daß dieser rasch für die Einstufung Naumanns"[7] in die Gruppe der Belasteten sorgen werde. Dies geschah am 24. August durch eine von der nordrhein-westfälischen Landesregierung erlassene Verordnung, für die Innenminister Franz Meyers verantwortlich zeichnete.[8] Natürlich war jene „standrechtliche Entnazifizierung"[9] kein Selbstzweck, denn die eigentliche Intention war, Werner Naumann endgültig politisch kaltzustellen, nachdem die öffentliche Stigmatisierung infolge der Verhaftungsaktion offensichtlich nicht ausgereicht hatte. Aufgrund der Einstufung in Kategorie II verlor Naumann sein aktives und passives Wahlrecht, ihm wurde ein politisches Betätigungsverbot auferlegt, und er durfte nicht Mitglied einer politischen Partei sein. Auch wenn dieser „administrative Keulenschlag"[10] in juristischer Hinsicht Angriffsmöglichkeiten bot[11], war das Ziel, eine Kandidatur Naumanns bei den Bundestagswahlen zu verhindern, erreicht worden.[12] Ein zusätzlicher Erfolg war die verheerende Wahlniederlage der Deutschen Reichspartei, die nur 1,1% der Stimmen auf sich vereinte. Trotz des erzwungenen Rückzugs von der politischen Bühne konnte Naumann weiterhin von alten Seilschaften aus Zeiten des „Dritten Reiches" profitieren. Harald Quandt, Stiefsohn von Joseph Goebbels, stellte dessen ehemaligen Staatssekretär als Direktor bei dem heute noch bestehenden Elektrounternehmen Busch-Jaeger in Lüdenscheid ein.[13]

Das weitere Wirken von Friedrich Grimm war bis zu seinem Tod am 16. Mai 1959 von einer nahezu vollständigen Kontinuität geprägt und wies sogar einige Parallelen zu seinem Klienten Naumann auf. Nachdem die Nationale Sammlung Friedrich Middelhauves gescheitert war, verlor auch die nordrhein-westfälische FDP, deren Mitglied Grimm im Kreisverband Essen war, deutlich an Attraktivität, weshalb er sich – zumindest nach Information des Deutschen Instituts für Zeitgeschichte (DIZ) in Ostberlin – der DRP zuwandte.[14] Auch Grimm wollte durch die Zusammenstellung von „Tatsachen und Dokumenten" anhand des Falles Naumann das vermeintliche „Unrecht im Rechtsstaat"[15] aufzeigen, doch anders als die äußerst zeitnahe Publikation der Schrift Werner Naumanns erschien sein Buch erst 1957, als die Affäre längst an Brisanz verloren hatte und bereits im Begriff war, in Verges-

---

[7] Informationsbericht Robert Strobels vom 27.8.1953, IfZ-Archiv, ED 329/5.
[8] Vgl. Meyers, Summe, S. 116f.; Lenz, Tagebuch, Eintrag vom 25.8.1953, S. 685f.; Frankfurter Allgemeine Zeitung, 25.8.1953.
[9] Süddeutsche Zeitung, zit. n. Buschke, Presse, S. 268.
[10] Frei, Vergangenheitspolitik, S. 391.
[11] Vgl. Meyers, Summe, S. 117.
[12] In Nordrhein-Westfalen wollte Ministerpräsident Arnold die neuen Möglichkeiten zur Aburteilung hochrangiger ehemaliger Nationalsozialisten nutzen und ließ einen Untersuchungsausschuss bilden. Boykottiert wurde dieser lediglich durch die nordrhein-westfälische FDP. Allen voran Friedrich Middelhauve wandte sich „in scharfer Form" und unter Beibehaltung seiner bisherigen Überzeugung gegen „jede Form der Wiederaufnahme der Entnazifizierung". Die Welt, 29.8.1953.
[13] Vgl. Jungbluth, Quandts, S. 276.
[14] Vgl. DIZ (Hrsg.), Parteien, S. 252.
[15] Grimm, Unrecht.

senheit zu geraten. Um dies zu verhindern, wetterte Grimm immer wieder gegen die von ihm ausgemachte „politische Justiz", deren „schlimmste Entartungserscheinung" die „sogenannte Kriegsverbrecherverfolgung" sei.[16] Unter Berücksichtigung der Rezeptionsgeschichte seiner Schriften im rechtsradikalen Milieu kam Elke Mayer zu der Einschätzung, dass Grimm mit der von ihm betriebenen Geschichtsverfälschung einen „Meilenstein der in der Bundesrepublik betriebenen Holocaust-Leugnung"[17] gesetzt habe. Sein unaufhörliches Lamento über die angebliche politisch motivierte Justiz gegenüber unbescholtenen Bürgern stimmte Grimm auch bei der fortgesetzten Verteidigung ehemaliger Nationalsozialisten an, so etwa im Falle des ehemaligen NS-Funktionärs und SS-Sturmbannführers Fritz Kiehn, der vor wie nach 1945 ein erfolgreicher Unternehmer war.[18] Beide kannten sich aus gemeinsamen Zeiten als Abgeordnete des „uniformierten Reichstags".[19] Als Kiehn 1954 der gerichtlichen Falschaussage angeklagt wurde, ließ er sich von Friedrich Grimm verteidigen.[20]

Dem Vorwurf des Meineides sah sich auch Wolfgang Diewerge ausgesetzt. Aufgrund offensichtlicher Falschaussagen über seinen Kenntnisstand im Mordfall Ernst vom Rath, seine antisemitischen Hetzschriften sowie seine propagandistische Tätigkeit während der Vorbereitung des Grynszpan-Prozesses wurde Diewerge am 17. Februar 1966 von der VI. Großen Strafkammer des Landgerichtes Essen zu einer einjährigen Gefängnisstrafe verurteilt.[21] Doch damit war der „Fall Grynszpan" für Diewerge noch nicht beendet. In Wiesbaden, wo er mittlerweile als „Geschäftsführer einer GmbH und (nicht praktizierender) Rechtsanwalt"[22] lebte, wurde Strafanzeige gegen Diewerge erstattet, dieses Mal jedoch nicht etwa „nur" wegen Meineides, sondern wegen seiner damaligen Mitarbeit an der Vorbereitung des Schauprozesses gegen Herschel Grynszpan.[23] Schließlich landete der Vorgang auf dem Tisch des hessischen Generalstaatsanwaltes Fritz Bauer, der sich erfolgreich für eine Übernahme des Falles durch seine Behörde einsetzte, woraus ersichtlich wird, „wie wichtig ihm die Verfolgung auch der geistigen Urheber und Propagandisten des Holocaust war".[24] Bauer, der in der Bundesrepublik „zu den wenigen ‚Initiatoren' der Verfolgung von NS-Verbrechen"[25] zählte, starb am 1. Juli 1968. Es verging über ein Jahr bis zur Anklageerhebung, dann verstrichen nur wenige Wochen bis zur Einstellung des Verfahrens am 20. November 1969. Der Generalstaatsanwaltschaft schienen die Hände ge-

---

[16] Grimm, Justiz, S. 167; vgl. auch Grimms Schrift „Nun aber Schluß mit Rache und Vergeltung!", die auf einem Vortrag beruht, den Grimm 1955 in mehreren deutschen Städten gehalten hatte und die im selben Jahr bereits in 2. Auflage gedruckt erschienen ist.
[17] Mayer, Vergangenheit, S. 188.
[18] Vgl. Berghoff/Rauh-Kühne, Fritz K.
[19] Vgl. Reichstagshandbuch 1933, S. 227.
[20] Vgl. Berghoff/Rauh-Kühne, Fritz K., S. 275 ff.
[21] Diewerges Falschaussagen stammten bereits vom 8.5.1959. Ein Bruder des ermordeten vom Rath hatte den umstrittenen Journalisten, Schriftsteller und „professionelle[n] Tatsachen-Erzähler" (Der Spiegel, Nr. 36, 31.8.1960, S. 23) Michael Graf Soltikow (geboren unter dem Namen Walter Richard Max Bennecke) der Verunglimpfung des Andenkens Verstorbener angeklagt, da dieser die leidlich originelle These einer homosexuellen Beziehung zwischen Täter und Opfer als sensationelle Enthüllung verkauft hatte. Während der Ermittlungen zu diesem Verfahren war auch Wolfgang Diewerge vernommen worden, der sich dort als unwissender, keineswegs judenfeindlicher Befehlsempfänger präsentierte. Vgl. Der Spiegel, Nr. 4, 17.1.1966, S. 30/32; Essener Tageblatt, 18.2.1966.
[22] Der Spiegel, Nr. 4, 17.1.1966, S. 30.
[23] Vgl. Meusch, Bauer, S. 208 f.
[24] Ebd., S. 209.
[25] Ebd., S. 382.

bunden, da der Schauprozess gegen Grynszpan nie stattgefunden hatte und „die versuchte, erfolglose Beihilfe zum Mord nicht strafbar war".[26] Dass sich Diewerge erst in der zweiten Hälfte der 1960er Jahre vor der Justiz für seine Taten in der Zeit des „Dritten Reiches" zu verantworten hatte, kann als paradigmatisch für den sich nur langsam vollziehenden vergangenheitspolitischen Klimawandel in der Bundesrepublik angesehen werden.

Der Kontakt Diewerges zur FDP brach nie ganz ab, auch wenn er noch Jahre später mit seinem unehrenhaften Abschied und dessen Folgen haderte. Thomas Dehler forderte er mit einer bemerkenswerten Argumentation auf, ihn zu rehabilitieren: „Bei zahlreichen Bewerbungen bin ich nachweislich auf [...] Widerstände gestoßen" und „dadurch gezwungen worden, mich in eine völlig fremde Branche ohne Verwertungsmöglichkeiten meiner Ausbildung und meiner Vorkenntnisse einzuarbeiten".[27] Eine solche, von Friedrich Middelhauve seinerzeit ermöglichte Gelegenheit, seine propagandistisch-organisatorische „Qualifikation" neuerlich unter Beweis zu stellen, sollte sich Wolfgang Diewerge in der Tat nicht noch einmal bieten.[28] Und dennoch tauchte der Name Diewerge ein zweites Mal im Zusammenhang eines Skandales auf, in den auch die FDP verwickelt war: der Flick-Parteispendenaffäre. Diewerge fungierte als Geschäftsführer von zwei Vereinen, die „den zuständigen Finanzämtern eine satzungsgemäße Geschäftstätigkeit vortäuschten und hierdurch ihre Steuerbefreiung als Berufsverbände bzw. gemeinnützige Vereinigungen erreichten".[29] Wie sich im Zuge der Ermittlung herausstellte, hatte Otto Graf Lambsdorff in seiner Zeit als Schatzmeister des nordrhein-westfälischen FDP-Landesverbandes von 1968 bis 1977 maßgeblich daran mitgewirkt, ein „System von Scheinvereinigungen" aufzubauen, „die steuerabzugsfähige Quittungen an die Partei ausstellten und die Spenden über Auslandskonten an die FDP-Kassen zurückschleusten. Auch hier war der Flick-Konzern einer der wichtigen Spender."[30] Die Konsequenzen der Affäre für Lambsdorff (Rücktritt vom Amt des Bundeswirtschaftsministers 1984, rechtskräftige Verurteilung zu einer Geldstrafe von 180 000 DM durch das Bonner Landgericht 1987[31]) erlebte Wolfgang Diewerge nicht mehr; am 4. Dezember 1977 war er in Essen gestorben.

Anders als Diewerge wurde Ernst Achenbach parteioffiziell rehabilitiert. Seine Dienste waren der FDP zu wertvoll, als dass sie auf ihn verzichten wollte. An der Spitze des Bezirks-

---

[26] Ebd., S. 209.
[27] Diewerge an Dehler, 15. 12. 1956, zit. n. Schleimer, Demokratiegründung, S. 35.
[28] Mit Ralph Schleimer, ebd., bleibt angesichts der Ausführungen Diewerges festzuhalten: „Daß seine berufliche Qualifikation in einem negativen Bezug zu seiner Tätigkeit in Goebbels Propagandaministerium oder seine Verstrickungen in die Naumann-Affäre gebracht wurde, war für ihn nicht nachvollziehbar, besser gesagt: Er empfand es ganz offensichtlich als eine ungerechtfertigte Stigmatisierung. Von der Vorstellung ‚persönlicher Schuld' oder von ‚Verantwortlichkeit' war jedenfalls nichts zu spüren."
[29] Der Spiegel, Nr. 5, 1. 2. 1988, S. 108. Bei den Vereinen handelte es sich um die „Gesellschaft für Europäische Wirtschaftspolitik" (GfEW) sowie den „Internationalen Wirtschaftsclub" (IWC). Stellvertreter Diewerges in der GfEW war Lambsdorff selbst, im IWC nahm diesen Posten der gleichfalls schon aus der Frühzeit des Landesverbandes bekannte Wolfram Dorn ein. Vgl. Leyendecker (Hrsg.), Lambsdorff-Urteil, S. 113 ff.
[30] Alemann, Flick-Affäre, S. 116; vgl. Ramge, Polit-Skandale, S. 159 ff.
[31] Auszüge aus dem Urteil des Landgerichts Bonn sind abgedruckt in: Der Spiegel, Nr. 5, 1. 2. 1988, S. 108. Dort heißt es u. a.: „Der Angeklagte Dr. Graf Lambsdorff hat sich nach den getroffenen Feststellungen der tateinheitlich begangenen fortgesetzten gemeinschaftlichen Hinterziehung von Körperschaft- und Vermögensteuer, der fortgesetzten gemeinschaftlichen Beihilfe zur Hinterziehung von Körperschaft- und Gewerbesteuer sowie der Beihilfe zur Hinterziehung von Körperschaftsteuer schuldig gemacht."

verbandes Ruhr, der „bedingungslos auf ihn eingeschworen"[32] war, stand Achenbach weiter an der wichtigen Schnittstelle zwischen Landesverband und Industrie. Trotz seines so gewonnenen Einflusses gelang es ihm in Nordrhein-Westfalen nicht, in höchste Parteiämter vorzustoßen.[33] Eine aussichtsreiche Platzierung auf der Landesliste ermöglichte ihm jedoch 1957 den Sprung in den Deutschen Bundestag, dem er bis 1976 angehörte. Vor allem auf dem Gebiet der Außenpolitik hatte Achenbach seit Beginn der 1950er Jahre einen deutlich vernehmbaren Kontrapunkt zur Adenauerschen Westvertragspolitik gesetzt, die nach seinem Dafürhalten nicht zu einer Wiedervereinigung Deutschlands führen konnte. Mit seinem Plädoyer für die Aufnahme direkter Verhandlungen mit der Sowjetunion sowie für ein wiederbewaffnetes, nötigenfalls aber neutrales Deutschland zwischen den beiden Blöcken vertrat Achenbach zwar auch in seiner Partei eine Minderheitsposition.[34] Doch zumal nach dem frühen Tod des außen- und sicherheitspolitischen Experten Karl Georg Pfleiderer[35] im Jahr 1957 profilierte sich der Essener Rechtsanwalt mehr und mehr als Verfechter einer alternativen Außenpolitik, bis er schließlich in der Ära der Neuen Ostpolitik „zu einem der einflussreichsten Außenpolitiker der FDP"[36] wurde. Trotz persönlicher Vorbehalte trug er dazu bei, „den rechten Parteiflügel in die sozialliberale Koalition unter Brandt"[37] zu führen und diesen auch in Krisenzeiten bei der Stange zu halten, was ihm wiederum eine „stets liebevolle Sonderbehandlung durch die Parteispitze"[38] um Walter Scheel bescherte. 1971 wurde Achenbach sogar mit dem Großen Bundesverdienstkreuz ausgezeichnet.[39]

Nach den Worten Erich Mendes „erwies sich" Ernst Achenbach „auch in dieser Zeit als großer Taktiker, der auf allen Hochzeiten zu tanzen wußte und zu keinem Mahl zu spät kam".[40] Diese Eigenschaft dürfte ihm zu einem Gutteil seiner parlamentarischen Ämter verholfen haben. Im Europäischen Parlament, dessen Mitglied Achenbach von 1964 bis 1977 war[41], hatte er den Vorsitz gleich mehrerer Fachausschüsse inne. In der FDP, deren Bundesvorstand Achenbach seit 1958 angehörte, leitete er u.a. den Arbeitskreis Außenpolitik und Verteidigung der Bundestagsfraktion.[42] Aufsehen und Anstoß erregte Achenbach durch seine Tätigkeit als Berichterstatter des Auswärtigen Ausschusses im Deutschen Bundestag. In dieser Funktion war es ihm Anfang der 1970er Jahre möglich, die Ratifizierung eines Zusatzabkommens zu dem 1954 zwischen Deutschland und Frankreich abgeschlossenen „Vertrag zur Regelung aus Krieg und Besatzung entstandener Fragen" (sogenannter Überleitungsvertrag) systematisch zu verschleppen.

---

[32] Papke, Ordnungskraft, S. 250.
[33] Vgl. ebd., S. 230, 240, 250, 253.
[34] Zum Komplex der Neutralität vgl. Geppert/Wengst (Hrsg.), Neutralität, dort insbesondere Wengst, Neutralistische Positionen, S. 39ff.; vgl. auch Glatzeder, Deutschlandpolitik, S. 92ff.; Papke, Ordnungskraft, S. 108f.
[35] Vgl. Brauers, Deutschlandpolitik, S. 55ff.; Rütten, Liberalismus, S. 256ff.; Schmidt, FDP, S. 25f.; Wagner, FDP, S. 106ff.; Wengst, Neutralistische Positionen, S. 39f.; Zundel, Erben, S. 57ff.
[36] Herbert, Best, S. 472.
[37] Brunner, Frankreich-Komplex, S. 280.
[38] Der Spiegel, Nr. 49, 1.12.1975, S. 36; vgl. auch Nr. 30, 22.7.1974, S. 30.
[39] Vgl. Hachmeister, Gegnerforscher, S. 310.
[40] Mende, Freiheit, S. 259.
[41] In der Literatur variieren die diesbezüglich genannten Jahreszahlen. Die hier verwendete Angabe ist einer offiziellen Publikation des Europäischen Parlaments entnommen; vgl. Parlament 1952-1988, S. 48. Zuvor gehörte Achenbach von 1960-1964 der Beratenden Versammlung des Europarates und der Versammlung der Westeuropäischen Union an. Vgl. Biographisches Handbuch der Mitglieder des Deutschen Bundestages, Bd. 1, S. 1f.
[42] Vgl. Biogramm in: FDP-Bundesvorstand 1960-1967, S. 775.

Ein Blick auf die Konsequenzen des Abkommens offenbart die Gründe für Achenbachs durchsichtiges Handeln: Deutsche Gerichte wären fortan in die Lage versetzt gewesen, untergetauchten NS- bzw. Kriegsverbrechern, die in Frankreich rechtskräftig, jedoch in Abwesenheit verurteilt worden waren, in Deutschland den Prozess zu machen.[43] Der SPD-Außenexperte Kurt Mattick mutmaßte, dass Achenbachs Blockadepolitik „nicht ohne Duldung von oben"[44] – gemeint war die FDP-Führung – durchführbar gewesen wäre. Zwischen den Parteispitzen der sozialliberalen Koalition soll es darüber auch zum Konflikt gekommen sein, doch der entscheidende Druck zur Weiterbehandlung des Zusatzabkommens kam von außerhalb. Beate Klarsfeld, die streitbare Kämpferin gegen das Vergessen nationalsozialistischen Unrechts und für eine juristische Verfolgung seiner Verantwortlichen, war gemeinsam mit ihrem in dieser Hinsicht ebenso umtriebigen Ehemann, Serge Klarsfeld, auf der Suche nach belastendem Material aus Achenbachs Pariser Zeit fündig geworden und initiierte fortan eine Kampagne – *Der Spiegel* schrieb gar von einem „Kreuzzug"[45] – gegen den zeitlebens umstrittenen FDP-Politiker. Am 12. Mai 1971 erschollen während einer Sitzung des Bundestages von der Zuschauertribüne „Achenbach-Nazi"-Rufe. Deren Urheber, vier junge Franzosen aus dem Umfeld von Beate Klarsfeld, verteilten auch Flugblätter, „die auf Achenbachs Vergangenheit hinwiesen und die Ratifizierung des Zusatzabkommens forderten".[46] Ende Juni 1971 wurde außerdem Achenbachs Essener Anwaltskanzlei von der „Klarsfeld-Bande"[47] gestürmt und mit Hakenkreuz- und „Nazi-Achenbach"-Plakaten beklebt.[48] Im November 1972 forderte Beate Klarsfeld schließlich an der Spitze einer kleinen Gruppe französischer Demonstranten vor dem Bundeshaus den Ausschluss Achenbachs aus dem Parlament.[49]

Angesichts einer Intervention der französischen Regierung und eines drohenden internationalen Ansehensverlustes trieb Hans-Dietrich Genscher, seit Mai 1974 Bundesaußenminister, die Ratifizierung des Zusatzabkommens zwar voran. Konsequenzen hatte Achenbach deswegen aber nicht zu befürchten, obwohl er sich durch seine wiederholte, öffentlich erhobene Forderung nach einer Generalamnestie endgültig als unverbesserlicher Lobbyist ehemaliger Nationalsozialisten geoutet hatte.[50] Liest man eine *Spiegel*-Einschätzung aus dem Juli 1974, so drängt sich der Eindruck eines Déjà-vu-Erlebnisses auf: „Aber noch immer scheint die FDP-Spitze nicht bereit, sich von ihrem belasteten Parteifreund zu trennen. Der Essener Rechtsanwalt verrichtet unentbehrliche Parteidienste: bei der Erschließung von Geldquellen in der Schwerindustrie des Ruhrgebiets."[51]

Der fragwürdige Plan, Achenbach noch im selben Jahr „endlich aus dem ‚Bonner Schußfeld' zu bekommen"[52], indem man ihn in Brüssel als EG-Kommissar zu installieren versuchte, schlug fehl. Überblickt man Achenbachs politische Laufbahn seit den 1930er Jah-

---

[43] Vgl. dazu ausführlich: Brunner, Frankreich-Komplex, S. 262ff.
[44] Zit. n. Der Spiegel, Nr. 30, 22. 7. 1974, S. 30.
[45] Ebd., S. 29.
[46] Brunner, Frankreich-Komplex, S. 294.
[47] Vgl. ebd., S. 288.
[48] Vgl. ebd., S. 294; auf S. 295 findet sich ein Foto jener Aktion.
[49] Vgl. ebd., S. 302.
[50] Vgl. ebd., S. 313. Schon 1959 hatte Achenbach im Bundestag einen erneuten Anlauf zur Durchsetzung einer Generalamnestie genommen, doch abgesehen von der Fraktion der Deutschen Partei stieß sein damaliger Gesetzentwurf parteiübergreifend auf eine mehrheitliche Ablehnung. Vgl. Der Spiegel, Nr. 52, 23. 12. 1959, S. 24.
[51] Der Spiegel, Nr. 30, 22. 7. 1974, S. 30.
[52] Schleimer, Demokratiegründung, S. 39.

ren, so ist nachvollziehbar, dass dieser Vorschlag insbesondere aus französischer Sicht einer Provokation gleichkam.[53] Über zwei Jahrzehnte nach der Naumann-Affäre und nach dem vergangenheitspolitischen Paradigmenwechsel im Laufe der 1960er Jahre waren große Teile von Politik und Öffentlichkeit nicht mehr bereit, einen bekennenden Saboteur der Strafverfolgung von NS-Verbrechen in politischen Führungsämtern zu dulden. Auch auf innerparteilichen Druck hin musste Achenbach im Juli 1974 von seinem Amt als Berichterstatter des Auswärtigen Ausschusses zurücktreten. Von diesem Sturz sollte sich selbst „das politische Steh-auf-Männchen"[54] Achenbach nicht mehr erholen. Mit Ende der siebten Wahlperiode schied er 1976 aus dem Bundestag aus, im Januar 1977 verließ er schließlich das Europäische Parlament. Damit war sein Abschied von der aktiven Politik besiegelt. Fortan wandte sich der Rechtsanwalt wieder vermehrt der Arbeit in seiner Essener Kanzlei zu.

2. Die Düsseldorfer „Jungtürken" und der Koalitionsbruch in Nordrhein-Westfalen

Es gärte in der Koalition. Im Laufe des Jahres 1955 hatte sich das ohnehin angespannte Verhältnis zwischen Konrad Adenauer und dem FDP-Partei- und Fraktionsvorsitzenden Thomas Dehler zu einer unverhohlenen, politischen und auch persönlichen Feindschaft entwickelt, die ein ums andere Mal den fragilen Koalitionsfrieden empfindlich störte. Jener personale, zum Teil öffentlich ausgetragene Konflikt stellte jedoch hauptsächlich das für jedermann ersichtliche Zeichen einer zunehmenden Entfremdung großer Teile der FDP von der Außen- und Deutschlandpolitik der Bundesregierung bzw. ihres Kanzlers dar.[55] Insbesondere die Kontroverse um den zukünftigen Status des Saarlandes erwies sich als „ein potentieller Sprengsatz für die Adenauer tragende Koalition"[56], dessen Lunte der Bundeskanzler durch ein Abkommen mit der französischen Regierung entzündet hatte. Im Rahmen der Pariser Verträge hatten Adenauer und der französische Ministerpräsident Pierre Mendès-France das sogenannte Saarstatut unterzeichnet, „das ein politisch zwar autonomes und europäisiertes, jedoch mit Frankreich durch eine Währungs- und Zollunion wirtschaftlich verbundenes Saarland vorsah".[57] Nicht nur von der Sozialdemokratie, auch von zahlreichen prominenten Liberalen wurde die bilaterale Übereinkunft als ein erster Schritt zur Abtretung des Saarlandes an Frankreich vehement bekämpft, schien hierdurch doch die Glaubwürdigkeit der außenpolitischen Maxime der FDP „Erst Deutschland – dann Europa"[58] ernsthaft bedroht.

Während der Ratifizierungsdebatte kam es innerhalb der FDP-Fraktion „zu heftigen Auseinandersetzungen"[59] zwischen Befürwortern und Gegnern des Saarabkommens, in deren Verlauf sich bereits eine Verschiebung der überkommenen innerliberalen Trennlinien andeutete, die Fritz René Allemann prägnant markierte: „Nicht mehr zwischen

---

[53] Vgl. Faßbender, Bearbeitung, S. 172.
[54] Der Spiegel, Nr. 52, 23.12.1959, S. 24.
[55] Vgl. Papke, Ordnungskraft, S. 203; Schwarz, Adenauer, Bd. 2, S. 249ff.; Wengst, Einleitung zu: FDP-Bundesvorstand 1954–1960, S. XLIff. Zur Deutschlandpolitik der FDP vgl. Brauers, Deutschlandpolitik, bes. S. 52ff.; Schmidt, FDP, S. 23ff.; Rütten, Liberalismus, S. 180ff.
[56] Papke, Ziel, S. 25; vgl. Weippert, Heuss, S. 185ff.
[57] Wolfrum, Demokratie, S. 130.
[58] Mende, Freiheit, S. 244.
[59] Schollwer, Aufzeichnungen, Tagebucheintrag vom 9.3.1955, S. 130.

Links- und Rechtsliberalen, sondern zwischen Kanzlerliberalen und Oppositionsliberalen lief nun die Bruchstelle."[60] Bei aller Problematik einer solch vereinfachenden Dichotomisierung, die den „unendlichen Schattierungen" zwischen beiden Polen nicht gerecht werden kann und will, wird durch sie der Kernpunkt der parteiinternen Meinungsverschiedenheiten deutlich: Auf der einen Seite standen die Befürworter der von Adenauer geprägten Außenpolitik, die dem Primat der Westbindung verpflichtet war. Auf der anderen Seite fanden sich jene, die mehr und mehr befürchteten, dass der Bundeskanzler über seinem vorrangigen Ziel einer Integration der Bundesrepublik in die westlich-demokratische Staatengemeinschaft die Wiedervereinigung Deutschlands aus den Augen verliere oder diese gar auf dem Altar einer Aussöhnung mit den Westmächten zu opfern bereit sei. Durch Adenauers (eigenmächtiges) Vorgehen beim Abschluss des Saarstatuts sahen sich seine Kritiker in ihrer Meinung bestätigt.

Am Ausgang des Jahres 1955 trugen Adenauer und die Union zu ihren eigenen Lasten maßgeblich dazu bei, die Reihen der FDP zu schließen. Zunächst forderte Adenauer am 22. November 1955 – zugespitzt formuliert – die Aufgabe der politischen Eigenständigkeit der FDP insbesondere auf dem Gebiet der Außenpolitik.[61] Die wiederholten Querschüsse aus dem liberalen Lager, etwa die Aufrufe zu einer direkten Verhandlungsaufnahme mit Moskau und/oder Pankow, waren ihm zunehmend ein Dorn im Auge. In einem Brief an Thomas Dehler als dem Fraktionsvorsitzenden der FDP verlangte Adenauer daher ein Bekenntnis zu den Pariser Verträgen, „und zwar ohne Änderung".[62] Zudem erwartete er ultimativ den Verzicht auf jede „agitatorische Auseinandersetzung über die gemeinsame Arbeit der Koalitionsparteien bei den Bundestagswahlen 1957".[63] Die Entrüstung unter den Freien Demokraten über diesen Affront war enorm. Trotz seiner „stille[n] Gefühle der Verehrung für den großen alten Mann"[64] wies auch Middelhauve die in jenem „verhängnisvollen Brief"[65] enthaltenen Postulate Adenauers schroff zurück.[66]

Als gezielter Angriff nicht nur auf ihre politische Selbstständigkeit, sondern schlechthin auf ihre Existenz musste der FDP ein von der Unionsfraktion initiierter Antrag zur Änderung des Wahlgesetzes erscheinen, den sie – unterstützt von der DP – am 14. Dezember 1955 in den Wahlrechtsausschuss des Bundestages einbrachte.[67] Kernpunkt der Initiative war die Umstellung des personalisierten Verhältniswahlrechtes zugunsten eines Mischwahlsystems. Demnach sollten 60% der Bundestagsabgeordneten nach dem Prinzip der Mehrheitswahl direkt, lediglich die verbliebenen 40% gemäß dem Verhältniswahlrecht über die

---

[60] Allemann, Bonn, S. 285.
[61] Vgl. Papke, Ziel, S. 40ff.; Schwarz, Adenauer, Bd. 2, S. 254ff.; Weippert, Heuss, S. 191ff.
[62] Adenauer an Dehler, 22.11.1955, in: Adenauer, Briefe 1955–1957, Nr. 57, S. 95.
[63] Ebd., S. 96.
[64] Düding, Parlamentarismus, S. 368.
[65] Middelhauve auf dem Landesparteitag in Bad Lippspringe am 7./8.1.1956, HStAD, RWN 172/602, pag. 71.
[66] In seiner Rede auf dem Landesparteitag (ebd.) nahm er für die FDP als Koalitionspartner das Recht in Anspruch, „im Rahmen der Regierungspolitik eigene Gedanken und eigene Vorschläge zu entwickeln, eigene Akzente auch in der Außenpolitik zu setzen, ohne damit […] im geringsten die Grundsätze und die Grundhaltung der Außenpolitik der Regierung zu verlassen". Middelhauve traf den Nerv der Delegierten, als er die Vermutung äußerte, dass die Union „keinen Koalitionspartner, sondern […] einen Koalitionsangehörigen" haben wolle.
[67] Zum neuen Wahlrechtsvorschlag und der Koalitionskrise vgl. ausführlich Lange, Wahlrecht, S. 637–700. Außerdem ders., Wahlrechtsstreit, S. 128ff.; Keinemann, Arnold, S. 77ff.; Papke, Ordnungskraft, S. 208ff.; Wengst, Dehler, S. 279ff.

jeweiligen Landeslisten gewählt werden, jedoch ohne die bis dato übliche Anrechnung der Direktmandate. Der so entstehenden Kluft zwischen den beiden Wahlsystemen verdankt das sogenannte Grabenwahlrecht seinen Namen.

Die Konsequenzen einer solchen Wahlrechtsänderung waren jedermann klar: Die Unionsfraktion hätte ihre unangefochtene Führungsstellung noch erheblich ausgebaut, schließlich waren über zwei Drittel ihrer Abgeordneten im zweiten Deutschen Bundestag direkt gewählt worden. Verlierer des neuen Systems wären vor allem die kleineren Parteien gewesen, die in kaum einem Wahlkreis Aussicht darauf hatten, sich im direkten Duell gegen die Kandidaten der beiden etablierten Volksparteien durchzusetzen. Zeitgenössischen Berechnungen zufolge hätte die FDP-Fraktion knapp die Hälfte ihrer Abgeordnetensitze eingebüßt.[68] Entsprechend groß waren das Entsetzen und die Empörung unter den Freien Demokraten: „Damit soll wohl der FDP das Lebenslicht ausgeblasen werden."[69] Wie Wolfgang Schollwer dachten die allermeisten Liberalen. Friedrich Middelhauve sprach in diesem Zusammenhang gar von einem „Ermächtigungsgesetz [...], weil es einer Partei die Ermächtigung, die Grundlage dafür gäbe, nunmehr die alleingestaltende, die alleinseligmachende Partei zu sein".[70] Auf dem Landesparteitag Anfang Januar 1956 in Bad Lippspringe erntete der Landesvorsitzende für diese drastischen Ausführungen „lebhafte Zustimmung". Zusätzliche Heiterkeit rief er außerdem mit einem Bonmot zum Grabenwahlsystem hervor: „Wir erinnern uns alle jenes Kinderverses: ‚Fällt er in den Graben, fressen ihn die Raben!' Meine Freunde, wir wollen nicht von den Raben gefressen werden; wir wollen auch nicht von den schwarzen Raben gefressen werden!"[71]

Wenn sich selbst ein solch loyaler Koalitionär wie Middelhauve zu einem derartig kämpferischen Appell zur Selbstverteidigung genötigt sah, dann muss die Union etwas falsch gemacht haben. So beurteilt Hans-Peter Schwarz den Wahlrechtsvorstoß der CDU/CSU auch als einen „kapitalen Fehler" und „völlig kontraproduktiv"[72], provozierte er doch zumindest in diesem Punkt eine geschlossene Abwehrfront der FDP, die am 10. Januar 1956 durch offiziellen Parteibeschluss das „Grabensystem" für „unannehmbar"[73] erklärte.

Herrschte in der Zurückweisung einer Wahlrechtsänderung völlige Einigkeit im liberalen Lager, so offenbarten sich grundlegende Meinungsunterschiede bei der Frage, welche Konsequenzen aus der Koalitionskrise zu ziehen seien. Für die „Kanzlerliberalen" um den FDP-Ministerflügel[74] galt der Konflikt als erledigt, sobald die Union ihre Wahlrechtspläne begrabe. Ganz anders sah dies „eine real- und machtpolitisch orientierte liberale

---

[68] Vgl. Lange, Wahlrecht, S. 637.
[69] Schollwer, Aufzeichnungen, Tagebucheintrag vom 16. 12. 1955, S. 168.
[70] Middelhauve auf dem Landesparteitag in Bad Lippspringe am 7./8. 1. 1956, HStAD, RWN 172/602, pag. 72.
[71] Ebd., pag. 74f.
[72] Schwarz, Adenauer, Bd. 2, S. 256, 258.
[73] FDP-Bundesvorstand 1954–1960, Nr. 17, gemeinsame Sitzung von Bundesvorstand und Bundestagsfraktion am 10. 1. 1956, S. 131.
[74] Die FDP stellte in der zweiten Legislaturperiode vier Bundesminister: Franz Blücher (Vizekanzler und Bundesminister für wirtschaftliche Zusammenarbeit), Fritz Neumayer (Justiz), Victor-Emanuel Preusker (Wohnungsbau) sowie Hermann Schäfer (Bundesminister für besondere Aufgaben). Auch August Martin Euler, der nach Einschätzung Adenauers im Laufe seiner Zeit als MdB „viel gemäßigter geworden" ist, lässt sich jenem kanzlertreuen Kreis innerhalb der FDP zuordnen. Das Zitat Adenauers entstammt einem Brief des Bundeskanzlers an seinen Staatssekretär Otto Lenz vom 9. 7. 1953. Im Hinblick auf die damals bevorstehenden Bundestagswahlen schrieb er: „Wir haben daher alles Interesse daran, daß die Abgeordneten Euler'scher Richtung möglichst zahlreich sind." Adenauer, Briefe 1951–1953, Nr. 411, S. 405.

Fronde"[75], die sich schon seit längerer Zeit in Düsseldorf herausgebildet hatte. Das Führungstrio jenes informellen Kreises bildeten Landesgeschäftsführer Wolfgang Döring, der inzwischen auch stellvertretender Vorsitzender der Landtagsfraktion war, Willi Weyer, amtierender nordrhein-westfälischer Wiederaufbauminister, und Walter Scheel. Der 1919 in Solingen geborene Scheel hatte seit Kriegsbeginn in der Wehrmacht – zuletzt als Oberleutnant der Luftwaffe[76] – gedient und war Mitglied der NSDAP gewesen. Schon bald nach Kriegsende trat er in seiner Geburtsstadt der FDP bei und vertrat sie dort 1948 im Stadtrat, 1950 wurde er im Wahlkreis Remscheid aufgrund eines Wahlabkommens mit der CDU direkt in den Düsseldorfer Landtag gewählt, dem er bis 1954 angehörte.[77] In den innerparteilichen Auseinandersetzungen der vorangegangenen Jahre hatte sich Scheel nicht exponiert, vielmehr war er „sorgsam darauf bedacht, keiner bestimmten Richtung innerhalb des Landesverbandes und der Landtagsfraktion zugerechnet werden zu können".[78] Der Kontakt zu Wolfgang Döring und Willi Weyer rührte bereits aus ihrer gemeinsamen Zeit bei den DJD her.

Auch Wolfram Dorn und Heinz Lange, die beide seit 1954 für die FDP im Landtag saßen, standen jenem Zirkel nahe[79], der sich in seiner biographischen Zusammensetzung als vergleichsweise homogen darstellte: Die genannten Personen waren zwischen 1914 und 1924 geboren, hatten allesamt am Zweiten Weltkrieg teilgenommen, sie hatten – mit Ausnahme Dörings – der NSDAP und/oder ihr angeschlossenen Organisationen angehört, fanden über die Deutschen Jungdemokraten und die nordrhein-westfälische FDP den Weg in die Politik und konnten sich dort des Wohlwollens und der Förderung des damaligen Übervaters Middelhauve sicher sein. In zwei Faktoren unterschied sich diese Gruppe jedoch von ihrem ehemaligen Mentor: Erstens befand sich im mentalen Marschgepäck jener Frontgeneration kein ideologischer Ballast aus Weimarer Zeiten. Dieses eher pragmatische als weltanschaulich fundierte Verhältnis zur Politik, das ihnen zeitgenössisch den Vorwurf einbrachte, „wertfreie Techniker der Macht"[80] zu sein, erleichterte es ihnen zweitens, aus dem offensichtlichen Scheitern der von ihnen größtenteils mitgetragenen Nationalen Sammlung andere Konsequenzen zu ziehen, als dies Middelhauve möglich war, der zeitlebens in einem politischen Lagerdenken befangen blieb. Trotz seiner scharfen Kritik an den Vorstößen aus Reihen der CDU/CSU wäre für ihn ein Koalitionsbruch mit der Union – sei es auf Bundes- oder Landesebene – zugunsten einer sozialliberalen Regierung schlichtweg undenkbar gewesen. Selbst in der damaligen Situation stellte für Middelhauve die von ihm ausgemachte „kommunistische Infiltration"[81], von der auch die SPD bedroht sei, die größte politische und gesellschaftliche Gefahr dar.

Ganz anders sah dies die „Gruppe jüngerer, perspektivisch denkender, handlungsfähiger und ideologisch flexibler Politiker"[82] um Döring, Weyer und Scheel. Inhaltliche Differen-

---

[75] Düding, Parlamentarismus, S. 367.
[76] Vgl. Schneider, Scheel, S. 45 ff.
[77] Vgl. ebd., S. 52; Düding, Parlamentarismus, S. 371.
[78] Papke, Ziel, S. 107.
[79] Vgl. Düding, Parlamentarismus, S. 371 f.
[80] Das Zitat stammt von Ernst Majonica, der einen vergleichbaren generationellen Erfahrungshintergrund hatte (geboren 1920, Weltkriegsteilnahme), aber der CDU angehörte, für die er 1950 in den Bundestag eingezogen war. Zit. n. Allemann, Bonn, S. 315; vgl. auch Albertin, Jahrzehnt, S. 670.
[81] Middelhauve auf dem Landesparteitag in Bad Lippspringe am 7./8.1.1956, HStAD, RWN 172/602, pag. 74.
[82] Brunn, „Jungtürken", S. 128. Nach Meinung von Walter, Gelb oder Grün?, S. 20, kam mit jener jungen Generation nicht mehr und nicht weniger als „die Moderne in die deutsche Gesellschaft und das deutsche Parteiensystem. Mit den alten Verheißungen, Glaubensbekenntnissen, Riten und sozial-

zen mit der Bundesregierung, insbesondere auf dem Gebiet der Außenpolitik, verbanden sich bei ihnen mit der Furcht vor einer immer größeren Abhängigkeit der FDP von der Adenauer-CDU, in deren Sog sie zunächst ihr eigenständiges Profil und schließlich ihre Selbständigkeit zu verlieren drohte. In jener Konstellation kam dem Konflikt um das Grabenwahlrecht in der Tat „die Rolle eines emotionalen Katalysators"[83], eines Signals zum Aufbruch zu. Das einzig wirklich scharfe Schwert in Händen der FDP, nämlich die Drohung mit einem Koalitionsbruch auf Bundes- und/oder Landesebene, wollten die Nachwuchspolitiker aus Nordrhein-Westfalen nicht allein für Spiegelfechtereien mit der Union einsetzen. Seit Ende des Jahres 1955 kam es in Nordrhein-Westfalen zu informellen Gesprächen zwischen Vertretern von FDP und SPD, in denen bereits Planspiele über einen eventuellen Sturz der amtierenden Regierung Arnold und eine künftige sozialliberale Landesregierung angestellt wurden.[84] Wesentlich erleichtert wurden die Verhandlungen durch das unverkrampfte Verhältnis zwischen Fritz Steinhoff, der bereits seit 1946 als SPD-Abgeordneter im nordrhein-westfälischen Landtag saß und nun als potentieller Ministerpräsident gesehen wurde, und Willi Weyer. Auf kommunalpolitischer Ebene hatten beide bereits über Jahre hinweg eng zusammengearbeitet[85], außerdem galt der „konservative Sozialdemokrat"[86] Steinhoff als Pragmatiker. Hinzu kam, dass die Liberalen in einigen sachpolitischen Fragen, etwa im Bereich der Kulturpolitik, der SPD ohnehin näherstanden als den Christdemokraten.

Obwohl Weyer amtierender Minister im Kabinett Arnold war, unterstützte er – wenn auch im Hintergrund – den Koalitionswechsel. Bewusst blieb er der Fraktionssitzung am 30. Januar 1956 fern, auf der der Beschluss zum Sturz der Regierung Arnold und zur Neubildung einer Koalition aus FDP, SPD und Zentrum gefasst wurde.[87] Ebenfalls abwesend war der zweite FDP-Minister der Landesregierung, Friedrich Middelhauve. Diesen traf die Entscheidung seiner Parteifreunde – anders als Weyer – jedoch völlig unvorbereitet. Bei der am folgenden Tag abgehaltenen Sitzung von Landesvorstand und Fraktion sah sich der Landesvorsitzende „einer geschlossenen Front von Befürwortern des Koalitionswechsels gegenüber".[88] Deutlicher hätte die seit 1953 langsam einsetzende Entfremdung zwischen Middelhauve und seinen einstigen politischen Zöglingen nicht zutage treten können. Symptome für diesen Prozess des Ansehens- und Einflussverlustes innerhalb der nordrhein-westfälischen FDP hatten sich bereits seit seinem Amtsantritt als Wirtschafts- und Verkehrsminister angedeutet. Der damals notwendig gewordene Rücktritt als Fraktionsvorsitzender vergrößerte die Distanz zu den liberalen Abgeordneten, unter denen wiederum Unmut darüber herrschte, dass Middelhauve sich gegenüber Parteifreunden als kaum mehr erreichbar zeigte und sich zudem „stärker in die Kabinettsdisziplin einbinden [ließ], als es seiner Fraktion ratsam erschien".[89] Selbst innerhalb der Landesregierung galt Middelhauves Stellung als „nicht stark".[90]

---

moralischen Verbindlichkeiten der Weimarer Parteimilieus hatte die Generation der Frontkämpfer gebrochen, man war unsentimental, machtbewusst, hart und energisch."
[83] Lange, Wahlrechtsstreit, S. 137.
[84] Vgl. Wengst, Dehler, S. 283.
[85] Steinhoff war von 1946 bis 1956 Oberbürgermeister von Hagen, während Weyer von 1948 bis 1954 das Amt des 2. Bürgermeisters seiner Geburtsstadt innehatte. Vgl. Papke, Ordnungskraft, S. 222.
[86] Bierbach, Steinhoff, S. 262.
[87] Vgl. Dorn, Leben, S. 119; Papke, Ordnungskraft, S. 213ff.
[88] Papke, Ordnungskraft, S. 216.
[89] Vgl. ebd., S. 197.
[90] Meyers, Summe, S. 175.

VII. Von Kontinuitäten und Brüchen

Als der Entschluss der nordrhein-westfälischen Liberalen zum Koalitionswechsel wenige Tage später im Bundesvorstand diskutiert wurde, waren die Vorzeichen genau umgekehrt: Hier war es Willi Weyer, der mit seiner Ansicht „nahezu allein stand".[91] Nachdem Adenauer nach Bekanntwerden der Düsseldorfer Umsturzpläne „ohne langes Nachdenken und ohne jegliche Rücksichtnahme auf die Stimmung in der eigenen Partei"[92] die Direktive ausgegeben hatte, der FDP im Wahlrechtsstreit weitestgehend entgegenzukommen und somit das Grabenwahlrecht als Kernpunkt der Koalitionskrise vom Tisch war[93], entfiel in den Augen der meisten Liberalen der Grund zum Bruch mit der Union. Angesichts der nunmehr eingetretenen Situation seien, so Middelhauve im Bundesvorstand, „für eine Lösung der Koalition mit der CDU keine triftigen Gründe vorhanden". Er selbst könne jedenfalls „aus Gründen der Loyalität einen solchen Schritt nicht mitmachen".[94]

Dieses Junktim zwischen der Wahlrechtsfrage auf Bundesebene und landespolitischen Entscheidungen wies die Gruppe um Weyer, Döring und Scheel aber entschieden zurück.[95] Für sie war der Konflikt mit der Union grundsätzlicher Natur. Entsprechende Lehren müssten daraus gezogen werden, wie Willi Weyer vor dem Bundesvorstand zu verstehen gab:

> „Das Ziel der CDU war Integration der FDP, das erstrebte Satellitenverhältnis sollte legitimiert werden. Nicht nur ein Zweiparteiensystem droht, nein, ein Einparteiensystem. Wir ringen aber um ein Dreiparteiensystem, und zwar um eines, wo nicht der eine Partner abgestempelt ist, daß er nie mit dem anderen gehen darf. Unser Ziel ist die unabhängige FDP. Wir haben in Nordrhein-Westfalen gegenüber der SPD einmal einen völlig anderen Standpunkt vertreten, und wir haben aus diesem Fehler gelernt. Wir haben eingesehen, daß eine zu große Festlegung nach einer Seite falsch ist."[96]

In dieser unverblümten Kritik an Middelhauves ideologischer Befangenheit und ihren negativen Auswirkungen wurde der Prozess der politischen Umorientierung deutlich, der nach dem Scheitern des nationalen Sammlungskonzeptes unter den jüngeren Freien Demokraten zunächst aus sehr pragmatischen Gründen eingesetzt hatte und der FDP nun neue Handlungsoptionen zu erschließen versprach.

Dass die Initiative zur politischen Öffnung der FDP nach links ausgerechnet vom nordrhein-westfälischen Landesverband ausging, sorgte für zusätzliche Irritationen. So notierte Theodor Heuss am 7. Februar 1956 in einem Brief an Toni Stolper seine Kurzeinschätzung zu den Geschehnissen in Düsseldorf: „Tolle Wirrnis: in Nordrhein-Westfalen wollen die Nazi-FDP mit den Soz.-Dem. und Zentrum den CDU Arnold stürzen, der einen ausgezeichneten (protestantischen) Kultusminister hat [Werner Schütz; K.B.]; dieser Gruppe von Personalehrgeizigen scheint das Außenbild, das sie damit schaffen, ziemlich wurst zu sein."[97] Hier schrieb ganz offensichtlich nicht der überparteiliche Bundespräsident, sondern – im geschützten Raum der Privatkorrespondenz – ein persönlich verärgerter Freier Demokrat, den mit den führenden Vertretern der nordrhein-westfälischen FDP bis zum damaligen Zeitpunkt wenig mehr als die Parteizugehörigkeit verbunden hatte.

Drastisch war auch die Charakterisierung der liberalen Abweichler durch Franz Josef Strauß – für ihn handelte es sich in Düsseldorf um nicht mehr und nicht weniger als um

---

[91] Wengst, Einleitung zu: FDP-Bundesvorstand 1954–1960, S. XXXII.
[92] Wengst, Dehler, S. 284.
[93] Vgl. FDP-Bundesvorstand 1954–1960, S. 134, Anm. 6 und 7.
[94] Ebd., Nr. 18, 3.2.1956, S. 137.
[95] Vgl. Papke, Ordnungskraft, S. 221; Wengst, Dehler, S. 285.
[96] FDP-Bundesvorstand 1954–1960, Nr. 18, 3.2.1956, S. 139.
[97] Heuss, Tagebuchbriefe, S. 143.

eine „Machtübernahme der Nationalbolschewisten".[98] Eingebürgert hat sich hingegen ein anderer Begriff. In Anlehnung an die gleichnamige türkisch-nationalistische Reformbewegung werden Döring, Weyer, Scheel und Co. gemeinhin als „Jungtürken" bezeichnet.[99] Der Düsseldorfer „Aufstand" hatte zunächst Erfolg: Am 20. Februar 1956 wurde die Regierung Arnold durch ein konstruktives Misstrauensvotum gestürzt. Wie bereits vorzeitig erwogen[100], blieb Middelhauve der Abstimmung bewusst fern, einerseits aus pflichtgemäßer Treue zum Ministerpräsidenten und der von ihm geführten Regierungskoalition, andererseits, um „seine Isolation nicht noch in einem abweichenden Votum"[101] unterstreichen zu müssen. Doch diese lag ohnehin für jedermann zutage. Die umwälzenden Entwicklungen vollzogen sich über den Kopf des amtierenden FDP-Landesvorsitzenden hinweg, der systematisch aus dem Meinungsbildungs- und Entscheidungsfindungsprozess ausgegrenzt worden war. Am 22. Februar zog Middelhauve schließlich die Konsequenzen und trat von seinem Amt zurück. Gut einen Monat später wurde Willi Weyer, der inzwischen Finanzminister und Stellvertreter des Ministerpräsidenten Fritz Steinhoff war, auf einem außerordentlichen Landesparteitag mit überwältigender Mehrheit zu Middelhauves Nachfolger an der Spitze des Landesverbandes gewählt.[102] Das Ende der „Ära Middelhauve", das sich seit 1953 abgezeichnet hatte, war damit besiegelt.

Der Düsseldorfer Koalitionswechsel entfaltete im politischen Bonn „die Wirkung einer Zeitbombe".[103] Dem Austritt von 16 FDP-Abgeordneten aus der Fraktion am 23. Februar, unter ihnen die vier Bundesminister, folgte tags darauf die Aufkündigung der Koalition auf Bundesebene durch die CDU/CSU, die sich jedoch willens zeigte, die Regierung mit den abtrünnigen Ministern fortzusetzen.[104] Durch die Mitte März von den ehemaligen FDP-Abgeordneten betriebene Gründung einer Demokratischen Arbeitsgemeinschaft, aus der wenig später die Freie Volkspartei (FVP) „als ‚kanzlertreue' Alternative zur FDP"[105] hervorging, wurde zwar der tiefe Riss zwischen *Kanzlerliberalen* und *Oppositionsliberalen* im Bundestag deutlich, doch zu einer Spaltung der Partei kam es entgegen den Hoffnungen des Ministerflügels nicht.

Für Middelhauve war indes die Zeit der innerparteilichen Demütigungen noch nicht vorbei. Auf dem Würzburger Bundesparteitag vom April 1956 wurde er von seinem Landesverband nicht für den Posten des stellvertretenden Bundesvorsitzenden vorgeschla-

---

[98] Zit. n. Papke, Ordnungskraft, S. 232. Der Berliner FDP-Landesvorsitzende Carl Hubert Schwennicke bezeichnete seine Düsseldorfer Parteifreunde ebenfalls als „Nationalbolschewisten". Der Spiegel, Nr. 11, 14. 3. 1956, S. 48.
[99] Dieser historische Vergleich soll ursprünglich auf den britischen Journalisten Terence Prittie zurückgehen; vgl. Papke, Sturz, S. 47. Hinter der oftmals zu findenden Einreihung Erich Mendes in die Gruppe der „Jungtürken" gilt es, ein großes Fragezeichen zu setzen. Die letzte Verantwortung für den Sturz der Regierung Arnold sah er zwar nicht bei seinen nordrhein-westfälischen Parteifreunden, sondern bei der CDU und dem Bundeskanzler, die im Vorfeld „den Bogen überspannt" hätten, doch vertraute er Robert Strobel in einem Hintergrundgespräch an, dass er „über die Entwicklung in Düsseldorf nicht glücklich" sei. Informationsbericht Robert Strobels vom 17. 2. 1956, IfZ-Archiv, ED 329/8.
[100] Vgl. ebd.
[101] Papke, Ziel, S. 168.
[102] Vgl. Papke, Ordnungskraft, S. 240.
[103] Schollwer, Aufzeichnungen, Tagebucheintrag vom 24. 2. 1956, S. 174.
[104] Vgl. FDP-Bundesvorstand 1954–1960, S. 147, Anm. 11; Mende, Freiheit, S. 368; Nickel, Parteivorsitzende, S. 102 ff.; Wengst, Dehler, S. 287 ff.
[105] Papke, Ziel, S. 239.

gen, da seine Wiederwahl in dieses Amt „eine Mißbilligung der Düsseldorfer Regierungsumbildung bedeuten würde".[106] Die stattdessen erfolgte Nominierung von Erich Mende[107] wollte Middelhauve jedoch nicht widerstandslos hinnehmen. Auf eigene Faust stellte er sich für das Amt des stellvertretenden Bundesvorsitzenden zur Wahl und unterlag Mende am 21. April 1956 mit 100 zu 128 Stimmen.[108]

Friedrich Middelhauves innerparteilicher Abstieg verlief parallel und kausal verknüpft zum Aufstieg der liberalen Nachwuchspolitiker aus Nordrhein-Westfalen, die die weitere Entwicklung der FDP entscheidend mitprägten. Die einzelnen Stationen ihrer steilen Karrieren können hier nicht weiterverfolgt werden. Die biographischen Rahmendaten etwa des späteren langjährigen FDP-Bundesvorsitzenden Erich Mende oder des Außenministers und Bundespräsidenten Walter Scheel dürften ohnehin hinlänglich bekannt sein. Verwiesen sei an dieser Stelle nur auf die deutschlandpolitischen Initiativen, die Döring, Mende und Scheel noch im Jahr 1956 ergriffen, indem sie sich im Juli in Garmisch-Partenkirchen mit Vertretern der ostdeutschen Liberaldemokratischen Partei Deutschlands (LDPD) trafen, um dann Anfang Oktober einen Gegenbesuch in Weimar durchzuführen, wobei das eigenmächtige Vorgehen bei jener „Ostkontakterei"[109] auch parteiintern umstritten war. Dennoch wäre es zu einfach, von dieser Offenheit für alternative deutschlandpolitische Strategien eine gerade Linie zur Neuen Ostpolitik der sozialliberalen Koalition unter Willy Brandt und Walter Scheel zu ziehen. Die Neujustierung des außenpolitischen Koordinatensystems bewog etwa Erich Mende im Oktober 1970 dazu, aus der FDP-Bundestagsfraktion aus- und zur Unionsfraktion überzutreten. Begleitet wurde er vom früheren Bundesfinanzminister Heinz Starke sowie von einem alten Bekannten aus den Zeiten der Nationalen Sammlung, Siegfried Zoglmann, dessen weiterer politischer Werdegang hier nicht unerwähnt bleiben sollte.

Während der dramatischen Ereignisse im Kontext des nordrhein-westfälischen Koalitionswechsels zählte auch Zoglmann zur Gruppe der „Jungtürken". Im Vorfeld war er sogar daran beteiligt, Kontakte zu Sozialdemokraten zu knüpfen, und als Fraktionsmitglied unterstützte er das Misstrauensvotum gegen Ministerpräsident Arnold.[110] Dass Middelhauve dies nicht tat, war nach Ansicht Zoglmanns unverzeihlich. Er drohte gar mit dem Austritt aus der Fraktion, als bei der Koalitionsbildung darüber diskutiert wurde, ob man Middelhauve zum Zeichen des guten Willens gegenüber den „alten" Kräften nicht das Amt des Kultusministers zugestehen könne. Wie die weitere Zukunft zeigen sollte, war eine solche Drohung aus dem Munde Zoglmanns durchaus ernst zu nehmen – im Laufe seines Politikerlebens entwickelte er sich zu einem regelrechten „Experten für Partei- und Fraktionswechsel".[111] Doch zunächst zog er 1957 über die nordrhein-westfälische Landesliste in den Deutschen Bundestag ein, amtierte dort von 1961 bis 1963 als parlamentarischer Geschäftsführer und danach bis 1968 als stellvertretender Fraktionsvorsitzender der FDP. Den Wechsel zur sozialliberalen Koalition, vor allem die Neue Ostpolitik wollte Zoglmann aber nicht mittragen. Mit der Nationalliberalen Aktion, einer von ihm 1970 mitbegründeten, offiziell überparteilichen Gruppierung, hatte es Zoglmann vor allem darauf

---

[106] FDP-Bundesvorstand 1954–1960, Nr. 22b, 20. 4. 1956, S. 173.
[107] Vgl. ebd., Nr. 21, 9. 4. 1956, S. 166.
[108] Vgl. ebd., Nr. 23, 4. 5. 1956, S. 173, Anm. 2; Papke, Ziel, S. 213f.
[109] Schollwer, Aufzeichnungen, Tagebucheintrag vom 23. 11. 1956, S. 220.
[110] Vgl. Papke, Ordnungskraft, S. 197, 210.
[111] Der Spiegel, Nr. 7, 12. 2. 1973, S. 34.

abgesehen, der FDP ihren rechten Parteiflügel, auf dem er zahlreiche ähnlich Frustrierte vermutete, abspenstig zu machen – ein Manöver, das der FDP-Bundesvorstand folgerichtig mit einem Parteiausschlussantrag beantwortete.[112] Dem drohenden Ausschluss kam er durch seinen Austritt aus der Fraktion und der Partei zuvor. Fortan konnte er ohne Rücksichtnahme auf seine früheren „Parteifreunde" im Wählerrevier der FDP wildern. Unterstützung erhielt er vom CSU-Vorsitzenden Franz Josef Strauß, der in Zoglmann einen potentiellen Verbündeten auf dem Weg zur Gründung einer „Vierten Partei" in Form einer bundesweiten CSU erblickte.[113] Der von Zoglmann im Sommer 1971 gegründeten nationalliberal-konservativen Deutschen Union (DU) kam in diesem Konzept eine zentrale Bedeutung zu.[114] Als jedoch infolge der bundesweiten Ausdehnung der DU-Parteiorganisation der Druck aus den Reihen einer zunehmend besorgten bis verärgerten CDU wuchs, schwor Strauß am 21. November 1974 – zumindest vorerst – „seiner Idee ab, den Christdemokraten eventuell mit einer vierten Partei auf Bundesebene Konkurrenz zu machen".[115] Noch am selben Tag erklärte Strauß-Spezi Zoglmann seinen Austritt aus der DU. Dass diesem Rückzieher ein entsprechender Wink aus München vorausgegangen war, liegt auf der Hand, schließlich gehörte Siegfried „Mogelzahn", wie Zoglmann in Bonn spöttisch genannt wurde, seit 1972 der CSU-Landesgruppe im Bundestag an.

In der Folgezeit blieb es lange ruhig um ihn, doch zwischen 1985 und 1990 schaffte es der mittlerweile zum Rüstungslobbyisten umgeschulte Zoglmann im Zusammenhang mit einem höchst undurchsichtigen Waffengeschäft noch einmal blitzlichtartig in den Fokus der Öffentlichkeit. Im Zentrum der sogenannten U-Boot-Affäre stand „die illegale Lieferung von U-Booten beziehungsweise Konstruktionsplänen nach Südafrika".[116] Franz Josef Strauß hatte diesen dubiosen Deal in die Wege geleitet, und Siegfried Zoglmann war es, der an den entscheidenden Stellen, u.a. im Bundeskanzleramt, für das Projekt geworben hatte.[117] Vor dem eigens eingesetzten parlamentarischen Untersuchungsausschuss gab der Ministerialdirektor und außenpolitische Berater Helmut Kohls im Kanzleramt, Horst Teltschik, jedoch zu verstehen, dass alle in diesem Zusammenhang angefallenen schriftlichen Unterlagen dem „Reißwolf übergeben"[118] worden seien. Angesichts horrender Provisionszahlungen und Schmiergelder, die in dreistelliger Millionenhöhe geflossen sein sollen, wird sich das illegale Waffengeschäft für Siegfried Zoglmann aber vermutlich als äußerst lukrativ erwiesen haben.

---

[112] Vgl. Baring, Machtwechsel, S. 358ff., 475ff.; Heitmann, FDP, S. 131ff.; Kühnl, Zoglmann, S. 221f.; vgl. auch Spiegel-Interviews mit Zoglmann, Nr. 30, 20.7.1970, S. 27, sowie mit dem damaligen stellvertretenden FDP-Vorsitzenden sowie Bundesinnenminister Hans-Dietrich Genscher, Nr. 41, 5.10.1970, S. 119.
[113] Vgl. Stöss, Aktionsgemeinschaft Vierte Partei, bes. S. 340ff.
[114] Vgl. Der Spiegel, Nr. 28, 5.7.1971, S. 29; Nr. 34, 16.8.1971, S. 54f.; Nr. 14, 1.4.1974, S. 32/34; Nr. 38, 16.9.1974, S. 30ff.
[115] Der Spiegel, Nr. 48, 25.11.1974, S. 22.
[116] Wirsching, Barschel-Pfeiffer-Affäre, S. 142. Auch der Name Uwe Barschels taucht immer wieder im Zusammenhang mit der U-Boot-Affäre auf, wobei die Vermutungen über die Form seiner Beteiligung stark differieren. In der Vielzahl der mutmaßlichen Mordmotive spielt jedenfalls auch diese Affäre eine Rolle. Vgl. dazu Baentsch, Doppelmord, S. 121ff.; M. Mueller/L. Müller/R. Lambrecht/P. Müller, Fall Barschel.
[117] Vgl. ebd., S. 34, 88, 109f., 114f., 121ff., 125, 158f., 208; Die Zeit, 19.12.1986; Der Spiegel, Nr. 7, 9.2.1987, S. 95; Nr. 13, 26.3.1990, S. 127ff.; Nr. 38, 17.9.1990, S. 34f.
[118] Zit. n. Der Spiegel, Nr. 7, 9.2.1987, S. 95.

3. Friedrich Middelhauves Nachsommer

Es entbehrt nicht einer gewissen Tragikomik, dass Middelhauve im Jahr nach seinem politischen Sturz Vizepräsident der Gesellschaft für Kur- und Erholungsheime für Handel und Industrie e. V. wurde, deren Präsidentschaft er schließlich 1964 übernahm. Aus diesem Amt lassen sich jedoch keine Rückschlüsse auf Middelhauves künftigen Werdegang ableiten, den er selbst alles andere als vorgezeichnet betrachtete. In einem Glückwunschschreiben an Konrad Adenauer zu dessen 85. Geburtstag am 5. Januar 1961 schrieb er: „Ob und wann ich mich wieder in die aktive Politik einschalten werde, steht dahin. Ich habe auf zahlreiche Fragen, die immer wieder an mich gerichtet werden, wiederholt scherzhaft geantwortet, daß ich noch fünf Jahre Zeit hätte, bis ich so alt wäre, wie Sie, sehr verehrter Herr Bundeskanzler, 1945 waren, als Sie nach zwölf Jahren gewaltsamer Ausschaltung wieder politisch tätig wurden."[119]

Eine Reaktion Adenauers auf jenen Scherz über die vermeintlichen biographischen Parallelen in Bezug auf ihre jeweilige „Ausschaltung" aus der Politik ist nicht bekannt. Deutlich wird in Middelhauves Zeilen jedoch seine prinzipielle Bereitschaft, wieder ins politische Rampenlicht zurückzukehren. Die Möglichkeit hierzu hatte sich ihm schon unmittelbar nach seinem Ministersturz und der innerparteilichen Entmachtung geboten. Middelhauve hätte in Niedersachsen das Kultusministerium übernehmen können, in dem seit der erzwungenen Demission Leonhard Schlüters im Juni 1955 keine Ruhe mehr eingekehrt war.[120] Es gab nicht wenige, die in Middelhauve einen geborenen Kultusminister sahen; seiner ganzen Prägung nach stand dieses Ressort dem schöngeistigen, liberalen Kulturprotestanten ohne Zweifel am nächsten. So gab er seinem niedersächsischen Parteifreund Joachim Strömer am 11. April 1956 zu verstehen, dass ihn die Aufgabe „wirklich locken" und er sie auch „meistern würde".[121] Aber der erzwungene Rücktritt von Minister- und Parteiämtern hatte zwangsweise dazu geführt, dass sich Middelhauve seines zweiten Standbeines neben der Politik, nämlich seiner Unternehmen, erinnerte und sich ihnen fortan verstärkt zuwandte. „Meine fünf Firmen", so begründete er gegenüber Strömer seine Absage, „bedürfen dringlichst – für ihre zukünftige Entwicklung und Festigung sogar lebensnotwendig – wenigstens für einen Zeitraum bis etwa zu einem Jahr der führungs- und richtunggebenden Hand ihres Unternehmers, die ihnen zu ihrem Nachteil seit zehn Jahren gefehlt hat. Ich habe das in voller Schärfe in den letzten Wochen erkennen müssen, nachdem ich wieder einmal in meinen Firmen bin und mich nicht nur um allgemeine Richtlinien ihrer Arbeit und Entwicklung bemühe, sondern auch in die wichtigsten Einzelentscheidungen wieder Einblick bekomme."

Seine fünf Firmen waren die 1921 gegründete Buchhandlung, die Druckerei Dr. Friedrich Middelhauve von 1924, das 1938 übernommene Papierverarbeitungswerk Julius Cramer sowie die beiden 1947 gegründeten Verlage. Es gehört zum persönlichen Schicksal Middelhauves, dass der Unternehmer und vor allem Verleger rückblickend stets im Schatten des schillernden Politikers steht. Da sich Middelhauve in den entscheidenden Jahren nach 1945 beinahe zur Gänze der Politik verschrieben und dort für Furore gesorgt hatte, ist dieser verkürzte Blickwinkel zwar verständlich, er wird aber Middelhauves großen

---

[119] Middelhauve an Adenauer, 4.1.1961, HStAD, RWN 172/667, pag. 44f.
[120] Zum „Fall Schlüter" vgl. Buschke, Presse, S. 278ff.; Jenke, Verschwörung, S. 184ff.; Marten, Ministersturz; Schael, Grenzen, S. 61ff.; Tauber, Eagle, Bd. 1, S. 901ff.
[121] HStAD, RWN 172/648, pag. 54f. Auch die nachfolgenden Zitate sind daraus entnommen.

Verdiensten auf den Gebieten der Belletristik und wissenschaftlichen Publizistik nicht gerecht. Erst in dieser Perspektive kommt der liberale Schöngeist wieder zum Vorschein, der Middelhauve zeitlebens auch war, wobei die Freigeistigkeit wiederum dort ihre Grenzen fand, wo unternehmerische und wirtschaftliche Zwänge griffen.

Angesichts der existentiellen – finanziellen wie mentalen – Krise, in der sich der junge Schriftsteller Heinrich Böll im zerstörten Köln der Nachkriegszeit befand, muss es als Verdienst Middelhauves angesehen werden, diesen damals völlig unbekannten Autor am 2. Mai 1949 mit dem ersten Verlagsvertrag seines Lebens ausgestattet und mit *Der Zug war pünktlich* (1949), *Wanderer, kommst du nach Spa...* (1950) und *Wo warst du, Adam* (1951) dessen erste Werke verlegt zu haben, Bücher, die aus dem Kanon der bundesrepublikanischen Literatur kaum mehr wegzudenken sind.[122] Bis es überhaupt so weit kommen konnte, waren einige Hürden in harten Verhandlungsrunden zu überwinden, in denen sich Böll sogar zu einem recht drastischen Erpressungsversuch genötigt sah:

> „Nun, der Verlag hat natürlich auch zu kämpfen [...] und man wollte mich mit Gewalt von den Vorschussforderungen auf das Erzählungsbändchen abbringen. Nun, ich bin hart, stur, frech, gemein, zynisch geworden; ich drohte damit, keine Zeile mehr in meinem Leben zu schreiben und mich sofort um eine Existenz als Zuhälter umzusehen und verliess – uns allen lief der Schweiss herunter – relativ siegreich das Podium meiner ersten grösseren Verhandlung."[123]

Vom Erfolg späterer Jahre war Böll jedoch noch weit entfernt. Im ersten halben Jahr nach ihrer Veröffentlichung wurden von der Erzählung *Der Zug war pünktlich* gerade einmal 145 Exemplare verkauft, was dem Autor ein Honorar von nicht einmal 60 DM einbrachte.[124] Middelhauves Verantwortungsgefühl und Hilfsbereitschaft gegenüber einem seiner Autoren werden an einer weiteren Episode aus Bölls Frühzeit ersichtlich: Da er mit seiner schriftstellerischen Tätigkeit weder sich noch seine Frau und seine Söhne ernähren konnte, vermittelte Middelhauve ihm eine knapp einjährige Anstellung (Juni 1950 bis April 1951) als Aushilfsangestellter beim Statistischen Amt der Stadt Köln.[125]

Dass sich Böll dennoch „bei Middelhauve verlegerisch nur schlecht betreut"[126] fühlte, dürfte wohl primär darauf zurückzuführen sein, dass sich der Inhaber des Verlages gerade zu Beginn der fünfziger Jahre nahezu vollständig der Politik zuwandte. Der inzwischen auch von anderen Verlagen umworbene Jungschriftsteller zog daher die Konsequenzen und trennte sich am 6. Februar 1952 „in völlig freundschaftlicher Weise"[127] von seinem ersten Verleger, um schließlich bei der Kölner Konkurrenz von Kiepenheuer & Witsch zu unterschreiben. Das Jahr 1952 markierte ohnehin einen Wechsel der Middelhauveschen Unternehmensstrategie, nämlich eine Konzentration auf den erfolgreichen wissenschaftsorientierten Westdeutschen Verlag und eine entsprechende „Rückstellung"[128] des schön-

---

[122] Am 20.2.1949 hatte Middelhauve das Manuskript zu „Der Zug war pünktlich" (damaliger Titel: Zwischen Lemberg und Cernowitz) gelesen, und schon vier Tage später besuchte er Böll, um mit ihm „bei grossen Mengen Tee" die künftige Zusammenarbeit zu besprechen. Als „sehr nobel" bewertete Böll in einem Brief an seinen Freund Ernst-Adolf Kunz die Geste Middelhauves, ihm vorab „ohne jede Sicherheit, jede Bindung [s]einerseits" einen Vorschuss von 250 DM zu überweisen. Vgl. Böll, Briefwechsel, Nr. 118, 2.3.1949, S. 181f.; Bierbach, Middelhauve, S. 191f.
[123] Böll an Kunz, 26.7.1949, in: Böll, Briefwechsel, Nr. 143, S. 219.
[124] Vgl. Böll und Köln, S. 12.
[125] Vgl. ebd., S. 14, 200.
[126] Ebd., S. 200.
[127] Böll an Kunz, 8.2.1952, in: Böll, Briefwechsel, Nr. 213, S. 285.
[128] Tabellarischer Lebenslauf Middelhauves (Stand 1966), HStAD, RWN 172/670, pag. 20.

geistigen Friedrich Middelhauve Verlages, in dem neben Böll auch Paul Schallück sein erstes Werk (*Wenn man aufhören könnte zu lügen*, 1951) veröffentlichte.

Dass Studenten zahlreicher Fakultäten bis zum heutigen Tage zumindest der Name des inzwischen zu einem Stadtteil Leverkusens gewordenen Opladen wohlbekannt ist, hängt mit der Erfolgsgeschichte des Westdeutschen Verlages zusammen, in dem nicht nur wegweisende Standardwerke (genannt sei etwa die dreibändige Studie über *Die nationalsozialistische Machtergreifung* von Karl Dietrich Bracher, Wolfgang Sauer und Gerhard Schulz), sondern auch zahllose Buch- und Schriftenreihen sowie wissenschaftliche Periodika verlegt wurden.[129] Selbst namhafte Wissenschaftler mussten jedoch die Erfahrung machen, dass Middelhauve „bereit zu schnellen und schmerzlichen Entschlüssen [war], wenn die wirtschaftliche Notwendigkeit es gebot". Middelhauves Autoren, so erinnerte sich Karl Hax[130], „verstanden ihn dann oft nicht mehr". Der bedeutende deutsche Soziologe „Leopold von Wiese war einmal ganz entsetzt darüber, daß die Veröffentlichung einer seiner Schriften verschoben werden mußte, weil die Druckerei bevorzugt den Druck von Formularen für die Bundesbahn erledigte".[131]

Nach seinem Rückzug von der aktiven Tagespolitik entfaltete Middelhauve wieder rege unternehmerische Betriebsamkeit. 1957 wurde aus Anlass des zehnjährigen Bestehens der mit immerhin 10 000 DM dotierte „Preis des Westdeutschen Verlages zur Förderung von Wissenschaft und Forschung" gestiftet, über dessen Verleihung ein Kuratorium von acht Professoren entschied.[132] Drei Jahre später übernahm Middelhauve den *C. W. Leske Verlag* und überführte ihn nach Opladen. Seit 1953 arbeitete dort – v. a. durch die Vermittlung von Ernst Achenbach – Franz Alfred Six als Geschäftsführer.[133] Zum Zeitpunkt der Übernahme leitete Six das Darmstädter Unternehmen „als ‚alleiniger Inhaber der Firma'".[134]

Angesichts seines 1961 bevorstehenden 65. Geburtstages begann Middelhauve 1960 damit, die Unternehmen langsam der Obhut seiner Kinder anzuvertrauen. Sein Sohn, Friedrich Georg Middelhauve, trat als Prokurist in die Geschäftsleitungen der Julius Cramer GmbH (1960), der Friedrich Middelhauve Druckerei (1961) sowie des übernommenen Leske Verlages (1963) ein, während seine ältere Tochter Gertraud 1961 Prokura für den Friedrich Middelhauve Verlag erhielt, den sie zu einem der auflagenstärksten Kinderbuchverlage machte.

Vor seinem Tod am 14. Juli 1966 wurden Friedrich Middelhauve bedeutende Würdigungen zuteil. An seinem 65. Geburtstag verlieh ihm der nordrhein-westfälische Ministerpräsident Franz Meyers das Große Bundesverdienstkreuz mit Stern und Schulterband, 1965 folgten die Ehrenbürgerwürde der Rheinisch-Westfälischen Technischen Hochschule Aachen sowie kurz darauf der Ehrendoktortitel der Wirtschafts- und Sozialwissenschaftlichen Fakultät der Universität Köln. Ebenfalls noch zu Lebzeiten wurde Middelhauve zum

---

[129] Eine Auflistung des Verlagsprogramms (Stand 1966) befindet sich ebd., pag. 5ff. Beispielhaft genannt seien die von Friedrich Meinecke und Hermann Oncken begründete Reihe „Klassiker der Politik", die „Politische Vierteljahresschrift" (PVS) oder „Schmalenbachs Zeitschrift für betriebswirtschaftliche Forschung" (zfbf).
[130] Der renommierte Betriebswirtschaftsforscher Hax war Herausgeber der zfbf.
[131] Hax, Middelhauve, S. 614.
[132] Vgl. tabellarische Lebensläufe, HStAD, RWN 172/600, pag. 7; RWN 172/670, pag. 20. Jenen Lebensläufen sind auch die nachfolgenden biographischen Angaben entnommen.
[133] Vgl. Hachmeister, Gegnerforscher, S. 303ff., 313.
[134] Ebd., S. 339. Dort ist weiterhin zu erfahren, dass als „[p]ersönlich haftender Gesellschafter" in der Zeit der Verlagsüberführung ein Partner aus Achenbachs Essener Anwaltskanzlei fungiert hatte.

ersten Ehrenmitglied der Deutschen Gruppe der Liberalen Weltunion ernannt, deren Mitglied er auch nach seinem endgültigen Abschied aus dem nordrhein-westfälischen Landtag blieb, für den er 1958 nicht mehr kandidierte.

Eine Rückkehr in die Politik hatte Middelhauve zwar nie ganz ausgeschlossen, doch wurde sie im Laufe der Jahre immer unwahrscheinlicher. 1959 gehörte er bei der Wahl zum Bundespräsidenten zwar noch zu den Wahlmännern der FDP[135], dies konnte jedoch nicht über die zunehmende Entfremdung zwischen ihm und seiner Partei hinwegtäuschen. Nach dem Aufstand der „Jungtürken" und der Spaltung der Bundestagsfraktion stand Middelhauve der neu gegründeten Freien Volkspartei inhaltlich näher als „seiner" FDP.[136]

Eine etwas skurrile Form der Ehrerbietung verdankt Middelhauve den *Erinnerungen* von Franz Josef Strauß. Auf der Suche nach Gründen für das Zustandekommen der sozialliberalen Koalition im Jahr 1969 entdeckte Strauß rückblickend die Nominierung des CDU-Ministers Gerhard Schröder zum Präsidentschaftskandidaten als vorentscheidende Wegmarke. „Hätten wir statt dessen einem FDP-Politiker klassischen Zuschnitts, etwa Friedrich Middelhauve, das Amt des Bundespräsidenten angeboten und hätte Schröder auf seine Kandidatur verzichtet, wäre Gustav Heinemann nicht gewählt worden und die liberal-sozialistische Koalition nicht zustande gekommen."[137] Dass Middelhauve zu diesem Zeitpunkt schon seit knapp drei Jahren tot war, mag Strauß in seinen eher sprunghaft impressionistischen als chronologisch detailgenauen *Erinnerungen* übersehen haben.[138] Bemerkenswert ist jedoch, dass Middelhauve von ihm als bundespräsidiabel sowie als „FDP-Politiker klassischen Zuschnitts" bewertet wurde. Zeitgenössisch konnte es innerhalb der neu gegründeten und von Flügelkämpfen geprägten FDP einen „klassischen" Exponenten gar nicht geben. Doch auch in der Rückschau fällt eine solche Zuweisung schwer. Sie würde weder der Partei noch dem Politiker gerecht werden, dessen politische Vita sich einer trennscharfen Kategorisierung entzieht.

---

[135] Vgl. Middelhauve an Heinrich Lübke, 22.4.1964, HStAD, RWN 172/667, pag. 15.
[136] Vgl. Middelhauve an Herbert Davis, 3.1.1957, HStAD, RWN 172/648, pag. 200f.
[137] Strauß, Erinnerungen, S. 406.
[138] Im kurzen Kommentar zum Werk schreibt Wolf Jobst Siedler (ebd., S. 567), dass Strauß „in seinem Lebensbericht die chronologische Ordnung immer wieder durchbrochen" habe. „Einem Mann von seinem politischen Temperament konnte die bloße Schilderung der Abläufe nicht genügen."

Resümee

In Anschluss an den vieldiskutierten Bundesparteitag von Bad Ems wandte sich Marie Elisabeth Lüders, die Grande Dame des deutschen Liberalismus, mit einem flammenden Appell an den Parteivorsitzenden Blücher. Sie warnte „nachdrücklich davor, Tendenzen nachzugeben, die im Endeffekt – einerlei, ob gewollt oder nicht gewollt – zu einer Wiederholung des unverantwortlichen Experimentes ‚Jungdo-Staatspartei' führen müssen".[1] Auch Middelhauve wollte bekanntlich eine Neuauflage der DStP vermeiden – nur eben aus gänzlich anderen Beweggründen.[2] Stellte für Lüders das „Experiment" Staatspartei einen Verrat an liberalen Grundwerten dar, so war für Middelhauve der damalige Versuch einer dynamischen Neugründung nicht konsequent genug umgesetzt worden. Bei aller gebotenen Vorsicht vor historischen Vergleichen: Hat die von Lüders gezogene Parallele nicht etwas Bestechendes an sich? Mussten – zumal bei Personen mit „Primärerfahrungen" – beim Vorgehen Middelhauves nicht unweigerlich Erinnerungen wach werden an das Jahr 1930, als Erich Koch-Weser mit einer Praxis der vollendeten Tatsachen der damaligen DDP Elemente zuzuführen bereit war, die dem Liberalismus in ihrem Kern wesensfremd waren? Folgt man dieser Sichtweise, zu der evidente inhaltliche Parallelen zusätzlich ermuntern, so ergibt sich die paradoxe Situation, dass mit Friedrich Middelhauve ausgerechnet der wohl vehementeste Gegner einer irgendwie gearteten Anknüpfung an liberale Parteitraditionen eine bundesrepublikanische Neuauflage der Deutschen Staatspartei betrieb, die jedoch organisatorisch nicht – wie ihr historischer Vorläufer – auf halbem Wege stehen bleiben sollte. Dieses Mal sollte unter Einbeziehung junger, aktionsbereiter Kräfte der Durchbruch zur großen Sammlungsbewegung erzwungen werden – koste es, was es wolle.

Doch unabhängig von allen noch so gewagten Kontinuitätsthesen ist wohl festzuhalten, dass sich das Phänomen der Nationalen Sammlung nur dann erklären lässt, wenn man seinen geistigen Vater und dessen tiefe Prägung durch die letzten Krisenjahre der Weimarer Republik berücksichtigt. Friedrich Middelhauve hatte seine Lehren aus Weimar gezogen und dennoch nichts dazugelernt. Die von ihm diagnostizierten Gründe für das Scheitern der ersten Republik – Versagen der bürgerlichen Parteien, zu starker Parlamentarismus, zu schwache Staatsautorität – ließen ihn bereits unmittelbar nach Kriegsende zu jenen liberalkonservativen Reformplänen greifen, die sich in den letzten Jahren der Weimarer Republik herauskristallisiert und zunehmend radikalisiert hatten. Vom starken, „überparteilichen" Präsidenten bis zum Zweikammersystem innerhalb eines dezentralisierten Einheitsstaates, vom Parlament als Kontrollinstanz bis zur Schwächung der Parteien – originell waren diese Forderungen nicht. Bemerkenswert ist jedoch, dass die „Erlebnisse unter der nationalsozialistischen Diktatur" im Falle Middelhauves keinesfalls „die Anzie-

---

[1] Lüders an Blücher, 28.11.1952, zit. n. Schleimer, Demokratiegründung, S. 26.
[2] Noch im Vorfeld des Bundesparteitages äußerte er die „große Befürchtung, daß die FDP unter dem Einfluß Dr. Reinhold Maiers den Weg der Staatspartei gehen werde". Protokoll über die Sitzung des geschäftsführenden Landesvorstandes am 24.10.1952, ADL, Bestand FDP-LV NRW, Geschäftsführender Landesvorstand, 27034.

hungskraft autoritärer Staatsmodelle drastisch reduziert"[3] zu haben scheinen. Ohnehin spielte das „Dritte Reich" in Middelhauves politischem Koordinatensystem als (negativer) Referenzpunkt kaum eine Rolle. Auch in seiner Analyse des Nationalsozialismus blickte er nicht über die Grenze von 1933 hinaus. Nach seiner – recht monokausalen – Interpretation war der Erfolg der NS-Bewegung maßgeblich auf das Versäumnis der etablierten Parteien zurückzuführen, die „Jugend" angesprochen und in die politische Arbeit eingebunden zu haben. Eine solche Unterlassungssünde sollte sich die deutsche Politik kein zweites Mal zuschulden kommen lassen. Beseelt von diesem Vorsatz, betrieb Middelhauve seit 1945 den Aufbau einer nationalliberalen Sammlungspartei. Sein Vorhaben wurde von der strukturellen Schwäche des Liberalismus im Westen Deutschlands begünstigt, denn die Erschließung neuer Wählerschichten war eine Conditio sine qua non.

In einer Zeit stark individuell geprägter politischer Initiativen gelang es Middelhauve nach dem Krieg, mit organisatorischem Geschick und Gespür für die Situation die Neuausrichtung des Liberalismus zunächst im Rheinland, später in Nordrhein-Westfalen entscheidend mitzubestimmen. Das von ihm seit Kriegsende ausgegebene Ziel, eine dritte Kraft rechts von Sozial- und Christdemokraten aufzubauen, ließ es insbesondere unter den spezifischen Bedingungen der deutschen Nachkriegsgesellschaft als notwendig erscheinen, eine funktionelle Klientelpolitik an die Stelle einer intentionalen – und somit zugleich exklusiven – Programmatik zu stellen. Kernelemente dieser zielgruppenorientierten Politik waren der Einsatz der nordrhein-westfälischen Liberalen für eine Beendigung der Entnazifizierung und dann für die Herbeiführung einer Generalamnestie. Beide Initiativen – und hier gilt es, den Fokus auf das strategische Moment dieser Politik zu richten – waren keinesfalls reines Wahlkampfgetöse oder populistische Lippenbekenntnisse. Wie zahlreiche Stellungnahmen Middelhauves belegen, sollten sie vielmehr als Messlatte für die Glaubwürdigkeit der eigenen Partei sowie als Handlungsmaxime auf dem sehr konkreten Gebiet der Personalpolitik innerhalb des eigenen Landesverbandes dienen. Das sensible (Minen-)Feld der Heranziehung ehemaliger Nationalsozialisten für den politischen Neubeginn in Deutschland ist vor allem vom Landesvorsitzenden mit einer Haltung der grundsätzlichen Ablehnung und Zurückweisung aller Entnazifizierungsmaßnahmen und „Gesinnungsschnüffelei" betreten worden. Viele ehemalige Nationalsozialisten fühlten sich nicht nur von einem eigentlich abgeschmackt nationalistischen Vokabular, sondern vor allem auch von der Gelegenheit auf eine (gut bezahlte) neuerliche politische Betätigung angelockt, die ihnen der nordrhein-westfälische Landesverband bot. Dass viele unter ihnen alles andere als nur „nominelle" Mitglieder der NSDAP gewesen waren und ihre Betätigungen während des „Dritten Reiches" sie prinzipiell für ein schnelles Wiederbetreten der politischen Bühne disqualifiziert haben sollten, war nicht das Ergebnis reiner Zufälligkeiten. Nach dem Grundsatz einer von Friedrich Grimm inspirierten und von Friedrich Middelhauve sowie Ernst Achenbach propagierten und auch umgesetzten Vergangenheitspolitik, die sich als besonders liberal gerierte, waren lediglich ein Bekenntnis zu den Zielen des Landesverbandes bzw. der Nationalen Sammlung, nicht aber vergangene Tatbestände für eine Aufnahme und Mitarbeit in der NRW-FDP ausschlaggebend.

Ein Blick auf führende Mitarbeiter des Landesverbandes belegt einerseits den Erfolg des Buhlens um ehemalige Nationalsozialisten sowie Frontsoldaten und offenbart andererseits Middelhauves eigenwillige Definition von „Jugend", die seiner Ansicht nach zur Mit-

---

[3] Ullrich, Weimar-Komplex, S. 22. Ullrichs Aussage ist freilich *nicht* auf die Person Middelhauves, sondern auf einen nach 1945 allgemein feststellbaren Gesinnungswandel bezogen.

arbeit in der Partei heranzuziehen sei: Wolfgang Diewerge (*1906), Ernst Achenbach (*1909), Heinz Wilke (*1910), Siegfried Zoglmann (*1913), Heinz Lange (*1914), Erich Mende (*1916), Willi Weyer (*1917) oder Wolfgang Döring (*1919) – sie alle gehörten keineswegs der „Flakhelfergeneration" an. Vor allem die Erstgenannten waren Vertreter der jungen Funktionseliten des Nationalsozialismus, und mindestens in den Fällen Diewerges und Achenbachs handelte es sich nicht nur um Mitwisser, sondern um Wegbereiter bzw. Beteiligte der Judenvernichtung. Bei genauerem Hinsehen fällt zudem auf, dass die Akteure nicht allein eine generationelle Verbundenheit einte. Abgesehen von einer unübersehbaren Ansammlung von ehemaligen Vertretern der HJ-Führungsebene (z. B. Wolfram Dorn, Heinz Lange, Johannes Mertens, Günter Prager, Peter Tinschmann, Heinz Wilke, Siegfried Zoglmann) lassen sich – bei personellen Überschneidungen – zwei „Knotenpunkte" des nationalsozialistischen Netzwerks innerhalb wie im Umfeld des nordrheinwestfälischen Landesverbandes lokalisieren: einerseits das Reichsministerium für Volksaufklärung und Propaganda (Wolfgang Diewerge, Carl Albert Drewitz, Hans Fritzsche, Friedrich Grimm, Herbert Lucht, Werner Naumann), andererseits die deutsche Botschaft im besetzten Paris sowie dortige Dienststellen (Ernst Achenbach, Werner Best, Friedrich Grimm, Wolfgang Diewerge).

Ist sich die Forschung in der Bewertung von Achenbachs emsiger Lobbytätigkeit für ehemalige Nationalsozialisten sowie seiner Bedeutung für den nordrhein-westfälischen Landesverband weitgehend einig[4], so wurde die Rolle Friedrich Grimms bislang kaum gesehen.[5] Auf ihn ist nicht allein die Vermittlung Wolfgang Diewerges an die nordrheinwestfälische FDP zurückzuführen. Mit seinen pseudojuristischen Einlassungen zur Generalamnestie lieferte er Middelhauve einen „seriösen" Unterbau für dessen vergangenheitspolitische Aktivitäten. Außerdem konnte mit Grimms Bekanntheit und seinem Renommee in nationalkonservativen Kreisen auch dort für die Idee der Nationalen Sammlung geworben werden.

So bedenklich es ist, in welch hoher Zahl ehemalige Nationalsozialisten in der nordrhein-westfälischen FDP aktiv waren – allein das *Faktum* ihrer Mitarbeit liefert noch keine ausreichende Grundlage für eine Beurteilung der innerverbandlichen Verhältnisse. Es ist die *Qualität* der Arbeit, mit welcher jene Gruppe von oberster Stelle betraut wurde, die zu der Einschätzung führen muss, dass in der NRW-FDP zum einen mittels einer „Diktatur der Parteibürokratie" (Blücher), zum anderen durch zutiefst undemokratische Formen der Mehrheitsbeschaffung der systematische Versuch unternommen wurde, die innerparteiliche Demokratie auszuhebeln, Meinungsfreiheit zu unterbinden und Andersdenkende (Alt- bzw. Linksliberale) aus den eigenen Reihen auszuschließen. Für sein großes Ziel, den Aufbau und die Expansion der Nationalen Sammlung, schien Middelhauve nahezu jedes Mittel recht zu sein. Die Ernennung von Wolfgang Diewerge, einem prominenten geistigen Wegbereiter des Holocaust, zu seinem persönlichen Sekretär sowie die Übertragung einer parteiinternen Rednerschulung in dessen Verantwortung werfen ein ebenso schlechtes Licht auf die Person Middelhauves wie die von ihm initiierte und von Wolfgang Döring maßgeblich umgesetzte Reorganisation des Landesverbandes.

Natürlich musste auch im Falle der FDP „alles neu gemacht werden". Doch in seinem Drang, eine effiziente Organisation aufzubauen, überschritt Middelhauve eindeutig die Grenze des politisch Legitimen, indem er sein Ideal einer „Führungsdemokratie" in der

---

[4] Die markanteste abweichende Meinung vertritt Gerhard Papke; s. o., S. 70, Anm. 226.
[5] Einzig Herbert, Best, S. 449 ff., bildet hier eine Ausnahme.

FDP umsetzen wollte. Demnach sollten sich die Mitglieder und untergeordneten Instanzen dem gewählten Vorsitzenden „beugen" und ihm völlige Handlungsfreiheit gewähren. Die angestrebte innerverbandliche Unitarisierung sollte nicht nur unter organisatorischen, sondern auch unter Gesichtspunkten der politischen Ausrichtung erfolgen. Um den hierfür notwendigen Strukturwandel herbeizuführen, bediente sich die Landesverbandsführung eines Heeres von Außendienstgeschäftsführern, die als willfährige Ausführungsorgane ihre Weisungen umsetzten. Dass es fast ausnahmslos ehemalige Nationalsozialisten waren, die liberale Parteimitglieder nach ihrer Gesinnung klassifizierten bzw. denunzierten, die dafür Sorge trugen, dass unliebsame Kreisvertreter entmachtet wurden, die mit Bierkeller-Methoden Kritiker zum Schweigen brachten, machte dieses Geschäftsführersystem samt seiner Träger umso fragwürdiger. All dies waren weder Bagatellen noch parteiübliche Ränkespiele, sondern unmittelbare Eingriffe in die demokratische Substanz eines Landesverbandes, dessen Parteileben weder mit den Attributen „lebendig" noch „liberal" charakterisiert werden kann. Das Recht auf eine politisch abweichende Meinung wurde zwar für sich selbst auf Bundesebene mit Nachdruck eingefordert, im eigenen Landesverband jedoch nicht im Ansatz gewährt. Der Parteivorsitzende Franz Blücher bezeichnete die Vorgänge in Nordrhein-Westfalen deshalb auch als „Denaturierung der FDP".[6]

Es mag nicht ohne jede Berechtigung das Argument eingebracht werden, dass Middelhauves Engagement das ernsthafte und auch wichtige Bestreben zugrunde gelegen habe, die nach Millionen zählenden ehemaligen Nationalsozialisten in das neue Staatswesen zu integrieren und an die Demokratie zu gewöhnen. Doch waren die innerverbandlich praktizierten Methoden dafür geeignet, sich in eine pluralistische Meinungsbildung einzuüben? Warb Middelhauve wirklich für das bestehende System der jungen Bundesrepublik? Oder waren sein Eintreten für ein starkes, dem ‚deutschen Charakter' angeblich entsprechendes Präsidialsystem, sein Bekenntnis „zum Deutschen Reich als der überlieferten Lebensform" des deutschen Volkes, seine Ablehnung des föderalen Parlamentarismus sowie seine Propagierung einer „Sammlung" aller national Gesinnten nicht viel eher dazu angetan, neues Misstrauen bzw. alte Ressentiments gegenüber Parteien und Parlamenten zu schüren und so auch eine Delegitimierung der noch legitimierungsbedürftigen neuen Demokratie billigend in Kauf zu nehmen? Dass Willi Weyer, Wolfgang Döring oder Erich Mende, von denen ohnehin keiner als „in der Wolle gefärbter" Nationalsozialist anzusehen ist, beachtliche Karrieren innerhalb der Freien Demokratischen Partei machten, ist wohl weniger Friedrich Middelhauve als vielmehr einer Emanzipation von ihm zuzuschreiben, die mit dem einschneidenden Jahr 1953 einsetzte und 1956 mit dem Koalitionswechsel in Nordrhein-Westfalen ihren Höhepunkt erreichte. Immerhin: In Bezug auf politische Handstreiche sind die „Jungtürken" bei ihrem einstigen Ziehvater in eine „gute Schule" gegangen. Es fällt denkbar schwer, Middelhauve auf einer Stufe etwa mit Theodor Heuss, der „den Deutschen den billigen Nationalismus abzugewöhnen"[7] versuchte, als einen „Erzieher zur Demokratie" zu bezeichnen. Dies gilt umso mehr, weil innerhalb der von ihm betriebenen Vergangenheitspolitik ein essentielles Gegengewicht zur Amnestieforderung, nämlich das „Bemühen um normative Abgrenzung"[8] vom Nationalsozialismus, schlichtweg fehlte.

---

[6] Blücher vertraulich und persönlich an Wellhausen, 22.6.1953, BA, N 1080/256, pag. 59.
[7] Zit. n. Krüger, Liberalismus, S. 209.
[8] Frei, Vergangenheitspolitik, S. 23. Auf S. 397 definiert Frei Vergangenheitspolitik als „Prozeß der Amnestierung und Integration der vormaligen Anhänger des ‚Dritten Reiches' und der normativen Abgrenzung vom Nationalsozialismus".

Die innerparteilichen Auseinandersetzungen, die auf dem Bad Emser Bundesparteitag eine neue Eskalationsstufe erreichten, waren in Form, Inhalt, Intensität und Dauer in der parteipolitischen Landschaft der Bundesrepublik wohl nur innerhalb der FDP denkbar. Unter ihrem Dach hatte sich nach dem Zweiten Weltkrieg ein Meinungsspektrum gebildet, das in seiner Bandbreite über jenes der christlichen Unionsparteien hinausragte, ohne über eine vergleichbar starke Mitte zu verfügen. Von Reinhold Maiers „Koalitionslust nach links"[9] bis hin zu Friedrich Middelhauves Nationaler Sammlung reichten die politischen Konzepte, die miteinander unvereinbar waren und folglich unversöhnlich aufeinanderprallten – sehr zum Leidwesen einer mitunter verzweifelten Parteiführung.

Ob ein Bundesvorsitzender mit vergleichbaren (und somit auch umstrittenen) Durchsetzungsqualitäten wie etwa Konrad Adenauer die FDP in ein ruhigeres erstes Jahrfünft ihres Bestehens geführt hätte, darf bezweifelt werden. Angesichts einer dem Gründungsprozess geschuldeten Stärke der Landesverbände, die – wiederum historisch und strukturell bedingt – voneinander abweichende, mal eher linksliberale, mal dezidiert nationalliberal-konservative Konzeptionen vertraten, bedurfte sie geradezu eines „Kompromißvorsitzenden"[10], dem es zwischen zwei machtbewussten, sich gegenseitig befehdenden Parteiflügeln gar nicht möglich war, richtungweisende Machtworte zu sprechen, wollte er nicht die permanent wie ein Damoklesschwert über der Partei schwebende Gefahr einer Spaltung heraufbeschwören.

Aus dieser Zwangslage ergaben sich zwei Konsequenzen: Erstens wurde das Profil der FDP nicht durch die gouvernementale Bundes-FDP mit Blücher an ihrer Spitze, sondern vor Ort durch die zumeist wesentlich kantigeren Landesverbände geprägt, und zweitens wurde diese notwendige Führungsschwäche insbesondere von einem so selbstbewussten Landesverband wie dem nordrhein-westfälischen dazu ausgenutzt, innerparteiliche Hegemonieansprüche anzumelden. Da es zur inneren Logik der Nationalen Sammlung gehörte, nicht auf ein Bundesland begrenzt zu bleiben, ergaben sich infolge der Middelhauveschen Expansionsambitionen zwangsläufig Konfrontationen auf Bundesebene. Die Kritik an den Düsseldorfer Liberalen galt dort nicht allein dem Vorhaben, aus der FDP eine nationale Sammlungsbewegung unter Einschluss rechtsradikaler und nationalkonservativer Kreise zu machen. Sie entzündete sich auch an der von jeglichen Skrupeln befreiten Methode, diesen Kurs zunächst dem Landesverband, dann der Bundespartei oktroyieren zu wollen – erinnert sei nur an das Deutsche Programm oder die Delegierungspraxis. Die eingangs zitierte Forderung von Lüders, diesen „Tendenzen" Einhalt zu gebieten, war leichter zu erheben, als konkret umzusetzen. Aus sich selbst heraus wäre die in sich zutiefst gespaltene FDP wohl kaum in der Lage gewesen, den Vormarsch des rechten Flügels zu stoppen und einen akut drohenden Bruch zu verhindern.

Es bedurfte eines externen Anstoßes, wie ihn die britische Verhaftungsaktion vom Januar 1953 gab, um aus diesem strukturellen Dilemma auszubrechen. Zwar war auch die abschließende Stellungnahme des FDP-Bundesvorstandes zur Naumann-Affäre ein wahl- und finanztaktisch erzwungener Kompromiss, bei dem der schwer belastete Middelhauve sichtlich geschont wurde. Doch ging ihm eine Auseinandersetzung voraus, die unter gänzlich anderen Vorzeichen als noch wenige Monate zuvor in Bad Ems stattgefunden hatte. Die britische Intervention lieferte allen Kritikern Middelhauves die unverhoffte Gelegenheit, mittels einer Untersuchungskommission Licht in das Dunkel der schon seit längerer

---

[9] Die Zeit, 2.7.1953.
[10] Rütten, Plattform-Partei, S. 74.

Zeit beargwöhnten innerverbandlichen Vorgänge in Nordrhein-Westfalen zu bringen. Jeglicher (Ablenkungs-)Versuch einzelner Vorstandsmitglieder, das Augenmerk weniger auf sich selbst, als vielmehr auf das Vorgehen der britischen Besatzungsmacht zu lenken, wurde umgehend zurückgewiesen – „Das kennen wir [...], man schlägt den Sack und meint den Esel."[11]

Da Kritik an den Auswüchsen des nationalen Sammlungskurses nach der Naumann-Affäre nicht nur von den parteiinternen Gegnern kam, sondern auch das für neonazistische Umtriebe jeglicher Art sensible Ausland, die Bundesregierung und die mediale Öffentlichkeit die weitere Entwicklung der FDP mit Argusaugen begleitete, ergab sich für die gemäßigten Liberalen die einmalige Möglichkeit, anhand einer Stellvertreter-Debatte das auf dem Bad Emser Bundesparteitag zugunsten des nationalen Flügels verschobene Parteigefüge unter Vermeidung einer Spaltung zu korrigieren und zumindest innerparteilich gestärkt aus diesem Konflikt hervorzugehen.

Mögen kontrafaktische Überlegungen auch zumeist keine befriedigenden Ergebnisse zeitigen – sie drängen sich im vorliegenden Falle geradezu auf. Was wäre passiert – so müsste wohl die Ausgangsfrage lauten –, wenn die britische Besatzungsmacht *nicht* von ihrer Interventionsbefugnis Gebrauch gemacht und Naumann nebst Komplizen verhaftet hätte? Deutsche Behörden wären zu diesem Schritt wohl nicht bereit gewesen. Ohne den plötzlich einsetzenden öffentlichen und innerparteilichen Druck wäre es niemals möglich gewesen, eine Untersuchungskommission damit zu beauftragen, den schon seit Wochen kursierenden Gerüchten und Vorwürfen nachzugehen. Erst infolge der Ergebnisse dieser Ermittlungen konnten die in Nordrhein-Westfalen praktizierten Methoden ebenso wie die dortige Personalpolitik auch parteioffiziell als untragbar gebrandmarkt werden. Fortan galt das gesamte Konzept der Nationalen Sammlung als irreversibel diskreditiert. Daran ändert auch die Tatsache nichts, dass sich bei Middelhauve keineswegs eine „Katharsis" einstellte und die unmittelbaren Konsequenzen in Nordrhein-Westfalen überschaubar blieben. Der Landesvorsitzende war eben nicht heilsam schockiert von den Ergebnissen der Aufklärungsarbeit – er hätte es auch gar nicht sein können, war er doch Hauptverantwortlicher sowie Initiator all dessen, was beanstandet wurde.

Dass vom suspekten Naumann-Kreis an sich eine ernsthafte Gefahr, in welcher Hinsicht auch immer, ausgegangen wäre, erscheint höchst zweifelhaft. Die Aktivitäten schienen sich eher in einem Postengeschacher und den daraus resultierenden Versuchen begrenzter Einflussnahme zu erschöpfen. Durchaus real stellte sich hingegen die Frage nach dem Fortbestand der nordrhein-westfälischen FDP in ihrer bisherigen Form. Ein „ungebremster" Middelhauve hätte seinen Kurs einer Transformation der FDP zu einem nationalen Sammelbecken forciert und hierdurch kurz- und mittelfristig wohl auch weiteren Zulauf von Rechtsgruppierungen erhalten. Die als Ultima Ratio niemals ausgeschlossene Möglichkeit der Abspaltung eines Middelhauve-Flügels von der FDP hätte die Partei in ihren Grundfesten erschüttert und vor allem – mit unabsehbaren Folgen – ihrer gesamten Finanzgrundlage beraubt.

Friedrich Middelhauve war alles andere als ein dumpfer Rechtsradikaler. Unter seiner Führung hätte sich mit an Sicherheit grenzender Wahrscheinlichkeit keine rechtsextreme Partei entwickelt, in der ehemalige Nationalsozialisten den Kurs bestimmten. Die eigentliche Gefahr für das (partei-)politische System der Bundesrepublik bestand vielmehr darin, dass Konrad Adenauers Alptraum in Erfüllung ging – eine große nationalistische Partei

---

[11] So Bezold, in: FDP-Bundesvorstand 1953/54, Nr. 28, 24.1.1953, S. 814.

rechts von der Union.[12] Ist dies eine abwegige Vermutung? Aus heutiger Perspektive auf die „Erfolgsgeschichte Bundesrepublik" sicherlich, doch ein Blick nach Österreich offenbart die Potentiale einer der NRW-FDP vergleichbaren nationalistischen Sammlungsbewegung, aus der schließlich die FPÖ hervorging, die bis zum heutigen Tag die politische Kultur der Alpenrepublik maßgeblich prägt. Das Entstehen einer im Endeffekt rechtspopulistischen Partei wäre eine denkbare Folge einer unterlassenen britischen Intervention gewesen. Im Deutschen Programm stand bereits ein wohlformuliertes Manifest bereit, das als Inbegriff des Rechtspopulismus gelten kann. Liberale Programmelemente wurden mit nationalistischen Phrasen verbrämt, deutschnationale und obrigkeitsstaatliche Sehnsüchte mit einem emotional aufgeladenen Reichsbegriff sowie der Forderung nach einem starken Präsidenten bedient, konservative Ressentiments gegenüber Parlamentarismus und „Parteiismus" weiter geschürt. Hätte eine rechtspopulistische, nicht-extremistische Partei, die sich ebenso geschickt wie eklektizistisch nationalliberaler, konservativer und abgeschmackt nationalistischer Versatzstücke bedient hätte, wirklich keinerlei Aussicht auf Erfolg gehabt? Oder hätte es nicht vielleicht doch für eine solche Partei immer wieder Möglichkeiten gegeben, „nationale" Themen, beispielsweise in der Deutschlandpolitik, auf wesentlich „populärere" Art als etwa die Gesamtdeutsche Volkspartei (GVP) zu besetzen, um sich rechts von der Union zu positionieren, die vielen Protestanten ohnehin als zu katholisch oder gar klerikal galt?

Doch genug der Gedankenspiele. Fakt ist: Eine solche Partei bzw. Sammlung, wie sie Friedrich Middelhauve zu organisieren begann, kam nicht zustande, was unmittelbar mit der Naumann-Affäre zu tun hatte, in deren Folge jegliche Form rechter politischer Planspiele unter Einbeziehung ungeläuterter Nationalsozialisten unmöglich wurde.[13] Dass im Zuge der parteiinternen Untersuchungen nur vier Mitarbeiter – davon zwei aus eigenem Antrieb – den Landesverband verließen, ist als Pyrrhussieg Middelhauves zu werten. Der sich seiner Macht und Finanzkraft bewusste nordrhein-westfälische Parteivorsitzende blieb im Verlaufe der Naumann-Affäre konsequent jenen Beweis eines guten Willens schuldig, den seine innerparteilichen Opponenten zuvor erzwungenermaßen zur Wahrung der Parteieinheit an den Tag gelegt hatten. Die FDP hatte weniger mit dem „Fall Naumann" als mit einem – wie es Thomas Dehler so treffend nannte – „Problem Middelhauve"[14] zu kämpfen. Mit seiner Obstruktionshaltung verhinderte er nicht nur die sofortige Trennung und damit die sowohl öffentlich als auch parteiintern erwartete und notwendige Distanzierung von den subversiven Aktivitäten des Naumann-Kreises. Durch sein fortgesetztes nationales Sammlungsgebaren sowie seine Deckung des politisch untragbar gewordenen Achenbach räumte Middelhauve selbst die letzten Zweifel daran aus, dass er sich von irgendwelchen hinterlistigen Nazis habe täuschen oder vor ihren Karren spannen lassen. Middelhauve war in dieser Hinsicht ein Überzeugungstäter und kein Opfer einer ihm oftmals unterstellten Naivität. Der Verlust an Ansehen, Vertrauen und letztlich auch an Einfluss, den der stellvertretende Bundesvorsitzende in den Wochen und Monaten nach dem 14./15. Januar 1953 hinzunehmen hatte, war immens, eine Rückkehr zum „Status quo ante Naumann" unvorstellbar.

---

[12] Bei Walter Dirks, Teufelskreis, S. 3, findet sich eine zeitgenössische Schilderung dieser Furcht vor der Bildung einer Rechtspartei „neuer" Qualität.
[13] Vgl. Freis Bewertung der Naumann-Affäre in: Frei, Vergangenheitspolitik, S. 393.
[14] FDP-Bundesvorstand 1953/54, Nr. 30, 26. 4. 1953, S. 952.

Friedrich Middelhauve galt vielleicht auch deshalb als „eine der umstrittensten, viele sagen zwielichtigsten Figuren in der deutschen politischen Arena"[15], weil er in der Landschaft der Bundesrepublik wie ein Fremdkörper, ein Relikt aus Weimarer Zeiten wirkte, der mit Reformkonzepten aus den Krisenjahren der *ersten* Republik den so gänzlich anders gearteten Herausforderungen der *zweiten* begegnen wollte. Wäre es nach ihm gegangen, so hätte Bonn zu Weimar werden sollen, nur unter verstärkt staatsautoritären Vorzeichen. Für die politische Kultur wie auch für die Stabilität der Bundesrepublik war es ohne Zweifel von Vorteil, dass sich Middelhauves Lehren aus Weimar nicht durchgesetzt haben.

---

[15] Henkels, Zeitgenossen, S. 162.

Abkürzungen

ADL	Archiv des Liberalismus (Gummersbach)
AJC	American Jewish Committee
BA	Bundesarchiv (Koblenz)
BDC	Berlin Document Center
BDM	Bund Deutscher Mädel
BGH	Bundesgerichtshof
BHE	Bund der Heimatvertriebenen und Entrechteten
BMI	Bundesministerium des Innern
BNDJ	Bund Nationalsozialistischer Deutscher Juristen
BV	Bezirksverband
CDP	Christlich Demokratische Partei
CDU	Christlich Demokratische Union
CSU	Christlich-Soziale Union
DAF	Deutsche Arbeitsfront
DDP	Deutsche Demokratische Partei
DIZ	Deutsches Institut für Zeitgeschichte (DDR)
DJD	Deutsche Jungdemokraten
DKP-DRP	Deutsche Konservative Partei – Deutsche Rechtspartei
DM	Deutsche Mark
DNB	Deutsches Nachrichtenbüro
DNVP	Deutschnationale Volkspartei
DP	Deutsche Partei
DReP/KV	Deutsche Rechtspartei/Konservative Vereinigung
DRP	Deutsche Reichspartei
DStP	Deutsche Staatspartei
DU	Deutsche Union
DVP	Deutsche Volkspartei bzw. Demokratische Volkspartei (württemberg. Liberale)
EG	Europäische Gemeinschaft
EVG	Europäische Verteidigungsgemeinschaft
FDP	Freie Demokratische Partei
FPÖ	Freiheitliche Partei Österreichs
FVP	Freie Volkspartei
GB	Gesamtdeutscher Block
GfEW	Gesellschaft für Europäische Wirtschaftspolitik
GG	Grundgesetz

GmbH	Gesellschaft mit beschränkter Haftung
GVP	Gesamtdeutsche Volkspartei
HIAG	Hilfsgemeinschaft auf Gegenseitigkeit der ehemaligen Waffen-SS
HJ	Hitlerjugend
HStAD	Hauptstaatsarchiv Düsseldorf
IfZ	Institut für Zeitgeschichte (München)
IWC	Internationaler Wirtschaftsclub
JO/Jungdo	Jungdeutscher Orden
KBI	Kommentare, Berichte und Informationen
KPD	Kommunistische Partei Deutschlands
KV	Kreisverband
KZ	Konzentrationslager
LAV	Landesarchiv
LDP	Liberaldemokratische Partei
LDPD	Liberaldemokratische Partei Deutschlands (DDR)
LKAH	Landeskirchliches Archiv Hannover
LV	Landesverband
MdB	Mitglied des Deutschen Bundestages
MdL	Mitglied des Landtages
NDP	Nationaldemokratische Partei
NR	Nationale Rechte
NRW	Nordrhein-Westfalen
NS	Nationalsozialismus
NSDAP	Nationalsozialistische Deutsche Arbeiterpartei
NSRB	Nationalsozialistischer Rechtswahrerbund
NWDR	Nordwestdeutscher Rundfunk
OKC	Offiziers-Kompanie-Cassel
ÖVP	Österreichische Volkspartei
PZUR	Politische Zeitungs- und Rundfunkschau
RJF	Reichsjugendführung
RMVP	Reichsministerium für Volksaufklärung und Propaganda
SA	Sturmabteilung
SD	Sicherheitsdienst (des Reichsführers SS)
SdP	Sudetendeutsche Partei
SPD	Sozialdemokratische Partei Deutschlands

SPÖ	Sozialistische Partei Österreichs (seit 1991: Sozialdemokratische Partei Österreichs)
SRP	Sozialistische Reichspartei
SS	Schutzstaffel
StGB	Strafgesetzbuch
VdU	Verband der Unabhängigen
VNRV	Volksnationale Reichsvereinigung
VR	Vereinigte Rechte
WdU	Wahlpartei der Unabhängigen

Quellen- und Literaturverzeichnis

1. Unveröffentlichte Quellen

Bundesarchiv, Koblenz (BA)

B 104: Sozialistische Reichspartei (SRP)
N 1080: Nachlass Franz Blücher
N 1120: Nachlass Friedrich Grimm
N 1221: Nachlass Theodor Heuss

Friedrich-Naumann-Stiftung für die Freiheit, Archiv des Liberalismus, Gummersbach (ADL)

A3: Bestand Franz Blücher
N1: Bestand Thomas Dehler
N9: Bestand Kurt Blankenburg
Bestand Bundesparteitage
Bestand FDP-Landesverband Nordrhein-Westfalen (darin die Bestände Landesausschuss, Landesparteitage, Geschäftsführender Landesvorstand, Landesvorstand, Organisationsausschuss)

Hauptstaatsarchiv Düsseldorf (HStAD)

NW 1005-G 40/463: Dokumente zur Entnazifizierung von Ernst Achenbach
NW 1005-G 40/763: Dokumente zur Entnazifizierung von Heinz Lange
NW 1018/5492: Entnazifizierungsakten Bertha Middelhauve
NW 1018/6892: Entnazifizierungsakten Friedrich Middelhauve
NW O-23383: Ordensakte Heinz Lange
RW 60: FDP-Kreisverband Wuppertal
RW 62: Nachlass Paul Luchtenberg
RW 357: FDP-Landtagsfraktion Nordrhein-Westfalen
RWN 172: Nachlass Friedrich Middelhauve
RWN 220: Nachlass Emil Strodthoff
RWV 49: FDP-Landesverband Nordrhein-Westfalen

Institut für Zeitgeschichte, München, Archiv (IfZ-Archiv)

ED 329: Informationsberichte Robert Strobels
ED 411: Hans-Ulrich Behm

Landesarchiv NRW Abteilung Westfalen (LAV NRW W)

A 26: Plakatsammlung

Landeskirchliches Archiv Hannover (LKAH)

L 3 III: Kanzlei Hanns Lilje (Landesbischof)

2. Gedruckte Quellen

50 Jahre Wahlen in Nordrhein-Westfalen 1919–1968, hrsg. vom Statistischen Landesamt Nordrhein-Westfalen (Beiträge zur Statistik des Landes Nordrhein-Westfalen, Bd. 244), Düsseldorf 1969.

Abetz, Otto, Das offene Problem. Ein Rückblick auf zwei Jahrzehnte deutscher Frankreichpolitik. Mit einer Einführung von Ernst Achenbach, Köln 1951.

Achenbach, Ernst, Der briefliche und telegraphische Vertrag im vergleichenden und internationalen Privatrecht. Unter Berücksichtigung des deutschen, englischen, französischen und italienischen Rechts (Urkunden und Forschungen zum Internationalen Recht), Leipzig 1934.

Adenauer. Briefe 1945–1947, bearbeitet von Hans Peter Mensing (Adenauer. Rhöndorfer Ausgabe. Stiftung Bundeskanzler-Adenauer-Haus, hrsg. von Rudolf Morsey und Hans-Peter Schwarz), Berlin 1983.

Adenauer. Briefe 1951–1953, bearbeitet von Hans Peter Mensing, Berlin 1987.

Adenauer. Briefe 1953–1955, bearbeitet von Hans Peter Mensing, Berlin 1995.

Adenauer. Briefe 1955–1957, bearbeitet von Hans Peter Mensing, Berlin 1998.

Konrad Adenauer und die CDU der britischen Besatzungszone 1946–1949. Dokumente zur Gründungsgeschichte der CDU Deutschland, hrsg. von der Konrad-Adenauer-Stiftung, Vorwort: Helmut Kohl und Bruno Heck, Einleitung und Bearbeitung: Helmuth Pütz, Bonn 1975.

Adenauer. Teegespräche 1950–1954, bearbeitet von Hanns Jürgen Küsters (Adenauer. Rhöndorfer Ausgabe), Berlin 1984.

Akten der Partei-Kanzlei der NSDAP. Rekonstruktion eines verlorengegangenen Bestandes. Sammlung der in anderen Provenienzen überlieferten Korrespondenzen, Niederschriften von Besprechungen usw. mit dem Stellvertreter des Führers und seinem Stab bzw. der Partei-Kanzlei, ihren Ämtern, Referaten und Unterabteilungen sowie mit Heß und Bormann persönlich, hrsg. vom Institut für Zeitgeschichte, 6 Erschließungsbände, München 1983–1992.

Akten zur Auswärtigen Politik der Bundesrepublik Deutschland 1953, Band I: 1. Januar bis 30. Juni 1953, hrsg. im Auftrag des Auswärtigen Amts vom Institut für Zeitgeschichte, wissenschaftliche Leiterin: Ilse Dorothee Pautsch, Bearbeiter: Matthias Jaroch und Mechthild Lindemann, München 2001.

Biographisches Handbuch des deutschen Auswärtigen Dienstes 1871–1945, hrsg. vom Auswärtigen Amt – Historischer Dienst – Maria Keipert, Peter Grupp, Bd. 1, Bearbeiter: Johannes Hürter, Martin Kröger, Rolf Messerschmidt, Christiane Scheidemann, Paderborn [u. a.] 2000.

Biographisches Handbuch der Mitglieder des Deutschen Bundestages 1949–2002, hrsg. von Rudolf Vierhaus und Ludolf Herbst unter Mitarbeit von Bruno Jahn, 3 Bde., München 2002/2003.

Boelcke, Willi A. (Hrsg.), Kriegspropaganda 1939–1941. Geheime Ministerkonferenzen im Reichspropagandaministerium, Stuttgart 1966.

[Böll] Die Hoffnung ist wie ein wildes Tier. Der Briefwechsel zwischen Heinrich Böll und Ernst-Adolf Kunz 1945–1953, hrsg. und mit einem Nachwort von Herbert Hoven. Mit einem Vorwort von Johannes Rau, Köln 1994.

Bundesgesetzblatt. Jahrgänge 1949 und 1950, hrsg. vom Bundesminister der Justiz, Köln o. J.

[CDU-Bundesvorstand] Adenauer: „Es mußte alles neu gemacht werden." Die Protokolle des CDU-Bundesvorstandes 1950–1953, bearbeitet von Günter Buchstab (Forschungen und Quellen zur Zeitgeschichte, Bd. 8), Stuttgart 1986.

Diewerge, Wolfgang, Als Sonderberichterstatter zum Kairoer Judenprozeß. Gerichtlich erhärtetes Material zur Judenfrage, München o. J. [1935].

Ders., Der Fall Gustloff. Vorgeschichte und Hintergründe der Bluttat von Davos, München 1936.

Ders., Ein Jude hat geschossen ... Augenzeugenbericht vom Mordprozeß David Frankfurter, München 1937.

Ders., Anschlag gegen den Frieden. Ein Gelbbuch über Grünspan und seine Helfershelfer, München 1939.

Ders., Der neue Reichsgau Danzig-Westpreußen. Ein Arbeitsbericht vom Aufbauwerk im deutschen Osten (Die deutschen Gaue seit der Machtergreifung), Berlin 1940.

Ders. (Hrsg.), Feldpostbriefe aus dem Osten. Deutsche Soldaten sehen die Sowjet-Union, Berlin 1941.

Ders., Das Kriegsziel der Weltplutokratie. Dokumentarische Veröffentlichung zu dem Buch des Präsidenten der amerikanischen Friedensgesellschaft Theodore Nathan Kaufman „Deutschland muß sterben" („Germany must perish"), Berlin 1941.
Dokumente zur parteipolitischen Entwicklung in Deutschland seit 1945, bearbeitet und hrsg. von Ossip K. Flechtheim, 9 Bde., Berlin 1962–1971.
Drewitz, Carl Albert, Unsere Wehrmacht im Kriege. Farbaufnahmen der Propaganda-Kompanien, Berlin 1941.
Ehrhardt, Arthur, Der Kleinkrieg. Geschichtliche Erfahrungen und künftige Möglichkeiten, Potsdam ³1944.
Entnazifizierung in Nordrhein-Westfalen. Richtlinien, Anweisungen, Organisation, bearbeitet von Irmgard Lange (Veröffentlichungen der Staatlichen Archive des Landes Nordhrein-Westfalen, Reihe C: Quellen und Forschungen, Bd. 2), Siegburg 1976.
Erkens, Rainer/Sassin, Horst R. (Hrsg.), Dokumente zur Geschichte des Liberalismus in Deutschland 1930–1945 (Schriften der Friedrich-Naumann-Stiftung), Sankt Augustin 1989.
FDP-Bundesvorstand. Die Liberalen unter dem Vorsitz von Theodor Heuss und Franz Blücher. Sitzungsprotokolle 1949–1954, bearbeitet von Udo Wengst (Quellen zur Geschichte des Parlamentarismus und der politischen Parteien, 4. Reihe, Bd. 7/I), erster Halbband: 1949–1952, zweiter Halbband: 1953/54, Düsseldorf 1990.
FDP-Bundesvorstand. Die Liberalen unter dem Vorsitz von Thomas Dehler und Reinhold Maier. Sitzungsprotokolle 1954–1960, bearbeitet von Udo Wengst (Quellen zur Geschichte des Parlamentarismus und der politischen Parteien, 4. Reihe, Bd. 7/II), Düsseldorf 1991.
FDP-Bundesvorstand. Die Liberalen unter dem Vorsitz von Erich Mende. Sitzungsprotokolle 1960–1967, bearbeitet von Reinhard Schiffers (Quellen zur Geschichte des Parlamentarismus und der politischen Parteien, 4. Reihe, Bd. 7/III), Düsseldorf 1993.

[Goebbels] Die Tagebücher von Joseph Goebbels. Teil I: Aufzeichnungen 1923–1941. Im Auftrag des Instituts für Zeitgeschichte und mit Unterstützung des Staatlichen Archivdienstes Rußlands hrsg. von Elke Fröhlich (9 Bde.), München 1997–2006.
[Goebbels] Die Tagebücher von Joseph Goebbels. Teil II: Diktate 1941–1945. Im Auftrag des Instituts für Zeitgeschichte und mit Unterstützung des Staatlichen Archivdienstes Rußlands hrsg. von Elke Fröhlich (15 Bde.), München 1993–1996.
Grimm, Friedrich, Der Mainzer Kriegsgerichtsprozeß gegen die rheinisch-westfälischen Bergwerksvertreter Fritz Thyssen, Generaldirektor Kesten, Generaldirektor Wüstenhöfer, Generaldirektor Tengelmann, Bergassessor Olfe, Generaldirektor Spindler, Berlin 1923.
Ders., Grundsätzliches zu den Femeprozessen, München 1928.
Ders., Oberleutnant Schulz. Femeprozesse und Schwarze Reichswehr. Vortrag des Rechtsanwalts Prof. Dr. Grimm, Essen-Münster, im Plenarsaal des ehemaligen Preußischen Herrenhauses zu Berlin gehalten am 29. Januar 1929, München o. J.
Ders., Hitlers deutsche Sendung, Berlin 1933.
Ders., Politischer Mord und Heldenverehrung. Vortrag, gehalten auf der Arbeitstagung des Rechtsamtes der Auslandsorganisation der NSDAP. Aus Anlass der sechsten Reichstagung der Auslandsdeutschen in Stuttgart am 27. August 1938, Berlin 1938.
Ders., Der neue europäische Krieg und seine historischen Hintergründe. Ein Vortrag, gehalten im November 1939, Berlin o. J.
Ders., Die neue Kriegsschuldlüge, Berlin 1940.
Ders., Poincaré am Rhein (Schriften des Deutschen Instituts für Außenpolitische Forschung und des Hamburger Instituts für Auswärtige Politik, hrsg. in Gemeinschaft mit dem deutschen Auslandswissenschaftlichen Institut, Heft 59), Berlin 1940.
Ders., Der Grünspan-Prozeß, als Manuskript gedruckt, zweiter unveränderter Druck, Nürnberg 1942.
Ders., Denkschrift über die Notwendigkeit einer Generalamnestie, Ulm 1949.
Ders., Generalamnestie als völkerrechtliches Postulat, Köln/Opladen 1951.
Ders., Generalamnestie. Der einzige Weg zum Frieden, Freiburg i. B. 1952.
Ders., Zur inneren Befriedung, in: Nation Europa. Monatsschrift im Dienst der europäischen Erneuerung 111, Heft 2 (1953), S. 43–48.
Ders., Politische Justiz – die Krankheit unserer Zeit. 40 Jahre Dienst am Recht. Erlebnis und Erkenntnis, Bonn 1953.

Ders., Nun aber Schluß mit Rache und Vergeltung! Eine ernste Betrachtung zehn Jahre nach dem Zusammenbruch, Göttingen ²1955.
Ders., Unrecht im Rechtsstaat. Tatsachen und Dokumente zur politischen Justiz, dargestellt am Fall Naumann, Tübingen 1957.
Ders., Mit offenem Visier. Aus den Lebenserinnerungen eines deutschen Rechtsanwalts, als Biographie bearbeitet von Hermann Schild, Druffel-Verlag, Leoni am Starnberger See 1961.
Ders., Frankreich-Berichte. 1934 bis 1944, hrsg. vom Kreis seiner Freunde, Bodman/Bodensee 1972.

Hamm-Brücher, Hildegard, Kämpfen für eine demokratische Kultur. Texte aus vier Jahrzehnten. Vorwort von Helmut Schmidt, München 1986.
Heinrich Hellwege. Ein konservativer Demokrat. Festschrift zu seinem 50. Geburtstag am 18. August 1958, gewidmet von seinen Freunden in der Deutschen Partei, Braunschweig 1958.
Heuss, Theodor, Erinnerungen. 1905–1933, Tübingen ⁴1963.
Theodor Heuss, Tagebuchbriefe 1955–1963. Eine Auswahl aus Briefen an Toni Stolper, hrsg. und eingeleitet von Eberhard Pikart, Stuttgart 1970.
Theodor Heuss. Bürger der Weimarer Republik. Briefe 1918–1933, hrsg. und bearbeitet von Michael Dorrmann (Theodor Heuss. Stuttgarter Ausgabe. Briefe), München 2008.
Theodor Heuss. In der Defensive. Briefe 1933–1945, hrsg. und bearbeitet von Elke Seefried (Theodor Heuss. Stuttgarter Ausgabe. Briefe), München 2009.
Theodor Heuss. Erzieher zur Demokratie. Briefe 1945–1949, hrsg. und bearbeitet von Ernst Wolfgang Becker (Theodor Heuss. Stuttgarter Ausgabe. Briefe), München 2007.

Jugend erlebt Deutschland. Aufnahmen von Heinrich Hoffmann jun., Text und Unterschriften von Siegfried Zoglmann, Berlin 1936.

[Kirkpatrick] The Inner Circle. Memoirs of Ivone Kirkpatrick, London [u. a.] 1959.
Ders., Im inneren Kreis. Erinnerungen eines Diplomaten, Berlin 1964.
Klarsfeld, Serge (Hrsg.), Die Endlösung der Judenfrage in Frankreich. Deutsche Dokumente 1941–1944, Paris 1977.
Ders., Vichy – Auschwitz. Die Zusammenarbeit der deutschen und französischen Behörden bei der „Endlösung der Judenfrage" in Frankreich (Schriften der Hamburger Stiftung für Sozialgeschichte des 20. Jahrhunderts, Bd. 9), Nördlingen 1989.
Koch-Weser, Erich, Einheitsstaat und Selbstverwaltung, Berlin o. J. [1928].
Kühn, Heinz, Aufbau und Bewährung. Die Jahre 1945–1978, Hamburg 1981.

[Lenz] Im Zentrum der Macht. Das Tagebuch von Staatssekretär Lenz 1951–1953, bearbeitet von Klaus Gotto, Hans-Otto Kleinmann und Reinhard Schreiner (Forschungen und Quellen zur Zeitgeschichte, Bd. 11), Düsseldorf 1989.
Linksliberalismus in Preußen. Die Sitzungsprotokolle der preußischen Landtagsfraktion der DDP und DStP 1919–1932, eingeleitet und bearbeitet von Volker Stalmann, erster Halbband März 1919 bis Dezember 1922 (Quellen zur Geschichte des Parlamentarismus und der politischen Parteien, Dritte Reihe, Bd. 11), Düsseldorf 2009.

Mahraun, Artur, Das Jungdeutsche Manifest. Volk gegen Kaste und Geld. Sicherung des Friedens durch Neubau der Staaten, Berlin ²1928.
Meinecke, Friedrich, Politische Schriften und Reden, hrsg. und eingeleitet von Georg Kotowski, Darmstadt 1958.
Mende, Erich, Die neue Freiheit. 1945–1961, München/Berlin ²1984.
Meyers, Franz, gez. Dr. Meyers. Summe eines Lebens, Düsseldorf 1982.

Naumann, Werner, Nau Nau gefährdet das Empire?, Göttingen 1953.
Noelle, Elisabeth/Neumann, Erich Peter (Hrsg.), Jahrbuch der öffentlichen Meinung 1947–1955, Allensbach 1956.
Nordrhein-Westfalen. Deutsche Quellen zur Entstehungsgeschichte des Landes 1945/46, eingeleitet und bearbeitet von Wolfgang Hölscher (Quellen zur Geschichte des Parlamentarismus und der politischen Parteien, 4. Reihe, Bd. 5), Düsseldorf 1988.

Plakate des politischen Liberalismus nach 1945, hrsg. von der Friedrich-Naumann-Stiftung, Sankt Augustin 1985.

Politischer Liberalismus in der britischen Besatzungszone 1946–1948. Führungsorgane und Politik der FDP, eingeleitet von Lothar Albertin, bearbeitet von Hans F. W. Gringmuth, in Verbindung mit Lothar Albertin (Quellen zur Geschichte des Parlamentarismus und der politischen Parteien, 4. Reihe, Bd. 10), Düsseldorf 1995.

Die Protokolle des Rates der Evangelischen Kirche in Deutschland, Bd. 6: 1952, bearbeitet von Dagmar Pöpping und Anke Silomon unter Mitarbeit von Karl-Heinz Fix (Arbeiten zur Kirchlichen Zeitgeschichte, Reihe A: Quellen, Bd. 14), Göttingen 2008.

Quellen zur staatlichen Neuordnung Deutschlands 1945–1945, hrsg. von Hans-Dieter Kreikamp (Ausgewählte Quellen zur deutschen Geschichte der Neuzeit. Freiherr vom Stein-Gedächtnisausgabe, Bd. XXXV), Darmstadt 1994.

Reichstagshandbuch. IX. Wahlperiode 1933, hrsg. vom Büro des Reichstags, Berlin 1934.

Rosenberg, Alfred, Nationalsozialismus und Jungdeutscher Orden. Eine Abrechnung mit Artur Mahraun, München 1927.

Schollwer, Wolfgang, „Gesamtdeutschland ist uns Verpflichtung". Aufzeichnungen aus dem FDP-Ostbüro 1951–1957, hrsg. von Jürgen Frölich (Biografische Quellen, Bd. 2), Bremen 2004.

Schlund, Erhard, Der Jungdeutsche Orden (Jungdo), München 1924.

Springer, Hildegard, Das Schwert auf der Waage. Hans Fritzsche über Nürnberg, Heidelberg 1953.

Strauß, Franz Josef, Die Erinnerungen, Berlin 1989.

Sudetendeutschland marschiert, von Gauleiter Hans Krebs und Bannführer Siegfried Zoglmann, Berlin 1938.

Ursachen und Folgen. Vom deutschen Zusammenbruch 1918 und 1945 bis zur staatlichen Neuordnung Deutschlands in der Gegenwart. Eine Urkunden- und Dokumentensammlung zur Zeitgeschichte, 23. Bd.: Das Dritte Reich. Der militärische Zusammenbruch und das Ende des Dritten Reiches, Berlin o. J. [1976].

Verhandlungen des Deutschen Bundestages, 1. Wahlperiode 1949, Stenographische Berichte, Bd. 13, von der 228. Sitzung am 10. September 1952 bis zur 239. Sitzung am 27. November 1952, Bonn 1952.

Verhandlungen des Deutschen Bundestages, 1. Wahlperiode 1949, Stenographische Berichte, Bd. 14, von der 240. Sitzung am 3. Dezember 1952 bis zur 249. Sitzung am 4. Februar 1953, Bonn 1953.

3. Periodika

Abendpost
Archiv der Gegenwart
Die Deutsche Zukunft
Essener Tageblatt
Frankfurter Allgemeine Zeitung
Frankfurter Rundschau
freie demokratische korrespondenz
Der Mittag
Münchner Merkur
Sopade. Querschnitt durch Politik und Wirtschaft. Sozialdemokratische Parteikorrespondenz
Sozialdemokratischer Pressedienst
Der Spiegel
Stuttgarter Nachrichten
Süddeutsche Zeitung
Die Tat
Die Welt
Westdeutsche Allgemeine Zeitung
Westfälische Rundschau
Die Zeit

4. Literatur

Ackermann, Volker, Treffpunkt der Eliten. Die Geschichte des Industrie-Clubs Düsseldorf, Düsseldorf 2006.
Adam, Uwe Dietrich, Politischer Liberalismus im deutschen Südwesten von 1945–1978, in: Rothmund, Paul/Wiehn, Erhard R. (Hrsg.), Die F.D.P./DVP in Baden-Württemberg und ihre Geschichte. Liberalismus als politische Gestaltungskraft im deutschen Südwesten. Mit einem Geleitwort von Jürgen Morlok (Schriften zur politischen Landeskunde Baden Württembergs, Bd. 4), Stuttgart [u. a.] 1979, S. 220–253.
Albertin, Lothar, Liberalismus und Demokratie am Anfang der Weimarer Republik. Eine vergleichende Analyse der Deutschen Demokratischen Partei und der Deutschen Volkspartei (Beiträge zur Geschichte des Parlamentarismus und der politischen Parteien, Bd. 45), Düsseldorf 1972.
Ders., Die FDP in Nordrhein-Westfalen. Porträt einer fleißigen Partei, in: Alemann, Ulrich von (Hrsg.), Parteien und Wahlen in Nordrhein-Westfalen (Schriften zur politischen Landeskunde Nordrhein-Westfalens, Bd. 2), Köln 1985, S. 121–145.
Ders., Die liberalen Parteien in der Weimarer Republik. Etappen ihres Niedergangs, in: Vorländer, Hans (Hrsg.), Verfall oder Renaissance des Liberalismus? Beiträge zum deutschen und internationalen Liberalismus, München 1987, S. 57–89.
Ders., Jugendarbeit 1945. Neuanfänge der Kommunen, Kirchen und politischen Parteien in Ostwestfalen-Lippe. In Verbindung mit Freia Anders, Petra Gödecke, Hans-Jörg Kühne und Helmut Mehl (Materialien zur Historischen Jugendforschung), Weinheim/München 1992.
Ders., Die Auflösung der bürgerlichen Mitte und die Krise des parlamentarischen Systems von Weimar, in: Kolb, Eberhard/Mühlhausen, Walter (Hrsg.), Demokratie in der Krise. Parteien im Verfassungssystem der Weimarer Republik (Schriftenreihe der Stiftung Reichspräsident Friedrich-Ebert-Gedenkstätte, Bd. 5), München 1997, S. 59–111.
Ders., Einleitung, in: Politischer Liberalismus in der britischen Besatzungszone 1946–1948. Führungsorgane und Politik der FDP, bearbeitet von Hans F. W. Gringmuth in Verbindung mit Lothar Albertin (Quellen zur Geschichte des Parlamentarismus und der politischen Parteien, 4. Reihe, Bd. 10), Düsseldorf 1995, S. XI–XXXVII.
Ders., Das theoriearme Jahrzehnt der Liberalen, in: Schildt, Axel/Sywottek, Arnold (Hrsg.), Modernisierung im Wiederaufbau. Die westdeutsche Gesellschaft der 50er Jahre, ungekürzte, durchgesehene und aktualisierte Studienausgabe, Bonn 1998, S. 659–676.
Albrecht, Wilma Ruth, Liberalismus und Entnazifizierung. Zur Haltung der F.D.P./DVP/LDP in der Entnazifizierungsfrage. Forschungsarbeit aus dem GRIN Verlagsprogramm, Norderstedt 2007.
Alemann, Ulrich von, Flick-Affäre, in: Skandale in Deutschland nach 1945, hrsg. von der Stiftung Haus der Geschichte der Bundesrepublik Deutschland, Bielefeld 2007, S. 114–119.
Allemann, Fritz René, Das deutsche Parteiensystem. Eine politische Analyse, in: Der Monat 5 (1952/53), Heft 52, S. 365–388.
Ders., Bonn ist nicht Weimar, Köln 1956.
Autengruber, Peter, Kleinparteien in Österreich 1945 bis 1966, Innsbruck/Wien 1997.

Baentsch, Wolfram, Der Doppelmord an Uwe Barschel. Die Fakten und Hintergründe, 3. durchges. Aufl., München 2007.
Bajohr, Frank/Wildt, Michael (Hrsg.), Volksgemeinschaft. Neue Forschungen zur Gesellschaft des Nationalsozialismus, Frankfurt am Main 2009.
Baring, Arnulf, Machtwechsel. Die Ära Brandt-Scheel, in Zusammenarbeit mit Manfred Görtemaker, ungekürzte Ausgabe, Berlin 1998.
Benz, Wolfgang, Judenvernichtung aus Notwehr? Die Legenden um Theodore N. Kaufman, in: Vierteljahrshefte für Zeitgeschichte 29 (1981), S. 615–630.
Ders., Die Gründung der Bundesrepublik. Von der Bizone zum souveränen Staat, 5., überarb. u. erw. Aufl., München 1999.
Berg-Schlosser, Dirk/Fack, Alexander/Noetzel, Thomas (Hrsg.), Parteien und Wahlen in Hessen 1946–1994, Marburg 1994.
Berghoff, Hartmut/Rauh-Kühne, Cornelia, Fritz K. Ein deutsches Leben im zwanzigsten Jahrhundert, Stuttgart/München 2000.

Biefang, Andreas, Die Wiederentstehung politischer Parteien in Deutschland nach 1945, in: Aus Politik und Zeitgeschichte, 1995, B 18/19, S. 34–46.
Bierbach, Wolf, Fritz Steinhoff, in: Först, Walter (Hrsg.), Aus dreißig Jahren. Rheinisch-Westfälische Politiker-Porträts, Köln 1979, S. 250–271.
Ders., Friedrich Middelhauve, in: Först, Walter (Hrsg.), Beiderseits der Grenzen (Beiträge zur neueren Landesgeschichte des Rheinlandes und Westfalens, Bd. 12), Köln 1987, S. 185–211.
Billig, Joseph, Die Endlösung der Judenfrage. Studie über Ihre Grundsätze im III. Reich und in Frankreich während der Besatzung. Übersetzung aus dem Französischen Eva Schulz, New York [Beate Klarsfeld Foundation] 1979.
Böll und Köln, hrsg. und mit einem Vorwort versehen von Viktor Böll, Köln 1990.
Bonacker, Max, Goebbels' Mann beim Radio. Der NS-Propagandist Hans Fritzsche (1900–1953) (Schriftenreihe der Vierteljahrshefte für Zeitgeschichte, Bd. 94), München 2007.
Botsch, Gideon, „Politische Wissenschaft" im Zweiten Weltkrieg. Die „Deutschen Auslandswissenschaften" im Einsatz 1940–1945. Mit einem Geleitwort von Peter Steinbach, Paderborn 2006.
Brand, Walter, Zwanzig Jahre Witikobund, in: Der Witikobund. Weg – Wesen – Wirken (Beiträge des Witikobundes zu Fragen der Zeit, Bd. 20), München 1969, S. 30–56.
Brauers, Christof, Liberale Deutschlandpolitik 1949–1969. Positionen der F.D.P. zwischen nationaler und europäischer Orientierung. Mit einem Vorwort von Hans-Dietrich Genscher (Politikwissenschaft, Bd. 1), Münster/Hamburg 1993.
Ders., Die FDP in Hamburg 1945 bis 1953. Start als bürgerliche Linkspartei. Mit einem Vorwort von Hildegard Hamm-Brücher (DemOkrit 3. Studien zur Parteienkritik und Parteienhistorie), München 2007.
Brochhagen, Ulrich, Nach Nürnberg. Vergangenheitsbewältigung und Westintegration in der Ära Adenauer, Hamburg 1994.
Brumlik, Micha, Wer Sturm sät. Die Vertreibung der Deutschen, Berlin 2005.
Brunn, Gerhard, „Jungtürken" an die Macht: Die sozialliberale Koalition von 1956 und 1966 in Düsseldorf – Vorspiel für die Bundesrepublik?, in: ders. (Hrsg.), Neuland. Nordrhein-Westfalen und seine Anfänge nach 1945/46, Essen 1986, S. 123–136.
Brunner, Bernhard, Der Frankreich-Komplex. Die nationalsozialistischen Verbrechen in Frankreich und die Justiz der Bundesrepublik Deutschland (Moderne Zeiten, Bd. 6), Göttingen 2004.
Buddrus, Michael, Totale Erziehung für den totalen Krieg. Hitlerjugend und nationalsozialistische Jugendpolitik (Texte und Materialien zur Zeitgeschichte, Bd. 13, 1/2), 2 Bde., München 2003.
Büttner, Ursula, Weimar. Die überforderte Republik 1918–1933. Leistung und Versagen in Staat, Gesellschaft, Wirtschaft und Kultur, Stuttgart 2008.
Buschfort, Wolfgang, Geheime Hüter der Verfassung. Von der Düsseldorfer Informationsstelle zum ersten Verfassungsschutz der Bundesrepublik (1947–1961), Paderborn 2004.
Buschke, Heiko, Deutsche Presse, Rechtsextremismus und nationalsozialistische Vergangenheit in der Ära Adenauer (Campus Forschung, Bd. 866), Frankfurt am Main 2003.

Conze, Eckart, Die Suche nach Sicherheit. Eine Geschichte der Bundesrepublik Deutschland von 1949 bis in die Gegenwart, München 2009.

Dertinger, Antje, „Das Wohl der Stadt als oberstes Gesetz". Bertha Middelhauve – politisches Engagement vor Ort, in: dies., Frauen der ersten Stunde. Aus den Gründerjahren der Bundesrepublik, Bonn 1989, S. 119–130.
Deutsches Institut für Zeitgeschichte (Hrsg.), Die westdeutschen Parteien 1945–1965. Ein Handbuch, Berlin 1966.
Dierl, Brigitte/Dierl, Reinhard/Höffken, Heinz-Werner, Der Landtag von Nordrhein-Westfalen (Sozialwissenschaftliche Studien, Bd. 18, Teil 1–3), Bochum 1982.
Dirks, Walter, Durchbrecht den Teufelskreis, in: Frankfurter Hefte 8 (1953), S. 1–4.
Dittberner, Jürgen, Die Freie Demokratische Partei, in: Stöss, Richard (Hrsg.), Parteien-Handbuch. Die Parteien der Bundesrepublik Deutschland 1945–1980 (Schriften des Zentralinstituts für sozialwissenschaftliche Forschung der Freien Universität Berlin, Bd. 39), Bd. 2, Opladen 1984, S. 1311–1381.
Ders., Die FDP. Geschichte, Personen, Organisation, Perspektiven. Eine Einführung, Wiesbaden 2005.

Döhn, Lothar, Politik und Interesse. Die Interessenstruktur der Deutschen Volkspartei (Marburger Abhandlungen zur Politischen Wissenschaft, Bd. 16), Meisenheim am Glan 1970.
Dorn, Wolfram, Erlebtes Leben, Nümbrecht 2009.
Dorn, Wolfram/Wiedner, Wolfgang, Der Freiheit gehört die Zukunft. Wolfgang Döring. Eine politische Biographie, Bonn 1974.
Dudek, Peter/Jaschke, Hans-Gerd, Entstehung und Entwicklung des Rechtsextremismus in der Bundesrepublik. Zur Tradition einer besonderen politischen Kultur, 2 Bde., Opladen 1984.
Düding, Dieter, Parlamentarismus in Nordrhein-Westfalen 1946–1980. Vom Fünfparteien- zum Zweiparteienlandtag (Handbuch der Geschichte des deutschen Parlamentarismus), Düsseldorf 2008.
Durucz, Peter, Ungarn in der auswärtigen Politik des Dritten Reiches 1942–1945, Göttingen 2006.

Faßbender, Monika, Die Bearbeitung der nationalsozialistischen Vergangenheit in der FDP, in: Bergmann, Werner/Erb, Rainer/Lichtblau, Albert (Hrsg.), Schwieriges Erbe. Der Umgang mit Nationalsozialismus und Antisemitismus in Österreich, der DDR und der Bundesrepublik Deutschland (Schriftenreihe des Zentrums für Antisemitismusforschung Berlin, Bd. 3), Frankfurt/New York 1995, S. 168–175.
Fehrenbach, Elisabeth, Reich, in: Brunner, Otto/Conze, Werner/Koselleck, Reinhart (Hrsg.), Geschichtliche Grundbegriffe. Historisches Lexikon zur politisch-sozialen Sprache in Deutschland, Bd. 5, Studienausg., Stuttgart 2004, S. 488–508.
Feldman, Gerald D., Hugo Stinnes. Biographie eines Industriellen 1870–1924, aus dem Englischen übersetzt von Karl Heinz Siber, München 1998.
Fischer, Karl, Willi Weyer, in: Först, Walter (Hrsg.), Aus dreißig Jahren. Rheinisch-Westfälische Politiker-Porträts, Köln 1979, S. 314–325.
Fischer, Torben/Lorenz, Matthias N. (Hrsg.), Lexikon der „Vergangenheitsbewältigung" in Deutschland. Debatten- und Diskursgeschichte des Nationalsozialismus nach 1945, Bielefeld 2007.
Frei, Norbert, Vergangenheitspolitik. Die Anfänge der Bundesrepublik und die NS-Vergangenheit, München ²2003.
Friedrich, Jörg, Die kalte Amnestie. NS-Täter in der Bundesrepublik, Frankfurt am Main 1984.
Frölich, Jürgen, Von Berlin nach Heppenheim und Bonn. Der deutsche Liberalismus zwischen Triumph und Tragik 1945–1949, in: Gerhardt, Wolfgang (Hrsg.), Die Kraft der Freiheit. Geschichte, Gegenwart und Zukunft des Liberalismus, Stuttgart/Leipzig 2008, S. 20–37.
Frye, Bruce B., Liberal Democrats in the Weimar Republic. The History of the German Democratic Party and the German State Party, Carbondale/Edwardsville 1985.

Gabbe, Jörg, Parteien und Nation. Zur Rolle des Nationalbewußtseins für die politischen Grundorientierungen der Parteien in der Anfangsphase der Bundesrepublik (Studien zum politischen System der Bundesrepublik Deutschland, Bd. 15), Meisenheim am Glan 1976.
Ganyard, Clifton Greer, Artur Mahraun and the Young German Order. An Alternative to National Socialism in Weimar Political Culture. With a Foreword by Larry Eugene Jones, Lewiston/Queenston/Lampeter 2008.
Geppert, Dominik/Wengst, Udo (Hrsg.), Neutralität – Chance oder Chimäre? Konzepte des Dritten Weges für Deutschland und die Welt 1945–1990, München 2005.
Glatzeder, Sebastian J., Die Deutschlandpolitik der FDP in der Ära Adenauer. Konzeption in Entstehung und Praxis, Baden-Baden 1980.
Grüner, Stefan, Zwischen Einheitssehnsucht und pluralistischer Massendemokratie. Zum Parteien- und Demokratieverständnis im deutschen und französischen Liberalismus der Zwischenkriegszeit, in: Möller, Horst/Kittel, Manfred (Hrsg.), Demokratie in Deutschland und Frankreich 1918–1933/40. Beiträge zu einem historischen Vergleich (Quellen und Darstellungen zur Zeitgeschichte, Bd. 59), München 2002, S. 219–249.
Ders., Weimar als Argument in der Gründungsphase der westdeutschen Nachkriegsparteien, 1945–1949, in: Gusy, Christoph (Hrsg.), Weimars lange Schatten – „Weimar" als Argument nach 1945 (Interdisziplinäre Studien zu Recht und Staat, Bd. 29), Baden-Baden 2003, S. 215–237.
Gutscher, Jörg Michael, Die Entwicklung der FDP von ihren Anfängen bis 1961, überarb. u. erw. Neuausg. [EA 1967], mit einem Nachwort von Günter Meuschel, Königstein im Taunus 1984.

Hachmeister, Lutz, Der Gegnerforscher. Die Karriere des SS-Führers Franz Alfred Six, München 1998.

Hachtmann, Rüdiger, Wissenschaftsmanagement im „Dritten Reich". Geschichte der Generalverwaltung der Kaiser-Wilhelm-Gesellschaft (Geschichte der Kaiser-Wilhelm-Gesellschaft im Nationalsozialismus, Bd. 15), 2 Bde., Göttingen 2007.
Hacke, Jens, Die Bundesrepublik als Idee. Zur Legitimationsbedürftigkeit politischer Ordnung, Hamburg 2009.
Handbuch des österreichischen Rechtsextremismus, hrsg. von der Stiftung Dokumentationsarchiv des österreichischen Widerstandes, aktual. u. erw. Neuausg., Wien 1994.
Hansen, Henning, Die Sozialistische Reichspartei (SRP). Aufstieg und Scheitern einer rechtsextremen Partei (Beiträge zur Geschichte des Parlamentarismus und der politischen Parteien, Bd. 148), Düsseldorf 2007.
Hardtwig, Wolfgang, Von der „Vergangenheitsbewältigung" zur Erinnerungskultur. Vom Umgang mit der NS-Vergangenheit in Deutschland, in: Hertfelder, Thomas/Rödder, Andreas (Hrsg.), Modell Deutschland. Erfolgsgeschichte oder Illusion?, Göttingen 2007, S. 171-189.
Hartstein, Konrad, Nordrhein-Westfalen. Porträt und Chronik, Wuppertal 1964.
Hax, Karl, Friedrich Middelhauve zum Gedächtnis, in: Schmalenbachs Zeitschrift für betriebswirtschaftliche Forschung 18 (1966), S. 613-615.
Heiber, Helmut, Der Fall Grünspan, in: Vierteljahrshefte für Zeitgeschichte 5 (1957), S. 134-172.
Hein, Dieter, Zwischen liberaler Milieupartei und nationaler Sammlungsbewegung. Gründung, Entwicklung und Struktur der Freien Demokratischen Partei 1945-1949 (Beiträge zur Geschichte des Parlamentarismus und der politischen Parteien, Bd. 76), Düsseldorf 1985.
Heitmann, Clemens, FDP und neue Ostpolitik. Zur Bedeutung der deutschlandpolitischen Vorstellungen der FDP von 1966 bis 1972, Sankt Augustin 1989.
Henkels, Walter, Zeitgenossen. Fünfzig Bonner Köpfe, Hamburg 1953, darin u.a.: Franz Blücher, S. 55-58; Friedrich Middelhauve, S. 161-165.
Henning, Friedrich, 25 Jahre FDP in Nordrhein-Westfalen, in: Das Rathaus. Zeitschrift für Kommunalpolitik 24 (1971), S. 113-119.
Ders., Friedrich Middelhauve, in: Först, Walter (Hrsg.), Zwischen Ruhrkampf und Wiederaufbau (Beiträge zur neueren Landesgeschichte des Rheinlandes und Westfalens, Bd. 5), Köln 1972, S. 166-172.
Ders., F.D.P. Die Liberalen. Porträt einer Partei (Geschichte und Staat, Bd. 218), München 1982.
Herbert, Ulrich, Rückkehr in die „Bürgerlichkeit"? NS-Eliten in der Bundesrepublik, in: Weisbrod, Bernd (Hrsg.), Rechtsradikalismus in der politischen Kultur der Nachkriegszeit. Die verzögerte Normalisierung in Niedersachsen (Quellen und Untersuchungen zur Geschichte Niedersachsens nach 1945, Bd. 11), Hannover 1995, S. 157-173.
Ders., Best. Biographische Studien über Radikalismus, Weltanschauung und Vernunft, 1903-1989, Bonn ²1996.
Heß, Jürgen C., Wandlungen im Staatsverständnis des Linksliberalismus der Weimarer Republik 1930 bis 1933, in: Holl, Karl (Hrsg.), Wirtschaftskrise und liberale Demokratie. Das Ende der Weimarer Republik und die gegenwärtige Situation, Göttingen, 1978, S. 46-88.
Ders., Überlegungen zum Demokratie- und Staatsverständnis des Weimarer Linksliberalismus, in: Boockmann, Hartmut/Jürgensen, Kurt/Stoltenberg, Gerhard (Hrsg.), Geschichte und Gegenwart. Festschrift für Karl Dietrich Erdmann, Neumünster 1980, S. 289-311.
Ders., „Machtlos inmitten des Mächtespiels der anderen ...". Theodor Heuss und die deutsche Frage 1945-1949, in: Vierteljahrshefte für Zeitgeschichte 33 (1985), S. 88-135.
Ders., Die Desintegration des Liberalismus in der Weimarer Republik, in: Vorländer, Hans (Hrsg.), Verfall oder Renaissance des Liberalismus? Beiträge zum deutschen und internationalen Liberalismus, München 1987, S. 91-116.
Höbelt, Lothar, Von der vierten Partei zur dritten Kraft. Die Geschichte des VdU, Graz 1999.
Holtmann, Cornelia, „Pflicht nach rechts" als liberale Strategie. Eine Betrachtung aus Anlass des 100. Geburtstages von August-Martin Euler, in: liberal. Vierteljahresheftes für Politik und Kultur 50 (2008), S. 57-60.
Horne, Alistair, Return to Power. A Report on the New Germany, New York 1956.
Hornung, Klaus, Der Jungdeutsche Orden (Beiträge zur Geschichte des Parlamentarismus und der politischen Parteien, Bd. 14), Düsseldorf 1958.
Hubert, Peter, Uniformierter Reichstag. Die Geschichte der Pseudo-Vertretung 1933-1945 (Beiträge zur Geschichte des Parlamentarismus und der politischen Parteien, Bd. 97), Düsseldorf 1992.

Hüttenberger, Peter, Nordrhein-Westfalen und die Entstehung seiner parlamentarischen Demokratie (Veröffentlichungen der Staatlichen Archive des Landes Nordrhein-Westfalen, Reihe C, Bd. 1), Siegburg 1973.

Jansen, Hans-Heinrich, Probleme und Aufgaben einer „Geschichte der FDP 1949-1960", in: Jahrbuch zur Liberalismus-Forschung 7 (1995), S. 206-216.

Ders., Dritte Kraft oder Partei der Mitte? Die Auseinandersetzungen über die Stellung der FDP im deutschen Parteiensystem zu Beginn der fünfziger Jahre, in: Jahrbuch zur Liberalismus-Forschung 13 (2001), S. 200-208.

Ders., Der Weg zum Dreiparteiensystem. Parteipolitik und Außenpolitik der FDP unter Thomas Dehler 1954-1957, in: Gerhardt, Wolfgang (Hrsg.), Die Kraft der Freiheit. Geschichte, Gegenwart und Zukunft des Liberalismus, Stuttgart/Leipzig 2008, S. 38-67.

Jenke, Manfred, Verschwörung von rechts? Ein Bericht über den Rechtsradikalismus in Deutschland nach 1945, Berlin 1961.

Jones, Larry Eugene, Sammlung oder Zersplitterung? Die Bestrebungen zur Bildung einer neuen Mittelpartei in der Endphase der Weimarer Republik 1930-1933, in: Vierteljahrshefte für Zeitgeschichte 25 (1977), S. 265-304.

Ders., German Liberalism and the Dissolution of the Weimar Party System, 1918-1933, Chapel Hill/London 1988.

Ders., German Liberalism and the Alienation of the Younger Generation in the Weimar Republic, in: Jarausch, Konrad H./Jones, Larry Eugene (Hrsg.), In Search of a Liberal Germany. Studies in the History of German Liberalism from 1789 to the Present, New York/Oxford/München 1990, S. 287-321.

Juling, Peter, Programmatische Entwicklung der FDP 1946 bis 1969. Einführung und Dokumente (Studien zum politischen System der Bundesrepublik Deutschland, Bd. 19), Meisenheim am Glan 1977.

Jungbluth, Rüdiger, Die Quandts. Ihr leiser Aufstieg zur mächtigsten Wirtschaftsdynastie Deutschlands, Bergisch Gladbach ⁵2007.

Kaack, Heino, Die F.D.P. Grundriß und Materialien zu Geschichte, Struktur und Programmatik (Studien zum politischen System der Bundesrepublik Deutschland, Bd. 18), 3., aktual. u. erw. Aufl., Meisenheim am Glan 1979.

Ders., Die FDP im politischen System der Bundesrepublik Deutschland, in: Mischnick, Wolfgang (Hrsg.), Verantwortung für die Freiheit. 40 Jahre F.D.P., Stuttgart 1989, S. 19-45.

Keinemann, Friedrich, Von Arnold zu Steinhoff und Meyers. Politische Bewegungen und Koalitionsbildungen in Nordrhein-Westfalen 1950-1962, Münster 1973.

Kessler, Alexander, Der Jungdeutsche Orden auf dem Wege zur Deutschen Staatspartei (1928-1930), München ²1981.

Ders., Der Jungdeutsche Orden in den Jahren der Entscheidung (I) 1928-1930 (Beiträge zur Geschichte des Jungdeutschen Ordens, Bd. 4), München ³1982.

Ders., Der Jungdeutsche Orden in den Jahren der Entscheidung (II) 1931-1933 (Beiträge zur Geschichte des Jungdeutschen Ordens, Bd. 5), München 1976.

Kirchhof, Marco, Zwischen Flügelkampf und Abspaltung. Die aufregenden Gründerjahre der FDP zwischen 1945 und 1953, Bad Hersfeld 2007.

Kittel, Manfred, Die Legende von der „Zweiten Schuld". Vergangenheitsbewältigung in der Ära Adenauer, Berlin/Frankfurt am Main 1993.

Klee, Ernst, Das Personenlexikon zum Dritten Reich. Wer war was vor und nach 1945, aktual. Ausg., Frankfurt am Main 2005.

Ders., Das Kulturlexikon zum Dritten Reich. Wer war was vor und nach 1945, überarb. Ausg., Frankfurt am Main 2009.

Kogon, Eugen, Das Recht auf politischen Irrtum, in: Frankfurter Hefte 2 (1947), S. 641-655.

Koop, Volker, Himmlers letztes Aufgebot. Die NS-Organisation „Werwolf", Köln [u. a.] 2008.

Krämer, Jörg D., Das Verhältnis der politischen Parteien zur Entnazifizierung in Nordrhein-Westfalen (Europäische Hochschulschriften, Reihe 3, Bd. 898), Frankfurt am Main [u.a.] 2001.

Krüger, Peter, Liberalismus und Nation – Die Haltung der FDP im Parlamentarischen Rat, in: Jahrbuch zur Liberalismus-Forschung 11 (1999), S. 199-212.

Kühnl, Bernd, Siegfried Zoglmann, in: Nikel, Ulrike (Hrsg.), Politiker der Bundesrepublik Deutschland. Persönlichkeiten des politischen Lebens seit 1949 von A bis Z, Düsseldorf 1985, S. 221f.

Lambauer, Barbara, Opportunistischer Antisemitismus. Der deutsche Botschafter Otto Abetz und die Judenverfolgung in Frankreich (1940-1942), in: Vierteljahrshefte für Zeitgeschichte 53 (2005), S. 241-273.
Lange, Erhard H. M., Wahlrecht und Innenpolitik. Entstehungsgeschichte und Analyse der Wahlgesetzgebung und Wahlrechtsdiskussion im westlichen Nachkriegsdeutschland 1945-1956 (Marburger Abhandlungen zur Politischen Wissenschaft, Bd. 26), Meisenheim am Glan 1975.
Ders., Politischer Liberalismus und verfassungspolitische Grundentscheidungen nach dem Kriege, in: Albertin, Lothar (Hrsg.), Politischer Liberalismus in der Bundesrepublik, Göttingen 1980, S. 48-91.
Ders., Vom Wahlrechtsstreit zur Regierungskrise. Die Wahlrechtsentwicklung Nordrhein-Westfalens bis 1956 (Beiträge zur neueren Landesgeschichte des Rheinlandes und Westfalens, Bd. 8), Köln [u.a.] 1980.
Langewiesche, Dieter, Liberalismus in Deutschland, Frankfurt am Main 1988.
Ders., Parlamentarismus – Parteienstaat. Ordnungspolitische Konzeptionen in historischer Perspektive, in: Hertfelder, Thomas/Rödder, Andreas (Hrsg.), Modell Deutschland. Erfolgsgeschichte oder Illusion?, Göttingen 2007, S. 61-77.
Leuschner, Udo, Die Geschichte der FDP. Metamorphosen einer Partei zwischen rechts, sozialliberal und neokonservativ, Münster 2005.
Leyendecker, Hans (Hrsg.), Das Lambsdorff-Urteil. Mit Beiträgen von Gerhard Mauz und Otto Schily, Göttingen 1988.
Lösche, Peter/Walter, Franz, Die FDP. Richtungsstreit und Zukunftszweifel, Darmstadt 1996.
Longerich, Peter, „Davon haben wir nichts gewusst!" Die Deutschen und die Judenverfolgung 1933-1945, München 2007.
Luckemeyer, Ludwig, Liberale in Hessen 1848-1980, Melsungen 1980.
Ders., Wilhelm Heile 1881-1981. Föderativer liberaler Rebell in DDP und FDP und erster liberaler Vorkämpfer Europas in Deutschland. Politisch-zeitgeschichtliche Festschrift aus Anlaß des 100. Geburtstags des engsten Mitarbeiters Friedrich Naumanns und Präsidenten der FDP am 18. Dezember 1981, Wiesbaden 1981.

Marten, Heinz Georg, Die unterwanderte FDP. Politischer Liberalismus in Niedersachsen, Aufbau und Entwicklung der Freien Demokratischen Partei 1945-1955 (Göttinger politikwissenschaftliche Forschungen, Bd. 1), Göttingen 1978.
Ders., Der niedersächsische Ministersturz. Protest und Widerstand der Georg-August-Universität Göttingen gegen den Kultusminister Schlüter im Jahre 1955 (Göttinger Universitätsschriften, Bd. 5), Göttingen 1987.
Matthias, Erich/Morsey, Rudolf, Die Deutsche Staatspartei, in: dies. (Hrsg.), Das Ende der Parteien 1933, Düsseldorf 1960, S. 31-97.
Mayer, Elke, Verfälschte Vergangenheit. Zur Entstehung der Holocaust-Leugnung in der Bundesrepublik Deutschland unter besonderer Berücksichtigung rechtsextremer Publizistik von 1945 bis 1970 (Europäische Hochschulschriften, Bd. 972), Frankfurt am Main 2003.
Mayer, Michael, Staaten als Täter. Ministerialbürokratie und „Judenpolitik" in NS-Deutschland und Vichy-Frankreich. Ein Vergleich (Studien zur Zeitgeschichte, Bd. 80), München 2010.
Mende, Erich, Die FDP. Daten, Fakten, Hintergründe, Stuttgart 1972.
Mergel, Thomas, Parlamentarische Kultur in der Weimarer Republik. Politische Kommunikation, symbolische Politik und Öffentlichkeit im Reichstag (Beiträge zur Geschichte des Parlamentarismus und der politischen Parteien, Bd. 135), Düsseldorf 2002.
Meusch, Matthias, Von der Diktatur zur Demokratie. Fritz Bauer und die Aufarbeitung der NS-Verbrechen in Hessen (1956-1968) (Politische und parlamentarische Geschichte des Landes Hessen, Bd. 26), Wiesbaden 2001.
Meyn, Hermann, Die Deutsche Partei. Entwicklung und Problematik einer national-konservativen Rechtspartei nach 1945 (Beiträge zur Geschichte des Parlamentarismus und der politischen Parteien, Bd. 29), Düsseldorf 1965.
Middelhauve, Friedrich, Zwei treffliche und treffsichere Epitheta, in: Freunde zum 75. Geburtstag von Paul Luchtenberg, Opladen 1965, S. 83-85.
Möller, Horst, Die Weimarer Republik. Eine unvollendete Demokratie, 7., erw. u. aktual. Aufl., München 2004.
Mueller, Michael/Müller, Leo/Lambrecht, Rudolf/Müller, Peter F., Der Fall Barschel. Ein tödliches Doppelspiel, Berlin 2007.

Nickel, Lutz, Dehler – Maier – Mende. Parteivorsitzende der FDP: Polarisierer – Präsident – Generaldirektor (DemOkrit 2. Studien zur Parteienkritik und Parteienhistorie), München 2005.
Nolzen, Armin, Der „Führer" und seine Partei, in: Süß, Dietmar/Süß, Winfried (Hrsg.), Das „Dritte Reich". Eine Einführung, München 2008, S. 55–76.
Nonn, Christoph, Geschichte Nordrhein-Westfalens, München 2009.

Ortwein, Edmund, Die Liberalen, in: Eilfort, Michael (Hrsg.), Parteien in Baden-Württemberg (Schriften zur politischen Landeskunde Baden-Württembergs, Bd. 31), Stuttgart 2004, S. 105–123.
Osterloh, Jörg, Nationalsozialistische Judenverfolgung im Reichsgau Sudetenland 1938–1945 (Veröffentlichungen des Collegium Carolinum, Bd. 105), München 2006.

Papke, Gerhard, Der liberale Politiker Erich Koch-Weser in der Weimarer Republik, Baden-Baden 1989.
Ders., Der Sturz der Regierung Karl Arnold durch die Landtagsfraktion der nordrhein-westfälischen Freien Demokratischen Partei im Jahr 1956 – Abwehr parteiexistentieller Bedrohung oder Vorstoß zu neuer Koalitionsstrategie der Liberalen?, in: Jahrbuch zur Liberalismus-Forschung 1 (1989), S. 43–48.
Ders., Unser Ziel ist die unabhängige FDP. Die Liberalen und der Machtwechsel in Nordrhein-Westfalen 1956, Bochum, Univ., Diss., 1990, Baden-Baden 1992.
Ders., Liberale Ordnungskraft, nationale Sammlungsbewegung oder Mittelstandspartei? Die FDP-Landtagsfraktion in Nordrhein-Westfalen 1946–1966, Düsseldorf 1998.
Ein Parlament in voller Entfaltung. Europäisches Parlament 1952–1988. 36 Jahre, o. O. ³1989.
Paul, Johann, Debatten über Nationalsozialismus und Rechtsextremismus im Landtag Nordrhein-Westfalen von 1946 bis 2000 (Schriften des Landtags Nordrhein-Westfalen, Bd. 14), Düsseldorf 2003.
Piringer, Kurt, Chronologie. Verband der Unabhängigen (VdU) 1949–1955, Wien 1993.
Pohl, Hans, Zur Zusammenarbeit von Wirtschaft und Wissenschaft im „Dritten Reich": Die „Fördergemeinschaft der Deutschen Industrie" von 1942, in: Vierteljahrschrift für Sozial- und Wirtschaftsgeschichte 72 (1985), S. 508–536.
Portner, Ernst, Der Ansatz zur demokratischen Massenpartei im deutschen Linksliberalismus, in: Vierteljahrshefte für Zeitgeschichte 13 (1965), S. 150–161.
Ders., Koch-Wesers Verfassungsentwurf. Ein Beitrag zur Ideengeschichte der deutschen Emigration, in: Vierteljahrshefte für Zeitgeschichte 14 (1966), S. 280–298.
Purtscheller, Wolfgang, Aufbruch der Völkischen. Das braune Netzwerk, Wien 1993.

Raithel, Thomas, Funktionsstörungen des Weimarer Parlamentarismus, in: Föllmer, Moritz/Graf, Rüdiger (Hrsg.), Die „Krise" der Weimarer Republik. Zur Kritik eines Deutungsmusters, Frankfurt am Main/New York 2005, S. 243–266.
Ramge, Thomas, Die großen Polit-Skandale. Eine andere Geschichte der Bundesrepublik, Frankfurt am Main 2003.
Rauh-Kühne, Cornelia, Die Entnazifizierung und die deutsche Gesellschaft, in: Archiv für Sozialgeschichte 35 (1995), S. 35–70.
Ray, Roland, Annäherung an Frankreich im Dienste Hitlers? Otto Abetz und die deutsche Frankreichpolitik 1930–1942 (Studien zur Zeitgeschichte, Bd. 59), München 2000.
Reichel, Peter, Vergangenheitsbewältigung in Deutschland. Die Auseinandersetzung mit der NS-Diktatur in Politik und Justiz, 2., aktual. u. überarb. Neuaufl., München 2007.
Richter, Ludwig, National-Liberalismus, Nationalsozialismus und die Krise der Weimarer Republik. Zur innerparteilichen Diskussion in der Deutschen Volkspartei 1929–1933, in: Jahrbuch zur Liberalismus-Forschung 11 (1999), S. 107–133.
Ders., Die Deutsche Volkspartei 1918–1933 (Beiträge zur Geschichte des Parlamentarismus und der politischen Parteien, Bd. 134), Düsseldorf 2002.
Ritter, Gerhard A., Der Föderalismus in Deutschland. Geschichte und Gegenwart, in: Hertfelder, Thomas/Rödder, Andreas (Hrsg.), Modell Deutschland. Erfolgsgeschichte oder Illusion?, Göttingen 2007, S. 78–95.
Rommel, Hans-Otto, Die Deutschen Jungdemokraten nach 1945, in: liberal. Vierteljahreshefte für Politik und Kultur 22 (1980), S. 563–573.
Rütten, Theo, Der deutsche Liberalismus 1945 bis 1955. Deutschland- und Gesellschaftspolitik der ost- und westdeutschen Liberalen in der Entstehungsphase der beiden deutschen Staaten, Baden-Baden 1984.

Ders., Von der Plattform-Partei zur Partei des liberalen Programms 1949–1957, in: Mischnick, Wolfgang (Hrsg.), Verantwortung für die Freiheit. 40 Jahre F.D.P., Stuttgart 1989, S. 66–80.

Sarkowicz, Hans, Publizistik in der Grau- und Braunzone, in: Benz, Wolfgang (Hrsg.), Rechtsextremismus in Deutschland. Voraussetzungen, Zusammenhänge, Wirkungen, aktual. u. erw. Neuausg., Frankfurt am Main 1994, S. 67–86.

Sartor, Lutz, Die FDP und das Konzept der „nationalen Sammlung" – Wachstum und Scheitern einer gefährlichen Idee, in: liberal. Vierteljahreshefte für Politik und Kultur 29 (1987), Heft III, S. 107–112.

Sauer, Bernhard, Schwarze Reichswehr und Fememorde. Eine Milieustudie zum Rechtsradikalismus in der Weimarer Republik (Dokumente – Texte – Materialien. Veröffentlicht vom Zentrum für Antisemitismusforschung der Technischen Universität Berlin, Bd. 50), Berlin 2004.

Schachtner, Richard, Die deutschen Nachkriegswahlen. Wahlergebnisse in der Bundesrepublik Deutschland, in den deutschen Bundesländern, in West-Berlin, im Saarland und in der Sowjetzone (DDR) 1946 bis 1956. Mit 11 Schaubildern, 22 Übersichten, Verzeichnissen über die Parteien und Regierungen sowie einer Fünffarbkarte, München 1956.

Schael, Oliver, Die Grenzen der akademischen Vergangenheitspolitik: Der Verband der nicht-amtierenden (amtsverdrängten) Hochschullehrer und die Göttinger Universität, in: Weisbrod, Bernd (Hrsg.), Akademische Vergangenheitspolitik. Beiträge zur Wissenschaftskultur der Nachkriegszeit (Veröffentlichungen des Zeitgeschichtlichen Arbeitskreises Niedersachsen, Bd. 20), Göttingen 2002, S. 53–72.

Schenk, Dieter, Hitlers Mann in Danzig. Albert Forster und die NS-Verbrechen in Danzig-Westpreußen, Bonn 2000.

Schieder, Theodor, Die Krise des bürgerlichen Liberalismus. Ein Beitrag zum Verhältnis von politischer und gesellschaftlicher Verfassung, in: Gall, Lothar (Hrsg.), Liberalismus, 3., erw. Aufl. [EA 1976], Königstein im Taunus 1985, S. 187–207.

Schildt, Axel/Siegfried, Detlef, Deutsche Kulturgeschichte. Die Bundesrepublik – 1945 bis zur Gegenwart, München 2009.

Schiller, Theo, Die Freie Demokratische Partei (FDP) in Hessen, in: Berg-Schlosser, Dirk/Fack, Alexander/Noetzel, Thomas (Hrsg.), Parteien und Wahlen in Hessen 1946–1994, Marburg 1994, S. 167–187.

Schleimer, Ralph, Demokratiegründung und Parteipolitik. Die nordrhein-westfälische FDP in der Vor- und Frühgeschichte der Bundesrepublik, in: Geschichte im Westen 13 (1998), S. 7–39.

Schmidt, Michael, Die FDP und die deutsche Frage 1949–1990 (Politikwissenschaft, Bd. 34), Hamburg 1995.

Schmollinger, Horst W., Die Deutsche Konservative Partei – Deutsche Rechtspartei, in: Stöss, Richard (Hrsg.), Parteien-Handbuch. Die Parteien der Bundesrepublik Deutschland 1945–1980 (Schriften des Zentralinstituts für sozialwissenschaftliche Forschung der Freien Universität Berlin, Bd. 38), Bd. 1, Opladen 1983, S. 982–1024.

Ders., Die Nationaldemokratische Partei, in: Stöss, Richard (Hrsg.), Parteien-Handbuch. Die Parteien der Bundesrepublik Deutschland 1945–1980 (Schriften des Zentralinstituts für sozialwissenschaftliche Forschung der Freien Universität Berlin, Bd. 39), Bd. 2, Opladen 1984, S. 1892–1921.

Schneider, Hans-Roderich, Walter Scheel. Handeln & Wirken eines liberalen Politikers, Stuttgart 1974.

Schneider, Werner, Die Deutsche Demokratische Partei in der Weimarer Republik 1924–1930, München 1978.

Schollwer, Wolfgang, Liberale Führungspersonen – die Parteivorsitzenden, in: Scheel, Walter/Lambsdorff, Otto Graf (Hrsg.), Freiheit in Verantwortung – Deutscher Liberalismus seit 1945. Geschichte, Personen, Perspektiven, Gerlingen 1998, S. 161–182.

Schröder, Karsten, Die FDP in der britischen Besatzungszone 1946–1948. Ein Beitrag zur Organisationsstruktur der Liberalen im Nachkriegsdeutschland (Beiträge zur Geschichte des Parlamentarismus und der politischen Parteien, Bd. 77), Düsseldorf 1985.

Schwarz, Hans-Peter, Die Ära Adenauer. Gründerjahre der Republik 1949–1957. Mit einem einleitenden Essay von Theodor Eschenburg, Stuttgart 1981.

Ders., Adenauer, Bd. 1: Der Aufstieg. 1876–1952; Bd. 2: Der Staatsmann. 1952–1967, München 1994.

Schwarzenbeck, Engelbert, Nationalsozialistische Pressepolitik und die Sudetenkrise 1938, München 1979.

Seefried, Elke, Einleitung, in: Theodor Heuss. In der Defensive. Briefe 1933–1945, hrsg. und bearbeitet von Elke Seefried (Theodor Heuss. Stuttgarter Ausgabe. Briefe), München 2009, S. 15–70.

Sontheimer, Kurt, Antidemokratisches Denken in der Weimarer Republik. Die politischen Ideen des deutschen Nationalismus zwischen 1918 und 1933, München ^{4}1962.

Stalmann, Volker, Einleitung, in: Linksliberalismus in Preußen. Die Sitzungsprotokolle der preußischen Landtagsfraktion der DDP und DStP 1919–1932, eingeleitet und bearbeitet von Volker Stalmann, erster Halbband März 1919 bis Dezember 1922 (Quellen zur Geschichte des Parlamentarismus und der politischen Parteien, Dritte Reihe, Bd. 11), Düsseldorf 2009, S. XI–CX.

Stegmann, Dirk, Die Erben Bismarcks. Parteien und Verbände in der Spätphase des Wilhelminischen Deutschlands. Sammlungspolitik 1897–1918, Köln/Berlin 1970.

Steinweis, Alan E., Kristallnacht 1938, Cambridge 2009.

Stephan, Werner, Aufstieg und Verfall des Linksliberalismus 1918–1933. Geschichte der Deutschen Demokratischen Partei, Göttingen 1973.

Steveling, Lieselotte, Juristen in Münster. Ein Beitrag zur Geschichte der Rechts- und Staatswissenschaftlichen Fakultät der Westfälischen Wilhelms-Universität Münster/Westf. (Beiträge zur Geschichte der Soziologie, Bd. 10), Münster 1999.

Stöss, Richard (Hrsg.), Parteien-Handbuch. Die Parteien der Bundesrepublik Deutschland 1945–1980 (Schriften des Zentralinstituts für sozialwissenschaftliche Forschung der Freien Universität Berlin, Bde. 38/39), 2 Bde., Opladen 1983/84.

Ders., Die Aktionsgemeinschaft Vierte Partei, in: ders. (Hrsg.), Parteien-Handbuch, Bd. 1, S. 336–366.

Ders., Die Deutsche Gemeinschaft, in: ders. (Hrsg.), Parteien-Handbuch, Bd. 2, S. 877–900.

Tauber, Kurt P., Beyond Eagle and Swastika. German Nationalism since 1945, 2 Bde., Middletown 1967.

Thießen, Malte, Schöne Zeiten? Erinnerungen an die „Volksgemeinschaft" nach 1945, in: Bajohr, Frank/Wildt, Michael (Hrsg.), Volksgemeinschaft. Neue Forschungen zur Gesellschaft des Nationalsozialismus, Frankfurt am Main 2009, S. 165–187.

Ullrich, Sebastian, Der Weimar-Komplex. Das Scheitern der ersten deutschen Demokratie und die politische Kultur der frühen Bundesrepublik 1945–1959 (Hamburger Beiträge zur Sozial- und Zeitgeschichte, Bd. 45), Göttingen 2009.

Vollnhals, Clemens, Entnazifizierung. Politische Säuberung und Rehabilitierung in den vier Besatzungszonen 1945–1949, München 1991.

Vorländer, Hans, Hat sich der Liberalismus totgesiegt? Deutungen seines historischen Niedergangs, in: ders., (Hrsg.), Verfall oder Renaissance des Liberalismus? Beiträge zum deutschen und internationalen Liberalismus, München 1987, S. 9–34.

Wagner, Dietrich, FDP und Wiederbewaffnung. Die wehrpolitische Orientierung der Liberalen in der Bundesrepublik Deutschland 1949–1955 (Militärgeschichte seit 1945, Bd. 5), Boppard am Rhein 1978.

Walter, Franz, Gelb oder Grün? Kleine Parteiengeschichte der besserverdienenden Mitte in Deutschland, Bielefeld 2010.

Weippert, Matthias, „Verantwortung für das Allgemeine"? Bundespräsident Heuss und die FDP 1949–1956, in: Jahrbuch zur Liberalismus-Forschung 21 (2009), S. 165–197.

Weitkamp, Sebastian, Braune Diplomaten. Horst Wagner und Eberhard von Thadden als Funktionäre der „Endlösung" (Politik und Gesellschaftsgeschichte, Bd. 77), Bonn 2008.

Wengst, Udo, Einleitung, in: FDP-Bundesvorstand. Die Liberalen unter dem Vorsitz von Theodor Heuss und Franz Blücher. Sitzungsprotokolle 1949–1954, bearbeitet von Udo Wengst (Quellen zur Geschichte des Parlamentarismus und der politischen Parteien, 4. Reihe, Bd. 7/I), 2 Halbbände, erster Halbband: 1949–1952, Düsseldorf 1990, S. IX–CIV.

Ders., Einleitung, in: FDP-Bundesvorstand. Die Liberalen unter dem Vorsitz von Thomas Dehler und Reinhold Maier. Sitzungsprotokolle 1954–1960, bearbeitet von Udo Wengst (Quellen zur Geschichte des Parlamentarismus und der politischen Parteien, 4. Reihe, Bd. 7/II), Düsseldorf 1991, S. IX–LXXIV.

Ders., Thomas Dehler. 1897–1967. Eine politische Biographie (Eine Veröffentlichung des Instituts für Zeitgeschichte und der Kommission für Geschichte des Parlamentarismus und der politischen Parteien), München 1997.

Ders., Neutralistische Positionen in der CDU und in der FDP in den 1950er Jahren, in: Geppert, Dominik/Wengst, Udo (Hrsg.), Neutralität – Chance oder Chimäre? Konzepte des Dritten Weges für Deutschland und die Welt 1945–1990, München 2005, S. 33–43.
Werner, Robert, Der Jungdeutsche Orden im Widerstand 1933–1945 (Beiträge zur Geschichte des Jungdeutschen Ordens, Bd. 6), München 1980.
Wildt, Michael, Generation des Unbedingten. Das Führungskorps des Reichssicherheitshauptamtes, Hamburg 2002.
Ders., Die Ungleichheit des Volkes. „Volksgemeinschaft" in der politischen Kommunikation der Weimarer Republik, in: Bajohr, Frank/Wildt, Michael (Hrsg.), Volksgemeinschaft. Neue Forschungen zur Gesellschaft des Nationalsozialismus, Frankfurt am Main 2009.
Winkler, Heinrich August, Der lange Weg nach Westen. Zweiter Band. Deutsche Geschichte vom „Dritten Reich" bis zur Wiedervereinigung, 3., durchges. Aufl., München 2001.
Wirsching, Andreas, Konstruktion und Erosion: Weimarer Argumente gegen Volksbegehren und Volksentscheid, in: Gusy, Christoph (Hrsg.), Weimars lange Schatten – „Weimar" als Argument nach 1945, Baden-Baden 2003, S. 335–353.
Ders., Barschel-Pfeiffer-Affäre, in: Skandale in Deutschland nach 1945, hrsg. von der Stiftung Haus der Geschichte der Bundesrepublik Deutschland, Bielefeld 2007, S. 136–145.
Ders., Die Weimarer Republik. Politik und Gesellschaft (Enzyklopädie Deutscher Geschichte, Bd. 58), 2., um einen Nachtrag erw. Aufl., München 2008.
Wolf, Heinrich, Die Entstehung des Jungdeutschen Ordens und seine frühen Jahre 1918–1922 (Beiträge zur Geschichte des Jungdeutschen Ordens, Bd. 1), München 1970.
Ders., Der Jungdeutsche Orden in seinen mittleren Jahren 1922–1925 (Beiträge zur Geschichte des Jungdeutschen Ordens, Bd. 2), München ²1988.
Ders., Der Jungdeutsche Orden in seinen mittleren Jahren 1925–1928 (Beiträge zur Geschichte des Jungdeutschen Ordens, Bd. 3), München 1978.
Wolfrum, Edgar, Geschichtspolitik in der Bundesrepublik Deutschland. Der Weg zur bundesrepublikanischen Erinnerung 1948–1990, Darmstadt 1999.
Ders., Die geglückte Demokratie. Geschichte der Bundesrepublik Deutschland von ihren Anfängen bis zur Gegenwart, Stuttgart 2006.
Wright, Jonathan, Gustav Stresemann (1878–1929). Weimars größter Staatsmann, übersetzt von Klaus-Dieter Schmidt, München 2006.

Zülch, Rüdiger, Von der FDP zur F.D.P. – Die dritte Kraft im deutschen Parteiensystem, Bonn 1972.
Zundel, Rolf, Die Erben des Liberalismus, Freudenstadt 1971.
Zwicker, Stefan, „Nationale Märtyrer". Albert Leo Schlageter und Julius Fučík. Heldenkult, Propaganda und Erinnerungskultur, Paderborn/München 2006.

Personenregister

Nicht aufgenommen wurden Friedrich Middelhauve, Werner Naumann bei „Naumann-Kreis" bzw. „Naumann-Affäre" sowie Autoren der Forschungsliteratur. Kursiv gesetzte Zahlen verweisen auf Namen in den Anmerkungen.

Abetz, Otto 61, 64, *67*
Achenbach, Ernst 13, 61–70, *71*, *81*, 82, 117, *118*, 122, *123*, 127f., 133f., 141f., 144, 160–162, 166–173, 178, 180f., *184*, 188–190, *191*, 197, 200–203, 214, 218f.
Achenbach, Richard 64
Adenauer, Konrad 44, 57f., 68–70, *116*, 120, 145, 158–160, 171, 183, 194f., 197, 203f., *205*, 207f., *209*, 212, 221f.
Allemann, Fritz René 9, 11, *153*, 195, 203
Almsick, Wilhelm Helmuth van *70*
Alquen, Gunter d' 131f.
Altenhain, Gustav 40, 43, 45f., 49, 88, *137*, 138f., *140*, *144*, 173, 178, 181f.
Amelunxen, Rudolf 183
Arndt, Adolf *116*
Arndt, Ernst Moritz 109
Arnold, Karl 172, 181, 183, 188, 198, 207–210
Attlee, Clement 36

Bäumer, Gertrud 26, 31
Bardèche, Maurice 197
Barnert, C. W. *115*
Barschel, Uwe *211*
Bauer, Fritz 199
Bennecke, Walter Richard Max s. *Soltikow, Michael Graf*
Best, Werner *15*, 62, 65f., 115, *142*, 219
Bezold, Otto *146*, 151, *161*, *164f.*, 222
Bismarck, Otto Fürst von *123*
Bismarck, Otto von 19, *123*
Blaeser, Cläre 70, *151*
Blücher, Franz 17, 40, 43–45, *64f.*, 71–73, *75*, *79*, *85*, 90, *100*, 102, *110f.*, *114*, *116*, 118, *119*, *123*, 127, *134*, *136*, 142, 145–149, *150*, 152, *153*, 160f., *164*, 167f., *170*, 171, *178*, 180, 182, 186f., 189, 192–195, *205*, 217, 219–221
Böll, Heinrich 213f.
Bohle, Ernst Wilhelm *65*
Bollig, Joseph 36f., *70*
Bornemann, Friedrich Karl 133f., 157, *197*
Bracher, Karl Dietrich 214
Brand, Walter 86, 114, 130, 179, *191*
Brandt, Willy 201, 210

Breitner, Burghard *125*
Brinkmann, Paul 143, *144*
Brüning, Heinrich 23
Buch, Walter 57
Bülow-Schwante, Vicco von *123*

Churchill, Winston 49
Classen, Wilhelm 172
Cramer, Julius 32, 212, 214
Cuno, Wilhelm 57

Davis, Herbert *215*
Dehler, Thomas 17, *81*, 91, *127*, 128, *129*, 130f., *141*, 146, 151, *153*, 159, 161–163, *165*, 167–169, *170*, 171, 179, *180*, *182*, 185, 187, 189f., *192f.*, 195–197, 200, 203f., 223
Diewerge, Wolfgang 13, *54*, 58–60, 62, *69*, *76*, 82–85, *86*, 87f., *90*, 114f., *116*, 117–119, 129–132, 134, *136*, 137, *142*, *153*, 161, 163–169, 178–180, 183, 189, *191*, 197, 199f., 219
Dingeldey, Eduard 27
Döring, Wolfgang 54, 74–76, 78, 85, *86*, *105*, 114f., 118, 122, *123*, 124, 130, 134, *136*, 137, 142, 147, 151, *153*, 160, 169, *176*, 177, 179–182, *191*, 206, 208–210, 219f.
Dörnhaus, Wilhelm 97
Dohr, Heinrich (Heinz) *79*, 138
Dorn, Wolfram *16*, 88, 90, 100, 151, 181, *200*, 206, 219
Drewitz, Carl Albert 87, 132, *133*, 169, 179f., *191*, 219
Dufhues, Josef Hermann 70
Duisberg, Carl 29
Durlak, Stefan *88*

Eggers, Kurt 131
Egidi, Hans *141*
Ehrhardt, Arthur 63
Epp, Franz Ritter von 57
Erbe, Hans *164*, *184*
Erhard, Ludwig 194
Erkelenz, Anton 27
Eschenburg, Theodor *101*

Etzdorf, Hasso von *61*
Euler, August Martin 74, 91, 95f., 102, 123, 146–148, 151, 153, *154*, 160f., *167*, 171, *191*, 193, *205*

Finzel, Franz Oswald *175*
Flick, Friedrich Karl 200
Föge, Hermann *112*
Frank, Hans *49*
Frankfurter, David 59, *60*, *83*
Freyborn, Johann (Hans) 125, *129*, 132, *154*, 176
Freytag-Schönwalde, Fritz-Werner *122*
Frick, Wilhelm 57f.
Fritzsche, Hans *83*, 115–117, 130, 133, 157, 219
Funcke, Liselotte *74*
Funk, Walther 57f.

Gajewski, Fritz *65*
Ganzer, Karl Richard *74*
Ganzer, Lydia *74*
Genscher, Hans-Dietrich 202, *211*
George, Stefan 31
Gielen, Alfred *85*
Glaesser, Wolfgang *142*
Globke, Hans 198
Goebbels, Joseph 11, 58, 60f., 81–85, 87, 115–117, 128, 130, 132, 198, *200*
Gönnenwein, Otto *167*
Goethe, Johann Wolfgang von *176*
Greßler, Julius 136
Grimm, Friedrich 13, 53–64, 66f., 69–71, 77, 82, 88, *90*, 115, 130, 162, 171, 190, 197–199, 218f.
Grimm, Hans 197
Grohé, Josef 133
Grotius, Hugo 53
Grynszpan, Herschel 60–62, *83*, 199f.
Günzel, Alfred *184*, *193*
Gustloff, Wilhelm 59, *60*

Hamm-Brücher, Hildegard *129*
Haselmayer, Heinrich 157
Hasemann, Walther 79
Hausser, Paul 119, *120*, 132, 197
Haußmann, Wolfgang 42, 102, *146*, 151, *161*, *164*, *184*
Hax, Karl 214
Heile, Wilhelm 43f., 46
Heinemann, Gustav 215
Heining, Fred *107*
Hellwege, Heinrich 121, 123, 182
Henlein, Konrad 86, 179
Heuss, Theodor 9, 23, *26*, 31, *36*, 42, *45*, 86, 91, 96, 98, 100f., *107*, 110–112, *188*, 208, 220
Heydrich, Reinhard 65
Hirschfeld, Alexander 98
Hitler, Adolf 32, 47, 53f., 57–59, 61, 82f., 116f., 131, 146, 148, 157

Höller, Alfons *89*
Höpker-Aschoff, Hermann 31, 111, *146*, 172
Hugenberg, Alfred 97f., *153*, 185
Huisgen, Horst *147*

Jacobs, Friedrich *104*
Jaekel, Helmuth 114
John, Otto *141*

Kaufman, Theodore Newman 84
Kaufmann, Karl 157
Kempkes, Adolf 55, 57
Kempner, Robert 62
Kiefer, Wilhelm 133
Kiehn, Fritz 199
Kirfel, Carl *119*
Kirkpatrick, Sir Ivone *129*, 157–161, 165, 198
Klarsfeld, Beate 202
Klarsfeld, Serge 202
Klein, Helmut *119*
Klingspor, Hermann 97f., *122f.*
Koch-Weser, Erich 22f., 25f., *27*, 126, 217
Kogon, Eugen 50
Kohl, Helmut 211
Kohut, Oswald *102*, *160f.*, *184*
Kraas, Hugo *78*, 80, *175*
Kraus, Herbert *124*
Kreitmeyer, Reinhold 147
Krüger, Fritz 171
Krupp von Bohlen und Halbach, Alfried 66
Krupp von Bohlen und Halbach, Gustav 55
Kühn, Heinz 98
Kunz, Ernst-Adolf *213*

Lambsdorff, Otto Graf *167*, 168, 200
Lange, Heinz 80f., 86f., 89f., 182, 206, 219
Lehr, Robert 43, 57
Lenz, Otto 157, 159, *205*
Leuchtgens, Heinrich 96
Leuze, Eduard 91, *147*, 153
Leverenz, Bernhard *184*
Lindner, Heinrich 131
Liszt, Franz 105
Löbsack, Wilhelm 130f.
Loessl, Ottmar von 79
Lohmüller, Wolfgang *23*
Lucht, Herbert 117, 127, 219
Luchtenberg, Paul 37, 40, *175*, 185
Lübke, Heinrich 215
Lüders, Marie-Elisabeth 31, *165*, 178, *192*, *195*, 217, 221
Luther, Hans 57

Mahraun, Artur 23–26
Maier, Reinhold 42, 101f., *116*, 135, 147f., 151, *153*, 160, *217*, 221
Majonica, Ernst *206*

Personenregister

Manteuffel, Hasso von 74, 151
Marks, Karl Peter 77, 79, 80, *119*
Matthaei, Walter 177
Mattick, Kurt 202
Mayer, Ernst 145, *146*, *151*, *175*
Meier (FDP-KV Bad Godesberg) *137*
Meinecke, Friedrich 28, *214*
Mende, Erich *16*, 47–49, 54, 70, 73, 75, *87*, 105, 118f., *121*, 135, *137*, 142, *152*, *168*, 169f., 172, 175, 177, 179, *180*, 185, *189*, 191–193, 201, *209*, 210, 219f.
Mendès-France, Pierre 203
Menzel, Walter *65*
Merten, Hans 70
Mertens, Johannes 78, 79f., 179f., *191*, 219
Meurer, Albert *70*
Meyers, Franz 142, *154*, 198, 214
Michel, Elmar *64*
Middelhauve, Bertha 30
Middelhauve, Friedrich Georg 214
Middelhauve, Gertraud 214
Middelhauve, Julie 29
Middelhauve, Louis 29
Möllemann, Jürgen W. *14*
Mohler, Armin *23*
Montgomery, Bernard L. 43
Mosel, Hans *177*
Mosley, Oswald 63
Motte, Hermann P. *137*
Mundolf, Walter 80, 175
Mussolini, Benito 88

Naumann, Friedrich 30, 43, *153*
Naumann, Werner 11, *13*, 52f., 61–63, 85, 115–118, 127–134, 141f., 157, *158*, 159, 161f., 164, 166–171, 179, 184f., 190, 197f., 219, 222f.
Neumayer, Fritz 161, *163*, *170*, *205*
Niebel, Fritz 189
Nolting, Friedrich 76, 78

Oncken, Hermann *214*
Onnen, Alfred 161, *170*, 178

Pauly, Anton *119*, *137*
Payer, Friedrich von 19
Pfeifer, Helfried *125*
Pfleiderer, Karl Georg 201
Piepenbrink, Wilhelm 98
Prager, Günter 80, 86, *175*, 219
Preusker, Victor-Emanuel *205*
Preuß, Hugo 19, 22
Prittie, Terence *209*

Quandt, Harald 198

Rademacher, Willy Max *42*, 88, *146*, 149, 151, *153*, *161*, *164*, *169*, 184, 192

Ramcke, (Hermann) Bernhard *120*
Rath, Ernst vom 60f., 199
Rathenau, Walther 30
Rechenberg, Hans Albrecht Freiherr von 45f., 74, 76, 86, 92, 100, *102*, 110, 116, 122, *123*, 124, 136f., 139, 142, 145f., *147*, *175*
Reichert, Bertha 30
Reif, Hans *42*, 91, 93
Reuter, Ernst 92
Ribbentrop, Joachim von 61, 64
Rieger, Alfred *105*, 181
Rinné, Erik *114*, 193, 195
Röchling, Robert 55
Rohr(-Demmin), Hans Joachim von 98
Roosevelt, Franklin D. 49
Rosen, Georg *158*
Rosenberg, Alfred 25, 32
Rubin, Hans Wolfgang 70, *137*, 154, 170, 177f., 185, 190f.
Rudel, Hans-Ulrich 197

Sachs, Camille 65
Sauer, Wolfgang 214
Schäfer, Hermann *42*, 71, 80, 91, 128, 132, 145f., 149, 152, 163, *164*, 168f., 184, 187f., 192f., *205*
Schäfer, Karl-Heinz 68
Schallück, Paul 214
Scharping, Karl 157
Scheel, Gustav Adolf 130, 133, 157
Scheel, Walter 201, 206, 208–210
Schiffer, Eugen 57
Schimpf, Erich *119*
Schlageter, Albert Leo 55
Schlüter, Leonhard 212
Schmidt, Heinz 86f., 171, *176*
Schmidt, Otto 44
Schneider, Karl 75, *87*, 139, 142–144, *175*, 180, *181*
Schönheit, Josef *70*
Schollwer, Wolfgang 69f., *72*, 109, 168, 205
Scholz, Ernst 22
Schröder, Gerhard 215
Schücking, Walther 30
Schütz, (Karl) Waldemar 197
Schütz, Werner 208
Schulz, Gerhard 214
Schulz, Paul 56f.
Schwecht, Ludwig 121f., *123*, 182
Schweisfurth, Julie s. *Middelhauve, Julie*
Schwendemann, Karl C. *65*
Schwennicke, Carl Hubert 151, *152*, *164*, *168f.*, 185, 193, *209*
Schwering, Leo 37
Seebohm, Hans-Christoph 123, 182
Seeckt, Hans von 57
Seemann, Wolf-Dietrich *144*

Senger, Richard *170*, *180*
Severing, Carl 24
Sieger (Außengeschäftsführer BV Ostwestfalen-Lippe) *175*
Siemens, Carl Friedrich von 22
Siepen, Heinz 157
Six, Franz Alfred 64, *118*, 214
Skorzeny, Otto *88*
Soltikow, Michael Graf *199*
Spiecker, Hans 70
Springer, Hildegard *115*
Stalin, Josef 49, *116*
Starke, Heinz 210
Stegner, Artur *13*, 146, *147*, 153, 178
Steinhoff, Fritz 207, 209
Steuer, Lothar 98, 178, 182
Stifter, Adalbert 29
Stinnes, Hugo 21, 55
Stinnes jr., Hugo 65, 87, 97, 189f.
Stolle, Rudolf 114
Stolper, Toni 208
Sträter, Artur 181
Strasser, Gregor 58
Strauß, Franz Josef 208, 211, 215
Stresemann, Gustav 21f., 25, 55, *101*
Strobel, Robert 17, *18*, *30f.*, 66, 79f., 92, 116, *118*, *123*, *127f.*, *130*, *141*, *159*, *164*, *166*, *168*, *175*, *179*, *185*, 186–190, *194*, 195, *197f.*, *209*
Strömer, Joachim 212
Stüber, Fritz 125, *154*, *176*

Teltschik, Horst 211
Tengelmann, Ernst 55
Terboven, Josef 58

Thierack, Otto Georg 61
Thoennissen, Ferdinand *79*
Thyssen, Fritz 55
Tinschmann, Peter 74, 89, 134, 219
Toussaint, Hans 70
Trenker, Alfred *180*

Ungeheuer, Josef *66*, 108

Wahl, Eduard 70
Waiblinger, Hans Ludwig *73*
Wehner, Herbert 92
Weirauch, Lothar *64*, 90, *118*
Welczeck, Johannes von 64
Wellhausen, Hans *164*, *220*
Wesemann, Fried *63*
Weyer, Willi 49, 51, 73–75, *76*, *86*, *136f.*, 147, 151, 154, 169, 177, 183, 185, 191f., *194*, 206–209, 219f.
Wiese, Leopold von 214
Wilde, Karl *66*
Wildermuth, Eberhard 91, 145, *146*
Wilhelm, Theodor *23*, *26*
Wilke, Heinz 47, *76*, *86f.*, 122, *123*, 124, 132, *136*, 137, *147*, *175*, 189, 219
Wirths, Carl 75, 78, *87*, 99, 136, 138–140, 142–144, *151*, *175*, 180, *181*
Wolff, Theodor 30

Zeitschel, Carltheo *61*
Zimmermann, Paul 130f., 157, 162
Zoglmann, Siegfried *76*, 86–88, 114, 124, 132, 134, *136*, 137, *142*, 151, 169, 180–182, 210f., 219

www.ingramcontent.com/pod-product-compliance
Lightning Source LLC
Chambersburg PA
CBHW052017290426
44112CB00014B/2271